Malcolm Barber
Die Katharer

Malcolm Barber

Die Katharer

Ketzer des Mittelalters

Aus dem Englischen übertragen
von Harald Ehrhardt

Albatros

Titel der englischen Originalausgabe:
The Cathars. Dualist heretics in Languedoc in the High Middle Ages.
Pearson Education Limited. Edinburgh Gate, Harlow, Essex CM20 2JE, England
© Pearson Education Limited 2000

Bibliografische Information der Deutschen Nationalbibliothek

Die Deutsche Nationalbibliothek verzeichnet diese Publikation
in der Deutschen Nationalbibliografie; detaillierte bibliografische Daten
sind im Internet über http://dnb.d-nb.de abrufbar.

© der deutschen Übersetzung
2003 Patmos Verlag GmbH & Co. KG
Artemis & Winkler Verlag, Düsseldorf
© 2008 Patmos Verlag GmbH & Co. KG
Albatros Verlag, Düsseldorf
Alle Rechte vorbehalten.
Umschlaggestaltung: butenschoendesign.de
Umschlagmotiv: Burgruine des 13. Jahrhunderts
Printed in Germany
ISBN 978-3-491-96220-0
www.patmos.de

Inhalt

6

Vorwort

Ich kam zu den Katharern über das Studium der Templer. Beide Gruppen wurden von der päpstlichen Inquisition verfolgt, und beide wurden vernichtet, zumindest teilweise durch die inquisitorischen Strafmaßnahmen, auch wenn es länger dauerte, die Katharergemeinschaft auszulöschen als den Templerorden. Ein großer Unterschied lag im Verhalten der beiden Gruppen: Während die Katharer, die man wegen verschiedener Formen dualistischer Häresie anklagte, bereit waren, für ihren Glauben zu sterben, zeigten sich die Templer zutiefst erschrocken über die ihnen zur Last gelegten Verbrechen und taten alles, um dem Tod auf dem Scheiterhaufen zu entgehen. Romantiker neigen dazu, zwischen beiden eine Verbindung herzustellen, aber sie existiert nicht: Kein märchenhafter Katharerschatz gelangte in die Hände der Templer nach dem Fall des Montségur im Jahre 1244, es gab keinen gemeinsamen, von esoterischen östlichen Kulten durchdrungenen antichristlichen Glauben, kein Gral wurde in verborgenen Berghöhlen im Namen eines Geheimbundes versteckt. Es konnte nicht ausbleiben, dass einige der Anklagepunkte gegen die Templer Anklagen gegen die Katharer wieder aufgriffen – sie waren schließlich fest verankert in der Vorstellung derjenigen, die »Glaubensabtrünnige« verfolgten. Das Interesse jedoch liegt nicht in der fruchtlosen Suche nach einer nicht vorhandenen Verschwörung, sondern es geht um einen Vergleich der Art und Weise, wie diese beiden zentralen Bewegungen des 13. Jahrhunderts dem Ansturm einer etablierten Macht unterlagen, die entschlossen war, beide Gruppen zu vernichten.

Zahlreichen Freunden und Kollegen bin ich für ihre Hilfe und ihren Rat zu Dank verpflichtet. Großzügige Hilfsbereitschaft wird immer ein fester Bestandteil der akademischen Welt bleiben; ich glaube nicht, dass nur ein einziges ernsthaftes wissenschaftliches Werk ohne sie entstanden ist. Zwei langjährige Freunde, Bernard Hamilton und Paddy McNulty, haben das Manuskript gelesen; Claire Dutton, Ann Pearl, Mark Pegg und Andrew Roach gestatteten mir, ihre ausgezeichneten Doktorarbeiten zu plündern; Michael und William Sibly stellten mir ihre Übersetzung der Chronik des Peter von Les Vaux-de-Cernay zur Verfügung, noch bevor sie veröffentlicht wurde. Karen Carroll vom National Humanities Center in North Carolina stellte eine lesbare Fassung des Manuskripts her und entzifferte meine unlesbare Handschrift. Viele andere halfen auf verschiedenste Weise, so Tom Asbridge, Craig Atwood, Elizabeth Barber, David Bates, Anne Curry, Peter Kaufmann, Bob Kendrick, Linda Paterson, Walter Wakefield und Joe Wittig. Besonderen Dank schulde ich den Mitarbeitern der Universität Reading und des National Humanities Center. Für die vorliegende Arbeit sowie für Irrtümer, die sie enthalten mag, übernimmt der Autor die Verantwortung. Das Buch wäre jedoch nicht entstanden ohne ausreichende Zeit für die Forschungsarbeit. Ich danke deshalb ganz besonders dem Leverhulme Trust für einen Beitrag zur Deckung von Unterrichtskosten, dem National Humanities Center und der Lilly Foundation für die Gewährung eines Stipendiums, das es mir erlaubte, zwischen 1998 und 1999 ein akademisches Jahr in der privilegierten Umgebung des NHC, einer wirklichen Kulturinstitution, zu verbringen.

Die Katharer – eine Herausforderung

Die Katharer waren die größte Herausforderung, der sich die Kirche im 12. und 13. Jahrhundert zu stellen hatte. Der Versuch der Katharer, eine Antwort auf die fundamentalen religiösen und philosophischen Probleme, die von der Existenz des Bösen aufgeworfen wurden, zu finden, und die Kraft, mit der die Katharer eine große Anzahl von Christen davon überzeugten, sie hätten diese Probleme gelöst, erschütterten die kirchliche Hierarchie bis ins Mark und provozierten extreme Reaktionen, wie man sie bis dahin nicht für möglich gehalten hatte.

Die Katharer wollten nicht akzeptieren, dass ein allmächtiger und ewiger Gott die materielle Welt geschaffen habe; für sie war diese Welt das Werk eines bösen Schöpfers. Ein solcher Schöpfer war entweder ein Wesen, das von der Vollkommenheit des Himmelreiches abgefallen war und eine Anzahl von Engelseelen verführt hatte, um sie dann in Materie gefangen zu halten, oder er war eine ebenfalls ewige, vom Guten Gott des Geistes gänzlich unabhängige Macht. Erlösung konnte die im materiellen Kerker des Körpers eingeschlossene Seele nur durch die katharische Zeremonie des *consolamentum* erlangen, ein spirituelles Ritual, durch welches die Seele zu ihren Schutzgeistern im Himmel zurückkehren konnte. Die Katharer schufen eine eigene, in Diözesen gegliederte Kirchenorganisation; ein Bischof stand einer hierarchischen Ordnung vor, die aus älteren und jüngeren »Söhnen«, Diakonen sowie *perfecti* und *perfectae* bestand. Sie sind das Gegenstück zu den Geistlichen und Seelsorgern der Kirche. Die Mehrzahl der katharischen Laien, die so genannten *credentes* (»Gläubigen«), empfingen das *consolamen-*

9

Die Ruine der Katharerburg Quéribus (dép. Aude).

tum beim Herannahen ihres Todes, denn die strengen Anforderungen des asketischen Lebens der *perfecti* konnten von den meisten Gläubigen nicht erfüllt werden. Den Glauben an ein Jüngstes Gericht teilten die Katharer nicht; die Welt würde mit der Befreiung der letzten Engelseele enden, und damit wären die geistigen und materiellen Welten erneut voneinander getrennt. Angesichts der Unvollkommenheit der meisten Menschen muss sich dieser Prozess nicht notwendigerweise rasch vollziehen, denn einige Seelen müssen durch eine ganze Reihe materieller Gefäße (einschließlich Tierkörper) hindurchgehen, bevor sie in den Körper einer Person gelangen, welche die Bedeutung des *consolamentum* recht verstanden hatte.

Katharertum bedeutete totale Opposition gegen die Kirche. Die Katharer betrachteten sie als eine falsche und betrügerische Organisation, die sich um ihrer Macht und ihres unrechtmäßig erworbenen Reichtums willen prostituiert hatte. Die Sakramente der Kirche, die den Weg zum Heil eröffnen sollten, galten den Katharern als wertlos, denn sie gründeten sich auf der

Behauptung, dass Christus wirklich auf Erden gelebt, den Kreuzigungstod erlitten habe und von den Toten auferstanden sei – in katharischen Augen ganz unmögliche Dinge, denn Gott konnte von vornherein keine materielle Gestalt annehmen. Für rechtgläubige Christen konnte es deshalb keine Gemeinschaft mit Katharern geben, denn sie verführten nach kirchlicher Auffassung die Rechtgläubigen auf Geheiß des Teufels. So war es die Aufgabe aller kirchlichen und weltlichen Führer, diese Häresie mit allen verfügbaren Kräften zu bekämpfen und zu überwinden. Diese Haltung einer unversöhnlichen Gegnerschaft nahm das reformierte Papsttum ein, das seit der Mitte des 11. Jahrhunderts daran arbeitete, seinen Anspruch auf die Führerschaft der universellen Kirche erneut geltend zu machen. Zu diesem Zwecke bemühte es sich, Klerus und Laien mit neuen moralischen Werten zu erfüllen. Die Unterdrückung des Katharertums stand deshalb außer jeder Frage, es gab schlichtweg keine Möglichkeit der Tolerierung, denn beim Kampf gegen den Irrglauben handelte es sich um eine unabweisbare Verpflichtung für diejenigen, die von Gott mit der Führung Seiner Kirche auf Erden betraut waren. Das Hauptgewicht dieser Verpflichtung hatte natürlicherweise der Papst zu tragen, Inhaber des Stuhles Petri, Erster unter den Aposteln und Fels, auf dem die Kirche Christi erbaut worden war.

Die Ursprünge des Katharertums sind immer noch umstritten. Die meisten Historiker sind sich einig, dass die in den 930er Jahren in Teilen Makedoniens und Bulgariens gegründete dualistische Bogomilenkirche eine Rolle bei der Herausbildung des Katharertums im westlichen Europa spielte. Dagegen erscheint es als nahezu aussichtsloses Unterfangen, Verbindungslinien zu älteren dualistischen Religionen, wie den Paulikianern, den Manichäern und den Gnostikern, zu ziehen. Die wichtigsten Übermittlungswege zum Westen hin dürften über Thrakien und Konstantinopel geführt haben. Es ist jedoch unwahrscheinlich, dass dieser Transfer das Werk eines Einzelnen oder einer Gruppe gewesen ist und dass sich die Verbreitung dieser Glaubensinhalte nur auf einer einzigen Route vollzog. Um die Mitte des 12. Jahrhunderts jedenfalls finden sich in verschiedenen Regionen Hinweise auf die Häresie, namentlich im Mittel- und Niederrheingebiet, in der Champagne, in der Lombardei und im westlichen Languedoc. Wenig Übereinstimmung jedoch herrscht bei der Frage über das Ausmaß und die Maßgeblichkeit bogomilischen Einflusses und noch weniger über die Chronologie seiner Verbreitung. Anhänger des Katharertums im Rheinland lassen sich in den 1140er Jahren nachweisen, aber nach Ansicht einiger Historiker gibt es wohl bereits in der ersten Hälfte des 11. Jahrhunderts Anzeichen für Formen eines Proto-Katharertums. Wie auch immer die Ursprünge ausgesehen haben mögen, die maßgeblichen Quellen für diesen Glauben lassen in der Anfangszeit auf einen recht gemäßigten Dualismus schließen, der geprägt war von der Idee, dass der Teufel von der Gnade Gottes in der einen oder anderen Weise abgefallen sei. Das war noch nicht der radikale Dualismus mit seiner Vorstellung von der Existenz zweier voneinander unabhängiger, ewiger Schöpfermächte. Im ausgehenden 12. Jahrhundert jedoch waren die meisten Katharer im Languedoc und zahlreiche Gruppen in Norditalien zum radikalen Dualismus bekehrt, möglicherweise durch den Griechen Niketas; er hatte die katharische Kirche auf dem Konzil von St-Félix-de-Caraman reorganisiert.

Zu dieser Zeit waren das Papsttum und die führenden Mitglieder der kirchlichen Hierarchie längst zur Überzeugung gelangt, dass das Katharertum eine ernsthafte Bedrohung der Christenheit darstellte. Ihre Befürchtungen wurden durch die Erfolglosigkeit von Missionsversuchen bei den Katharern nicht gerade gemildert, auch nicht durch die offenkundige Erfolglosigkeit ihrer Verdammung durch die Kirchenkonzilien, wie etwa auf dem Dritten Laterankonzil von 1179. Der Amtsantritt des dynamischen Papstes Innozenz III. im Jahre 1198 brachte die schwelenden Konflikte zum offenen Ausbruch. Auch wenn Innozenz niemals an der Kraft der Überzeugung zweifelte, stand es für ihn außer Frage, dass er Gewalt in Gestalt eines Kreuzzugs anwenden müsse, bevor das Problem unlösbar würde. Im Jahre 1208, nach der Ermordung des päpstlichen Legaten Peter von Castelnau durch einen Vasallen des Grafen Raimund VI. von Toulouse, rief er die Gläubigen auf, sich zu sammeln, um die Häresie im Languedoc zu zerschlagen, und versprach allen, die an der Kreuzfahrt teilnehmen wollten, die vollständige Vergebung ihrer Sünden. Zwar gelang es ihm nicht, König Philipp II. Augustus von Frankreich davon zu überzeugen, dass eine Teilnahme am Kreuzzug gerade auch seinen Interessen diente. Dieser pragmatische Kapetinger war nach wie vor in seinen unversöhnlichen Machtkampf mit dem Angevinen, König Johann von England, verstrickt. Immerhin aber hatte der Papst im Jahre 1209 zwei mächtige nordfranzösische Kreuzfahrerheere aufgeboten, die nach Okzitanien aufbrachen. Nach einem Marsch durch das Rhônetal griff das mächtigere der beiden Heere die Stadt Béziers von Osten her an, eroberte sie und richtete ein Blutbad unter ihren Bewohnern an. Danach rückte es gegen Carcassonne und den Herrn der Stadt, den Vizegrafen Raimund Roger Trencavel, vor. Der mächtigste weltliche Fürst im Languedoc, Graf Raimund VI. von Toulouse (er lebte bis 1222), suchte den Konsequenzen aus der »laxen« Haltung seines Vaters – und seiner eigenen – gegenüber den Häretikern aus dem Wege zu gehen und schloss sich buchstäblich im letzten Moment den Kreuzfahrern an. Er gewann damit nur eine kurze Atempause. Ende August 1209 wählte man den nordfranzösischen Baron Simon von Montfort zum Oberbefehlshaber des Kreuzzugs; er führte bis zu seinem Tod 1218 einen gnadenlosen Krieg gegen die Häretiker und gegen alle, die er für *fautors* oder Ketzerfreunde hielt. In dieser ganzen Zeit trug Simon Konflikte aus mit allen weltlichen Mächten, die im westlichen Languedoc Interessen hatten, allen voran mit König Peter II. von Aragón, den er im September 1213 bei Muret (südwestlich von Toulouse) besiegte und der in dieser Entscheidungsschlacht sein Leben ließ. Der Papst hatte nur eine begrenzte Kontrolle über diese Ereignisse. Bedrängt von Sonderinteressen – dazu gehörten die Eigenmächtigkeiten seiner eigenen Legaten wie auch eine gewisse Rücksichtnahme auf die weltlichen Mächte des Languedoc – geriet Innozenz III. in immer größere Unruhe über den Ausgang des Kreuzzugs. Auf dem Vierten Laterankonzil im November 1215 entschied er sich, die Interessen des Sohnes Raimunds VI., des zukünftigen Raimund VII., zu schützen, weil Letzterer keinerlei Verantwortung für die Situation trug, und sprach ihm die provenzalischen Besitzungen des Hauses Toulouse zu. Dies nun erwies sich als Katalysator für ein Wiedererstarken des Südens, denn während der jüngere Raimund die Stadt Beaucaire angriff, bemächtigte sich sein Vater erneut seiner Territorien und entfachte in Toulouse einen städtischen Aufstand gegen die Nordfranzosen. Der Widerstand der Okzitanier gewann an Stärke mit dem Tod Simons von Montfort im Jahre 1218. Erst das direkte Eingreifen des französischen Königtums brachte die Wende: Der Kreuzzug König Ludwigs VIII. (1223–1226) und die Besetzung des Südens durch königliche Truppen besiegelten die Niederlage des Südens. Im April 1229 blieb Raimund VII. keine andere Wahl, als die harten Bedingungen des Vertrags von Paris zu akzeptieren, der ihm nur einen kleinen Teil seiner Besitzungen im Toulousain überließ. Wichtiger jedoch war, dass seiner Tochter Johanna (Jeanne) die Heirat mit einem der Brüder König Ludwigs des Heiligen aufgenötigt wurde; beider Nachkommen würden dann das Erbe des Hauses Toulouse antreten.

Obwohl Philipp II. gezögert hatte, sich am Kreuzzug zu beteiligen, war der Kapetingerkönig doch der Hauptnutznießer des Albigenserkreuzzuges, der dem französischen Königtum eine dominierende Stellung im Languedoc verschaffte, wie sie eine Generation zuvor noch undenkbar gewesen wäre. Dennoch blieb das Problem der Häresie bestehen, auch wenn die Katharer nicht mehr so offen aufzutreten wagten wie in der Zeit vor den Kreuzzügen. Das Überleben der Ketzerei veranlasste Papst Gregor X. zur Einführung einer Inquisition, die das Treiben der Häretiker auf systematischer Basis ausforschen sollte und die Aufgabe hatte, die Fassade der Opposition Stück für Stück aufzubrechen, bis so große Risse entstanden waren, dass man die Häretiker und ihre Helfer klar erkennen und ihrer habhaft werden konnte. Seit den 1230er Jahren und in den etwa hundert Jahren danach spürten die Inquisitoren mit Hartnäckigkeit, Mut und Verschlagenheit zahlreiche katharische Widerstandsnester auf, doch mussten sie immer wieder Rückschläge hinnehmen: So wurden im Mai 1242 zwei Inquisitoren samt ihren Begleitern ermordet, als sie die Nacht in einem Dorf in der Nähe von Avignon verbrachten. Im Großen und Ganzen jedoch konnte die Inquisition in einem für sie günstigeren politischen Umfeld aktiv werden, anders als jene Kleriker, die in der Phase vor den Kreuzzügen gegen die Häresie kämpften. Letztlich war eine Kombination von politischem Wandel und inquisitorischer Entschlossenheit, zusammen mit einer wirtschaftlichen Aufwärtsentwicklung, für den Zusammenbruch der Katharerkirche in Okzitanien verantwortlich. Der katharischen Führungsschicht war es jetzt nicht mehr möglich, sich selbst effektiv zu organisieren oder ihren ideologischen Zusammenhalt aufrechtzuerhalten, zumal nur noch das reine Überleben im Vordergrund stand. Als dann ihre letzte Zufluchtsstätte in den Pyrenäen, die Burg von Montségur, im März 1244 in die Hände der königlichen Streitmacht fiel, war die Zerschlagung der Katharerkirche als kohärente Macht vollzogen. In der zweiten Hälfte des 13. Jahrhunderts wirkten noch einzelne, isolierte *perfecti*, aber nach der Zerstörung von Montségur waren die okzitanischen Katharer, wollten sie geistlichen Trost oder das *consolamentum* empfangen, auf ihre Glaubensbrüder in Norditalien verwiesen, wohin sich viele häretische Führer geflüchtet hatten.

Das Katharertum im Languedoc war gleichwohl nicht so leicht auszulöschen. In den ersten Jahren des 14. Jahrhunderts gelang es zwei Notaren aus Ax in den Zentralpyrenäen, eine Wiedergeburt zu bewerkstelligen. Pierre und Guillaume Autier verbrachten mindestens zwei Jahre in der Lombardei, trieben Studien zusammen mit italienischen Katharern und ihren eigenen Landsleuten, bevor sie unter großem persönlichen Risiko nach Hause zurückkehrten, um erneut den katharischen Glauben zu verbreiten. Auch wenn diese Erneuerung auf einen geografisch engen Raum begrenzt war, erschien sie den Inquisitoren doch so gefährlich, dass sie alle Kraft daransetzten, um die neuen Ketzer ein für alle Mal unschädlich zu machen. Pierre Autier wurde 1310 hingerichtet, sein Einfluss war jedoch noch bis in die 1320er Jahre spürbar. Guillaume Bélibaste, der letzte überlebende *perfectus* aus der Zeit der Autiers, wurde schließlich aufgespürt und 1321 verbrannt.

Obwohl das Katharertum im lateinischen Westen nach etwa 1330 keine lebendige Kraft mehr war, sind die Nachklänge der katharischen Ära bis heute spürbar. Das Katharertum war keine nebensächliche Abweichung von der offiziellen Religion, vielmehr beanspruchten die Katharer, die einzige wahre christliche Gemeinschaft in einer von einer verlogenen Kirche verdorbenen Welt zu sein. Selbst die vorsichtigsten Historiker räumen ein, dass das Katharertum fast zweihundert Jahre lang, von etwa 1140 bis 1320, einen kontinuierlichen Einfluss auf den lateinischen Westen ausübte, während andere argumentieren, seine Auswirkungen reichten noch weiter zurück, möglicherweise bis zum Jahr 1000. Es überrascht nicht, dass die Gedanken der

Katharer auch nach dem Ende des Mittelalters ihre Anziehungskraft nicht verloren haben: Protestanten pflegen das Erbe der Katharer, um den Angriffen des Katholizismus Paroli bieten zu können; südfranzösische Patrioten und Regionalisten berufen sich in ihrem Kampf gegen nordfranzösische Dominanz auf die Katharer als Repräsentanten der alten okzitanischen Identität; Romantiker beklagen den Verlust einer kulturellen Zivilisation, wie sie in den Zeiten der Katharer geherrscht habe; auch kommerzielle Interessen bedienen sich der Katharer – von örtlichen Bürgermeistern und Tourismusexperten bis hin zu Verlegern, Autoren und Filmregisseuren, die eine gute Gelegenheit wittern, um von einer Religion des Antimaterialismus zu profitieren. Mehr noch als andere historische Erscheinungen betrachtet man die Katharer heute durch die vielschichtigen Filter der jüngeren Vergangenheit.

ERSTES KAPITEL
Geburt einer Häresie. Die Anfänge der Katharer

Dualismus

»Es ist Euch gewiss allen bekannt, wie diese Ketzerei – Gott
sende Seinen Fluch über sie – so stark wurde, dass sie das gesamte Gebiet von Albi, von Carcassonne und das meiste des
Lauragais beherrschte. Im ganzen Land zwischen Béziers und
Bordeaux glaubten viele und wahrhaftig die meisten Leute an
sie oder unterstützen sie. Als der Herr Papst und die anderen
Kleriker sahen, dass sich dieser Irrsinn viel schneller verbreitete
als je zuvor und sein Würgegriff sich jeden Tag fester zusam-
menzog, entsandte jeder von ihnen aus seinem Amtsbereich
Prediger. Der Zisterzienserorden führte die Kampagne an und
schickte immer und immer wieder seine eigenen Leute aus. Alsdann berief der Bischof von Osma eine Zusammenkunft zwischen ihm selbst und anderen Legaten und diesen Bulgaren
nach Carcassonne. Diese war sehr gut besucht, und der König
von Aragón und viele Adlige waren zugegen. Als der König die
Redner gehört und entdeckt hatte, wie ketzerisch sie waren, zog
er sich zurück und sandte einen Brief darüber nach Rom in der
Lombardei.

Gott segne mich, was soll ich sagen? Sie denken mehr an
einen verfaulten Apfel als an Predigten, und blieben fast fünf
Jahre bei ihren Irrtümern. Diese verlorenen Toren weigerten
sich zu bereuen, sodass viele getötet wurden, viele Leute zu
Grunde gingen und noch mehr sterben werden, bevor das
Kämpfen ein Ende hat. Es kann nicht anders sein.«[1]

Diese Anklage ist Teil der Einleitung zu einem in Altproven-
zalisch (Okzitanisch) geschriebenen, umfangreichen Epos, »La

Erzengel Michael (»der Seelenwäger«) und der Teufel im Kampf um die Seele. Aus einer Darstellung des Jüngsten Gerichts (katalanischer Flügelaltar des 13. Jh., heute im Diözesanmuseum von Vic).

Chanson de la croisade contre les Albigeois«, deren erstes Drittel von Wilhelm von Tudela verfasst wurde, der sich selbst als »Schreiber in heiligen Orden« nennt. Er stammte aus Tudela in Navarra. Das Kreuzzugsepos beschreibt den Zeitraum von 1204 bis 1218, also die Periode unmittelbar vor und während des Albigenserkreuzzuges. Wilhelm ist eine in der Regel zuverlässige Quelle, und obwohl er auf Seiten der Kreuzfahrer steht, verschließt er doch nicht seinen Blick vor den Leiden der Opfer.

Die von ihm verfluchte Häresie ist das Katharertum, dessen Anhänger im Languedoc nach Wilhelm von Tudela einer Version des katharischen Glaubens – dem so genannten radikalen

Dualismus – huldigten. Nach der Schrift *De heresi catharorum* eines lombardischen Anonymus vom Ende des 12. Jahrhunderts glaubt und predigt diese Gruppe der Katharer, »dass da zwei Götter oder Herren sind ohne Anfang und ohne Ende, der eine gut, der andere gänzlich böse. Und sie sagen, jeder der beiden habe Engel geschaffen: der gute Gott gute Engel und der böse Gott böse Engel, und dass der gute Gott allmächtig ist im himmlischen Reich und dass der böse herrscht in allen weltlichen Dingen.« Luzifer ist der Sohn dieses Gottes der Finsternis; er stieg zum Himmel auf, wo er sich »in einen Engel des Lichts verwandelte« und die Engel dazu überredete, sich bei Gott für ihn einzusetzen, damit man ihn zum Haushofmeister der Engel ernenne. In dieser Eigenschaft verführte er einige Engel, und nach der daraufhin folgenden großen Schlacht wurden diese zusammen mit Luzifer aus dem Himmelreich vertrieben. Die Engel waren aus Körper, Seele und Geist, und »die Seelen wurden von Luzifer ergriffen und in die Körper in dieser Welt verpflanzt«. Christus, der Sohn Gottes »kam, um nur diese Seelen zu retten«. »Sie erklären, dass die menschlichen Körper teilweise von diesen bösen Geistern beseelt sind, welche der Satan geschaffen hatte, und teilweise von gefallenen Seelen. Diese Seelen tun Buße in diesen Körpern, und wenn eine Seele nicht in einem Körper errettet wird, dann geht sie in einen anderen Körper über und tut Buße.«[2]

Die Katharer im Languedoc folgten diesen Lehren bis zum Konzil von St-Félix-de-Caraman, das auf halbem Wege zwischen Toulouse und Carcassonne entweder im Jahre 1167 oder einige Jahre später, irgendwann zwischen 1174 und 1177, abgehalten wurde.[3] Es wurde von führenden Katharern aus der Francia (»Frankreich«), das heißt dem Gebiet nördlich der Loire, und dem Languedoc besucht, die von Niketas, dem Bischof der Bogomilenkirche zu Konstantinopel, von ihrem moderaten oder abgemilderten Dualismus zu einem radikalen

Dualismus bekehrt worden waren. Diese moderaten dualistischen Katharer, sagt der Autor von *De heresi catharorum*,

»predigen von und glauben an einen einzigen guten, allmächtigen Gott ohne Anfang, der die Engel erschuf und die vier Elemente. Sie erklären, Luzifer und seine Komplizen hätten im Himmel gesündigt, aber einige unter ihnen sind sich nicht sicher, worin die Sünde bestand. Einige glauben – aber das ist ein Geheimnis –, dass da ein gewisser böser Geist mit vier Gesichtern gewesen sei: eines von einem Menschen, das zweite von einem Vogel, das dritte von einem Fisch und das vierte von einem wilden Tier. Dieser Geist hatte keinen Anfang und verblieb in dieser Wirrnis und hatte keine Schöpferkraft.«

Luzifer stieg nieder und wurde von diesem bösen Geist in die Irre geleitet, und als er in den Himmel zurückkehrte, verführte er andere.

»Sie wurden aus dem Himmel vertrieben, aber verloren nicht ihre natürlichen Fähigkeiten, die sie besaßen. Diese Ketzer behaupten, Luzifer und der andere böse Geist wollten die Elemente teilen, vermochten es aber nicht. Daraufhin erbaten sie von Gott einen guten Engel als Helfer, und mit dessen Stärke und Weisheit trennten sie die Elemente. Und, so sagen sie, Luzifer sei der Gott, von dem die Genesis sagt, er habe Himmel und Erde erschaffen und dieses Werk in sechs Tagen vollendet.«[4]

Dieser Wechsel vom moderaten zum radikalen Dualismus war von großer Bedeutung für die Katharer des Languedoc, denn der moderate Dualismus hatte erkennbare Ähnlichkeiten mit der christlichen Lehre vom Sündenfall, der radikale Dualismus dagegen wies keinerlei Gemeinsamkeiten mit christlichen Glaubensinhalten auf. Als alle Kampagnen gegen den radikalen Dualismus fehlgeschlagen waren, sah Papst Innozenz III. im Jahre 1209 keine andere Möglichkeit, als Gewalt anzuwenden. Unter Rückgriff auf das von Augustinus im 5. Jahrhundert formulierte Konzept vom Gerechten Krieg (bellum iustum) wurde die Durchführung eines Kreuzzuges vom Papst als legitime Waffe angesichts eines unbeugsamen Widerstandswillens angesehen.[5]

Wilhelm von Tudela gibt an, dass diese Häresie überall zwischen Béziers und Bordeaux grassierte, aber nur bei seiner Schilderung des Treffens in Carcassonne zwischen dem Bischof von Osma und denen, die er »Bulgaren« nennt, liefert er einen kleinen Hinweis darauf, auf welchem Wege die Häresie eigentlich in diese Gebiete kam. Die Bezeichnung »Bulgaren« bezieht sich auf die bogomilischen Häretiker im Balkangebiet, namentlich auf die Häretiker in Thrakien, Makedonien und Bosnien, aber zur Zeit Wilhelms wurde der Name vornehmlich zur Bezeichnung westlicher Häretiker verwendet, begründet auf der weit verbreiteten Annahme, dass deren Glaube und Organisation ursprünglich aus der Balkanregion herstamme. Wenn auch die Historiker nachweisen konnten, dass diese Auffassung durchaus richtig war, bleibt doch unklar, auf welche Weise diese Glaubensvorstellungen ihren Weg nach Westen fanden. Die Bogomilen teilten einige charakteristische Merkmale mit zwei älteren östlichen Häresien – Paulikianern und Messalianern –, die beide als Folge byzantinischer Bevölkerungspolitik auf dem Balkan vertreten waren: Die byzantinischen Kaiser versuchten nämlich, religiöse und politische Oppositionsbewegungen im Kernland Kleinasien zu brechen, indem sie aufrührerische Bevölkerungsgruppen in andere Gebiete verpflanzten. Im 8. Jahrhundert wurden die Paulikianer gestärkt, als die Dynastie der Isaurier – die so genannten »ikonoklastischen Kaiser« – die Verehrung von Bildern zu unterdrücken versuchten. Diese Politik bewog sie ab den 730er Jahren, alle jene Kräfte zu tolerieren, die ebenfalls die Äußerlichkeiten des christlichen Kultus ablehnten. Als Kaiser Konstantin V. in den 750er Jahren Armenien von den Muslimen zurückeroberte, wurden auch Paulikianer in Thrakien angesiedelt, das einige Jahre zuvor von der Pest entvölkert worden war. Mit dem Ende der ikonoklastischen Herrschaft Mitte des 9. Jahrhunderts kam es erneut zu Verfolgungen der Paulikianer. Kaiser Basileios I. eroberte 878 ihre zentrale Festung Tephrike im Thema Armeniakon in Ostanatolien. Allerdings bedeutete dies nicht ihre völlige Vernichtung, denn Teile der Paulikianer wurden für das byzantinische Heer rekrutiert. Ihre Präsenz im Heer ist bis ins 12. Jahrhundert hinein belegt, zugleich verstärkte die Umsiedlung weiterer paulikianischer Gemeinden von der Ostgrenze des Reiches ins thrakische Philippopolis in den 970er Jahren die Zahl der Paulikianer auf dem Balkan beträchtlich.[6]

Beide Sekten hatten ihren Ursprung im Osten, die Messalianer im Edessa des 4. Jahrhunderts, die Paulikianer im Zweistromland des 7. Jahrhunderts. Beide gewannen überall im Byzantinischen Reich Anhänger: Im 5. Jahrhundert sind Messalianer in Syrien, Kappadokien und Kleinasien anzutreffen, während sich die Paulikianer auf sieben »Kirchen« zwischen dem Euphratgebiet im Osten und Korinth im Westen stützten.[7] Keine der beiden Häresien akzeptierte den jüdisch-christlichen Glauben an die Schöpfung der Welt durch Gott; beide suchten nach einer Erklärung für das Böse in der Existenz der Materie, als deren wichtigstes Element sie den menschlichen Körper betrachteten. Während aber die Messalianer glaubten, der Dämon in einem jeden Körper könne durch inbrünstiges Beten vertrieben werden, vertraten die Paulikianer eine dualistische Position und glaubten an die ewige Trennung zwischen Gott und Materie. Das sind die »zwei Prinzipien«, das Hauptcharakteristikum des radikalen Dualismus im Languedoc und in Norditalien seit den 1170er Jahren.

Die Ursprünge des paulikianischen Glaubens sind deshalb für Historiker von Bedeutung, die nach den Inspirationsquellen für die mittelalterlichen Häresien des Westens fragen. Die byzantinischen Autoren nennen die Paulikianer durchgängig »Manichäer«. Das Manichäertum ist die Schöpfung eines Persers namens Mani, der im Jahre 276 n. Chr. von der zoroastrischen Oberschicht ums Leben gebracht wurde. Der systematische Dualismus geht auf die Gnostiker des ersten nachchristlichen Jahrhunderts zurück, für die Materie an sich böse war. Mani selbst scheint unter dem Einfluss zahlreicher Vorstellungen aus der zoroastrischen Religion, dem Christentum, dem Buddhismus und dem babylonischen Mandäismus (in dessen Milieu er aufgewachsen war) gestanden zu haben. Unter den identifizierbaren Elementen ist der Einfluss des 160 n. Chr. gestorbenen Markion, Sohn des Bischofs von Sinope, zu nennen. Markions Dualismus lehnt den Gott des Alten Testaments an sich ab, denn er gilt als verantwortlich für das Böse in der Welt: damit steht dieser Gott in keinerlei Verbindung zum Neuen Testament. In Manis Kosmologie sind Dunkelheit und Licht von Anfang an getrennt, aber dass einige Partikel dieses Lichts von den Mächten der Finsternis (dargestellt als ein Wesen mit Löwenkopf, Drachenleib, Vogelschwingen, Fischschwanz und Tierklauen) eingefangen werden konnten, bedeutete, dass Gott gezwungen war, diese Katastrophe ungeschehen zu machen. Die Folge war ein langer und immer noch ungelöster Konflikt, in dessen Verlauf Gott mit Hilfe von »Berufungen« eine materielle Welt schuf, in der die Mächte der Finsternis eingeschlossen werden konnten. Als Reaktion darauf formte die Macht der Finsternis den Menschen – der sich selbst fortpflanzt wie die Dämonen –, damit die Lichtpartikel für immer eingeschlossen wären, in diesem Fall im menschlichen Körper. Jesus Christus war eine dieser göttlichen »Berufungen«; er wurde ausgesandt, um die Botschaft des Dualismus zu überbringen. Mani selbst war die letzte »Berufung«;

ihm wurde die letzte Offenbarung teilhaftig, damit sie sich durch ihn über die Welt verbreite. Das Ziel war die Rückkehr zu einer vollständigen Trennung zwischen Dunkelheit und Licht.[8] Weder für die Theologen der orthodoxen Kirche noch für katholische Theologen verloren sich diese kosmologischen Vorstellungen im Dämmer der zehn Jahrhunderte, die zwischen dem Manichäismus und späteren Häresien lagen. Augustinus etwa war selbst neun Jahre lang »auditor« unter den Manichäern; somit gehört der Begriff zum vertrauten Vokabular gebildeter Männer im Westen.[9] Viele geistliche Autoren zeigten sich deshalb bereit, die »Manichäer« an den Wurzeln einer jeden »häretischen Verderbtheit« anzusiedeln, ohne die Notwendigkeit weiterer Nachforschungen zu verspüren.

Moderne Historiker waren da natürlicherweise nicht so leicht zu überzeugen, und so herrscht unter ihnen auch keine vergleichbare Einhelligkeit. Bekanntermaßen ist es schwierig, Ideen über Jahrhunderte hin zu verfolgen, insbesondere, wenn solche Ideen in Opposition zu einer herrschenden Orthodoxie standen und deshalb zum Gegenstand von Verunglimpfung, Verzerrung und Unterdrückung wurden. Einige Historiker – darunter Dmitri Obolensky, Steven Runciman, Hans Söderberg und zuletzt besonders überzeugend Yuri Stoyanov – akzeptieren die grundsätzliche Kontinuität des Dualismus in einer Entwicklungslinie von den Gnostikern und den Manichäern zu den Paulikianern und Bogomilen bis hin zu den Katharern, wobei sie sich vollständig über den propagandistischen Charakter des Manichäismus-Vorwurfs von Seiten der orthodoxen Theologen im Klaren sind.[10] Söderbergs Ansicht ist besonders klar umrissen: Die radikalen Dualisten leiten sich vom persischen Manichäismus ab, die moderaten Dualisten beziehen sich auf den ägyptischen und syrischen Gnostizismus. Für ihn verliehen die Katharer »dem Mythos vom Kampf zwischen den beiden Mächten ein christliches Gewand«, zwischen ihnen und den Gnostikern

»existierte ein ununterbrochenes, traditionelles Band«. Arno Borst sieht das Problem mehr im Sinne eines religiösen Kontexts als im Sinne einer Kontinuität und verweist auf den fundamentalen Charakter des Problems von der Existenz des Bösen. Danach gibt es ein gemeinsames Element in den Religionen des ersten Jahrtausends vor Christus, nachweisbar in der zoroastrischen Religion Persiens und in den Kulten des antiken Griechenland: das Innewohnen des Bösen in der Materie, dem Gefängnis der Seele. Das paulinische Christentum betonte später unter dem Einfluss der griechischen Sehweise die Dualität zwischen Gott und der Welt, während eine Reihe christlicher Häretiker, darunter Markion im 2. Jahrhundert und der Spanier Priscillian im 4. Jahrhundert, mit ihrem dualistischen Glauben die rechtgläubige Theologie zeitweilig bedrohten. Zwei Häresien, die Messalianer und die Paulikianer, erwiesen sich als beständiger und prägten ihre Präsenz den byzantinischen Theologen des frühen Mittelalters nachhaltig ein.[11] Es ist absolut verständlich, dass mittelalterliche Kleriker die zeitgenössischen Dualisten als Manichäer betrachteten. Der Manichäismus im engeren Sinne verschwand jedoch im Byzantinischen Reich nach den Verfolgungen unter Kaiser Justinian (527–565), auch wenn er weiter im Osten überdauerte. Einige Historiker – etwa Bernard Hamilton und Yliva Hagman – verwerfen deshalb die Idee von einer Herleitung aus dem Manichäismus und verweisen darauf, dass Paulikianer, Bogomilen und Katharer sich selbst als »gute Christen« betrachteten.[12] »Die christlichen Dualisten waren kein fremdes Pfropfreis auf christlichem Stamm, sondern Abweichler, die von der orthodoxen Kirche abgefallen waren und den christlichen Glauben in einer außergewöhnlich radikalen Weise interpretierten.« Nach dieser Auffassung war der Gründer der Paulikianer, Konstantin von Mananalis, somit der erste christliche Dualist und der Begründer einer neuen häretischen Bewegung.

Die Bogomilen

Keine dieser wissenschaftlichen Positionen indessen löst das Problem der möglichen Verbindungen zwischen Messalianern, Paulikianern und Bogomilen. Um auf diesem Weg voranzukommen, sollte zunächst festgehalten werden, was über die Bogomilen selbst bekannt ist. Die erste detaillierte Beschreibung der dualistischen Häresie in Bulgarien stammt von Kosmas Presbyter, dessen *Abhandlung* oder *Schrift gegen die Bogomilen* auf die Jahre zwischen 969 und 972 datiert wird. Kosmas kann Bischof gewesen sein oder bekleidete zumindest eine maßgebliche Stellung innerhalb der Kirche. Es wird deutlich, dass er die Verantwortung spürte, die »Einfachen und Unwissenden« vor der Heuchelei der Häretiker zu schützen, während er zugleich so manches Verhalten des orthodoxen Klerus beklagt. Sein Bericht beruht auf eigenen Beobachtungen und ist nicht von vorausgehenden Traditionen abhängig.[13] Kosmas legt das Auftreten der Häresie in die Regierungszeit des bulgarischen Zaren Peter (927–969). Die häretische Lehre wurde danach in Bulgarien zum ersten Mal von einem Priester namens Bogomil gepredigt.[14] Ein vom Patriarchen von Konstantinopel, Theophylaktos Lakapenos, zwischen 940 und 950 auf Anforderung des Zaren Peter geschriebener Brief bestätigt, dass die dualistische Häresie den Herrscher beunruhigte. Der Inhalt des Briefes basiert jedoch mehr auf Theophylaktos' theologischen Kenntnissen über den Manichäismus und Paulikianismus als auf einer irgendwie gearteten unmittelbaren Erfahrung, und so ist es nicht absolut sicher, ob er sich überhaupt auf die Bogomilen bezieht.[15] Kosmas wusste von der Verfolgung der Häretiker, die aus diesem Brief hervorgeht, aber er sagt: »Wie können sie Mitleid verdienen, auch wenn viele von ihnen leiden, wenn sie den Satan als Erschaffer des Menschengeschlechts und sogar der göttlichen Schöpfung betrachten? Und wegen ihrer großen Unwissenheit nennen ihn manche gar einen gefallenen Engel und andere nennen ihn ›Diener der Ungerechtigkeit‹. Auch sagen sie: Es ist nach Satans Wille, dass alles existiert – der Himmel, die Sonne, die Sterne, die Luft, die Menschen, die Kirchen, das Kreuz; alles, was zu Gott gehört, schreiben sie dem Satan zu; kurz, alles, was sich auf der Erde bewegt, mit oder ohne Seele, ist ein Werk des Satans.« Die Herrschaft des Satans über die materielle Welt ergibt sich aus Matthäus 4:9, wo er Christus anbietet: »Das alles will ich dir geben, wenn du niederfällst und mich anbetest.« Im »Gleichnis von den zwei Söhnen« (das heißt vom »verlorenen Sohn«) in Lukas 15 wird der ältere Sohn mit Christus identifiziert, der jüngere, »der seinen Vater täuschte, ist der Satan«. Sie nennen den Satan Mammon, sagt Kosmas, »denn er gebot den Männern, sich Frauen zu nehmen, Fleisch zu essen und Wein zu trinken.« Solche, die heiraten, sind »Diener des Mammon« und ihre Nachkommenschaft sind »die Kinder des Mammon«. Die logische Folge ist die Verdammung der Glaubensgrundlage der Orthodoxie und der Symbole der christlichen Religion. Sie konnten weder die Erlösung des Menschengeschlechts durch den Tod Christi und die Auferstehung akzeptieren noch die Rolle der Propheten, die eines Johannes des Täufers oder der Jungfrau Maria. Diese Leute lehnten das Kreuz, Heiligenbilder, Reliquien und Heilige ab und »wackeln mit dem Kopf hin und her wie die Juden, als sie Christus kreuzigten«. Sie behaupten, »die Eucharistie sei nicht wirklich der Leib Christi, wie ihr (die Priester) sagt, sondern einfach eine Speise wie jede andere auch.«

Kosmas hielt die Häretiker für Heuchler, weil sie oft ihren Glauben verheimlichten, den Gottesdienst besuchten und an den Sakramenten und der Liturgie teilhatten. Insbesondere erzürnte ihn ihre, wie er meinte, bewusst hartnäckige Fehlinterpretation wichtiger biblischer Passagen, dazu gehörte auch, wie sie die Wunder Christi beurteilten:

»Wie fürwahr können sie nicht die Feinde Gottes und der Menschen sein, sie, die nicht an die Wunder Gottes glauben? Weil sie den Satan Schöpfer nennen, geben sie nicht zu, dass Christus Wunder vollbrachte. Obwohl sie hören, wie die Evangelisten laut die Wunder Gottes verkünden, ›verdrehen sie sie bis zu ihrer eigenen Zerstörung‹ (2Petrus 2:16) und sagen, ›Christus hat blinde Menschen nicht wieder sehend gemacht, er heilte keinen Krüppel, er erweckte keine Toten; das sind nur Gleichnisse. Die Evangelisten meinen Sünden, die geheilt wurden, als wären es Krankheiten‹.«

Kosmas erwähnt keinerlei organisatorische Strukturen, und so existierten zu dieser Zeit wohl auch keine, obwohl deutlich wird, dass es eine Elitegruppe ambulanter Prediger gab, die von Sympathisanten und Konvertiten unterstützt wurden. »Leute, die ihre große Bescheidenheit sehen und glauben, sie seien gute Christen und könnten sie zur Erlösung führen, kommen zu ihnen und befolgen den Rat zur Errettung ihrer Seelen; während sie, wie ein Wolf, der sich gerade ein Lamm packen will, vorgeben zu schmachten und demütig antworten.« Sie beten achtmal in vierundzwanzig Stunden und sagen nur das »Vaterunser« auf, aber sie arbeiten nicht, vielmehr »gehen sie von Haus zu Haus und essen die Gaben anderer, von solchen Leuten, die sie getäuscht haben«. Sie beichten sich gegenseitig ihre Sünden und geben sich gegenseitig die Absolution, Frauen wie Männer, ganz im Widerspruch zur Anweisung des Paulus, dass man Frauen nicht unterweisen oder dass man ihnen keine Befugnis über Männer erteilen soll.

Wiederum besteht keine Einigkeit über die Herleitung dieser Ideen. Obolensky hält den Einfluss der Messalianer und der Paulikianer für offensichtlich. Die Messalianer betonten das inbrünstige Gebet, eine asketische Lebensführung und eine stärkere Rolle der Frauen, während der paulikianische Dualismus die gesamte Basis des orthodox-christlichen Glaubens ablehnte sowie die dazugehörigen formalen kirchlichen Strukturen.[16] Hamilton weist jeglichen Einfluss der Messalianer zurück, denn es sei nicht nachzuweisen, dass es nach dem 7. Jahrhundert noch Elemente eines entsprechenden lebendigen Glauben gegeben hätte; den Paulikianern billigt er nur eine verhältnismäßig geringe Rolle zu. Obwohl beide Häresien den Satan als Schöpfer des Bösen betrachteten und etwa auch in der Ablehnung der Eucharistie übereinstimmten, unterschieden sich die Bogomilen doch grundlegend, weil sie an einen einzigen Gott glaubten und nicht an zwei gleich ewige Gottheiten. Auch gab es bei den Paulikianern keine asketische Tradition, die nach Ansicht Hamiltons eher vom orthodoxen Mönchtum übernommen wurde, wenn auch mit durchaus unterschiedlicher Motivation. Wenn überhaupt ein Einfluss des östlichen Dualismus vorlag, dann, so meint Hamilton, möglicherweise vom zurvanitischen Zoroasmus, mit dem die Bulgaren schon zuvor in Kontakt gekommen waren und der weitreichende Gemeinsamkeiten mit dem moderaten Dualismus der Bogomilen aufweist.[17] Obwohl die Historikermeinungen über den Einfluss auseinander gehen, sind sich die meisten doch einig, dass es sich bei den Bogomilen um eine neue Häresie handelte und dass Kosmas Glaubenselemente beschreibt, die für seine Zeit und seine Region typisch waren. Bogomil war der wirkliche Gründer einer neuen Kirche, die um die Mitte des 11. Jahrhunderts, als seine Zeitgenossen zur Beschreibung seiner Lehre den Terminus »Bogomilentum« verwendeten, ihren Einfluss weit über Makedonien hinaus ausgeweitet hatte.[18]

Eine befriedigende Erklärung für das Auftreten der Häresie gerade in dieser Zeit ist jedoch bislang noch nicht gefunden worden. Die meisten Historiker führen in diesem Zusammenhang die fortdauernde religiöse, politische und soziale Instabilität an, und es besteht kein Zweifel, dass sich die kulturellen Grundlagen »Bulgariens« um die Mitte des 10. Jahrhunderts noch in einem Formierungsprozess befanden. Die Annahme des Christentums um die Mitte des 9. Jahrhunderts lag noch nicht lange zurück, wobei sich systematische Missionsarbeit erst mit dem Auftreten von Clemens, Naum und Angelarius um 885 nachweisen lässt. Sie waren Schüler des hl. Method, der zusammen mit seinem Bruder Kyrill (Konstantin) die Slaven im Großmährischen Reich evangelisiert hatte.[19] Sie können durchaus einen unbeabsichtigten Beitrag geleistet haben, denn um ihrem Werk eine Dauer zu verleihen, gründeten sie in Ochrid eine Schule, und die dort angefertigten Übersetzungen des Neuen Testaments und anderer Texte ins Altslavische erleichterte es den Bogomilen, ihre eigene Interpretation dieser Schriften zu verbreiten.[20]

Die Situation verkomplizierte sich noch durch das unklare Verhältnis zu Byzanz, denn die politischen und militärischen Beziehungen schwankten zwischen Abhängigkeit und manchmal gewalttätigem Widerstand. Die Konflikte verschärfte Khan Boris (852–889) durch seinen Versuch, ein Bündnis mit dem Karolinger Ludwig dem Deutschen zu schließen, damit hätte man in dieser Region dem Papsttum Tür und Tor geöffnet. Die Folge war eine kriegerische Intervention der Byzantiner im Jahre 864 und die erzwungene Annahme der griechischen Orthodoxie durch den Khan. Es überrascht nicht, dass bald darauf – wohl um 870 – paulikianische Missionare aus Tephrike bei den Bulgaren am Werke waren, denn die sich widerstreitenden religiösen Strömungen boten gute Gelegenheit für Bekehrungen.[21] Die Historiker argumentieren daher meist von einer »religiösen« oder »sozialen« Erklärungsbasis aus. Dieses Vorgehen ist auch für die moderne Behandlung des Katharertums charakteristisch.[22] Für Obolensky ist die Verbreitung der Häresie vornehmlich eine Folge der Unfähigkeit der orthodoxen Kirche, sich selbst angesichts der religiösen, sozialen und ökonomischen

Unruhe im Bulgarien des 10. Jahrhunderts wirksam ins Spiel zu bringen, nicht zuletzt wegen der Versäumnisse der oberen kirchlichen Ränge. Kosmas selbst steht der Kirche seiner Zeit recht kritisch gegenüber, vor allem dem Mönchtum und dem Eremitentum, auch wenn er nicht bereit ist, externe Begründungen für das Auftreten der Häretiker in Betracht zu ziehen. Für Kosmas schloss eine religiöse Spaltung auch die Anstachelung sozialer Revolten ein.»Sie lehren ihre Anhänger, nicht ihren Meistern zu gehorchen; sie verachten die Reichen, sie hassen die Zaren, sie verlachen ihre Oberen, sie tadeln die Bojaren, sie glauben, Gott schaue mit Abscheu auf alle, die für den Zaren arbeiten, und raten jedem Diener, nicht seinem Herrn zu dienen.«[23] Obolensky interpretiert diese Passage mit Vorsicht: »Man hüte sich davor, dem sozialen Anarchismus der Bogomilen zu viel Bedeutung beizumessen oder in ihnen die slavischen Kommunisten des Mittelalters zu sehen.«[24] Im Gegensatz zu Obolensky sieht Dimitur Angelov im damals herrschenden sozio-politischen Klima den Schlüssel für die Verbreitung des Bogomilentums.»Auch wenn es nach seinen Formen eine Häresie repräsentiert, ist es im Grunde doch eine soziale, gegen feudale Unterdrückung gerichtete Bewegung.« Für ihn ist das Bogomilentum eine Unterschichtenbewegung, die sich an ein unterdrücktes und überbesteuertes Bauerntum und an ein verarmtes städtisches Proletariat wandte, die wenig Affinität zu einer reichen Kirche und einer mit umfassender ökonomischer und jurisdiktioneller Macht ausgestatten Bojarenklasse hatte. Gewalt, Plünderung und Folter durch eine Soldateska verschärften ihre ohnehin schon prekäre Lage. Nach Angelovs Ansicht bot das hierarchische Konzept der Orthodoxie eine ideologische Rechtfertigung für den bestehenden Zustand feudaler Herrschaft.[25] Angelovs Interpretation ist wohl zu schematisch, um gänzlich realistisch zu sein, aber Obolensky geht doch etwas zu schnell über das Thema hinweg. Die Ablehnung der Bogomi-

Die Ruine der Bischofskirche in Mesembria (Nesebar), ein wichtiges Zeugnis bulgarischer Baukunst des Mittelalters. In dem mit Byzanz rivalisierenden Bulgarischen Reich breitete sich die dualistische Häresie der Bogomilen seit dem 9. Jh. aus und drang von dort nach Westen vor.

len gegenüber allen gesellschaftlichen Gruppen und Institutionen, die über materielle Macht verfügten, stimmt mit den übrigen Informationen des Kosmas durchaus überein. Wenn es sich so verhält, dann ist eine Transformation bis hin zur gesellschaftlichen Akzeptanz nicht die geringste Veränderung, die der Bogomilismus auf seinem Weg nach Westen durchlebte.

Kosmas hatte gehofft, seine Mahnungen würden die Zeitgenossen vor der häretischen Gefahr warnen und diese könnte eliminiert werden, bevor sie weiteres Unheil anrichtete. Seine

Bemühungen waren aber vergeblich. Im beginnenden 12. Jahrhundert war das Bogomilentum in Bulgarien nicht nur eine verbreitete Erscheinung, sondern wurde von byzantinischen Autoren auch in Thrakien, im westlichen Kleinasien im Thema Opsikion und – besonders wichtig – in der Hauptstadt Konstantinopel selbst geortet. Anna Komnene, Tochter des byzantinischen Kaisers Alexios I. (1081–1118), schrieb ihr Werk *Alexias*, ein Lobpreis ihres Vaters, in den 1140er Jahren.[26] Sie betont darin nicht nur die intellektuellen Gaben ihres Vaters, sondern auch seine militärische Tapferkeit; Alexios' Debatten mit den Häretikern machten ihn für sie zum »dreizehnten Apostel«. Sie hält Philippopolis in Thrakien und Konstantinopel für die wichtigsten häretischen Zentren in der Regierungszeit ihres Vaters. Alexios traf mit den Häretikern von Philippopolis im Jahre 1114 zusammen, als er in dieser Region gegen die Kumanen kämpfte. In Annas Augen war die Stadt »ein Sammelbecken … für alle verschmutzten Wasser«, denn eigentlich alle Einwohner waren entweder Paulikianer (die sie mit den Manichäern gleichsetzt), Armenische Monophysiten oder »so genannte Bogomilen«. Trotz der Halsstarrigkeit dreier Wortführer gelang ihrem Vater – nach Annas Darstellung – die Konversion von tausenden von »Manichäern«, die er in eine Stadt in der Nähe von Philippopolis mit Namen Alexiopolis oder Neokastron umsiedelte.[27] Die Konfrontation des Kaisers mit der Häresie in Konstantinopel ist nicht datiert, sie fand aber, nach immanenten Belegen zu urteilen, früher statt, etwa zwischen 1101 und 1104.[28] Seine wichtigsten Gegner sind in diesem Falle die Bogomilen, von denen Anna meint, sie seien zuvor unbekannt gewesen, aber einräumt, die Häresie habe auch schon vor der Herrschaft ihres Vaters existiert, sie sei aber »unbemerkt geblieben (denn die Bogomilensekte ist Meisterin in der Vortäuschung von Tugend)«. Ihr Dogma sei »ein Gemisch von manichäischer und messalianischer Lehre«, die »tiefe Wurzeln geschlagen hat: sie hat selbst die höchsten Familien durchdrungen, und eine sehr große Menge von Leuten waren von dieser schrecklichen Sache betroffen.« Ihr Wortführer Basilios wurde dazu verleitet, seinen Glauben zu bekennen, und man verbrannte ihn öffentlich im Hippodrom.[29]

Indessen, Anna versagte es sich, den bogomilischen Glauben im Detail darzustellen, sondern verweist den Leser auf die von ihrem Vater in Auftrag gegebene theologische Streitschrift *Panoplia Dogmatica* des Mönchs Euthymios Zigabenos, eine systematische Beschreibung aller Häresien mit entsprechenden Widerlegungen. Der dortige Abschnitt über die Bogomilen scheint direkt auf Basilios' Zeugnis zurückzugehen, denn Euthymios war mit seiner Befragung beauftragt, sodass sich die beiden Autoren hier sehr gut ergänzen.[30] Seine Beschreibung stimmt im Wesentlichen mit der Lehre Bogomils und seiner Schüler überein, wenn auch inzwischen eine Verfeinerung der Lehre stattgefunden hatte. Obwohl also Niketas in den frühen 1170er Jahren den radikalen Dualismus von Konstantinopel in den Westen brachte, hingen zu dieser Zeit die byzantinischen Bogomilen nach der Darstellung des Euthymios Zigabenos noch dem moderaten Dualismus ihres Gründers an.[31] »Sie sagen, dass der Dämon, den der Erlöser selbst Satan nennt, auch ein Sohn Gottvaters ist, genannt Satanael; er kam vor dem Sohn, dem Wort, und ist stärker, wie es sich für den Ertgeborenen geziemt.« Satanael war der Vorsteher, stand an zweiter Stelle nah dem Vater und war so eingenommen von seiner Stellung, dass er eine Rebellion anzettelte, indem er einige Engel mit dem Versprechen, »ihren bürdenreichen Dienst zu lindern«, verführte. Als Gott dies sah, wurden sie aus dem Himmelreich hinausgeworfen, aber Satanael, »der die Kraft des Demiurgs« besaß, nutzte diese Fähigkeit und erschuf die Erde, wie es in der Genesis beschrieben ist. Basilios' Version von der Erschaffung des Menschen lautet wie folgt:

Kain erschlägt seinen Bruder Abel (Bronzerelief von der Bernwardstür, Hildesheim, Dom, um 1015).

»Dann formte er den Leib Adams aus mit Wasser vermischter Erde und ließ ihn aufstehen, und einige Feuchtigkeit rann zu seinem rechten Fuß hinunter, sickerte durch seinen großen Zeh, wand sich über den Boden und beschrieb die Form einer Schlange. Satanael sammelte den Atem, der in ihm war, und hauchte Leben in den Leib, den er geformt hatte, und sein Atem sank hinunter durch die Leere zu seinem rechten Fuß auf die Weise wie oben gesagt, fuhr durch den großen Zeh hindurch in den gewundenen Tropfen. Dieser wurde sogleich lebendig, trennte sich vom Zeh und kroch hinweg. Deshalb ist er schlau und klug wegen Satanaels Atem, der in ihn hineingefahren ist.«

Satanael erkannte nun, wie begrenzt seine Kräfte waren, und so

»sandte er eine Botschaft zu Gottvater und bat Ihn, ihm Seinen Atem zu senden, sagte, der Mann solle unter ihnen aufgeteilt werden, wenn er mit Leben erfüllt wäre und dass die Plätze im

Himmel jener Engel, die vertrieben worden waren, gefüllt werden sollten mit den Nachkommen des Mannes. Weil Gott gut ist, willigte er ein und hauchte den Atem des Lebens in das hinein, was Satanael geformt hatte; und sogleich wurde der Mann zu einer lebendigen Seele, glänzend in seinem Leib und strahlend in mannigfachen Eigenschaften.«

Satanael jedoch brach sein Wort, machte Eva schwanger mit Kain und seiner Schwester Calomena. Abel, Adams Sohn mit Eva, wurde von Kain getötet »und so entstand der Mord«. Es war Gottes Mitleid für die Seele, die er dem Leib eingehaucht hatte, dass er im Jahr 5000 »sein Wort sandte, das ist sein Sohn«. Für die Bogomilen war dieser Sohn der Erzengel Michael, »der von oben herabstieg und durch das rechte Ohr der Jungfrau schlüpfte, und nahm einen Körper an, der leiblich schien wie ein menschlicher Körper, in Wahrheit aber unstofflich und göttlich war.« Hier äußert Euthymios explizit, was Anna Komnene implizit ausdrückt; sie bemerkt lediglich, dass Basilios »scheel auf unsere Lehre von der göttlichen Natur Christi blickte und Seine Menschennatur gänzlich falsch auslegte.«[32] Christus spielte somit nur eine begrenzte Rolle; er war gewiss nicht Teil einer ewigen Dreifaltigkeit, wie die Orthodoxen glaubten. Bogomils »falsche Konstruktion«, die Kosmas so sehr erboste, war jetzt zur Standardeinstellung der Häretiker gegenüber den biblischen und apokryphen Texten geworden.

Anna Komnene hatte fälschlich behauptet, die Häresie sei etwas gänzlich Neues, aber selbst der besser informierte Euthymios Zigabenos hielt sie für nicht älter als seine eigene Generation. Immerhin billigt er ihr – mit seinem Hinweis auf den manichäischen Ursprung des Bogomilentums – eine länger zurückliegende Geschichte zu. Er berichtet, Basilios hätte sich schon mehr als fünfundfünfzig Jahre lang seinen Studien und Predigten hingegeben, und deutet damit an, dass das byzantinische Bogomilentum bereits um die Mitte des 11. Jahrhunderts etabliert war.[33] Dies bestätigt Euthymios, Mönch des Peribleptonklosters zu Konstantinopel (ursprünglich aus der Diözese Akmonia), denn er beschreibt um 1045 die Häresie im Thema (Militärbezirk) Opsikion.[34] Es ist deshalb möglich, dass die Eroberung Bulgariens durch Kaiser Basileios II. im Jahre 1018 und die darauf bis 1185 andauernde byzantinische Herrschaft Bedingungen für eine Ausweitung des Bogomilentums auch in anderen Teilen des Byzantinischen Reiches schuf, vielleicht auch durch Mischehen. Überdies zeigt das Auftreten der Häresie in den »höchsten Häusern« von Konstantinopel, dass sich der »Irrglaube« nicht nur über weite Gebiete verbreitet hatte, sondern auch sozial mobil und intellektuell entwicklungsfähig war. Diese Aspekte sollten große Bedeutung für die Geschichte des Katharertums im Westen erlangen. Gewiss war die Häresie bereits so gut etabliert, dass sie Alexios, trotz aller Anstrengungen, nicht eliminieren konnte. Offensichtlich war der Kaiser auch deshalb so alarmiert, wie Michael Angold meint, weil die Häresie nicht mehr nur ein Problem der Provinzen war, sondern auch Eingang in die Hauptstadt gefunden hatte und von den dortigen politischen und sozialen Unruhen sei den 1040er Jahren profitieren konnte.[35] Auch in den 1170er Jahren war die Häresie in Konstantinopel noch präsent. Etwa zur selben Zeit, als Niketas seine Mission im Westen durchführte, schrieb der in Konstantinopel ansässige Pisaner Hugo Eterianus, der den Kaiser theologisch im Sinne einer Kirchenunion beriet, seine Kampfschrift gegen die Bogomilen und verlangte darin, diese Ketzer sollten alle hingerichtet werden. Nach seiner Darstellung wohnten sie in den Distrikten um den Hellespont (Bosporus) und im gesamten Stadtgebiet von Konstantinopel.[36]

So scheint es, dass die Bogomilen von Bulgarien und Konstantinopel in der Regierungszeit Alexios' Komnenos weit verbreiteten Glaubensgrundsätzen anhingen. Auf dem Konzil von

St-Félix-de-Caraman befragt, nennt Niketas fünf Kirchen: Romania (das ist Konstantinopel), Drughuntia (das Tal der Dragovitza in der Region Philippopolis), Melengia (vielleicht die Kirche der slavischen Milingi im Taygetosgebirge und in der südlichen Peloponnes), Bulgaria und Dalmatia (womit vermutlich Bosnien gemeint ist).[37] Irgendwann vor St-Félix-de-Caraman ist es jedenfalls zu einer Spaltung der Doktrin gekommen: die Bogomilen von Thrakien und Konstantinopel wurden zu radikalen Dualisten und verließen Bulgarien und Bosnien, die ursprünglichen Zentren des moderaten Dualismus. Nach Bernard Hamilton könnten sich darin die sprachlichen und kulturellen Unterschiede zwischen Slaven und Griechen widerspiegeln.[38] Das Schisma scheint jedoch eine recht neue Erscheinung gewesen zu sein, denn es deutet nichts darauf hin, dass die Ende der 1140er Jahre schreibende Anna Komnene oder zeitgenössische dualistische Häretiker im Westen davon zu dieser Zeit wussten.[39] Es gibt keine tragfähigen Belege, die das Aufkommen des radikalen Dualismus unter den byzantinischen Bogomilen erklären könnten, aber mögliche Kontakte zum paulikianischen Glauben waren in Thrakien wahrscheinlicher als in Makedonien, namentlich seit den Massendeportationen in diese Region, die unter Kaiser Johannes Tzimiskes stattfanden, während Anna Komnene berichtet, Alexios I. habe die »Manichäer« oder Paulikianer in einer nahe gelegenen neuen Stadt angesiedelt. Vielleicht am wichtigsten von allem ist aber der Hinweis des Niketas auf dem Konzil von St-Félix-de-Caraman über die wichtige Rolle der paulikianischen Kirchen für die Geschichte des Glaubens, die er zu vermitteln bestrebt war.[40]

Die Ursprünge des Dualismus im Westen
Nach Angaben des anonymen Autors von *De heresi catharorum* begab sich Niketas zuerst in die Lombardei:

»In den frühen Tagen, als sich die Ketzerei der Katharer in der Lombardei auszubreiten begann, hatten sie zunächst einen Bischof namens Markus, dem die lombardischen, toskanischen und trevisanischen (Häretiker) unterstanden. Markus war in der Sekte von Bulgarien geweiht worden. Dann kam da aus Konstantinopel ein Mann in die Lombardei, der Papa Niketas genannt wurde und der gegen die bulgarische Weihe eiferte, die Markus erhalten hatte. Das erweckte Zweifel bei Bischof Markus und seinen Anhängern; er ließ von der bulgarischen Weihe ab und nahm aus den Händen des Niketas die Weihe von Drugunthia an, und in dieser Sekte von Drugunthia blieben er und die Seinen eine Zeit lang.«[41]

Niketas und Markus reisten dann nach St-Félix-de-Caraman. Nachdem sie die dortigen Katharer davon überzeugt hatten, dass nur der radikale Dualismus der rechte Glaube sei, richtete Niketas, neben den bereits bestehenden Diözesen Albi und Francia, drei weitere in Toulouse, Carcassonne und Agen ein.[42] Als der Dominikaner und ehemalige Katharer Rainieri Sacconi im Jahre 1250 eine Aufstellung über alle katharischen Kirchen anfertigte, zählte er insgesamt sechzehn und nannte am Ende die Kirchen von Bulgaria und Drugunthia. »Alle (anderen) stammen von den letztgenannten ab«, sagt er.[43] Aus Rainieris Schrift geht hervor, dass Niketas nur zum Teil erfolgreich war, denn bald nach seiner Mission reagierten die bulgarischen Bogomilen und entsandten ihren eigenen Mann, Petracius (möglicherweise ein Bischof), in die Lombardei. Er behauptete, Niketas habe seine Weihe von Bischof Simon aus der Drugunthia erhalten, den man später bei einer Frau erwischt habe. Wenn das stimmt, wäre Niketas' Werk im Westen wertlos geworden, denn die Katharer glaubten, dass die spirituellen Kräfte ihrer Oberen von deren moralischem Zustand abhängig seien, und dies steht in scharfem Gegensatz zur Kirche, die eine solche Ansicht als donatistische

Häresie verdammte. Nach *De heresi catharorum* wurden die italienischen Katharer durch diese Nachricht in so große Verwirrung gestürzt, dass Streit unter ihnen ausbrach und sie sich in zwei Lager spalteten. Spätere Versuche, das Problem zu lösen, verschärften das Zerwürfnis nur noch, sodass »die gesamte Gruppe der Katharer…, die einst in Einheit lebte, sich jetzt zuerst in zwei und dann wiederum in sechs Teile spaltete.«[44]

Indessen, weder Niketas noch Petracius waren die Urheber des Katharertums im Westen; jeder von ihnen versuchte, bereits existierende Gläubige davon zu überzeugen, dass ihre eigene jeweilige Kosmologie die wahre Erklärung für das Böse in der Welt liefere. Die ursprüngliche Weihe des Markus nach der bulgarischen *ordo*, sowie die Bereitschaft der westlichen Katharer, die Autorität der Abgesandten aus Bulgarien und der Drugunthia zu akzeptieren, verdeutlichen, dass schon vor dieser Zeit enge Kontakte bestanden haben mussten. Wegen der schwierigen Deutung der Quellen jedoch bleiben das »Wann« und das »Wie« unter den Historikern umstritten. Fast jede mögliche Variante des Themas hat in der Forschung Anhänger gefunden. Historiker wie Steven Runciman, Hans Söderberg und Antoine Dondaine argumentieren, dass die im Westen im frühen 11. Jahrhundert unvermittelt auftretenden verschiedenen häretischen Gruppen und Einzelpersonen so deutliche Übereinstimmungen mit bogomilischer Glaubenspraxis aufweisen, dass ein direkter Kontakt bestanden haben musste. Neuerdings vertritt Anne Brenon die Ansicht, dass die im Westen belegten Häresien zwar dualistisch waren, aber ihre Ableitung vom Bogomilentum leugneten; sie waren »parallel, aber verschieden«. Andere, wie etwa der italienische Historiker Raffaello Morghen, machten auf die Tatsache aufmerksam, dass seitens dieser Häresien der Dualismus niemals ausdrücklich erwähnt wurde, obwohl er das Kernstück bogomilischer Lehre war und man ihn deshalb als das am meisten charakteristische Element hätte erwarten dürfen.

Dagegen stimmten manche Glaubenssätze nicht mit denen der Bogomilen überein, so wie sie zumindest in der Abhandlung des Kosmas dargestellt sind. Nach Morghen lassen sich alle Charakteristika auch ohne Rückgriff auf Außeneinflüsse angemessen erklären.[45] Überhaupt birgt das von Dondaine angewendete Analogieargument einige Gefahren. R. I. Moore verweist darauf, dass mittelalterliche Chronisten ohne weiteres zeitgenössische Informationen mit Material der alten Autoritäten aus ihren Bibliotheken vermischten. Bezüge auf die »Manichäer« können deshalb genauso gut den Schriften des hl. Augustinus entnommen sein wie Berichten über zeitgenössische Sekten.[46]

Für Moore, wie auch für Morghen, gibt es keinen eindeutigen Beleg für einen dualistischen Glauben im Westen bis zu dem 1143 oder 1144 geschriebenen Brief des Everwin, Propst des Prämonstratenserklosters Steinfeld bei Köln, an Bernhard von Clairvaux. Everwin spricht von zwei unterschiedlichen Häretikergruppen, deren Zwistigkeiten wohl auch zu ihrer Aufdeckung geführt haben. Einige der Sektenmitglieder, die vermutlich vom Bogomilismus beinflusst waren, konnten wieder in die Kirche eingegliedert werden, aber zwei ihrer Führer, »der Bischof und sein Helfer«, debattierten drei Tage lang vor einer öffentlichen Versammlung, bevor »die Leute« die Dinge in ihre eigene Hand nahmen und sie ins Feuer warfen.

»Jeden unter ihnen, den sie auf diese Weise (durch Handauflegen) tauften, nannten sie *electus* und sagen, dieser habe die Befugnis, andere zu taufen, die für würdig befunden wurden, und an seinem Tisch den Leib und das Blut Christi zu weihen. Durch das Auflegen der Hände wird man zuerst vom Rang der *auditores* in die Gruppen der *credentes* aufgenommen; so erhält derjenige die Erlaubnis, an ihren Gebeten teilzunehmen, bis sie ihn als soweit geprüft betrachten, dass er zu einem *electus* gemacht wird. Sie schenken unserer Taufe keinen Glauben. Sie verdammen die Ehe, aber ich konnte von ihnen nicht den Grund dafür erfahren, entweder weil sie ihn nicht angeben wollten, oder, was wahrscheinlicher ist, weil sie ihn nicht kannten.«

Diejenigen, die wieder zur Kirche zurückgekehrt sind

»haben uns gesagt, dass diese Ketzer überall in der Welt eine große Anhängerschaft hätten, unter denen sich auch viele von unseren Klerikern und Mönchen befänden. Diejenigen, die exkommuniziert wurden, sagten uns im Verlauf ihrer Verteidigung, die Ketzerei habe im Verborgenen gelegen seit den Märtyrern bis sogar in ihre eigenen Tage, und habe so in Griechenland und in anderen Ländern die Zeiten überdauern können.«[47]

Everwin von Steinfelds Gewährsmann könnte mit der Behauptung übertrieben haben, die Ketzer hätten überall in der Welt eine große Anhängerschaft. Indessen, der erste Kanon des von Erzbischof Samson im Oktober 1157 in Reims abgehaltenen Provinzialkonzils richtete sich gegen die »Piphiles«; diese würden die Ehe ablehnen und lebten in unreiner oder sogar blutschänderischer Gemeinschaft. Das bedeutende Konzil von Tours im Mai 1163 – den Vorsitz führte der Papst unter Anwesenheit von siebzehn Kardinälen – erließ ausdrücklich gegen »Albigenser« und ihre Helfer gerichtete Verfügungen.[48] Darüber hinaus liegen eine Reihe von Berichten über Häretiker vor, die einen ähnlichen Glauben hatten wie die Bogomilen. Im Jahre 1145 berichtet der Klerus von Lüttich über eine Gruppe in Mont-Aimé (Montwimers) in der Champagne, deren Anhängerschaft aus drei Gruppen bestand: Auditoren (Hörer), Gläubige und Christen; letztere waren »ihre Priester und ihre anderen Prälaten, genauso, wie wir sie haben«. Sie glaubten nicht an die Taufe, an die Eucharistie oder die Ehe und verweigerten die

Eidesleistung, weil sie darin ein Verbrechen sahen.[49] Mit den »Prälaten« könnten die katharischen Bischöfe von Frankreich und der Lombardei gemeint sein, mit denen Niketas in den 1170er Jahren zusammengetroffen war, aber auch deren Vorgänger.[50] Andere Berichte stammen aus den 1160er Jahren: In Lombers (südlich von Albi) erzählten »Gute Leute« einer Versammlung von Klerus und Laien, dass sie »das Gesetz des Moses nicht anerkennen, auch nicht die Propheten, die Psalmen und das Alte Testament, nur die Evangelien, die Briefe des Paulus, die sieben kanonischen Episteln, die Apostelakten und die Apokalypse.«[51] Zur selben Zeit schmähte eine als *Publicani* bezeichnete Gruppe von Deutschen »die heilige Taufe, die Eucharistie und die Ehe«[52], und im burgundischen Vézelay wurde eine andere Gruppe der so genannten »Publicani« 1167 wegen ihrer Ablehnung aller kirchlichen Sakramente verurteilt.[53] Nach einem zuverlässigen Zeitgenossen, dem Augustinerchorherren Wilhelm von Newburgh (die Quelle für in Oxford verurteilte Häretiker), kamen diese Häretiker aus der Gascogne, hatten aber »das Gift ihres Unglaubens« in Frankreich, Spanien, Italien und Deutschland verbreitet.[54] In allen erwähnten Fällen wurde gesagt, die Häretiker hätten sich bemüht, einiges oder alles von ihrem eigentlichen Glauben zu verbergen, oft auch damit, dass sie in trügerischer Weise an katholischen Zeremonien teilnahmen.

Von besonderer Bedeutung ist, dass aus dieser Periode die erste eingehende polemische Reaktion auf die erkennbare Gefahr belegt ist. Sie stammt von Ekbert von Schönau, dem ehemaligen Bonner Kanoniker, der als Bruder der großen Mystikerin Elisabeth von Schönau Mönch und später Abt des benediktinischen Doppelklosters Schönau in der Diözese Trier wurde. Ekbert verfasste 1163 für Rainald von Dassel, den Kanzler Barbarossas und Erzbischof von Köln, die *Sermones contra Catharos*. Sie bestehen aus einer kurzen Einleitung, gefolgt von vierzehn

Predigten über die Herkunft der Häresie, wobei die einzelnen Lehrsätze Punkt für Punkt widerlegt werden. Am Ende ist ein Auszug aus *De Manichaeis* des hl. Augustinus beigefügt, ein Hinweis darauf, dass auch Ekbert, wie zahlreiche frühere Kommentatoren, von Augustinus beeinflusst war und dass solche Kenntnisse nicht notwendigerweise die eigenen Beobachtungen des Autors ausschließen. Nach Ekbert nannte man diese Häretiker in seiner Gegend meist Katharer, kannte sie aber in Flandern auch unter dem Namen *Piphles* und in Frankreich als *Texerant*, weil sie oft Weber waren. Ein wenig von der Erbitterung des Kosmas Presbyter ist zu spüren, wenn Ekbert kritisiert, dass sie »die richtige Bedeutung in den heiligen Worten« nicht verstanden; offensichtlich hatten er und und sein Gefährte Bertolph in ihrer Bonner Zeit häufig mit den Häretikern debattiert. Seine Erwähnung zurückliegender Ketzerhinrichtungen in Köln legt nahe, dass dies eben jene Häretiker waren, von denen Everwin von Steinfeld zwanzig Jahre zuvor gesprochen hatte, und dies unterstreicht die Bedeutung Ekberts als Quelle für die Geschichte des Katharertums, denn seine Häretiker sind die ersten im Westen, die man von ihrem Glauben her als eindeutig bogomilisch identifizieren kann. »Jene, die in ihre Sekte als *perfecti* eintreten, vermeiden den Genuss von Fleisch, aber nicht aus den Gründen, warum es die Mönche nicht essen oder andere, die ein geistliches Leben führen, sondern sie sagen, man solle Fleisch nicht genießen, weil es aus geschlechtlichem Verkehr entstanden ist; und aus diesem Grunde erachten sie es als unrein.« Dies sei jedoch nur ihre öffentliche Version, »aber im Verborgenen sagen sie, was noch schlimmer ist, nämlich, dass alles Fleisch vom Teufel gemacht ist und dass sie es niemals berühren, nicht einmal in der größten Not.« Die Ehe, die Kindtaufe, die Taufe mit Wasser, Gebete für die Toten, heilige Messen und die Eucharistie lehnen sie ab. Christus, so sagen sie, »wurde nicht wirklich von der Jungfrau geboren, auch hatte er nicht menschliches Fleisch, sondern nur eine Nachahmung davon; auch ist er nicht von den Toten auferstanden, vielmehr waren Tod und Auferstehung reine Vorspiegelungen.« Für Ekbert bestätigten diese Aussagen ihr wahres Manichäertum, denn sie feierten, wie er sagt, nicht das Osterfest, sondern »ein gewisses anderes Fest, an dem ihr Häresiarch Manichaeus getötet wurde, und dessen Ketzerei sie ganz ohne Zweifel anhängen.« Ekbert beschreibt diese Katharer als äußerst redselig, aber wie auch andere Zeugen meint er, sie würden Teile ihres Glaubens verheimlichen.[55]

Moore hält es deshalb für gefährlich, die Übertragung des Bogomilismus zum Westen vor den verhältnismäßig soliden Belegen der 1140er Jahre anzusetzen. Dieser Ansicht folgt man heute weitgehend, weil sie am ehesten die Realitäten des 12. Jahrhunderts wiederzugeben scheint. Neuerdings regt sich allerdings Widerspruch[56]: Bernard Hamilton stimmt zu, dass es vor 1050 keinen voll ausgebildeten Bogomilismus im Westen gab, einfach, weil er in dieser Form im Osten ebenfalls noch nicht existierte. Mit anderen Worten: Der Bogomilismus war in Thrakien, Makedonien und Konstantinopel noch in der Entwicklung begriffen, während er sich zugleich über andere Gebiete ausbreitete. Er ist der Meinung, dass es eine Verbindung gibt zwischen der von Kosmas Presbyter beschriebenen, »seit kurzem« auftretenden Häresie, der Ausbreitung des bogomilischen Glaubens in Thrakien, dem scheinbar isolierten Ausbruch der Häresie in Italien und Frankreich in der ersten Hälfte des 11. Jahrhunderts nach einer langen, bis zum Niedergang des Arianismus in Spanien im frühen 7. Jahrhundert zurückgehenden Ruheperiode. Er spekuliert, dass Besuche orthodoxer Mönche an heiligen Stätten des Westens ein möglicher Übertragungsweg gewesen sein könnten. Indessen akzeptiert er, dass es zwischen 1050 und 1114 keine Anzeichen für westliche dualistische Häresien gab. Zwar können im frühen 11. Jahrhundert Bogomilen im Westen aufgetreten sein, dann dürfte ihre Lehre dort noch keinen großen Einfluss erlangt haben. Nach Hamilton setzte die erfolgreiche Verbreitung der bogomilischen Glaubensinhalte im Westen zu Beginn des 12. Jahrhunderts ein, also zur Zeit des Ersten Kreuzzugs (1095–1101).

Eine Schlüsselpassage in dieser Debatte ist der Bericht des Anselm von Alessandria, ab 1267 Inquisitor in Mailand und Genua, und einer der wenigen westlichen Autoren, die versuchten, die Geschichte der Katharer zu erhellen.

»Alsbald begaben sich die Griechen von Konstantinopel, die von dem benachbarten Bulgarien drei Tagesreisen entfernt sind, als Kaufleute in jenes Land; und auf ihrem Rückweg ins Heimatland, als ihre Anzahl zugenommen hatte, riefen sie dort einen eigenen Bischof aus, den man Bischof der Griechen nennt. Daraufhin gingen die Franzosen nach Konstantinopel mit der Absicht, das Land zu erobern, und stießen auf diese Sekte; nachdem ihre Anzahl zugenommen hatte, beriefen sie auch hier einen eigenen Bischof, den man Bischof der Lateiner nennt. Danach begaben sich gewisse Leute aus ›Sclavonien‹, das sich in dieser Gegend befindet, die Bosnien heißt, als Kaufleute nach Konstantinopel. Auf der Rückreise in ihr Land predigten sie und nahmen an Zahl zu, beriefen einen eigenen Bischof, den man den Bischof von Sclavonien oder von Bosnien nennt. Später dann kehrten die Franzosen, die sich nach Konstantinopel begeben hatten, in ihr Heimatland zurück und predigten, und als ihre Zahl zunahm, beriefen sie einen eigenen Bischof von Francia (Frankreich). Weil die Franzosen zunächst von den Bulgaren irregeleitet wurden, nannte man diese Personen überall in Frankreich bulgarische Ketzer. Auch die Leute in der Provence, Nachbarn der Franzosen, hörten deren Lehren und wurden von ihnen in die Irre geführt und nahmen so an Anzahl zu, dass sie vier Bischöfe beriefen, nämlich die Bischöfe von Carcassonne, Albi, Toulouse und Agen.«[57]

Die Passage ist durchaus klar, liefert aber keinerlei Zeitangaben, und so bleibt den Historikern das Problem, wann »die Franzosen nach Konstantinopel gingen, um das Land zu erobern«. Bedenkt man, wie häufig Kreuzzugsarmeen seit dem 11. Jahrhundert durch Konstantinopel zogen, dann ist das Problem nicht leicht zu lösen. Gewöhnlich nimmt man an, der Satz meine den Zweiten Kreuzzug von 1147–1148, als eine Heeresabteilung Ludwigs VII. bereit war, einen solchen Angriff durchzuführen.[58] Nach Malcolm Lambert indessen kann sich die Passage nur auf den Vierten Kreuzzug von 1204 beziehen.[59] Auch wenn der Vierte Kreuzzug der einzige war, der wirklich zu einer Eroberung Konstantinopels führte, heißt es bei Anselm doch nur »in der Absicht, das Land zu erobern«[60], was sich dann in der Tat auf nahezu alle Kreuzfahrerarmeen beziehen könnte, die einmal durch Konstantinopel zogen. Überdies zeigen die bereits diskutierten Belege, dass Franzosen bereits in den 1160er Jahren einen katharischen Bischof berufen hatten, und wenn Anselm überhaupt als Führer zu den Ereignissen betrachtet werden soll, kann er nicht 1204 im Auge gehabt haben.[61] Hamilton nun konzentriert sich auf die dritte Option, den Ersten Kreuzzug, und sieht dieses Datum in Übereinstimmung mit den apokalyptischen Visionen der hl. Hildegard von Bingen, die ihre Kenntnisse durch die Freundschaft mit der hl. Elisabeth von Schönau, der Schwester Ekberts – Geißel der Katharer im Jahre 1163 –, erworben haben mag. In eben diesem Jahr schrieb Hildegard, der Teufel habe die Leute vor »sechzig Jahren und zwanzig und vier Monaten« in die Irre geführt und dass die Verbreitung des Irrtums »dreiundzwanzig Jahre und vier Monate« zurückliege. Das führt zum Datum 1101 (dem Auftreten der letzten der großen Armeen des Ersten Kreuzzuges) und 1140 (dem ersten Auftreten der Katharer im Rheinland).[62]

Die Argumente bedeuten, dass Berichte über Häresien im lateinischen Christentum vor 1140 relevant sein können, trotz der Skepsis vieler Historiker. Ein Fall – der des Bauern Leutard, der um das Jahr 1000 im Dorf Vertus bei Châlons-sur-Marne (Champagne) lebte – hat in neueren Darstellungen (namentlich von Brenon und Fichtenau) als möglicherweise erstes Aufscheinen dualistischen Glaubens im Westen erhöhte Aufmerksamkeit erfahren: Leutard trennte sich von seiner Frau, zerbrach ein Kreuz in der Kirche des Ortes und predigte zu den Leuten in der Umgebung. Er sagte, es gebe keine Notwendigkeit, den Zehnten zu entrichten. Der Bischof von Châlons »überführte« ihn schließlich seiner Irrtümer, und Leutard beging kurz darauf Selbstmord, indem er sich in einen Brunnen stürzte. Im Bericht des Cluniazensermönches Radulf Glaber tritt Leutard als isolierte Einzelperson auf, er scheint aber doch einer Gruppe angehört zu haben, von der er einige seiner Ideen übernommen hatte. Brenon jedenfalls lehnt einen Einfluss von außen ab, während Fichtenau den Balkan als Ursprung der Ideen annimmt, die freilich über Zwischenstufen vermittelt wurden. Die beiden Historiker beziehen sich nicht nur auf Leutard und seine Handlungen (eine schmale Basis für den Nachweis dualistischer Glaubenssätze), sondern auf die wiederholten Berichte über spätere häretische Bewegungen in der Champagne mit dem Zentrum in Mont-Aimé, das etwa vier Kilometer von Vertus entfernt liegt. In den 1170er Jahren dürfte diese Region der Mittelpunkt der »Kirche von Frankreich« gewesen sein, deren Bischof, Robert von Spernone, von Niketas in St-Félix neu geweiht worden war. Die Hinrichtung von 183 Häretikern in Mont-Aimé im Jahre 1239 markierte dann wohl des Ende des Katharertums in dieser Gegend.[63]

Genau genommen liegen zwischen ca. 1018 und 1114 noch sechs weitere Berichte über häretische Erscheinungen vor, die einen möglichen bogomilischen Einfluss erkennen lassen. In chronologischer Ordnung sind das die Regionen und Orte Aquitanien, Périgord, Toulouse, Orléans, Arras, Mon(t)forte (bei

Turin), Châlons-sur-Marne und Soissons. Drei Autoren nennen sie Manichäer: Ademar von Chabannes, Mönch in Angoulême, erwähnt sie 1022 für Aquitanien, Périgord, Toulouse und Orléans; Roger II., Bischof von Châlons, beschreibt zwischen 1043 und 1048 die Häretiker in der Umgebung von Châlons-sur-Marne, und Guibert von Nogent, Abt der Benediktinerabtei Nogent-sous-Coucy, spricht ca. 1114 von Häretikern in der Nähe von Soissons.[64] Ademars Identifizierung der Häretiker im Périgord könnte von dem mysteriösen Mönch »Heribert« bestätigt werden, der von »zahlreichen Ketzereien« im Lande spricht. Als charakteristische Merkmale erwähnt er unter anderem ihr vorgeblich apostolisches Leben, ihre Abstinenz von Fleisch und Wein sowie ihre Ablehnung von Almosen, liturgischen Gesängen, der Eucharistie und des Kreuzes.[65] Guibert gibt an, er habe erneut die Schriften des Augustinus gelesen, und daher könne er sagen, dass die von ihm beschriebene Häresie »nichts anderem gleicht als den Manichäern«. Wenn seine Darstellung stimmt, dann stützt er sich auch auf andere Informationen und nicht nur auf Augustinus. Da die Bezeichnung Bogomilen in Makedonien und Thrakien wohl nicht vor Euthymios von Periblepton um 1140 verwendet wurde, dürften weder Ademar noch Roger in der Lage gewesen sein, die von ihnen als dualistisch erkannte Häresie anders als »manichäisch« zu benennen. Drei Berichte (von dem um 1072 schreibenden Paul, einem Mönch von St-Père de Cartres, über die Häretiker von Orléans des Jahres 1022; von Landulf, einem Mailänder Kleriker, der die Häretiker von Montforte um 1028 erwähnt, sowie von Guibert von Nogent) betonen die Lehre der Häretiker, dass die Menschwerdung Christi als trügerische Illusion gewertet werden müsse.[66] Zwei Berichte (von der Synode von Cambrai 1025 zu Vorwürfen gegen die Häretiker von Arras; Guibert von Nogent) besagen, die Häretiker würden nur die Evangelien und die Apostelakten akzeptieren.[67] Roger von Châlons beschreibt das Ritual der

Handauflegung.[68] Nach Guibert von Nogent lehnen sie Nahrungsmittel ab, die durch Geschlechtsverkehr entstanden sind.[69] Alle genannten Fälle offenbaren eine starke anti-sakramentale Haltung: man verneint die Gültigkeit der Taufe, lehnt Eucharistie, Buße und Ehe ab; Keuschheit und Fasten waren zentrale Elemente ihres Lebens. All die Glaubenssätze entsprechen auch bogomilischer Lehre, und in drei Fällen liegen auch Hinweise auf externe Einflüsse – namentlich aus Italien – vor. Nach Radulf Glaber standen die Häretiker von Orléans im Jahre 1022 unter dem Einfluss einer Missionarin aus Italien, und die Synode von Cambrai stellte fest, die Häretiker von Arras wären einem Italiener namens Gundolfo gefolgt. Landulf von Mailand bemerkt, die Häretiker von Montforte seien »aus einem unbekannten Teil der Welt nach Italien gekommen«.[70] Das Zweite Laterankonzil erachtete es 1139 für notwendig, eine allgemeine Verdammung über jene auszusprechen, die »eine Art Religiosität vorspiegelten«, die Gültigkeit der Eucharistie verneinten, die Kindtaufe, die legitimierte Ehe und das Priestertum verunglimpften.[71]

Die meisten Historiker stimmen darin überein, dass es in der 2. Hälfte des 11. Jahrhunderts in Westeuropa nur wenig klar identifizierbare Häresien gab. Das weitgehende Fehlen häretischer Gruppen wird gewöhnlich der päpstlichen Reformbewegung und der daraus resultierenden religiösen Unruhe zugeschrieben, aus der sich kirchliche Reformbewegungen (wie die Pataria in Oberitalien) entwickelten, die geeignet waren, die meisten potenziellen Abweichler zu absorbieren.[72] Wenn es sich so verhielt, dann war es wohl nur ein vorübergehender Aufschub. In der ersten Hälfte des 12. Jahrhunderts erhoben sich neue Kritiker, die radikaler und populistischer auftraten als ihre Vorgänger. Die Aktivitäten eines dieser Männer – Tanchelm von Antwerpen (gestorben ca. 1115) – sind aus dem Bericht der Kanoniker von Utrecht bekannt; ihre aggressive Verunglimpfung seiner Person hing wohl mehr mit seiner angeblichen Einmischung in die Angelegenheit der Diözese zusammen als mit einer klaren Präsentation seines Glaubens.[73] Wichtiger noch war die Agitation der Wanderprediger Heinrich des Mönchs (Heinrich von Lausanne) und Petrus von Bruis, nicht nur, weil ihr Werdegang über einen längeren Zeitraum zu beobachten ist, sondern weil im Falle Heinrichs die Region Toulouse selbst ins Spiel kommt. Wie bei Tanchelm muss man sich auch hier erst durch das Dickicht klerikaler Entrüstung einen Weg bahnen, um zum Kern ihrer Lehre vorzustoßen. Im Prinzip ging es um einen Angriff auf die sakramentalen Funktionen der Priester und auf die mit ihnen verbundenen »Äußerlichkeiten« des Kultus. Heinrich bediente sich donatistischer Argumente – die von unwürdigen Priestern gespendeten Sakramente sind wertlos –, während Petrus von Bruis mit Vorliebe Kirchenbauten und Kreuze ins Visier nahm, die Wirksamkeit der Kindtaufe, der Eucharistie, der Gebete und Gaben für das Seelenheil von Verstorbenen verneinte. Petrus wurde nach 1131 in St-Gilles verbrannt, aber Heinrich zog als hartnäckiger und überzeugender Gegner der klerikalen Hierarchie in den Städten Westfrankreichs große Menschenmengen an, unter anderem in Le Mans, Poitiers, Bordeaux, Cahors und Périgueux, in den 1140er Jahren in Toulouse und im Toulousain. Eine Predigtreise Bernhards von Clairvaux im Jahre 1145 scheint seine Position erschüttert zu haben; vermutlich im Herbst desselben Jahres wurde er verhaftet.[74] Élie Griffe glaubt, dass die »Arianer« in Toulouse in Wirklichkeit Katharer waren und dass sie schon vor der Ankunft Heinrichs bestanden, es bleibt aber schwierig, Heinrich nach den existierenden Quellenzeugnissen mit dualistischen Glaubensinhalten in Zusammenhang zu bringen.[75] Aufhorchen lässt aber Bernhards pointierte Frage an den Grafen Alfons Jourdain von Toulouse, warum sein Land das einzige sei, das Heinrich Zuflucht gewähre, gerade jetzt, wo man ihn doch aus »Frankreich« vertrieben habe.[76] Die Antwort liegt wohl nicht so sehr in der Nach-

*Bernhard von Clairvaux predigt in Gegenwart König Ludwigs VII. 1146
den Kreuzzug (Miniatur von Jean Colombe, um 1490, Paris Bibl. Nat.).
Ein Jahr vor seiner Predigtreise in Sachen Zweiter Kreuzzug unternahm
der hl. Bernhard gemeinsam mit einem Kardinallegaten eine Missionsreise
gegen die Häretiker in der Grafschaft Toulouse.*

lässigkeit des Grafen, die der hl. Bernhard stillschweigend vo-
raussetzt, sondern im Unmut der Bevölkerung über die Kirche,
die ihre finanzielle Kontrolle auf so viele Bereiche des gesellschaftlichen Lebens ausgedehnt hatte, namentlich auf die
Ehe.[77] Heinrichs vorübergehende Erfolge zeigen, dass es Probleme gab, die die Katharer leicht für ihre Zwecke ausnutzen
konnten.

Moores Ansicht, der Dualismus könne im Westen nicht vor
ca. 1140 nachgewiesen werden, beruht auf eingehender und
umsichtiger Quellenlektüre und ist ein wichtiger Beitrag zur

schwierigen Suche nach Belegen für die Ausbreitung häretischer Ideen. Für ihn bedeutet die Verschiedenartigkeit der überlieferten Glaubensinhalte, ihre weite geografische Verbreitung, das Fehlen jeglicher bogomilischer Aktivitäten, dass diese Häresien unter den im 11. und im 12. Jahrhundert obwaltenden Bedingungen des westlichen Christentums entstanden sind und nichts mit Einflüssen von außen zu tun haben.[78] Jedoch, angesichts des großen missionarischen Eifers der Bogomilen und ihrer Verbreitung nach Osten hin bis Konstantinopel, ist es eigentlich unwahrscheinlich, dass Italien für gut anderthalb Jahrhunderte vor ihren Ideen hermetisch verschlossen geblieben sein sollte. Und wenn das Datum 1143 wirklich das erste Auftreten des Bogomilismus' im Westen markiert, dann hat dieser Glaube doch recht schnell Wurzeln schlagen können. Wenn Anselm von Alessandria Recht hat, dann verbreitete sich der katharische Glaube zu einem bestimmten Zeitpunkt vor der Mission Niketas' in den 1170er Jahren nicht nur von Nordfrankreich aus ins Languedoc, sondern auch nach Italien, als »ein Notarius aus Frankreich« den Totengräber Markus und seine beiden Freunde, einen Weber und einen Schmied, Johannes Judeus und Joseph, auf die Seite der Häretiker zog. Ein vierter Mann, Aldricus von Bando, gesellte sich zu ihnen.

»All diese irregeleiteten Personen berieten sich mit dem genannten Notar, der sie nach Roccavione schickte – das ist ein Ort in der Nähe von Cuneo –, wo Katharer wohnten, die sich aus Frankreich kommend dort niedergelassen hatten. Der Bischof der Ketzer befand sich nicht an diesem Ort, sondern in Neapel. Dorthin begaben sie sich und blieben in dieser Stadt für ein Jahr. Nachdem sie dort die Handauflegung erhalten hatte, wurde Markus zu einem Diakon gemacht. Der zuvor genannte Bischof sandte ihn zurück zu seinem Geburtsort Concorezzo, und dort begann Markus zu predigen. Als Folge seiner Predigt in der Lombardei, in der Mark Treviso und später in der Toskana erhöhte sich die Anzahl der Ketzer beträchtlich.«[79]

Die Passage legt nahe, dass der Bischof von Frankreich bereits eine Gemeinde in Roccavione gegründet hatte und jetzt sein Werk in Süditalien fortsetzte. Die Weihe des Markus als Bischof »in der Sekte von Bulgarien«, wie vom Autor von *De heresi catharorum* beschrieben[80], könnte nach diesen Ereignissen erfolgt sein, entweder durch den katharischen Bischof von Frankreich oder durch bulgarische Bogomilen.

Wie man auch immer diese Quellen interpretiert, es ist unbestritten, dass Missionare der Bogomilenkirche im Westen Proselyten gewannen – und das kann nicht später als um 1140 gewesen sein. Nun bleibt noch das Problem, wie man das bewerkstelligte. Weil so vieles offenbar nur mündlich überliefert wurde, sind entsprechenden Entdeckungen enge Grenzen gesetzt, denn nur über die schriftlichen Quellen lässt sich Klarheit gewinnen. Bernhard Hamilton hat gezeigt, dass die Bogomilen nur eine begrenzte Anzahl ihrer schriftlichen Zeugnisse von den Bogomilen erhalten haben und dass sich diese Übernahme vornehmlich in der Periode vor ca. 1170 vollzog. Drei Elemente waren von besonderer Bedeutung: das »Ritual« (von dem die Katharer ihre Initiationszeremonie, das *consolamentum*, ableiteten), ein apokryphes Werk, die *Vision des Jesaja* (das möglicherweise ins 1. Jahrhundert n. Chr. datiert) sowie eine Kollation des Vulgatatexts des Neuen Testaments mit der entsprechenden bogomilischen Textversion. Alle diese Texte, so meint Hamilton, müssten aus dem Griechischen ins Lateinische übersetzt worden sein (das Ritual und das Neue Testament wurden später ins Okzitanische übersetzt). Es ist unwahrscheinlich, dass dieses Übersetzungswerk von Kaufleuten, Reisenden oder Kreuzfahrern bewältigt wurde, wie sehr diese Gruppen auch den Kontakt zwischen der lateinischen und der byzantinischen Welt unterstreichen. Vielmehr dürfte es das Werk von Leuten aus dem Westen gewesen sein, die sich in Konstantinopel aufhielten – und die Anselm von Alessandria erwähnt. Solche Leute bildeten die – von der dortigen Bogomilenkirche getrennte – katharische (das heißt lateinische) Kirche in Konstantinopel, und sie mussten mit der Evangelisation des Westens betraut gewesen sein, denn nur sie waren dazu in der Lage.[81] Männer wie diese bereiteten dann den Boden für Niketas und Petracius.

ZWEITES KAPITEL

Perfecti und Consolamentum. Die katharische Kirche

Die katharische Hierarchie

In seinem Beschwerdebrief an Abt Alexander von Cîteaux vom Jahre 1177 erklärte Graf Raimund V. von Toulouse voll Entrüstung, dass »alle kirchlichen Sakramente für nichtig gehalten wurden, und welch Frevel, sogar die zwei Prinzipien wurden eingeführt ...!«[82] Er hatte allen Anlass, über das Vordringen der Häresie in seinem Land alarmiert zu sein, denn auf dem Konzil von St-Félix-de-Caraman (vermutlich im Jahr zuvor) hatte der Abgesandte der drughuntisch-häretischen Kirche von Konstantinopel, *papa* Niketas, die führenden Repräsentanten der moderaten Katharer im Languedoc auf den Glauben an die zwei Prinzipien des radikalen Dualismus eingeschworen. Zudem war es ihm gelungen, die vorher getrennt voneinander bestehenden Katharergruppen in der Lombardei, in Nordfrankreich und im Languedoc in einer organisierten Diözesanstruktur zu vereinigen. Während diese breiter angelegte Einheit nur kurze Zeit andauerte, hatte das Werk des Niketas im Languedoc bis zur Mitte des 13. Jahrhunderts Bestand und stellte damit die Grafen von Toulouse vor eine weit größere Herausforderung als in der Periode vor den 1170er Jahren.

Zu Beginn von Niketas' Mission gab es bereits katharische Bischöfe von (Nord-)Frankreich und Albi als Repräsentaten der Langue d'Oïl und der Langue d'Oc, während Mark, das Oberhaupt der lombardischen Katharer, vermutlich weder Bischof noch Diakon war. Bald nach der Ankunft des Niketas erhielt er jedoch die Bischofsweihe, entweder in der Lombardei oder in St-Félix.[83] Seine Autorität wurde von den Häretikern in der

Lombardei, in der Toskana und in der Region von Treviso (Venetien) anerkannt.[84] Den Bericht über die Verhandlungen in St-Félix kopierte 1223 Peter Pollan für Peter Isarn, den katharischen Bischof von Carcassonne. Peter Pollan scheint der »Jüngere Sohn« der Diözese Carcassonne (das heißt der zweite in der Nachfolge auf das Bischofsamt) gewesen zu sein.[85] Der Text basiert auf Augenzeugenberichten und beschreibt, wie auf dem Konzil die Anzahl der Diözesen auf sechs erweitert wurde:

»Die Kirche von Toulouse lud Papa Niketas auf die Burg von St-Félix ein, und es versammelte sich dort eine große Menge von Männern und Frauen der Kirche von Toulouse und aus anderen benachbarten Kirchen. Und sie konnten dort das *consolamentum* empfangen, das der Herr Papa Niketas spendete. Danach kam Robert von Spernone, Bischof der Kirche der Franzosen, mit seinen Ratsleuten; ebenso kamen Mark von der Lombardei mit seinen Ratsleuten und Sicard Cellarer, Bischof der Kirche von Albi, mit seinen Ratsleuten, und Bernhard der Katalane kam mit den Ratsleuten der Kirche von Carcassonne, und auch die Ratsleute der Kirche von Agen waren anwesend. Als sie nun alle auf diese Weise in zahlloser Menge versammelt waren, wünschten die Leute der Kirche von Toulouse, einen Bischof zu haben, und erwählten Bernhard Raimund. Bernhard der Katalane und der Rat der Kirche von Carcassonne, unter Bitten und Anweisung der Kirche von Toulouse sowie mit dem Rat und der Erlaubnis des Herrn Sicard Cellarer erwählten Guiraud Mercer; und die Leute von Agen erwählten Raimund von Casals.«

Alle diese bereits etablierten oder neu gewählten Bischöfe empfingen das *consolamentum* oder wurden von Niketas neu geweiht.[86] Peter Pollan übergab an Peter Isarn auch die Kopie einer Urkunde, welche die territoriale Ausdehnung der Diözesen festlegte. Vermutlich wurde die Urkunde ursprünglich auf dem Konzil selbst ausgefertigt. Zwei Wahlgremien konstituierten sich aus den Mitgliedern der Kirchen von Toulouse und Carcassonne, bevor die Bischöfe gewählt wurden, und sie entschieden, dass bei den katharischen Diözesangrenzen die existierenden Grenzen der katholischen Bistümer zu Grunde gelegt werden sollten. Die Grenze zwischen den Diözesen verlief danach westlich von Saint-Pons zwischen Cabaret und Hautpoul entlang der Bergkette der Montagne Noire, dann südlich weiter zwischen Saissac und Verdun sowie zwischen Montréal und Fanjeaux. Beide Diözesen umfassten jedoch weit größere Gebiete als ihre katholischen Gegenstücke. Im Territorium des katharischen Bistums Carcassonne etwa lag die katholische Erzdiözese Narbonne, und beide reichten bis jenseits der Pyrenäen in die anschließenden südlichen Gebiete: zu Toulouse gehörten Couserans, Huesca und Lérida (Lleida); Carcassonne erstreckte sich bis nach Katalonien unter Einschluss von Elne, Gerona (Girona), Barcelona, Tarragona, Vich (Vic) und Urgel (Urgell).[87]

Nach dem Wortlaut der Urkunde hatte man die Kirchen auf diese Weise geteilt, »damit sie Frieden und Eintracht untereinander hätten, keiner dem anderen Unbill zufüge und keiner mit dem anderen in Streit gerate.« Niketas scheint dann auch den Frieden als zentrales Thema der Versammlung gewählt zu haben, denn in dem erhaltenen Fragment seiner Predigt betont er, dass »die sieben Kirchen Asiens getrennt und voneinander unterschieden waren und keine von ihnen unternahm etwas, was zum Gegensatz mit den anderen hätte führen können.« Dies, sagte er, habe sich auch so bei den fünf anderen existierenden bogomilischen Kirchen verhalten, nämlich den Kirchen von Konstantinopel, Dragovitsa, Melengia, Bulgaria und Bosnia. Wie wir aber gesehen haben, sagte er hier freilich nicht die vollständige Wahrheit: Bulgaria und Bosnia hielten an ihrem moderaten Dualismus fest, und schon bald nach der Ankunft des Petracius in der Lombardei war jene Einheit zerfallen, die Niketas glaubte geschaffen zu haben.[88] Dies führte zu komplizierten Auseinandersetzungen, die die italienischen Häretiker in zwei Gruppen unter Judeus (Nachfolger des Markus) und Peter von Florenz spaltete. Nach einer erfolglosen Vermittlung durch den Bischof von Frankreich unternahmen sie auf der Versammlung von Mosio (zwischen Mantua und Cremona) einen neuen Versöhnungsversuch. Hier wählten sie einen Mann namens Garattus zum Bischof, aber bevor er zu seiner Weihe nach Bulgarien aufbrechen konnte, beschuldigte man ihn der Beziehung zu einer Frau, und damit brach das fragile Übereinkommen in sich zusammen. Es folgte der Zerfall; im Jahre 1190 gab es sechs italienische Kirchen: Concorezzo (zu der Garattus gehörte), Desenzano, Mantua, Vicenza, Florenz und Spoleto. Nur Desenzano hing dem radikalen Dulismus des Niketas an, und Mantua und Vicenza schickten ihre Bischöfe zur Weihe nach Bosnien und nicht nach Bulgarien.[89]

Obwohl solche Streitigkeiten nicht unerhebliche Verbitterung verursachten, hatten die Katharer und Bogomilen zusammengenommen am Ende des 12. Jahrhunderts eine beachtliche Struktur von sechzehn Bistümern zwischen Toulouse im Westen und Konstantinopel im Osten geschaffen. Noch ein halbes Jahrhundert später konnte Rainieri Sacconi sechzehn Bistümer identifizieren, von denen dreizehn auch in der Liste des Autors von *De heresi catharorum* genannt werden. Sacconi jedenfalls teilt die Kirche von Konstantinopel in eine griechische und eine lateinische, und so dürfte es auch im 12. Jahrhundert ausgesehen haben.[90] Die Diözese Agen erwähnt er nicht; sie war möglicherweise schon im 12. Jahrhundert von nur geringer Bedeutung. Auch die Diözese der Milingui (die *Ecclesia Melenguiae*) erscheint in seiner Aufstellung nicht; sofern sie auf der Peloponnes beheimatet war, wurde sie vielleicht von der Präsenz der »Franken« (Lateiner) nach der Eroberung Konstantinopels im Jahre 1204 überlagert (oder zumindest isoliert).[91] Von dem neuen, 1225 errichteten Bistum im Razès scheint er keine Kenntnis gehabt zu haben. Er fügt indessen die Kirche von Philadelphia in Rumänien hinzu, die man mit aller Vorsicht auch mit dem alten Philadelphia (jetzt Alashehir) im kleinasiatischen Lydien identifizierte.[92] Dies könnte auf eine Wiederbelebung des Dualismus in Kleinasien im 13. Jahrhundert hindeuten, es ist aber eher wahrscheinlich, dass sie bereits im 12. Jahrhundert existierte, denn Anselm von Alessandria führt sie – neben den Kirchen von Drugunthia und Bulgaria – als eine der drei ursprünglichen manichäischen Kirchen auf.[93]

Das Bedürfnis der Katharer nach offiziellen Diözesen mit festgelegten Grenzen zeigt ihre Bereitschaft, in dieser Welt eine strukturierte Kirche einzurichten, ungeachtet ihrer ablehnenden Haltung zu den materiellen Gelüsten des katholischen Klerus. Dementsprechend gründeten sich die katharischen Bistümer auf einer Hierarchie, die freilich weniger komplexer Natur war als die der päpstlichen Kirche. Zwei katholische Quellen – Rainieri Sacconi und der etwa zehn Jahre früher schreibende Mailänder Franziskanerlektor Jakob Capelli – liefern die ausführlichsten Darstellungen der katharischen Hierarchie. Drei weitere Autoren bestätigen zu einem früheren Zeitpunkt die Existenz einer katharischen Hierarchie – der anonyme Autor von *De heresi catharorum* (ca. 1200), der Kreuzzugschronist Peter von Les Vaux-de-Cernay (ca. 1213) und Salvo Burci, ein Laie aus Piacenza (ca. 1235).[94] Als ehemaliger Katharer ist Rainieri Sacconi besonders aussagekräftig. »Die Ämter der Katharer sind vier. Derjenige, der das erste und höchste Amt einnimmt, wird Bischof genannt; an zweiter Stelle steht der Ältere Sohn, an dritter Stelle der Jüngere Sohn und an vierter und letzter der Diakon. Die anderen unter ihnen, die ohne Amt sind, heißen Christliche Männer und Frauen.«[95] Jakob Capelli vergleicht die Älteren und Jüngeren Söhne mit den franziskanischen Visitatoren, die die einzelnen Konvente besuchten und festzustellen hatten, ob auch alle Regeln eingehalten wurden. Die Diakone waren danach allgemein verantwortlich für die Verwaltung der Hospize als Zentren der lokalen Katharergemeinden sowie für die Beherbergung der umherreisenden *perfecti*.[96] Die Katharer nahmen die Vorstellung, dass Christus zugegen sei, »wenn zwei oder drei in seinem Namen zusammenkommen«, sehr wörtlich, und wenn sie nicht in einer Gemeinschaft lebten, reisten sie deshalb immer zu zweit.[97] Weil es den Anschein hat, dass beinahe die Hälfte der katharischen Häuser im Languedoc von Frauen bewohnt wurden, hat man angenommen, dass die Frauen, die solchen Häusern vorstanden, als Diakoninnen betrachtet werden könnten. Das ist durchaus möglich, denn ältere Frauen konnten auch in der frühchristlichen Kirche Diakonin werden und spielten eine wichtige Rolle als Hilfspersonen bei der Taufe von Frauen in einer Zeit, als die Erwachsenentaufe weitaus verbreiteter war als in späteren Perioden. So unentbehrlich diese Frauen für das katharische Netzwerk auch waren, die Belege stützen diese Vorstellung nicht. Zudem haben entsprechende Untersuchungen gezeigt, dass *perfectae* in der katharischen Kirche weniger aktiv und wichtig waren als *perfecti*. So ist es auch in diesem Zusammenhang unwahrscheinlich, dass die genannten Frauen Diakoninnen waren.[98]

Alle Inhaber dieser Ämter hatten Ordinationsbefugnis, wie auch die *perfecti*, je nachdem, wer gerade anwesend war, es scheint aber selten vorgekommen zu sein, dass man sich zu diesem Zwecke an *perfectae* wandte. In jedem Falle war es wichtig, eine solche Struktur aufrechtzuerhalten, denn wie die Ordination des Markus zeigt, zog jedweder Bruch in der Kontinuität die Gültigkeit früherer Amtshandlungen in Zweifel. Deshalb repräsentierten der Ältere und Jüngere Sohn eine Sukzessionsfolge. Das verdeutlicht Rainieri Sacconi:

»Die Weihe eines Bischofs trug sich einst auf folgende Weise zu: Wenn ein Bischof starb, ordinierte der Jüngere Sohn den Älteren Sohn als Bischof, der letztere ordinierte daraufhin den Jüngeren Sohn als Älteren Sohn. Alsdann wurde ein Jüngerer Sohn von allen Prälaten oder ihren Stellvertretern gewählt, die an dem Ort der Wahl zugegen waren, und dieser wurde vom Bischof als Jüngerer Sohn ordiniert.«

Dieses System scheint man im Balkangebiet längere Zeit beibehalten zu haben, aber irgendwann vor 1250 wurde vom Bischof eine vorgezogene Weihe des Älteren Sohnes verlangt, um der unnatürlichen Situation zu entgehen, dass der Sohn gleichsam den Vater in das Amt einführt. Für Rainieri Sacconi war dieses Verfahren ebenso tadelnswert, hatte man doch nunmehr zwei Bischöfe in jeder Kirche.[99]

Das Consolamentum
Der Eintritt in diese katharische Elite erfolgte über das *consolamentum*, dessen grundlegende Elemente die Katharer im Westen von den bogomilischen Missionaren übernommen hatten. Es existieren hierzu zwei katharische Versionen der Zeremonie, eine lateinische aus den Jahren 1235–1250 und eine okzitanische aus der zweiten Hälfte des 13. Jahrhunderts.[100] Beide Quellen liegen recht spät, aber die Beschreibung der »Geisttaufe« bei Ekbert von Schönau von 1163 belegt, dass die katharische Initiation den Vertretern der Kirche von früh an bekannt war, auch wenn die in den Ritualen geschilderten Zeremonien gegenüber den frühen Katharern ein weiter entwickeltes Stadium repräsentierten. In seiner kurzen (und verachtungsvollen) Anspielung auf die umfassende Sündhaftigkeit der katharischen Gläubigen, die sich sicher waren, dass sie letztendlich die »Handauflegung« empfangen werden, schildert Peter von Les Vaux-de-Cernay,

Das Consolamentum, wichtigstes religiöses Ritual der Katharer (Miniatur aus der Pariser Bibl. Nat.).

wie ein Ketzer zunächst dem Kreuz und der Taufe mit geweihtem Wasser abschwören muss, danach »legen alle Anwesenden ihre Hände auf seinen Kopf und küssen ihn und kleiden ihn mit einer schwarzen Robe, und von da an zählen sie ihn zu den Ihrigen.«[101] Von da an bieten eine ganze Reihe katholischer Autoren ihre jeweiligen Versionen, unter anderen Jakob Capelli, Anselm von Alessandria und Bernhard Gui, Inquisitor im Toulousain ab 1307.[102] Überdies wird die Zeremonie in zahlreichen Aussagen vor der Inquisition erwähnt, wobei sich manche Zeugen bis zurück in die 1190er Jahre erinnern.[103]

Im »Ritual« besteht die Zeremonie aus zwei Teilen. In der lateinischen Version ist die Eröffnung der Zeremonie nicht überliefert, weshalb man gewöhnlich annimmt, dass sie von der vollständigeren okzitanischen Version abgeleitet ist; allerdings geht man inzwischen von einer gemeinsamen lateinischen Originalvorlage aus.[104] Die okzitanische Version gibt den Wortlaut der zu Beginn gesprochenen Formeln an:

»Segne uns; habe Erbarmen mit uns. Amen. Lass dies uns teilhaftig werden nach Deinem Wort. Möge der Vater, der Sohn und der Heilige Geist uns all unsere Sünden vergeben.«

Dies wurde dreimal wiederholt, es folgte dann das Vaterunser und die Lesung der Passage aus Johannes 1:1–17 »Am Anfang war das Wort...« Ausschließlich in der okzitanischen Version schlossen sich dann eine Reihe von Anrufungen Gottes »um Vergebung und Buße für alle unsere Sünden« an. Letzteres war ein gewohntes Element im Leben der *perfecti*, die sich monatlich zur Bekenntnis ihrer Sünden versammelten. Diese Zusammenkünfte wurden von einigen katholischen Autoren *apparellamentum* genannt.[105] In der nächsten Stufe stand die Übergabe des Vaterunsers im Mittelpunkt. Die lateinische Version behandelt einen Teil davon, die okzitanische Version aber präsentiert eine Zeremonie, die vom Ältesten der anwesenden Katharer geleitet wurde; diesem »Älteren« assistierten andere *perfecti* oder »Gute Leute«. Der Ältere legte das mit einem Tuch bedeckte Buch (gemeint ist entweder das Neue Testament oder das Johannesevangelium) auf einen Tisch, und der Postulant, der Anwärter auf das *consolamentum,* sprach sein *melioramentum,* seine rituelle Begrüßung, bevor er das Buch empfing. Der Ältere erläuterte sodann dem Postulanten, der bis dahin wohl eine Probezeit von etwa einem Jahr absolviert hatte, die Bedeutung seines bevorstehenden Schrittes. In der lateinischen Version nimmt dies die

Form einer zeilenweisen Interpretation des Vaterunsers an, dabei verwendet man »supersubstanzielles Brot« an der Stelle von »tägliches Brot«; nach dem Ritual soll dies »das Gesetz Christi« bedeuten, katholische Kommentatoren hingegen betrachteten diese Wendung als Beweis für Ketzerei.[106] Im Okzitanischen folgen nun Anweisungen aus der Schrift, die zeigen sollen, wie »die Darstellung, die du vor den Söhnen Jesu Christi gibst, den Glauben und die Predigt der Kirche Gottes bestätigt, so wie es uns die Heiligen Schriften lehren.« Schließlich wird dem Initianten eingeschärft (wie es in der lateinischen Version heißt):

»Jetzt musst du verstehen, wenn du dieses Gebet empfangen willst, dass es nützlich für dich ist, alle deine Sünden zu bereuen und allen Menschen zu vergeben, denn im Evangelium sagt Christus: ›Wenn ihr aber den Menschen nicht vergebt, so wird euch euer Vater eure Verfehlungen auch nicht vergeben.‹« (Matthäus 6:15).

Der zweite Teil der Zeremonie bestand aus dem eigentlichen Spenden des *consolamentum* – und erfolgte in der Regel unmittelbar auf den ersten Teil, aber die Formulierung im Ritual zeigt, dass dies nicht immer der Fall war. Im okzitanischen Text beginnt der Ältere:

»Peter (oder wie immer der Name des Postulanten lautete), du begehrst die geistige Taufe zu erhalten, durch die der Heilige Geist in der Kirche Gottes gespendet wird, zusammen mit dem Heiligen Gebet und der Handauflegung durch Gute Leute.«

Unter Rückgriff auf die Schrift versicherte der Ältere, dass die Taufe durch Handauflegung von Christus eingeführt worden sei.

66

»Diese heilige Taufe, durch welche der Heilige Geist gespendet wird, hat die Kirche Gottes seit den Aposteln bis in diese Zeit bewahrt, und sie wurde von Gott den Guten Leuten bis zum jetzigen Augenblick weitergereicht, und so wird es sein bis zum Ende der Welt.«

Der Postulant wurde ermahnt, die Gebote Christi zu befolgen »bis zum Äußersten deiner Möglichkeiten«, nicht die Ehe zu brechen, nicht zu töten, nicht zu lügen, keine Eide zu schwören und nicht zu stehlen. Er soll seine andere Wange denen hinhalten, die ihn verfolgen. Er soll »diese Welt und ihre Werke hassen und alle Dinge, die von dieser Welt sind.« Nachdem der Gläubige versicherte, alle diese Gebote befolgen zu wollen, legte er sein *melioramentum* ab und empfing dann das *consolamentum*. Der Ältere legte das Buch auf das Haupt des Gläubigen und alle Guten Leute legten ihm ihre rechte Hand auf. Die Zeremonie endete, wie es unter den Katharern üblich war, mit der Bitte um gegenseitige Vergebung der Sünden und mit einem Friedensakt, bei dem die Männer sich umarmten und sich auf die Wangen küssten, während sich die Frauen ebenfalls untereinander küssten und das Evangelium mit den Lippen berührten.[107] In seinem nun eingetretenen veränderten Status nahm der neue *perfectus* aus dem Munde des Älteren die Verhaltensregeln entgegen, die er in den verschiedensten Situationen zu beachten hatte.

Im okzitanischen Ritus wird der *perfectus* schließlich unterwiesen, wie er das *consolamentum* an Kranke zu spenden habe, das heißt an Gläubige, deren Tod man erwartet. Dieser Akt war von herausragender Bedeutung, denn er dürfte am häufigsten von den Gläubigen verlangt worden sein und gehörte deshalb zu den üblichen Pflichten eines normalen Vollkommenen. Es ist natürlich unwahrscheinlich, dass ein schwerkranker oder sterbender Mensch in der Lage gewesen wäre, sich einer solchen umfänglichen Initiationszeremonie zu unterziehen, wie sie das Ritual für die Vollkommenen selbst vorsah. So muss es in diesem Falle eine viel größere Flexibilität bei der Auswahl von Ermahnungen, Predigten und der Verwendung von Texten der Heiligen Schriften gegeben haben. Dem Gläubigen wurde jedoch abverlangt, dass er seine Beziehungen zur katharischen Kirche in der Vergangenheit darlegte und angab, ob er Schulden bei der Kirche hatte oder ob er ihr zu irgendeinem Zeitpunkt Schaden zugefügt hatte. Solvente Schuldner, die aber die Zahlung verweigerten, konnten das *consolamentum* nicht erhalten, während man eine Zahlungsunfähigkeit nicht als Hindernis für das *consolamentum* betrachtete. Der Gläubige musste sodann die Einhaltung der Regeln und Gebote der Kirche geloben, bevor er das Vaterunser empfing, so wie es auch der Vollkommene getan hatte. Dabei wurde ein Tuch auf dem Bett ausgebreitet und das Buch darauf gelegt. Sodann empfing der Gläubige die Tröstung auf die gleiche Weise: man legte ihm das Buch und die Hände der anwesenden Gläubigen aufs Haupt. Vermächtnisse gingen nur an die Kirche selbst und nicht an Einzelpersonen. Nun war es immer schwer festzustellen, ob eine Krankheit tödlich war oder nicht; wenn sich die erkrankte Person wieder erholte, sollten »die Christen dafür beten, dass er das *consolamentum* erhält, sobald er kann«.[108] In den 1240er Jahren (wenn nicht schon früher) traf man auch Vorkehrungen für den umgekehrten Fall, wobei ein Gläubiger eine Übereinkunft (*convenensa* genannt) einging, dass er oder sie das *consolamentum* erhalten, auch wenn sie nicht mehr in der Lage sind zu sprechen.[109]

Das *consolamentum* blieb die wichtigste Zeremonie der Katharerkirche im Westen zwischen ca. 1140 und ca. 1320, durch sie wurde die Kontinuität der episkopalen »Ordnung« aufrechterhalten, der auserwählte Personenkreis der *perfecti* kontinuierlich ergänzt und das Mittel bereitgestellt, durch das sterbende Gläubige ihre versprochene Seelenrettung erlangen konnten.

Zugleich fungierten die *perfecti* als Bezugspunkt für die Gläubigen, die ja immer noch in der materiellen Welt lebten, denn nur die Vollkommenen konnten vor Gott Fürbitte einlegen, und sie leiteten die Gemeindeversammlungen, in denen sie gesegnetes Brot austeilten, ähnlich wie in der Eulogie der frühen Christen. Diese Sitte habe bestanden, sagt der Franziskaner Capelli, weil sie sich als Nachfolger der Apostel empfanden.[110] Es deutet alles darauf hin, dass die Katharer die grundlegenden Elemente von den Missionaren aus dem Balkan übernommen haben. Es konnte dann auch gezeigt werden, dass der Anfangsabschnitt der okzitanischen Version, mit dem der Gottesdienst beginnt, direkt dem bogomilischen Brauch entnommen ist.[111] Darüber hinaus unterscheidet sich diese durch die Zeremonie konstituierte grundlegende Teilung in Vollkommene und Gläubige nur wenig vom Bogomilentum, auch nicht zu Zeiten der noch unstrukturierten Bogomilenkirche, die Kosmas im 10. Jahrhundert beschreibt; große Ähnlichkeiten zeigen sich auch bei der Beschreibung der Bogomilen von Konstantinopel in den *Panoplia Dogmatica* des Euthymios Zigabenos aus dem frühen 12. Jahrhundert.[112] Die lateinischen und okzitanischen Versionen unterscheiden sich nur in Einzelheiten, auch wenn letztere wichtige zusätzliche Elemente aufweist, die entweder in der lateinischen Version verloren gegangen sind oder niemals in ihr enthalten waren. In der lateinischen Version wird dem Postulanten gesagt, er solle seine frühere katholische Taufe nicht verachten oder all die anderen guten Dinge, die er in der Zwischenzeit erfahren habe – eine überraschende Konzession angesichts der vollständigen Ablehnung der Wassertaufe in anderen katharischen Schriftquellen. Man hat die Meinung geäußert, dies sei eine Tarnung ihres wahren Glaubens gewesen[113], es ist aber wahrscheinlicher, dass diese Bestimmung eine veränderte Sichtweise unter den moderaten Dualisten von Concorrezzo über die Rolle Johannes des Täufers widerspiegelt.[114]

Ungeachtet solcher regionaler und zeitlicher Abweichungen wurde das *consolamentum* in der gesamten katharischen Welt zelebriert – bisweilen in großen öffentlichen Versammlungen in den Burgen prominenter Gläubiger im Toulousain oder bei heimlichen Zusammenkünften mit sterbenden Gläubigen in abgelegenen Pyrenäendörfern.[115] Das *consolamentum* lieferte somit das Bindemittel für die gesamte Katharerbewegung im Westen, aber es war ein Bindemittel, das sich allzu schnell lockern konnte. Die wirkliche oder nur behauptete Fehlhandlung eines *perfectus* oder, schlimmer noch, eines Mitglieds der Hierarchie, konnte ein ganzes katharisches soziales Geflecht erschüttern, weil alle von dieser Person gespendeten *consolamenta* ihre Wirkung verloren, auch wenn die Betroffenen mit der Fehlhandlung nichts zu tun hatten oder nicht einmal von ihr wussten. Die nicht überwundene Uneinigkeit der italienischen Kirche im ausgehenden 12. Jahrhundert hängt wesentlich mit der unterstellten Sittenlosigkeit des Garattus zusammen, die dazu führte, dass »er von vielen als unwürdig für das Bischofsamt angesehen wurde, und deshalb fühlten sie sich nicht an das ihm geleistete Gehorsamsgelübde gebunden.«[116] Nach Ansicht des Rainieri Sacconi lebten alle Katharer unter dieser Bedrohung, denn »wenn einer ihrer Prälaten, besonders ihr Bischof, im Verborgenen eine Todsünde beging – und viele solche Personen fanden sich in der Vergangenheit unter ihnen –, dann waren alle, denen er sein Hände aufgelegt hatte, im Unglück und mussten verderben, wenn sie in diesem Zustand starben.« Deshalb erlaubten die Katharer, das *consolamentum* einmal oder sogar zweimal zu wiederholen.[117] Die katholische Kirche hatte das Problem der Beziehung zwischen der Gültigkeit von Sakramenten und dem moralischen Status des Priesters bereits in der zweiten Dekade des 4. Jahrhunderts gelöst, als sie die donatistische Position zurückwies. Ein Boykott sündiger Priester durch Papst Gregor VII. hätte die katholische Kirche im 11. Jahrhundert beinahe auch auf diesen Weg geführt. Die Kirche jedoch konnte diese »donatistische« Diskussion in ihren Reihen im Zaum halten, während die Einführung der zwei Prinzipien durch Niketas einige Glaubenssätze lieferte, die – wie Raimund V. erkannte –, wesentlich mehr Konfliktstoff boten als der moderate Dualismus, dem die Katharer bis dahin anhingen.

Die Theologie der Katharer

Jeder Versuch, den katharischen Glauben zu rekonstruieren, sollte zunächst bei den Katharern selbst beginnen, entweder bei ihrer überlieferten eigenen Literatur oder bei ihren eigenen Aussagen, die von der Inquisition aufgezeichnet wurden. Aber auch katholische Autoren schrieben ausführlich über die Katharer, darunter einige Personen, die in der Vergangenheit selbst einmal Katharer waren oder gewesen sein könnten, wie etwa der anonyme lombardische Autor der Schrift *De heresi catharorum* oder der Inquisitor Rainieri Sacconi. Beide sind für Historiker von besonderem Wert, weil ihre Angaben auf Insiderwissen beruhen. Indessen, auch orthodoxe Angriffe auf den katharischen Glauben sind von Bedeutung, weil sie sich um genaue Definitionen bemühen, um ihren Widerlegungen ein entsprechendes Gewicht zu verleihen.[118] Die vor der Inquisition erschienenen Personen wurden aufgefordert darzulegen, was sie wussten oder was man sie gelehrt hatte, obwohl sich ihre Zeugnisse – wie das Handbuch des Inquisitors Bernhard Gui aus dem frühen 14. Jahrhundert zeigt – bis zu einem gewissen Grad den vorgegebenen Bahnen ihrer Befrager anpassten.[119] Dennoch, die Aussagen liefern eine große Bandbreite von Glaubensvorstellungen in den unterschiedlichen Gesellschaftsschichten und in unterschiedlichen Perioden und bieten ein ganz anderes Bild als die Darstellungen katharischer oder katholischer Intellektueller. Der größte Teil der katharischen Literatur stammt aus Nordostitalien, vielleicht, weil die Kontroversen zwischen den einzelnen Kirchen zu einer allgemeinen Debatte anregten. Zudem führten die engen Verbindungen zu Bulgarien und Bosnien zu einem Import von Büchern, die bereits unter den Bogomilen ihren Einfluss ausgeübt hatten. Derlei Literatur fand bald ihren festen Platz in der Schriftkultur bedeutender italienischer Städte mit ihrem gegenüber Westeuropa weitaus besser entwickelten Schulwesen.[120] Obwohl die italienischen Katharer im 12. Jahrhundert erkennbar auf bogomilisches Material zurückgriffen, ermunterte sie dieses kulturelle Umfeld zur Entwicklung eigener Interpretationen und in der Periode nach 1200 zur Produktion eigener Schriften.[121] Einer dieser Autoren, der anonyme Autor des *Buches von den zwei Prinzipien* (*Liber de duobus principiis*), fügt in seine Schrift eine Widerlegung der Ansichten eines gewissen Magister Wilhelm ein. Man hat gemeint, dieser Wilhelm sei möglicherweise ein katharischer »Dissident« gewesen, es ist aber wahrscheinlicher, dass mit ihm Wilhelm von Auvergne (um 1180–1249), der Bischof von Paris und bedeutende Theologe der Hochscholastik, gemeint ist; der anonyme Autor behauptet, er selbst habe bei Wilhelm studiert. Trifft diese Identifizierung zu, dann wäre die Aussage von Ivo von Narbonne, die lombardischen Katharer hätten ihre besten Köpfe nach Paris zum Studium der Dialektik und der Theologie geschickt, durchaus fundiert.[122] Trotz der verhältnismäßig dürftigen Überlieferung katharischer Schriften ist dem in den 1220er Jahren schreibenden Zisterzienser Caesarius von Heisterbach (bei Königswinter, Erzbistum Köln) die Existenz katharischer Intellektueller so geläufig, dass er sie in einem Exemplum (einer Predigtnovelle) seines berühmten *Dialogus Miraculorum* zur Unterweisung von Novizen auftreten lässt. Der Novize meint, die Häretiker wären nicht solchen Irrtümern anheim gefallen, wenn sie schriftkundige (*literati*) Männer in ihren Reihen gehabt hätten; der Mönch aber verneint diese An-

sicht: »Wenn *literati* zu irren beginnen«, sagt er, »durch Anstachelung des Teufels, dann beweisen sie größere und tiefere
Dummheit als selbst die des Schreibens und Lesens Unkundi-
gen.«[123] Die literarische Bildung der französischen Katharer
sollte deshalb nicht unterschätzt werden, wie die inquisitorischen Quellen beweisen, aber im Vergleich zu Italien ist
der bewahrte Bestand katharischer Literaturüberlieferung des
Languedoc doch sehr begrenzt.[124]

Die zwei Werke eindeutig bogomilischer Herkunft aus der
Zeit vor 1200 sind *Das Geheime Abendmahl* (oder *Interrogatio
Johannis*), *Das Buch des Heiligen Johannes* und *Die Vision des
Jesaja*. Das *Geheime Abendmahl* brachte Nazarius, der Ältere
Sohn und spätere Bischof der Kirche von Concorrezzo, aus Bulgarien nach Italien mit; die dort beschriebenen Glaubensinhalte
entsprechen jedoch mehr dem moderaten Dualismus vor der
Mission des Niketas in der Mitte der 1170er Jahre.[125] Das Buch
scheint ursprünglich in Griechisch abgefasst gewesen zu sein
und entstammte dem Kreis um Basilios im frühen 11. Jahrhundert. Das Werk hatte Anna Komnene alarmiert, und es wird in
den *Panoplia Dogmatica* des Euthymios Zigabenos beschrieben.
Es muss seitdem durch eine Reihe von Händen gegangen sein;
man nimmt an, dass die von Nazarius überbrachte Redaktion in
altslavischer Sprache gehalten war, die man dann ins Lateinische
übersetzte (»schlecht«, wie Anselm von Alessandria sagt). Die
beiden bewahrten westlichen Manuskripte unterscheiden sich
in verschiedenen Punkten.[126]

Das Buch hat die Form eines Dialogs: »Die Fragen des
Johannes, des Apostels und Evangelisten, bei einem geheimen
Abendmahl im Reich des Himmels, über die Lenkung dieser
Welt, über ihre Herrscher und über Adam.«[127] Randglossen er-
läutern bestimmte Punkte des Texts. Es geht in der Geschichte
darum, wie die von Gott errichtete unsichtbare himmlische Hierarchie durch die Sünden des Hochmuts, der Habgier und der

Wollust verdorben wurde und zur Schaffung des Kerkers der materiellen Welt führten. Die Kosmologie dieser Hierarchie gehört zum gemeinsamen Erbe der Christen, denn sie leitete sich ab von (Pseudo-)Dionysius, den man als vermeintlichen Gefährten des Apostels Paulus (Dionysios Areiopagites) hoch verehrte, dessen Schriften aber tatsächlich wohl von einem anonymen neuplatonischen Autor des ausgehenden 5. Jahrhunderts stammen. (Pseudo-)Dionysius nun hat in seinem omnipräsenten Werk *De caelesti hierarchia* ein kohärentes Gebäude von neun hierarchischen Engelschören konstruiert – eine von Gott geschaffene perfekte himmlische Gesellschaft.[128] Nach dem Autor des *Geheimen Abendmahls* war Satan ursprünglich »der Lenker aller Dinge und saß neben dem Vater«, und »seine Macht erstreckte sich von den Himmeln bis zur Hölle und entsprang sogar vom Thron des unsichtbaren Vaters.« Gleichwohl war er nicht zufrieden, sondern wollte, wie Jesaja 14:13–14 sagte, wie »der Allerhöchste« sein. Auf seinem Weg durch die verschiedenen Abstufungen der Engel begann er ihre Treue zu untergraben, indem er ihnen anbot, ihm zu dienen, denn dann hätten sie weniger Verpflichtungen zu leisten, als sie Gott schuldig waren. Wegen dieses Verrates vertrieben, nahm Satan ein Drittel jener Engel mit sich, »konnte aber keinen Frieden am Firmament finden«, und so präsentierte er sich als reuiger Sünder.

»Der Herr war von Mitleid mit ihm ergriffen und gab ihm den Frieden, zu tun, was er wollte, bis zum Siebten Tag‹, das heißt bis zum Siebten Zeitalter der Welt.[129]

In dieser ihm zugebilligten Zeit schuf Satan die Erde und alle Lebewesen auf ihr, auch den aus Lehm geformten Menschen, der ihm dienen sollte. Er befahl einem »Engel des Zweiten Himmels«, in den Körper einzufahren. Aus einem Teil des Körpers formte er die Frau und in sie ging »ein Engel des Ersten

Der gestürzte Satanas. Aus einer Michaelsgruppe von Hans Reichle, um 1600 (Augsburg, Zeughaus).

Himmels« ein. Somit waren diese beiden Engel gezwungen, eine sterbliche Hülle anzunehmen und die »Werke des Fleisches« auszuführen. Da sie frei von Sünde waren, schuf Satan das Paradies; darin befand sich eine aus seinem Speichel erschaffene Schlange. Satan sprach zu dem Mann und zu der Frau:

»Esset von allen Früchten des Paradieses, aber von der Frucht des Guten und des Bösen esset nicht.«

Die Schlange, jetzt in der Gestalt eines schönen Jünglings (wie es in einer Marginalglosse heißt[130]), in dem aber der Teufel steckte, erweckte bei Eva »das Verlangen nach Sünde, und Evas Lust war wie ein glühender Ofen«. Der Teufel »befriedigte seine Lust auf ihr mit dem Schwanz der Schlange«. Dasselbe Verlangen wurde Adam eingegeben, und beide wurden »ergriffen von der Lust auf fleischliche Ausschweifung«, und das erklärt, warum ihre Nachkommen »Söhne des Teufels« genannt werden. Wie Aussagen vor der Inquisition belegen, verleitete dieses Konzept einige *perfecti* dazu, schwangeren Gläubigen entsprechende Vorhaltungen zu machen. Christus erklärte Johannes, dass die Himmelsgeister wegen ihres Falls in diesen Körpern aus Lehm eingeschlossen seien, sie hätten deshalb die Fleischeslust in sich aufgenommen und müssten die Strafe des Todes erdulden.

Satans Herrschaft, gestützt von Enoch und Moses, sollte Sieben Zeitalter dauern. Anfangs überzeugte er die Menschen, er sei der wahre Gott, aber der Herr sandte Christus »auf diese Welt, um den Menschen Seinen Namen zu offenbaren, damit sie den Teufel und seine Sündhaftigkeit erkennen mögen«. Christus kam auf die Welt durch das Ohr Mariens, eines Engels des Herrn, und der Teufel begegnete diesem Geschehen mit der Aussendung eines eigenen Engels, »des Propheten Elias, der mit Wasser taufte und Johannes der Täufer genannt wurde«. Das Jüngste Gericht würde dann kommen, »wenn die Anzahl der Gerechten genauso groß ist wie die der Gekrönten (das sind die Engel), die einst gefallen waren«. Obwohl Satan die Gerechten bekriegen wird, werden alle Menschen vor dem Thron des Gerichts stehen und aufgeteilt werden in solche, »die das Leben der Engel hoch schätzten«, und in solche, die »der Ungerechtigkeit« dienten. Die ersteren gelangen in das Reich Gottes, die letzteren werden in das ewige Feuer geworfen. »Dann werden Satan und all seine Gefährten gebunden und in den See von Feuer geworfen.« Schließlich

»wird der Sohn Gottes an der Rechten Seite des Vaters sitzen, und der Vater wird Seinen Engeln befehlen, den Gerechten zu dienen; und er wird ihnen im Chor der Engel ihren Platz anweisen und sie kleiden in unvergängliche Gewänder; und er wird ihnen niemals verblassende Kronen geben und feste Sitze. Und Gott wird in ihrer Mitte sein. ›Sie sollen nie mehr hungern und dürsten; noch soll die Sonne auf sie fallen oder jegliche Hitze. Und Gott wird alle Tränen aus ihren Augen wischen.‹ Und der Sohn wird mit dem Vater herrschen, und seine Herrschaft wird ewig währen.«[131]

Katholische wie katharische Kommentatoren unterschiedlicher Glaubensrichtungen bestätigen die Erklärung des moderaten Dualismus, so wie ihn *Das Geheime Abendmahl* darstellt. Drei der wichtigsten katholischen Autoren, die in der Mitte und am Ende des 13. Jahrhunderts schreibenden Italiener Rainieri Sacconi, Moneta von Cremona und Anselm von Alessandria, kannten sich in dieser Kosmologie gut aus. Rainieri Sacconi war selbst mit dem damals bereits hoch betagten Nazarius zusammengetroffen, und dieser hatte ihm erzählt, »dass die Gesegnete Jungfrau ein Engel war und dass Christus keine menschliche Natur angenommen hatte, sondern von der Art der Engel war oder einen himmlischen Körper hatte«. Diese Ideen soll er sechzig Jahre zuvor von dem Bischof und Älteren Sohn der bulgarischen Kirche übernommen haben.[132] Moneta von Cremona, Professor in Bologna und möglicherweise auch Inquisitor, schrieb zur selben Zeit wie Rainieri Sacconi. Er interessierte sich mehr für den radikalen Dualismus, widmete aber trotzdem sein zweites Buch der Widerlegung des moderaten Dualismus. Obwohl die moderaten Dualisten, wie er sagt, die Wahrheit der Schöpfung Gottes anerkennen, vermengen sie alles »mit dem Sauerteig ketzerischer Niedertracht«.[133] In seinem historischen Überblick ordnet Anselm von Alessandria den Nazarius als dritten Bischof der Katharer von Concorrezzo ein, nach Johannes Judeus und Garattus. Anselm besaß eine eigene Kopie des Nazariustexts; nach seiner Darstellung stießen die Ansichten des Nazarius bei seinem Älteren Sohn Desiderius auf Ablehnung, und so kam es zur Spaltung der Concorrezzaner.[134] Bernard Hamilton erkennt bei dieser neuen katharischen Generation, repräsentiert durch Desiderius, die Tendenz zur Entwicklung eigener Ideen, abseits der für das Katharertum des 12. Jahrhunderts so wichtigen bogomilischen Literatur.[135] In diesem Zusammenhang überrascht es nicht, dass sich im *Buch von den zwei Prinzipien* – in den 1240er Jahren vermutlich von dem radikalen Dualisten der Kirche von Desenzano, Giovanni di Lugio, verfasst – eine Attacke auf die moderate Schule findet, die nicht weniger scharf mit ihren Irrtümern ins Gericht geht als katholische Polemiken.[136] Der Autor findet die »Garatenser«, wie er sie nennt, zutiefst enttäuschend, weil sie nur die Existenz eines einzigen guten Schöpfers anerkennen, jedoch beständig wiederholen, dass »da ein anderer Herr ist, der böse Fürst dieser Welt, welcher der Schöpfer des Größten Schöpfers ist.« Mit dem Zeugnis der Genesis (die unter den Katharern nur von Giovanni di Lugio und seinem Kreis akzeptiert wird), so der Autor, »können wir ohne weiteres die Existenz eines bösen Schöpfers beweisen, der den Himmel, die Erde und alle sichtbaren Körper erschuf«. In der Unbelehrbarkeit der moderaten Schule kann der Autor nur Anzeichen von Schwachsinn erkennen.[137]

Das *Buch von den zwei Prinzipien* ist der deutlichste Beleg, dass die Katharer ihre eigenen Ideen über die Natur des Dualismus entwickelten, immerhin ein halbes Jahrhundert bevor der

Jesaja der Prophet. Steinrelief am Portal der Abteikirche von Souillac (Süd-westfrankreich, um 1140).

bogomilische Einfluss übermächtig wurde. Ein Werk – die *Vision des Jesaja* – war grundlegend für die radikale wie für die moderate Richtung. Die Katharer scheinen das Buch noch vor dem Schisma der 1170er Jahre erhalten zu haben, und zwar in einer aus dem Altslavischen oder Griechischen übersetzten lateinischen Fassung. Seine Entstehung geht möglicherweise bis zu den griechischen Gnostikern am Ende des 1. Jahrhunderts n. Chr. zurück. Erwähnungen bei Autoren des 13. Jahrhunderts aus dem Languedoc und aus Italien sowie in Inquisitionsakten des frühen 14. Jahrhunderts weisen das Werk als einen wichtigen Text für die Katharer bis zu ihrem Ende im Westen aus.[138]

Als Jesaja »aufgehört hatte, die Vision zu schauen«, konnte er berichten, was ihm widerfahren war. Die Katharer schätzten die Vision in besonderem Maße, denn ein Engel hatte ihn auf eine Reise durch die sichtbare und unsichtbare Welt mitgenommen. Dieser eröffnete ihm:

»Niemand, der je willens war, zum Fleisch dieser Welt zurückzukehren, hat gesehen, was du sahst, und ist auch nicht in der Lage zu sehen, was du erblickt hast.«

Der Engel nahm Jesaja an der Hand, und als sie zum Firmament emporstiegen, sahen sie eine erbitterte Schlacht zwischen Satan und den Gefolgsleuten Gottes. »So wie es auf der Erde ist, genauso ist es am Firmament, denn Ebenbilder dessen, was am Firmament ist, finden sich auch auf der Erde.« Der Engel erzählte ihm, die Erde würde nicht zu ihrem Ende kommen, bis Gott »kommt und ihn (Satan) schlägt mit dem Geist Seiner Tugend.« Jenseits des Firmaments führte man ihn durch die Sieben Himmel; jeder Himmel war bewohnt von Engeln, die Gott priesen, und jeder Himmel war prächtiger als der vorherige, bis er im siebten Himmel die Gerechten sah, »entkleidet des fleischlichen Gewandes, in ihren himmlischen Gewändern und in großer Herrlichkeit.« Noch hatten sie nicht »ihre Throne und Kronen der Herrlichkeit«; sie sollten sie erst erhalten, wie der Engel sagte, wenn der Sohn Gottes menschliche Gestalt angenommen hätte.

»Und der Fürst dieser Welt wird seine Hand gegen den Sohn Gottes erheben und Ihn töten und Ihn an einen Baum hängen, und er wird Ihn töten, ohne zu wissen, wer Er ist. Und Er wird in die Hölle hinabsteigen und sie öd legen und mit ihr alle Geister der Hölle. Und Er wird den Todesfürsten ergreifen und ihm seine Beute abnehmen, und bei ihm werden einige der Gerechten sein. Und Er wird seine Prediger in die ganze Welt aussenden und wird zum Himmel auffahren. Dann werden diese ihre Throne und Kronen empfangen.«

Im Siebten Himmel erblickte Jesaja einen Engel, der herrlicher war als alle anderen: den Erzengel Michael; er hielt ein Buch in Händen, in dem die Werke aller Menschen verzeichnet waren, auch Jesajas Werke. Schließlich sah er »den Herrn in seiner ganzen Glorie, und ich fürchtete mich sehr«. Jesaja sah auch den Sohn Gottes, wie er die Himmel hinabstieg, und sah seine Verwandlung, sah ihn »wie den Menschensohn wohnen bei den Menschen in der Welt« und sah ihn, wie er wiederum durch die Himmel emporstieg. Er sah »einen wundervollen Engel zu seiner Linken sitzen, der zu ihm sprach und ihm sagte, er habe gesehen, was noch »kein anderer Sohn des Fleisches« gesehen habe und dass er jetzt sein Gewand zurückgeben müsse, »bis die Zeit deiner Tage erfüllt sind, und dann sollst du hierher zurückkommen.«[139]

Obwohl die Bogomilen ihre eigene Version dieser Geschichte herstellten, akzeptierten die moderaten und die radikalen Dualisten die beschriebene theologische Landschaft, denn sie zeigte zwei Welten, die materielle und die himmlische, und beide waren gespalten durch die Schlacht zwischen satanischen und göttlichen Heerscharen. Allerdings, der zentrale Streitpunkt zwischen den beiden katharischen Gruppen – der Ursprung des Teufels – berührte die Vision nicht. Im 13. Jahrhundert jedenfalls wird die katharische Literatur von der Anschauung des absoluten Dualismus beherrscht. Im Languedoc und in der Lombardei brachten die Katharer zu diesem Themenkomplex wichtige Schriften hervor. Die im Languedoc entstandene Abhandlung ist eine anonyme Darlegung der führenden katharischen Kreise aus Albi, Toulouse und Carcassonne und wurde in den *Liber contra Manichaeos* des Durandus von Huesca zum Zwecke der Widerlegung aufgenommen. Das Werk des Durandus, eines zum Katholizismus übergetretenen Waldensers, wurde wohl zwischen 1218 und 1222 verfasst.[140] Die entsprechende lombardische Version ist der etwa 20 Jahre später geschriebene *Liber de duobus principiis (Das Buch von den zwei Prinzipien)*. Für beide Versionen kann ein Autor nicht mit Sicherheit identifiziert werden. Man hat angenommen, dass der Autor des albigensischen Traktats möglicherweise ein »Theoderich« (ehemals Wilhelm von Châtauneuf, ein Kanoniker aus Nevers) gewesen sein könnte, der bei Peter von Les Vaux-de-Cernay auf katharischer Seite mit Bischof Diego von Osma debattierte, oder vielleicht Bartholomaeus von Carcassonne, ein führender Katharer in den 1220er Jahren. Derlei Spekulationen übersehen den Hinweis Duvernoys, dass es Durandus von Huesca sicherlich bekannt gewesen sein dürfte, wenn einer der beiden etwas mit dem katharischen Text zu tun gehabt hätte.[141] Eher wahrscheinlich ist, dass Giovanni di Lugio der Autor des *Liber de duobus principiis* war, denn Rainieri Sacconi gibt an, er habe die Abschrift eines von Giovanni di Lugio verfassten »großen Bandes von zehn Bögen« in seinem Besitz, und wahrhaftig ist der *Liber de duobus principiis* weitaus besser verständlich mit Hilfe von Sacconis detailliertem Kommentar zum Glauben des Giovanni di Lugio. Da Sacconi siebzehn Jahre lang selbst Katharer war, ist es durchaus möglich, dass er Giovanni di Lugio persönlich kannte. Er war sich der Spaltung innerhalb ihrer Reihen wohl bewusst, denn er differenziert zwischen den beiden Parteien der Albanenser mit ihrem Zentrum in Desenzano, zu seiner Zeit die einzige italienische Katharerkirche mit radikal-dualistischem Bekenntnis. Die meisten älteren Katharer folgten Bischof Belesmanza von Verona, der zwischen 1200 und 1230 unter den Albanensern eine große Anhängerschaft hatte, sich aber in den 1240er Jahren gegenüber den »Modernisierern« unter Führung von Giovanni di Lugio aus Bergamo in einer Minderheitsposition befand.[142]

Nach Rainieri Sacconi blieb die Kirche des Languedoc »den Irrtümern des Belesmanza und der alten Albanenser« treu, und da dies wohl die etablierte Ansicht war, meint er, sie repräsentierten noch am besten die Lehren des Niketas auf dem Konzil von St-Félix-de-Caraman. Giovanni di Lugio habe sich an einige dieser Lehren gehalten, aber andere »zum schlechteren« verändert, »und einige Irrtümer hat er sich selbst ausgedacht.«[143] Keiner der Autoren jedoch scheint für die Masse der Gläubigen geschrieben zu haben, ebenso wenig wie die Gelehrten der katholischen Kirche beabsichtigten, ihre Gedanken direkt den gläubigen Laien mitzuteilen. Der albigensische Autor sah sich als Bannerträger der Wahrheit gegenüber den Katholiken, die er für Häretiker hielt, für »blinde Blindenführer«, wie es in Matthäus 15:14 heißt. Sein Traktat sollte vermutlich die *perfecti* festigen, denn sie ist untermauert mit sorgfältig ausgewählten und detaillierten Zitaten aus der Heiligen Schrift. Auch der Autor des *Liber de duobus principiis* bemüht sich um Rechtfertigungen aus der Bibel, auch wenn er eine kämpferische Haltung einnimmt und die Fragen mit Katholiken und Albanensern bei vielen Gelegenheiten diskutiert hat. Offenkundig hatte er wahrhaftig die Gabe, seine Opponenten zu reizen, von denen er sagt, sie würden anfangs »ruhig sprechen und dann laut werden.« Sacconis Bemerkung über Albanenser, »die nicht so gut unterrichtet sind, denen man bestimmte Dinge nicht gesagt hat«, legt nahe, dass diese Autoren Mitglieder der katharischen Elite waren und ihren Glauben intellektuell untermauern wollten.[144] Weder die katholischen noch die katharischen Führer rechneten damit, dass sie der Masse ihrer Kirchenmitglieder die gesamte Bandbreite ihrer jeweiligen Theologien auseinandersetzen konnten.

Die radikalen Dualisten glaubten an die Existenz zweier Welten, an eine sichtbare, nichtige, verderbte und an eine unsichtbare, reine und ewige. Nach dem Johannesevangelium ist das Reich Christi nicht von dieser Welt (18:36), sondern es ist der Neue Himmel und die Neue Erde, von denen der Herr in Jesaja 66:22 spricht.[145] So sei die Vorstellung von Gott als Schöpfer aller Dinge von der katholischen Kirche gröblich falsch interpretiert worden. »Es sollte klar und deutlich sein«, sagt der *Liber de duobis principiis*, »dass diese universalen Symbole, die anzeigen, was böse, eitel und vergänglich ist, nicht von derselben Art sind wie jene anderen, schon genannten universalen Symbole, welche angeben, was gut, rein und in hohem Maße wünschenswert ist und was für immer Bestand haben wird.«[146] Sie argumentierten deshalb, dass die zwei Prinzipien Gut und Böse ewig waren und dass jedes Prinzip seine eigene Welt erschaffen habe.[147] Folglich, sagt der albigensische Autor, »erzeugte der Teufel die Kinder dieser Welt; sie wurden geboren aus dem Fleisch der Sünde, sie wurden geboren aus dem Blute und aus dem Willen des Fleisches und aus der Wollust der Menschen.«[148] Für den Autor des *Liber de duobus principiis* war dies von unausweichlicher Logik. Einen einzigen, allmächtigen Gott konnte es nicht geben. »Denn derjenige ist machtlos, der vollständig alle Dinge kennt, die sich zutragen werden, insofern er in sich selbst so beschaffen ist, nur das zu tun, was er selbst von Ewigkeit an wusste, was er tun soll.« Angesichts der unabweisbaren Existenz des Bösen liegt es deshalb auf der Hand, dass ein einziger Gott »wissentlich und mit vollem Bewusstsein Seine Engel von Anfang an in dieser Unvollkommenheit geschaffen und gemacht hätte, sodass sie auf keinerlei Weise dem Bösen hätten entrinnen können.« Mit anderen Worten: Gott wäre dann »der eigentliche Grund und Ursprung des Bösen – was auf jeden Fall verneint werden muss.«[149] Obwohl die Literatur der Katharer zeigt, dass sie denselben Text des Neuen Testaments benutzten wie die Katholiken und Waldenser, gab es doch auf Grund ihrer Ansichten über die Schöpfung einen bezeichnenden Unterschied. Für die Orthodoxen sollte Johannes 1:3,4 so wiedergegeben werden: »Alle Dinge sind durch dasselbe gemacht, und ohne dasselbe ist nichts gemacht, was gemacht ist. In ihm war das Leben, und das Leben war das Licht des Menschen.« Für alle, die glaubten, die materielle Welt sei das Werk Satans, war dies natürlich nicht akzeptabel, denn für den albigensischen Autor beispielsweise bedeutete die Passage, dass »nichts« (*nihil*) ohne ihn gemacht wurde (das heißt ohne Beteiligung Gottes), wobei das »nichts« als die vergängliche Welt interpretiert wird, die im Gegensatz zur wahren Realität – zur Schöpfung Gottes – steht.[150]

Dann drangen der Satan und seine Engel in die himmlische Welt ein, kämpften mit dem Erzengel Michael und zogen mit einem dritten Teil der Geschöpfe Gottes davon. »Diese«, sagt Rainieri Sacconi, »pflanzt der Satan täglich in menschliche Körper und in die Körper niederer Tiere und versetzt sie von einem Körper zum anderen bis zu dieser Zeit, da alle zum Himmel zurückgebracht sein werden.«[151] Rainieri bezieht sich hier auf die Vorstellung, dass die Seelen wanderten, bis sie den Körper eines getrösteten (mit dem *consolamentum* versehenen) Katharers erreicht haben – eine Vorbereitung zur Vereinigung mit ihrem Schutzengel, wobei nicht klar ist, wieweit dieser Glaube unter den katharischen Intellektuellen verbreitet war.[152] Diesen Angriff des Satans scheint der albigensische Autor im Auge gehabt zu haben, wenn er von der Ausbreitung des Schreckens »im Land der Lebenden« spricht.[153] Der Autor des *Liber de duobus principiis* verwendet das Gleichnis vom Sämann in Matthäus 13: 24–5, um dasselbe Problem anzusprechen: »Das Himmelreich gleicht einem Menschen, der guten Samen auf seinen Acker säte. Als aber die Leute schliefen, kam sein Feind und säte Unkraut zwischen den Weizen und ging davon.«[154] Hier taucht eine andere fundamentale Frage auf – wie können Engel sündigen? –, die auch zeigenössische katholische Autoren beschäftigte.[155] Die Katharer folgerten, Gottes Engel hätten keinerlei freien Willen gehabt, denn Gott »würde gewusst haben, dass allein aus diesem Grunde Sein Reich verdorben würde«. Die Verderbnis war deshalb eine Folge der Invasion des Bösen.[156] Für den Autor des *Liber de duobus principiis* gab es somit auch kein Jüngstes Gericht am Ende der Welt zu einem willkürlichen Zeitpunkt in der Zukunft, bei dem alle gerichtet würden gemäß ihrer auf freiem Willen beruhenden Handlungen. Im Gegenteil, die begrenzte Anzahl der eingeschlossenen Seelen würde endlich aus ihrem Gefängnis befreit, und nur dann würde die materielle Welt zu ihrem Ende kommen. Wenn nicht, dann »gäbe es eine ungezählte Menge von Kindern aller Völker im Alter von vier Jahren oder noch jünger und eine erstaunliche Menge von Stummen, Tauben und Schwachsinnigen, und keiner von ihnen wäre fähig, Buße zu tun, keiner hätte von Gott je die Kenntnis und die Eignung erhalten, Gutes zu tun.« Für den Autor war dies nichts weniger als absurd.[157]

Die Katharer akzeptierten die Dreieinigkeit, aber nicht als einen einzigen Gott, »denn der Vater ist größer als der Sohn und als der Heilige Geist.«[158] Die Erlösung kommt durch Christus. Was die Katharer wirklich darunter verstanden, ist jedoch schwierig zu interpretieren. Mit dem Text aus Matthäus 26:31: »Denn es steht geschrieben: Ich werde den Hirten schlagen, und die Schafe der Herde werden sich zerstreuen«, erklärte der Autor des *Liber de duobus principiis*, dass Gott Seinen Sohn »schlug« »mit der Erduldung Seines Todes«, denn er war »nicht in der Lage, auf besserem Wege Sein Volk von der Macht des Feindes zu befreien.« Der Autor betont: »Er hat nicht durch Seine eigene Handlung Seinen Sohn Jesus Christus vollkommen und unmittelbar geschlagen.«[159] Rainieri Sacconi und Moneta von Cremona bestätigen die Ansicht der Katharer, die Menschwerdung, die Kreuzigung und die Auferstehung hätten nicht wirklich stattgefunden. Christus, sagt Rainieri Sacconi, »nahm die Menschennatur nicht in Wirklichkeit an, sondern übernahm nur ihren äußeren Anschein von der Gesegneten Jungfrau, die, wie sie sagen, ein Engel war. Weder aß, trank und litt er wirklich, noch war er wirklich tot und begraben, noch war Seine Auferstehung wirklich, sondern alle diese Dinge waren nur Schein.«[160] Während dies der katharische Glaube über die Rolle Christi in dieser Welt gewesen sei, so meint Bernhard Hamilton, hätten sie dennoch geglaubt, dass sich alle diese Ereignisse in der anderen Welt, in der »Welt der Lebenden«, zugetragen hätten.[161] »Die Drangsal und Verfolgung, das Leiden und der Tod unseres Herren Jesus Christus«, sagt der *Liber de duobus principiis* in einer Passage, die fast ausschließlich aus Bibelzitaten besteht, »… sind in den Heiligen Schriften kundgetan.«[162] Es lässt sich nicht leicht feststellen, wie verbreitet diese Sicht unter den Katharern war. Rainieri Sacconi hält es für einen besonderen Lehrsatz des Giovanni di Lugio, »dass Christus geboren wurde gemäß dem Fleisch der genannten Väter der Alten (das sind die Propheten des Alten Testaments) und dass er wirklich Fleisch wurde durch die Gesegnete Jungfrau und wirklich litt, gekreuzigt wurde, tot war und beerdigt wurde und am dritten Tag wieder auferstand, aber er glaubt, dass sich dies alles zutrug in einer anderen, höheren Welt, und nicht in dieser«.[163] Nach Sacconi hielt Giovanni di Lugio die andere Welt als vollständig vergleichbar mit der sichtbaren Welt: »Heiraten, Unzucht und Ehebruch finden dort statt, und daraus gehen Kinder hervor.«[164]

Wie die umfänglich ausgebreiteten Zitate der katharischen Autoren zeigen, stützten die Häretiker ihre Argumente ausschließlich auf bestimmte Bücher der Bibel. Sie glaubten, so berichtet Rainieri Sacconi, der Satan sei der Autor des Alten Testaments gewesen, »außer diesen Büchern: Hiob, die Psalmen, die Bücher Salomons, die Bücher des Jesus, Sohn des Sirach, die Bücher Jesaja, Jeremiah, Hesekiel, Daniel und die der zwölf Propheten. Einige von diesen, behaupten sie, seien im Himmel geschrieben worden, nämlich diejenigen, die vor der Zerstörung Jerusalems geschrieben wurden, denn das sei das himmlische Land gewesen.«[165] Giovanni di Lugio stimmte damit nicht überein und anerkannte das gesamte Alte Testament und auch, dass alle Patriarchen und Propheten »Gott wohlgefällig« waren, aber sie seien »Männer in der anderen Welt« gewesen. »Was immer nach der Bibel in dieser Welt geschah, verlegt er in die andere Welt«, sagt Rainieri Sacconi.[166] Hamilton weist darauf hin, dass die Schule des Giovanni di Lugio dennoch die alttestamentliche Version der Schöpfungsgeschichte als Werk Satans ansah, auch wenn sie diesem Teil des Alten Testaments keinen teuflischen Ursprung zusprach.[167] Sie empfanden es als undenkbar, dass der Gott des Alten Testaments, der »die offenkundige und erbarmungslose Vernichtung von so vielen Männern, Frauen und Kindern verursachte«, derselbe sein sollte wie der wahre Schöpfer.[168]

Moral, Ethik, Speisegebote und Sexuallehre
Mit Ausnahme von *La Gleisa de Dio*, einer anonymen Darstellung über die Natur der wahren Kirche – eine außergewöhnliche Quelle, weil sie ins dritte Viertel des 14. Jahrhunderts datiert werden kann –, liefert keine katharische Schrift eine systemati-

sche oder detaillierte Aufstellung des katharischen Moralcodex, auch wenn das Okzitanische Ritual nicht müde wird zu wiederholen, dass die Katharer als moralische Grundlage einige neutestamentliche Gebote anerkannten (Verbot des Ehebruches, des Tötens, der Lüge, der Eidesleistung und des Diebstahls). Das Ritual enthält auch Richtlinien zu ihrer praktischen Anwendung, namentlich für die umherreisenden *perfecti*. So beispielsweise,

»wenn sie persönliche Habe auf der Straße finden, lass sie sie nicht anrühren, bis sie wissen, dass sie sie zurückgeben können. Wenn sie Leute sehen, die vor ihnen den Weg gegangen sind, und denen der Gegenstand vielleicht zurückgegeben werden kann, dann lass sie ihn nehmen, um ihn zurückzugeben, wenn sie können. Wenn das nicht möglich ist, sollen sie die Habe wieder an den Platz zurücklegen, wo sie gefunden wurde.«[169]

Katholische Autoren sahen die Dinge anders. Sie waren vertraut mit der ethischen und moralischen Lehre der Katharer, und etliche von ihnen dürften das Verhalten der *perfecti* unmittelbar beobachtet haben. Einer der Ungnädigsten war der Zisterzienser Peter von Les Vaux-de-Cernay, dessen Teilnahme am Albigenserkreuzzug seine ohnehin schon kompromisslose Haltung gegenüber den Häretikern noch mehr verhärtet haben dürfte.

»Die ›Vollkommene‹ genannt werden, tragen ein schwarzes Gewand und geben fälschlich vor, sich keusch zu verhalten. Den Verzehr von Fleisch, Eiern und von Käse lehnen sie gänzlich ab. Sie wollen als Leute gelten, die nur die Wahrheit sagen, obwohl sie vor allem in den Gott betreffenden Dingen sozusagen ständig lügen. Sie sagen auch, dass sie unter keinen Umständen einen Eid leisten dürften. ›Gläubige der Häretiker‹ werden dagegen diejenigen genannt, die weltlich leben und nicht danach streben, das Leben der Vollkommenen nachzuahmen, aber doch hoffen, in dem Glauben jener Vollkommenen gerettet zu werden. Wenn sie auch in ihrer Lebensweise verschieden sind, so sind sie doch im Glauben (oder vielmehr im Unglauben) eins. Die ›Gläubigen der Häretiker‹ widmen sich dem Wucher, Raub und Mord und den fleischlichen Verlockungen, dem Meineid und allen Verderbtheiten. Sie sündigen aber mit noch größerer Sicherheit und Zügellosigkeit, weil sie glauben, ohne die Rückgabe des Geraubten und ohne Beichte und Buße gerettet zu werden, sofern sie in der Todesstunde das ›Vater unser‹ sagen und die Handauflegung durch einen ihrer Lehrer erhalten können.«

Unter anderem berichtet er, »dass einige Häretiker sagen, vom Nabel abwärts könne niemand sündigen; die Bilder, die man in den Kirchen anbringt, halten sie für Götzendienerei; von den Glockentürmen der Kirchen behaupten sie, dass sie die ›Trompeten der Teufel‹ seien; auch sagen sie, dass jemand, der mit seiner Mutter oder Schwester schläft, nicht schlimmer sündigt als jemand, der mit einer anderen Frau schläft.«[170] Rainieri Sacconi war etwas anspruchsvoller in seiner Darstellung, aber ebenso erzürnt über die – seiner Meinung nach – katharische Gleichgültigkeit gegenüber der Sünde vor dem Empfang des *consolamentum* sowie über ihre Ablehnung des katholischen Bußsystems, einschließlich Reue, Beichte und den Werken der Buße. Nach Erhalt des *consolamentum*, sagt er, leisten sie keinen Ersatz für Wucher, Diebstahl oder Raub in der Vergangenheit, sondern überlassen alle Gewinne aus diesen Handlungen ihren Verwandten.[171]

Nicht alle jedoch zeigen eine so konsequente Ablehnung wie Peter von Les Vaux-de-Cernay. Der Franziskaner Jakob Capelli beispielsweise legt eine größere Bereitschaft zur Objektivität an den Tag. Auch wenn er den »tollwütigen Ketzern« feindlich gegenübersteht, bestätigt er doch ihre Beachtung der Keuschheit, ihrer Speisevorschriften und ihres Fastens. Gerüchte über sexuelle Orgien seien falsch, sagt er, vielmehr dienten ihre Zusammenkünfte der Predigt, dem Sündenbekenntnis und dem Gebet. Capelli und Sacconi berichten übereinstimmend von ihrer Weigerung, Fleisch, Eier, Geflügel und Käse zu essen.[172] Dies hielten sie deshalb so, meint Sacconi, weil diese Dinge »durch den Geschlechtsakt erzeugt wurden«, wobei die Speisevorschriften eher mit dem katharischen Glauben von der Wanderung der Seelen in warmblütige Tiere zusammenhingen, aber vielleicht auch mit der Wertschätzung tierischen Lebens.[173] Das würde die von dem zisterziensischen Theologen Alanus ab Insulis (Alanus von Lille; 12. Jahrhundert) gestellte Frage beantworten, warum sie Fische äßen, die doch auch Produkte der Zeugung seien.[174] Neben der Einhaltung dieser restriktiven Speisevorschriften wurde von den *perfecti* strenges Fasten erwartet, nach Anselm von Alessandria drei Tage in der Woche nur Wasser und Brot und dreimal vierzig Tage im Laufe des Jahres.[175]

Natürlich war eine Kirche, die an eine Kontinuität von Altem und Neuem Testament glaubte, für Katharer wie auch für Bogomilen zunächst ein Objekt der Abscheu, nach den Kreuzzügen dann ein Objekt des Hasses. Nach Moneta von Cremona glaubten die Katharer, dass sich fast alles, was in Offenbarung 16, 17 und im ersten Teil von 19 geschrieben steht, auf die katholische Kirche beziehe.

»Denn sie deuten ›das Tier‹ und ›die Frau‹ als Hinweis auf die römische Kirche. Das Tier, so lesen wir, ist purpurn, und in Vers vier finden wir gleichermaßen, dass die Frau bekleidet ist ›mit Purpur und Scharlach und geschmückt mit Gold und Edelsteinen und Perlen und sie hatte einen goldenen Becher in der Hand‹. Diese Worte beträfen den Herrn Papst, das Oberhaupt der römischen Kirche. Die Frau, ›betrunken von dem Blut der

Heiligen‹ (Vers 6), wird in denselben Zusammenhang gestellt. Dieses Symbol heften sie der römischen Kirche an, weil sie ihren Tod befiehlt, glauben sie doch, sie seien Heilige.«[176]

Katharischer Volksglaube

Einige Informationen über katharische Ansichten die römische Kirche betreffend, könnte Moneta aus Inquisitionsakten erhalten haben, denn bedeutende und gebildete Katharer machten ihre Aussagen vor französischen und italienischen Tribunalen. Allerdings brachten die Inquisitoren weit mehr »einfache« Katharer (»Gläubige«) vor die Schranken ihrer Tribunale, und deren Antworten auf Fragen nach dem katharischen Glauben vermitteln einen Eindruck davon, wie der Dualismus auf der Ebene der katharischen »Laien« verstanden wurde. Zugleich zeigen die Antworten, welche Inhalte die *perfecti* ihren Gemeinden predigten. Sie legten bei ihren Anhängern im Languedoc weniger Anstrengungen an den Tag, die Ursprünge des Bösen zu enträtseln, eine Frage, die Intellektuelle wohl brennender interessierte. Die wichtigsten Botschaften bezogen sich auf die Beziehung der materiellen Welt zum Teufel und im Gegenzug auf die Identifizierung der katholischen Kirche mit dem Materiellen. Man hat bereits darauf hingewiesen, dass dieser Mangel an Dogmatismus mitverantwortlich sei für die größere Einheit der katharischen Kirche im Languedoc, bedenkt man die ständigen dogmatischen Streitereien unter den Italienern. Unter solchen Umständen musste die Lebensführung der *perfecti* eine größere Bedeutung annehmen als der dualistische Glaube selbst.[177] Es ist wahrscheinlich, dass der radikale Dualismus des Niketas mehr Anklang fand unter den katharischen Führern Südfrankreichs als unter der Mehrheit der Gläubigen: Ein anonymer Traktat über die Häretiker im Languedoc, vermutlich aus den ersten Jahren des Albigenserkreuzzuges, beschreibt zwar den katharischen Glauben als radikal-dualistisch, bemerkt jedoch, dass einige an einen einzigen Gott mit zwei Söhnen glaubten – an »Christus und den Fürsten dieser Welt«.[178]

Wilhelm Faber aus *Podio Hermer*, der zwischen November und Dezember 1243 dreimal vor Bruder Ferrier in Toulouse erschien, liefert hierzu eine Geschichte, denn er sagte nicht nur über sich selbst aus, sondern gehörte zu einer Gruppe, in der solche Fragen diskutiert wurden; ein Umstand, der auch anderen bekannt war. Überdies gab er zu, mit Häretikern Umgang gehabt zu haben, so lange er sich erinnern könne. Er glaubte ihre Irrtümer, »sobald er zwischen Gut und Böse unterscheiden konnte«. Aus Angaben in dem Dokument zu schließen, erscheint es unwahrscheinlich, dass er zum Zeitpunkt seiner Aussage jünger als Anfang vierzig war, und damit gewinnt sein Zeugnis und das der anderen Zeugen für die Verhältnisse zu Beginn des 13. Jahrhunderts durchaus an Relevanz. Er war oft bei häretischen Zusammenkünften in Toulouse sowie in den Regionen von Castelsarrasin und Moissac anwesend und erlebte vor etwa fünfundzwanzig Jahren eine Disputation zwischen drei *bonshommes* und zwei Priestern in einem Haus in Castelsarrasin. Dabei scheint seine Ehe mit Petronilla – die seine religiösen Ansichten nicht teilte – keine sonderliche Rolle gespielt zu haben, außer, dass es bisweilen Streit deswegen gab. Wie er erzählte, predigten die Häretiker, Gott habe keine sichtbaren Dinge geschaffen, Taufe und Ehe seien ohne Wert, die geweihte Hostie sei nicht der Leib Christi und eine Auferstehung der Toten gäbe es nicht.[179] Nach Aussagen des Zeugen Johannes Vitalis feierte Wilhelm mit anderen die Nachricht von der Ermordung der Inquisitoren in Avignonet (südöstlich von Toulouse) im Mai 1242 durch eine Schar aus der Pyrenäenburg Montségur.[180] Unter ihnen befand sich auch Wilhelms Neffe Wilhelm Audebert, der, so die Aussage des Johannes Vitalis, »eine Menge« über den katharischen Glauben geschrieben habe und ihm seinerzeit erläu-

93

terte, was er die »Wahrheit der Oberen und Unteren Welten« nannte:

»Eines Tages, als der Herr zu den Seinen im Himmel predigte, kam ein Sendbote von der Erde zu ihm und sagte, er würde diese Welt verlieren, wenn er nicht sofort jemanden ausschicken werde, und der Herr sandte unverweilt den Lucibel in diese Welt und empfing ihn wie einen Bruder, und danach verlangte Lucibel einen Teil der Oberen und Unteren Besitzungen, und der Herr wollte das nicht, und daraufhin gab es lange Zeit einen Krieg.«

Und so, als Folge des Stolzes, geht der Konflikt jeden Tag weiter.[181] Ein dritter Zeuge, Wilhelm Ferraut, war dabei, als Wilhelm Faber einige Jahre früher (1234) über das Problem der Erlösung sprach. Er hielt sich damals im Haus eines gewissen Johannes aus Toulouse auf, wo Wilhelm Audebert auf dem Krankenlager lag. »Als Gott die Armut seines Reiches wegen des Falls der bösen Geister sah«, sagte Wilhelm Faber, »fragte er die Anwesenden: ›Möchte jemand Mein wahrer Sohn sein und dass ich Sein Vater wäre?‹, und als niemand antwortete, ergriff Christus – er war der *bailli* (Verwalter oder Statthalter, Anm.) Gottes – das Wort: ›Ich wünsche Dein Sohn zu sein, und ich werde gehen, wo immer Du mich hinschickst‹, und dann sandte Gott diesen Christus, als wäre er Sein Sohn, in die Welt, um den Namen Gottes zu predigen, und so kam Christus.«

Wilhelm Audebert war nicht so krank, dass er sich nicht an der Diskussion beteiligt hätte, und dabei bewies er seine Wertschätzung des katharischen Glaubens an zwei parallele Welten. Die Häretiker lehrten, so sagte er, dass Ochsen und *roncins* (Zugtiere) den Boden abgrasten und pflügten und dass sie im Himmel wie auch auf der Erde arbeiteten.[182]

Solche Unterhaltungen waren nicht ungewöhnlich unter den Gläubigen von Castelsarrasin, und nichts spricht dafür, dass die Stadt untypisch gewesen wäre. Aymeric von Naregina hatte gesagt, Gott sei nicht in die Gesegnete Jungfrau gekommen, sondern habe sich selbst vorausgeahnt; auch habe er nicht die Heilige Messe gestiftet, denn sie sei eine Erfindung der Kardinäle und der Kleriker, »aus Liebe zu den üppigen Opfern«. Bisweilen waren solche Themen einfach Gegenstand des täglichen Klatsches, wie etwa die folgende Erklärung der Erschaffung des Menschen, die jemand auf dem Markt mit angehört hatte:

»Der Teufel machte den Menschen aus dem Lehm des Bodens und sagte Gott, er soll dem Menschen eine Seele schicken, und Gott sagte zum Teufel, er wird stärker sein als ich und du, wenn er aus Lehm gemacht ist, mache ihn lieber aus dem Schlamm der See, und der Teufel machte ihn aus dem Schlamm der See, und Gott sagte, er ist gut, denn er ist nicht zu stark und nicht zu schwach, und Gott sandte eine Seele zu dem Menschen.«[183]

Unterhaltungen dieser Art gab es offenbar häufig, trotz der Aufmerksamkeit der Inquisitoren. Im Jahre 1274 behauptete Guillelma, die Frau des Thomas aus St-Flour, eines Zimmermanns in Toulouse, ihre Nachbarinnen Fabrissa und ihre Tochter Philippa hätten regelmäßig männlichen und weiblichen Häretikern Unterschlupf gewährt. Nach Angaben der Guillelma soll Fabrissa gesagt haben, dass Luzifer den Menschen gemacht habe und Gott habe ihn angewiesen, dem Menschen die Sprache zu geben. Luzifer entgegnete, das könne er nicht, »und so blies Gott dem Menschen seinen Atem in den Mund, und der Mensch sprach«. Außerdem soll Fabrissa schlecht über die Geistlichkeit gesprochen haben; deren Lehre geschehe in bösem Glauben, und es sei nicht richtig, wenn sie sagen, »sie geben das Brot, und das ist der Leib Gottes«. Mehrfach hätten Fabrissa und Philippa geplant, in die Lombardei zu gehen (zu der sie über ihre häretischen Gäste Kontakt hatten), um Buße zu tun, aber dazu ist es niemals gekommen. Diese Frauen wohnten Wand an Wand in ihren Häusern, und Fabrissa würde wohl niemals Häretiker beherbergt haben, wenn Guillelma nicht vertrauenswürdig oder gar Komplizin gewesen wäre. Die Aussage deutet deshalb darauf hin, dass es irgendwann Streit zwischen den beiden Frauen gegeben haben muss. Der Schlüssel zu dem Streit liegt vielleicht in der katharischen Auffassung von der Schaffung neuer materieller Körper. Als nämlich Guillelma schwanger war, hatte ihr wohl Fabrissa bedeutet, »sie solle Gott bitten, sie von dem Dämon in ihrem Bauch zu befreien.«[184]

Wenn die Zeugenaussage von 1274 inhaltlich simpler gestrickt erscheint als die von 1243–44, dann nicht nur, weil es sich um einen Streit unter Nachbarinnen handelte. Inzwischen nämlich war in den 1270er Jahren die katharische Hierarchie im Languedoc unter dem Druck der Inquisitoren, der französischen Monarchie und des neuen Grafen von Toulouse, Alfons von Poitiers, eines Bruders König Ludwigs des Heiligen, weitgehend in sich zusammengebrochen.[185] Der katharische Widerstand war fehlgeschlagen, die Überlebenden in die Lombardei geflohen, wie Fabrissa andeutete, und es gab keinen Kern von *perfecti* mehr, an den sich die Gläubigen wegen geistlicher Führung hätten wenden können. Eine Wiederbelebung des Katharertums erfolgte erst durch die Brüder Peter und Wilhelm Autier, zwei Notare aus dem Pyrenäenort Ax. Im Jahre 1299 kehrten die beiden aus dem italienischen Exil, wo sie eine katharische Ausbildung erhalten hatten, in ihre Heimat, die Grafschaft Foix, zurück und begannen hier eine neue Predigtkampagne, um ihrem kränkelnden Glauben wieder auf die Beine zu helfen. Auch wenn die Autiers nur zehn Jahre lang wirken konnten, war ihr Einsatz doch stark genug, um der ländlichen Gesellschaft des nördlichen Pyrenäenraumes südlich von Foix und

Carcassonne ihren Stempel aufzudrücken. Ihr Einfluss spiegelt sich in den Zeugenaussagen vor Jacques Fournier, dem Bischof von Pamiers, wider, die zwischen 1318 und 1325 aufgezeichnet wurden.[186] Die Zeugin Sibylla, Ehefrau des Bauern Raimund Peter aus der Region Sabarthès am Oberlauf der Ariège, wohnte in dem großen Dorf Arques (südöstlich von Limoux am Fluss Sals gelegen, einem Nebenfluss der Aude). Sie war über ihren Ehemann zur katharischen Häresie gekommen und war in der Lage, aus erster Hand Berichte über die Lehren der Autiers und ihres Kreises in den ersten Jahren des 14. Jahrhunderts zu liefern. Das war 130 Jahre nachdem Niketas die katharische Kirche im Westen mit neuen Lehrsätzen und einer systematischen Organisation versehen hatte.

Sibylla und Raimund Peter waren mit den Gesprächsthemen und den eher formellen Predigten der Häretiker gut vertraut, denn sie gingen in ihrem Haus aus und ein und besuchten häufig andere Gläubige im Dorf. Angesichts ihrer Lebensumstände überrascht es nicht, dass die Autiers besonders heftig gegen die römische Kirche Stimmung machten. Die Priester waren »üble Leute, denn obwohl sie die Wege Gottes lehrten, wichen sie häufig von diesem Weg ab, plünderten und stahlen alles, was die Leute besaßen.« Wahrhaftig »lasen sie die Messen und gewährten andere Dienste nur wegen des Geldes«. Weil sie nicht in Reinheit lebten, hatten sie »die Macht verloren, Sünden zu vergeben«.[187] Bei einer anderen Gelegenheit verglichen die Autiers die römische Kirche mit einer Kuh, die reichlich gute Milch liefert, aber dann alles wieder zerstört, indem sie sich mit einem Bein in den Milcheimer stellt oder das Melkgefäß umstößt. Dagegen repräsentierten die Autiers die Kirche Gottes, denn »die andere Kirche ist ein Götzenhaus … und solche Götzenbilder anzubeten ist albern, denn die Bilder wurden mit Äxten und anderen Metallwerkzeugen hergestellt«.[188]

Allerdings gründete sich die katharische Kirche im frühen 14.

Jahrhundert nicht bloß auf reinen Antiklerikalismus, denn weiterhin predigte man über die Schöpfung. Die Autiers wendeten eine besondere Methode an, wobei einer von ihnen aus einem Buch vorlas, während der andere den Text in der Volkssprache erklärte. Im folgenden Fall übernahm Peters Sohn Jakob die Lesung und Peter die Auslegung.[189] Eines Abends erzählte Peter den Anwesenden, »dass am Anfang der Himmlische Vater alle Geistwesen und Seelen im Himmel« geschaffen habe, aber dann »kam der Teufel zum Tor des Paradieses und begehrte Einlass, aber das gelang ihm nicht, und er musste tausend Jahre vor dem Tor warten; dann verschaffte er sich auf betrügerische Weise Zugang zum Paradies, und als er darinnen war, redete er den vom Himmlischen Vater geschaffenen Geistern und Seelen ein, dass alles nicht gut für sie sei, denn sie wären Untertanen des Himmlischen Vaters, wenn sie ihm aber in diese Welt folgen wollten, könnte er ihnen Besitztümer geben, nämlich Äcker, Rebstücke, Gold und Silber, Frauen und andere gute Dinge der sichtbaren Welt.«

Viele der Seelen und Geister ließen sich von diesen Reden verführen und fielen neun Tage und neun Nächte lang aus dem Himmel, bis Gott sah, dass er beinahe von allen verlassen wurde, und er stellte seinen Fuß auf das Loch, durch welches sie fielen, und sprach zu den anderen, die dadurch zurückgehalten wurden, dass alle, die ihn jetzt noch verlassen wollten, »weder Rast noch Ruhe« finden würden. Die bereits Abgefallenen konnten zurückkehren, aber es würde ein schwieriger und langer Prozess gerade für solche Geister von Bischöfen und hohen Klerikern werden, die wissentlich von ihm abgefallen waren, während die Seelen einfacher Leute (und hier dürften sich die Autiers ihrer Zuhörerschaft wohl bewusst gewesen sein), die mehr oder weniger mit List aus dem Himmel gelockt worden waren, leicht und einfach wieder zurückkehren konnten.

Nach ihrem Fall erinnerten sich die Geistwesen an das Gute, das sie verloren hatten, und waren traurig über das Böse, in dem sie sich jetzt aufhielten. Der Teufel sah, dass sie traurig waren, und wies sie an, dem Herrn einen Lobgesang zu singen, wie sie es gewöhnt waren, aber sie versetzten, »wie könnten sie einen Lobgesang an den Herrn in einem fremden Land singen?« Sodann fragte einer der Geister den Teufel, warum er sie überredet hätte, ihm zu folgen, wo doch alle in den Himmel zurückkehren könnten, aber der Teufel antwortete, sie könnten nun nicht mehr in den Himmel zurück, »denn er hatte für die Geister und Seelen eine solche Hülle (*tunica*) gefertigt, aus der sie nicht entrinnen konnten, und in diesen Hüllen würden die Geister all das Gute und all die Freuden vergessen, die sie im Himmel genossen hatten.« Der Teufel machte nun Körper, aber er konnte ihnen keine Bewegung eingeben und bat Gott, dies für ihn zu tun. Gott willigte nur unter der Bedingung ein, dass ihm das gehöre, was er ihnen für ihre Bewegung eingegeben habe; »von da an sind die Seelen von Gott und die Körper vom Teufel.« Niemand konnte erlöst werden, es sei denn, »er wurde von der Hand eines Guten Christen berührt, das sind die Häretiker, und wurde von ihnen aufgenommen.« Ohne dies würden die Seelen oder Geister von Körper zu Körper wandern, bis sie zu jemandem kämen, der von den Guten Christen aufgenommen wurde, »und wenn sie diesen Körper verlassen, werden sie in den Himmel zurückkehren.« Dies schien für eine Versammlung genug zu sein. Die Autiers beendeten ihre Unterweisung mit Anekdoten über die Wanderung der Seelen. Eine davon erzählten sie immer wieder: Ein Mann war früher ein Pferd und konnte das auch beweisen, weil er in den Bergen den Platz wiederfand, wo er ein Hufeisen verloren hatte. Das ergötzte die Zuhörerschaft, und solche Geschichten scheinen zum Repertoire der Autiers gehört zu haben, die damit nach einem Abend mit ernsthaften Predigten und Unterweisungen eine heitere Stimmung erzeugen wollten – eine Technik, die in ähnlicher Weise auch die Dominikaner und Franziskaner anwendeten.[190] Dann führten die Anwesenden das *melioramentum* durch, in dem sie dreimal die Häretiker »anbeteten« (so die bevorzugte Bezeichnung der Inquisitoren), und erteilten im Gegenzug den Segen.

Am nächsten Abend entwickelten die Autiers dieses Thema weiter. Es sei nicht wert zu glauben, dass »der Sohn Gottes von einer Frau geboren wurde oder dass er sich in einem so wertlosen Ding wie einer Frau repräsentiert.« Nach den Worten Peter Autiers kam »der, der Sohn der heiligen Maria genannt wird, auf die Erde und predigte, aß und trank aber nicht und empfand weder Hunger noch Durst, weder Kälte noch Hitze.« Dann kreuzigten ihn die Juden, aber er erlitt keinen Schmerz, denn er wurde nur »scheinbar« gekreuzigt. Er starb und litt nicht, aber er verschwand, und man glaubte, er sei tot. Er stieg auf zum Himmlischen Vater, und von ihm erhielt er die Fähigkeit, seinen Jüngern die Macht zu verleihen, dass ihre Handlungen auf der Erde so geartet sind, als seien sie Werke des Himmlischen Vaters. Bei seiner Rückkehr zu seinen Jüngern nach drei Tagen sagte er ihnen, er habe ihnen nichts gegeben und sie sollten ihn bitten, »und dann würde er es ihnen geben«. Und als einer der Jünger bat, sie möchten ohne Furcht und ohne Böses auf dieser Welt leben, antwortete Christus, das könne er ihnen nicht gewähren, denn weil er Böses in der Welt erfahren habe, sollten auch sie es erfahren«. Dann bat einer der Jünger im Namen aller, er solle gewähren, dass das, was sie auf Erden tun, auch im Himmel geschehe, »und dasselbe für andere, die nach ihnen kämen bis zum Ende der Welt«. Und Peter Autier sah sich selbst als einer dieser Nachfolger.[191]

Solche Ansichten hatten Auswirkungen auf das Verhalten der Katharer in dieser Zeit. Weder das Kreuz noch Bilder der Kreuzigung oder Heiligenbilder sollten sie verehren, »denn solche Bilder sind Götzenbilder, und wie ein Mann mit seiner Axt den

Galgen umhauen soll, an dem man seinen Vater aufgehängt hat, so sollen sie Kreuze zerbrechen, denn allem Anschein nach wurde Christus an ein Kreuz gehängt.« Die katholische Taufe, verkündete Autier, ist ungültig, weil sie mit Wasser, etwas Materiellem, durchgeführt wird und weil sie viele Lügen begleiten, denn ein Kind kann nicht sein Einverständnis geben, weil es »von der Vernunft keinen Gebrauch machen kann«. Nur ihre Erwachsenentaufe aus dem Heiligen Geist ist gültig. Beim Altarsakrament gibt es nur Brot und Wein, »und er fügte höhnisch hinzu: wenn das besagte Sakrament der Leib Christi sei und so groß wäre wie der Berg von Bugarach (eine markannte Bergspitze im Audegebiet), dann gäbe es schon so viele Geistliche, die ihn aufgegessen hätten, und es wäre nicht einmal genug für sie übrig geblieben.«[192] Eine gute Ehe besteht dann, »wenn sich unsere Seele in gutem Willen Gott zugesellt, und das ist das Sakrament der Ehe.« Dagegen ist die »fleischliche Ehe« keineswegs eine Ehe, und geschlechtlicher Verkehr zwischen Ehemann und Ehefrau ist »immer Sünde« und sogar noch größere Sünde, als hätte der Mann Geschlechtsverkehr mit einer Fremden, weil geschlechtlicher Verkehr zwischen Eheleuten häufiger ist und deshalb mehr Schande in sich trägt. Aufbrausender Zorn ist keine Sünde, aber es ist besser, dass man seine Angelegenheiten durch Gespräche untereinander regelt. Auch wenn die Leute nur gelegentlich Fleisch essen, ist es Sünde. Dies alles zog Peter Autier zum Thema der Erlösung und des Weltendes heran. Diejenigen, die durch ihre Hände, das ist die katharische Kirche, errettet werden, kehren niemals mehr zum Fleisch und in diese Welt zurück, denn es gibt keine Auferstehung des Fleisches. »Nach dem Ende der Welt wäre die ganze sichtbare Welt voller Flammen, Schwefel und Pech, und sie würde verbrennen, und das sei das Inferno. Aber dann wären alle Seelen der Menschen bereits im Paradies, und eine Seele hätte so viel Gutes im Himmel wie jede andere, und alle wären eins.«[193]

Eine solch detaillierte Darstellung einer Gläubigen, einer sicherlich illiteraten Bäuerin, zeigt, dass die Autiers – zumindest in diesem Fall – durchaus erfolgreich wirkten. Auch wenn sie immer wieder betonte, sie könne sich nicht an alles Gesagte erinnern, beweist Sibylla aus Arques eine bemerkenswerte Erinnerung an die grundlegenden Lehren, die ihr im Laufe zweier Abende vermittelt wurden. Stellt man Vergleiche an zwischen intellektuellen Darstellungen des katharischen Glaubens und früheren Inquisitionsbelegen, dann wird deutlich, dass es den Autiers – wenn auch nur für eine kurze Periode – gelungen war, die Inhalte und das Niveau früherer Lehren, früherer Glaubensgrundsätze und Morallehren in der katharischen Kirche zu bewahren, auch wenn die Ausbildung in Italien bei ihnen so etwas wie eine Mixtur zwischen moderatem und radikalem Dualismus hervorgebracht hatte.[194] Zweifellos erreichten einige der von ihnen häretisierten Gläubigen diese Standards nicht[195] – der Mangel an geeignetem Personal war in der bedrängten katharischen Kirche zu Beginn des 14. Jahrhunderts ein wirkliches Problem –, aber es kann wohl nicht die Rede davon sein, dass zu Lebzeiten der Autiers der katharische Glaube »dekadent« gewesen sei. Obwohl die Aussage der Sibylla aus Arques zugegebenermaßen ein spätes Zeugnis volkstümlichen katharischen Glaubens ist, bietet sie ein gutes Bild dessen, was im Volk seit dem letzten Viertel des 12. Jahrhunderts geglaubt wurde.

Bei einem Punkt jedoch meinen die Historiker eine veränderte Einstellung festgestellt zu haben: bei der *endura* oder der »Selbsttötung« nach dem Empfang des *consolamentum*.[196] Die *endura* sollte Sibylla noch Unglück bringen, als Prades Tavernier, einer der *perfecti* des Autier-Kreises, ihre kleine Tochter häretisierte. Peter Autier meinte allerdings, Prades Tavernier habe »in diesem Fall« nicht richtig gehandelt; das Spenden des *consolamentum* an Kinder scheint ohnehin keine gängige Praxis der zeitgenössischen katharischen Kirche gewesen zu sein.[197]

Jean Duvernoy hat zweifellos Recht, wenn er die *endura* nicht als einen speziellen Ritus auffasst, sondern – in den meisten Fällen – als »normale Konsequenz aus dem *consolamentum*«, wobei zahlreiche im Sterben liegende Gläubige noch lange nach dem Erhalt des *consolamentum* weiterlebten.[198] Bei der *endura* sollte man lediglich Wasser zu sich nehmen, wenn man aber das Fasten brach, musste man erneut das *consolamentum* empfangen. Da die Anzahl der *perfecti* im Languedoc in der zweiten Hälfte des 13. Jahrhunderts im Schwinden begriffen war, wurde es immer schwieriger, zu einem *consolamentum* zu kommen, und die Notwendigkeit einer längeren Abstinenz drängte sich nach etwa 1250 stärker in den Vordergrund. Dies mag zum Eindruck beigetragen haben, die *endura* sei eine Besonderheit des späten Katharertums gewesen, was so jedoch nicht der Fall war. Es hängt viel davon ab, wie man Selbsttötung definiert. Nach Ansicht von Rainieri Sacconi konnte man Selbstmord auch passiv verüben. »Da viele von ihnen im Zustand der Krankheit die pflegenden Leute baten, ihnen kein Essen und Trinken einzuflößen, wenn der Kranke nicht wenigstens das Vaterunser aufsagen könne, dann ist deutlich, dass viele von ihnen Selbstmord begingen.«[199] Das schließt nicht die Möglichkeit aus, dass sich Gläubige, ähnlich wie bei einem Hungerstreik, in voller Absicht zu Tode brachten: Die Frau aus Coustaussa (südlich von Limoux), die um ca. 1300 ihren Ehemann verließ und sich im Haus der bekannten Katharerin Sibylla den Balle aufhielt, brauchte zwölf Wochen, bis sie – ohne krank zu sein – starb.[200] Hierin unterschied sie sich kaum von Asketen der monastischen Welt.

Die Anziehungskraft des Katharertums
Da die katholischen Autoren weder Tugend noch Wahrheit bei den Katharern fanden, kümmerten sie sich auch nicht darum herauszufinden, worin die Anziehungskraft der katharischen

Religion auf ihre Anhänger bestand. Für sie waren die katharischen Gläubigen entweder Toren oder Leichtgläubige oder beides. Der 1235 schreibende Laie Salvo Burci aus Piacenza meinte in seinem Kommentar zum katharischen Ritual des Brotbrechens, es sei unbegreiflich, wieso man glauben könne, Christus habe beim Letzten Abendmahl ebenfalls das Brot gebrochen, wenn man das Brot selbst als Werk des Teufels betrachtet. »Sogar Dummköpfe können erkennen, dass ihr die übelsten Ketzer seid!«[201] Auch Jakob Capelli glaubte, dass die Leute von »listigen Schlangen« zum Narren gehalten wurden. »Weil keine Wahrheit an den schädlichen Gepflogenheiten der Ketzer haftet, machen sie sie schmackhaft mit der Würze vorgetäuschter Tugendhaftigkeit, damit das darunter liegende Gift weniger merkbar wäre durch die schmeichelnde Süße des Honigs.«[202] Für ihn war das »darunter liegende Gift« offensichtlich, aber für viele Gläubige schien diese von ihm so genannte »vorgetäuschte Tugendhaftigkeit« der Katharer durchaus echt zu sein. Stellt man die moralische Rechtschaffenheit der *perfecti* in einen vertrauten Kontext, dann ist die Anziehungskraft auf die Zeitgenossen nicht schwer zu verstehen. Borst hat auf Parallelen zur katholischen Kirche hingewiesen, die jenen Kontext konstituieren: Buße (Sündenbekenntnis), Firmung (*consolamentum*), Letzte Ölung (*consolamentum* für Sterbende) und Priester (*perfecti*). Institutionen wie Diözesen, jährlich festgelegte Fastenzeiten, der Reliquienkult und die Totengebete im Angedenken an Märtyrer sowie die Nutzung eigener Friedhöfe – das alles waren Punkte des Wiedererkennens.[203]

Obwohl es von den Polemikern auf beiden Seiten häufig geleugnet wurde: Die katholischen und die katharischen Welten überschnitten sich an zahlreichen Stellen. So könnte man beispielsweise meinen, die Katharer interessierten sich nicht dafür, was mit ihren irdischen Körpern nach dem Tod geschieht, aber die Nutzung lokaler katholischer Friedhöfe und ihrer eigenen

Verbrennung von Katharern auf dem Scheiterhaufen (Miniatur des 13. Jh.).

Begräbnisstätten sprechen dagegen, während die Inquisitoren nicht in jedem Fall falsch gelegen haben konnten, wenn sie befahlen, die Leichen verdächtigter Häretiker auszugraben und verbrennen zu lassen.[204] Die Betonung der Evangelien in den Predigten der Katharer lieferte, wie es Raoul Manselli formuliert, einen Maßstab, mit dessen Hilfe die katholischen Priester gemessen werden konnten und der sich nicht sonderlich von den Reformpredigern innerhalb der katholischen Kirche unterschied. Bei den farbenprächtigen Mythen über die Erschaffung der Welt lässt sich leicht erkennen, welche Bedeutung die katharische Evangelisation im Alltagsleben vieler Zeitgenossen einnehmen konnte. Auch wenn sich die katharische Theologie von einer älteren dualistischen Tradition ableitet (was unter den Historikern ja umstritten ist), muss das die Zuhörerschaft katharischer Prediger nicht weiter gekümmert haben.[205]

Dies alles ist bis zu einem gewissen Grad in einer von dem Tolosaner Dominikaner und Inquisitor Wilhelm Pelhisson überlieferten Geschichte, die das grauenvolle Vorgehen vieler Inquisitoren illustriert, enthalten: Am Festtag des heiligen Dominikus, am 5. August 1234, hatten die Dominikanerbrüder gerade in ihrem Stadthaus die Messe beendet, als ein Bürger herbeikam und dem Dominikaner Raimund von La Fauga, Bischof von Toulouse, mitteilte, dass einige Häretiker dabei beobachtet wurden, wie sie das Haus einer kranken Frau betraten, die ganz in der Nähe der Dominikaner wohnte. Die kranke Frau erwies sich als Schwiegermutter eines gewissen Peitavin Boursier, der für seine Kontakte zu den Häretikern bekannt war. Der Bischof eilte zum Haus der Frau, »setzte sich an die Seite der Kranken und begann mit ihr ein Gespräch über die Nichtigkeit und Verachtungswürdigkeit der Welt und aller irdischen Dinge, und aus dem, was er sagte, schloss sie, dass er der Bischof der Häretiker sein müsse, der sie besuchte, und da man sie bereits häretisiert hatte, antwortete sie ihm in allem mit großem Freimut.« Es überrascht nicht, dass die alte Frau verwirrt wurde, aber selbst als ihr der Bischof eröffnete, wer er sei, blieb sie »halsstarrig«. Die Obrigkeit wurde gerufen, man trug sie – noch in ihrem Bett – aus dem Haus und verbrannte sie auf einem Feld außerhalb der Stadt.[206]

Es wäre allerdings zu oberflächlich anzunehmen, dass sich die Mehrheit der katharischen Gläubigen nur deshalb zu den Katharern hingezogen fühlten, weil sie eine ähnliche Kirche repräsentierten wie die römische Kirche, lediglich ausgestattet mit einer angenehmeren und weniger fordernden Elite – so wichtig das alles war. Sibylla aus Arques war eine Bäuerin aus einem kleinen Dorf im Razès, weit entfernt von der Welt eines Giovanni di Lugio oder eines Rainieri Sacconi, aber sie hörte Peter Autiers Predigten und Unterweisungen, die auf Studien bei gebildeten lombardischen Katharern basierten, und nahm sie in sich auf. Frauen wie Sibylla waren längst nicht so stumpf, wie etwa Salvo Burci unterstellt. Die Anziehungskraft der katharischen Religion lag nicht nur in der transparenten Moralität der *perfecti*, sondern auch in der Gewissheit, dass ihre Seelen durch das *consolamentum* im Himmelreich Aufnahme finden würden und damit dem Unglück dieser Welt entfliehen könnten.[207] In einer Ära, da die katholische Kirche selbst mit aller Macht den Kult der Jungfrau Maria vorantrieb und die Menschwerdung Christi in den Mittelpunkt stellte, war es immer gegeben, dass die Identifizierung mit dem rächenden Jehova des Alten Testaments denkenden Menschen Probleme bereitete, ob sie nun einfache Bauern waren oder mächtige Herren.

DRITTES KAPITEL

Mission und Kreuzzug. Die Kirche schlägt zurück

Gerechter Krieg gegen die Feinde des Glaubens?
»Bekämpft die Anhänger der Häresie«, schrieb Papst Innozenz III. im März 1208, »mit kraftvoller Hand und mit starkem Arm, und sogar noch mit größerer Unerschrockenheit als die Sarazenen, denn sie sind noch schlimmer als die Sarazenen.« So rief der Papst – in der militanten Diktion des Alten Testaments – Adel und Volk der Kirchenprovinzen Narbonne, Arles, Embrun, Aix und Vienne auf, »das Blut dieses Gerechten zu rächen«. Damit meinte er die Ermordung des päpstlichen Legaten Peter von Castelnau zwei Monate zuvor durch die Hand eines Vasallen Raimunds VI., des Grafen von Toulouse. »Voran, Ritter Christi! Voran, ihr wackeren Soldaten des Heeres Christi! Möge das allgemeine Wehklagen der heiligen Kirche euch aufrütteln, möge ein frommer Eifer, die eurem Gott angetane ungeheure Gewalttat zu rächen, euch entflammen!«[208] Mit der bewusst eingesetzten bildmächtigen Sprache des eifersüchtigen Gottes des Deuteronomion, dessen Anhänger keine anderen Götter neben Ihm haben durften, ist der Kreuzzug gegen den Feind innerhalb des Lateinischen Christentums für den Papst wichtiger als der Kampf gegen den äußeren Feind, den Islam, der das Sinnen und Trachten des Papsttums für mehr als ein Jahrhundert beherrscht hatte. Der Rückgriff des Papstes auf die Gewalt beruhte auf respektablen Fundamenten. Im ausgehenden 4. und beginnenden 5. Jahrhundert hatte der heilige Augustinus, angesichts der in christlichen Kreisen verbreiteten Akzeptanz einer Kriegsführung, besondere Kriterien für den Gerechten Krieg aufgestellt. Er betrachtete Krieg und Gewaltanwendung als bedauerliche

Papst Innozenz III. Mosaikportrait aus Alt St. Peter, Rom.

Notwendigkeit für die Aufrechterhaltung der Ordnung in der Gesellschaft. Der Bund, den Gott mit Moses und den Israeliten geschlossen hatte, legte den Gläubigen die Verpflichtung auf, gegen alle vorzugehen, die gegen Gott rebellierten. Für Augustinus konnten üble Absichten nicht »ihrer eigenen Freiheit« überlassen werden; wäre das so, »warum wurden die ungehorsamen und murrenden Israeliten durch solche Züchtigungen vom Bösen ferngehalten und wurden genötigt, ins Land der Verheißung zu kommen?«[209] So wie Augustinus auf die Gefahren des Manichäismus in seiner eigenen Gesellschaft reagieren musste, so war im frühen 13. Jahrhundert »die Pest der Ketzerei« erneut erschienen und hatte einen »bisher noch nie dagewesenen Sturm« entfacht, der das »Schiff der Kirche« zu zerschmettern drohte. In diesem Sinne war Innozenz zum ursprünglichen Zweck des Gerechten Krieges, des »bellum iustum«, zurückgekehrt, so wie er mehr als zweihundert Jahre vor dem Aufstieg des Islam formuliert worden war, aber er kleidete seinen Aufruf in Worte der Rache, denn sie waren jenen Feudalherren besser verständlich, die er für seinen Kreuzzug begeistern wollte.[210] Der Ruf nach »Soldaten Christi« wurde durch eine machtvolle Propagandakampagne noch verstärkt. In den Augen des Papstes, der durchdrungen war von der Idee des persönlichen Opfers für den Glauben, war Peter von Castelnau ein christlicher Märtyrer, und so sah er in seinem Tod ein Zeichen, das der Christenheit den Blick für die bedrohlichste Gefahr schärfen sollte:

»Wir halten es für angebracht, dass ein Mann dafür sein Leben lässt, als dass alle verderben; denn sie sind wahrhaftig so befleckt von der Krankheit der Ketzerei, dass sie eher vom Irrtum abgewendet werden können durch das Blut des Opfers als durch das, was er hätte tun können, wäre er weiter am Leben geblieben.«

Peter von Les Vaux-de-Cernay, der diesen Brief wörtlich in seiner Chronik zitiert, folgte eifrig der Führung des Papstes. Als nach längerer Zeit der Leichnam Peters von Castelnau vom Kloster St-Gilles in die Kirche umgebettet wurde, verlieh der Chronist ihm die Züge eines Heiligen: »… fand man ihn so völlig unversehrt vor, als ob er erst an demselben Tag bestattet worden wäre. Es ging auch ein wunderbarer Duft von dem Körper und den Gewändern des Heiligen aus.«[211] Die Ketzer dagegen werden voller Drastik als zutiefst verworfen geschildert. Ein gewisser Hugo Faber, so behauptet Peter, »stürzte in solche Tiefen des Wahnsinns, dass er seinen Darm neben dem Altar in einer Kirche entleerte und sich in Verachtung Gottes mit der Altartuch abwischte.«[212] Für Peter war der Graf von Toulouse das böse Gegenstück zum guten Rächer Simon von Montfort, der nach dem Fall von Carcassonne im August 1209 zum Führer des Kreuzzugs bestimmt worden war.

»Überdies war der Graf ein so sündiger und lüsterner Mann, dass er erwiesenermaßen seine eigene Schwester missbrauchte, um seine Verachtung für die christliche Religion zu zeigen. Von seiner frühen Jugend an ließ er keine Gelegenheit verstreichen, den Konkubinen seines Vaters nachzustellen, und er hatte keinerlei Bedenken, sie in seine Bettstatt zu holen – fürwahr, keine konnte ihm zu Willen sein, wenn er nicht gewiss war, dass sein Vater zuvor mit ihr geschlafen hatte. So kam es häufig dazu, dass ihm sein Vater drohte, ihn zu enterben – wegen dieser Ungeheuerlichkeit und auch wegen seiner Ketzerei.«[213]

Genauso wie sich die Kirche zur Rechtfertigung ihres Kreuzzugs auf ihre lange Tradition der gerechten Kriege berief, gab es auch eine Menge Vorbilder für obszöne Behauptungen über Häretiker. Die Angabe Peters von Les Vaux-de-Cernay, die Katharer glaubten, »in Sicherheit und ohne Einschränkung« sündigen zu können, steht in direkter Nachfolge von Skandalgeschichten, wie sie der Mönch Paul von Saint-Père in Chartres erzählt: Ein halbes Jahrhundert nach den Ereignissen berichtet er von den im Jahre 1022 in Orléans entdeckten Ketzern, sie hätten nächtliche Orgien gefeiert und es wahllos miteinander getrieben. Die bei diesen Geschlechtsakten gezeugten Kinder habe man verbrannt und ihre Asche bei der Letzten Ölung unheilbar Kranker verwendet.[214] Byzantinische Quellen bestätigen, dass für die Rechtgläubigen perverses Sexualverhalten eine unvermeidliche Begleiterscheinung jedweder Ketzerei war. In seiner Geschichte der Paulikianer (870) behauptet Peter von Sizilien, ihr Anführer Carbeas habe »die gierigsten, lasterhaftesten und törichsten Leute aus den Grenzgebieten bei Tephrike um sich versammelt und habe ihnen Freiheit für ihre schamlosesten Gelüste« versprochen; »und sie schlafen mit beiden Geschlechtern ohne Unterschied und ohne Furcht. Sie sagen, einige von ihnen hielten sich nur bei ihren Eltern zurück, aber auch nur bei diesen.«[215]

Nicht alle Katholiken indessen waren von der Notwendigkeit eines Kreuzzuges so überzeugt wie Peter von Les Vaux-de-Cernay. König Philipp II. Augustus von Frankreich reagierte nicht auf die Bitten des Papstes von 1204 und 1205, weil er wusste, dass Raimund von Toulouse nicht formell zum Ketzer erklärt worden war und weil er König Johann von England nicht die Gelegenheit bieten wollte, die 1204 und 1206 an Philipp verloren gegangenen Herrschaften Normandie und Anjou in seiner Abwesenheit zurückzuerobern. Auch zeigte Philipp keine Neigung, »diesen üblen Schmutz«, wie es Innozenz ausdrückte, zu beseitigen, als man ihn im Jahre 1207 direkt dazu aufforderte.[216] Dennoch hat der König im Prinzip keine Einwände erhoben, und überhaupt gibt es keine Belege für einen generellen Widerstand gegen die Idee, den Kreuzzug auf diese Weise einzusetzen. Die eigentlichen Teilnehmer jedoch nahmen die Angelegenheit sehr ernst, trafen Vorkehrungen für ihre Hintersassen und tätigten Schenkungen an örtliche Klöster oder an wichtige Klostergründungen im Süden, wie etwa an den Dominikanerinnenkonvent Prouille.[217]

So wurden zwei Armeen, die großenteils aus nord- und ostfranzösischen Kreuzzugswilligen bestanden, aufgestellt; die Heerschau der größten Armee fand im Juli 1209 in Lyon statt. Sie stand unter Führung des päpstlichen Legaten Arnold Amauri (auch: Arnaud Amaury, Arnald Amalric), des Abtes von Cîteaux; dazu gehörten zwei führende Vasallen des Königs, Odo III., Herzog von Burgund, und Hervé von Donzy, Graf von Nevers, weiterhin Walter von Châtillon, Graf von St-Pol, sowie Rainald von Dammartin, Graf von Boulogne. Die drei wichtigsten Prosaberichte über den Albigenserkreuzzug akzeptieren, mit unterschiedlichem Begeisterungsgrad, dass die Anwendung von Gewalt unausweichlich geworden war. Es versteht sich, dass Peter von Les Vaux-de-Cernay sich hierzu am eindeutigsten äußert:

»Bei so vielen tausenden Gläubigen in Frankreich, die bereits das Kreuz genommen haben, um die Missetaten gegen unseren Gott zu rächen, und bei all den anderen, die sich jetzt dem Kreuzzug anschließen, blieb nun nichts mehr anderes, als für den Herrgott der Hostien seine Armeen auszusenden, um die grausamen Mörder zu vernichten – für den Gott, der in seiner allbekannten Güte und seiner ihm innewohnenden Liebe Erbarmen mit seinen Feinden, den Häretikern und ihren Helfern, bewiesen hat und Prediger zu ihnen sandte – nicht einen, sondern viele, nicht einmal, sondern viele Male; aber sie verharrten in ihrer Halsstarrigkeit und waren störrisch in ihrer Gottlosigkeit; einige der Prediger überhäuften sie mit Beleidigungen, andere töteten sie gar.«[218]

Wilhelm von Tudela gibt vor, alles bereits vorhergesehen zu haben:

»Er (nämlich Wilhelm selbst) hat lange Zeit die Geomantik studiert und war erfahren in dieser Kunst, und so wusste er, dass Feuer und Zerstörung dieses ganze Land veröden, dass die reichen Städte all ihren angehäuften Reichtum verlieren würden, dass die Ritter – bekümmert und besiegt – in andere Länder fliehen, und alles wegen jenes wahnsinnigen Glaubens, dem man in diesem Lande anhing.«

So begab es sich in Rom, dass sie (der Papst, Arnold Amauri und Magister Milo, ein päpstlicher Notar und Legat ab März 1209) »die Entscheidung fällten, welche zu so großer Kümmernis führte, die so vielen Männern den Tod mit herausgerissenem Gedärm brachte und die so viele edle Damen und schöne Mädchen mit heruntergerissenem Gewand und Mantel nackt und kalt zurückließ. Jenseits von Montpellier bis weit hinüber nach Bordeaux wurden alle, die rebellierten, vollständig zermalmt.«[219] Wilhelm von Puylaurens, der kurz vor dem Kreuzzug um 1200 geboren wurde und erst 1274 starb, hatte eine zeitlich breitere Perspektive als die beiden anderen Chronisten und ließ den Feldzug zur Ausrottung der Häresie über eine Periode von siebzig Jahren währen; den Anfang datiert er auf das Jahr 1203, als Peter von Castelnau zum Legaten für die Region ernannt wurde. Er sagt, er habe alles schriftlich niedergelegt, »damit von diesen Ereignissen die Hohen, die Mittleren und die Niederen einsehen möchten – nach dem Ratschluss Gottes –, wie Er wegen der Sünden dieser Menschen befahl, dass Not und Elend jene Länder züchtigen sollen.«[220]

Kirchenstrafen und Streitgespräche

Der Fatalismus dieser Autoren wurzelte in der gleichsam axiomatischen Überzeugung, dass die Häresie überwunden werden müsse, aber auch in der Erkenntnis, dass frühere Versuche dieses Ziel nicht erreicht hatten. Seit Beginn seines Pontifikats zehn Jahre zuvor hatte Innozenz III. dieser Angelegenheit hohe Priorität eingeräumt, denn Einigkeit unter der Führung Roms war für ihn Voraussetzung der Fortführung des Gerechten Krieges gegen äußere Feinde, eines Krieges, der sich als Heilsweg für alle erwies, die sich der Sache Gottes annahmen.[221] Zu seinen ersten Amtshandlungen gehörte dann auch die Zusicherung der Sündenvergebung für alle, die der Aufforderung seiner Legaten zum Kampf gegen die Häresie im Languedoc nachkommen wollten, »die wir auch denen zusprechen, welche die Heiligtümer der Heiligen Petrus und Jakobus besuchen.« Damit stellte er solche Aktivitäten auf dieselbe Stufe wie die großen Wallfahrten nach Rom und Santiago de Compostela. Dabei ist es durchaus unwahrscheinlich, dass er schon zu diesem Zeitpunkt die Idee zu einem Kreuzzugsaufruf wie im Jahre 1209 entwickelt haben soll, wie bisweilen angenommen wird.[222] Auch schon früher gab es Forderungen nach weltlicher Unterstützung beim Kampf gegen die Häresie. 1119 in Toulouse und 1139 auf dem Lateranum erging der Ruf an die weltliche Macht, diejenigen zu unterdrücken, die »eine Art von Religion vortäuschen« und die Eucharistie, die Kindtaufe, das Priestertum und das Ehesakrament ablehnten, während im Jahre 1148 Papst Eugenius III. in Reims verboten hatte, die Häretiker in der Gascogne, der Provence oder an anderen Orten zu verteidigen und zu unterstützen.[223] Im Jahre 1145 begab sich Bernhard von Clairvaux selbst auf eine Missionsreise nach Toulouse, weil er den Eindruck hatte, der regierende Graf Alfons Jourdain habe versäumt, sich entschlossen der Ausbreitung der Häresie entgegenzustellen. Es gelang ihm zwar, Heinrich »von Lausanne« zu verdrängen, aber die latenten Probleme der Region bekam er nicht in den Griff: die Neigung zu dualistischen Glaubensvorstellungen. Allerdings trat die dualistische Anhängerschaft noch nicht so offen auf wie etwa in Köln. Anlässlich des Konzils von Tours 1163, zehn Jahre nach Bernhards Tod, verdammte der exilierte Papst Alexander III. die Häresie im Toulousain und in der Gascogne.[224]

Im Jahre 1178 reagierte Graf Raimund V. schließlich und bat um Hilfe gegen die verheerenden Umtriebe der Ketzer. Die meisten Historiker sehen darin ein Stück Opportunismus eines glücklosen Herrschers, der ängstlich darauf bedacht war, bei der Kirche nicht in Misskredit zu geraten, allerdings muss man ihm zugestehen, dass er durchaus Anlass hatte, die Bedrohung als real anzusehen. Die Mission unter Führung des päpstlichen Legaten in Frankreich, Peter von Pavia, und des Abtes von Clairvaux, Heinrich von Marcy, war immerhin so erfolgreich, dass sie den bedeutenden Tolosaner Bürger Peter Maurand mit dem Interdikt belegte und zwei Häretiker exkommunizierte, die man zuvor gedrängt hatte, von Castres nach Toulouse zu kommen, um dort ihre Ansichten darzulegen.[225] Diese Erfahrung scheint Heinrich von Marcy von der Notwendigkeit eines konsequenten

Drucks überzeugt zu haben, und in seinem Bericht ruft er dann auch nach militärischen Aktionen:»Wir wissen, dass denjenigen, die für uns kämpfen, der Triumph nicht versagt bleiben wird, wenn sie willens sind, für die Liebe Christi zu kämpfen.«[226] Er scheint damit einige Wirkung erzielt zu haben, denn der Kanon 27 des im März 1179 abgehaltenen Dritten Laterankonzils enthält eine deutliche Gewaltandrohung:

»Wie der heilige Leo sagt: Obwohl sich die Disziplin der Kirche mit dem Urteil des Priesters begnügen soll und nicht Ursache für Blutvergießen sein darf, wird sie doch von den Gesetzen katholischer Fürsten unterstützt, sodass die Leute oft nach dem heilsamen Remedium suchen, wenn sie fürchten, dass körperliche Bestrafung über sie kommt. Da nun in der Gascogne und in den Gebieten von Albi und Toulouse und an anderen Orten diese abscheuliche Ketzerei derjenigen, die einige Katharer nennen, einige Patarener, andere Publicani und wieder andere sie mit unterschiedlichen Namen belegen, so stark angewachsen ist, dass sie ihre Verderbtheit nicht mehr im Geheimen praktizieren, wie es andere tun, sondern ihren Irrtum öffentlich verkünden und das einfache Volk und die Schwachen zu sich herüberziehen, erklären wir aus diesem Grunde, dass sie und ihre Verteidiger und alle, die sie bei sich aufnehmen, dem Anathem verfallen, und wir untersagen bei der Strafe des Anathem allen, sie in ihren Häusern oder in ihren Ländern zu halten und zu versorgen oder Handel mit ihnen zu treiben. So jemand in dieser Sünde stirbt, darf ihm niemand – weder unter dem Schutz unserer gewährten Privilegien, noch aus irgendeinem anderen Grunde – eine Messe lesen oder ein Begräbnis unter Christen gewähren.«[227]

Dieser Kanon beschreibt zunächt den Rahmen für die Anwendung von Gewalt, bietet aber dann innerhalb dieses Rahmens allen Personen besondere Privilegien, die sich wirklich am bewaffneten Kampf beteiligen: Sie erhalten eine zweijährige Befreiung von Bußen sowie den kirchlichen Schutz ihrer Person und ihres Landbesitzes, »so wie wir es bei denen halten, die das Grab des Herrn besuchen.« Darüber hinaus »sollen diejenigen, die in wahrem Gram über ihre Sünden in einem solchen Kampf sterben, nicht zweifeln, dass sie Vergebung ihrer Sünden erlangen und ewigen Lohn genießen.« Es herrscht deshalb unter Historikern die gängige Meinung, dass Papst Alexander III. und die Konzilsväter – eine Generation vor dem Beginn der Albigenserkreuzzüge – die Sprache der Kreuzzugsideologie in die offizielle Politik der Kirche eingeführt hatten. Die Interpretation des Konzilsbeschlusses wird indessen durch die Tatsache erschwert, dass er nicht nur Häretiker verdammt, sondern auch die *routiers* (umherziehende Söldnerrotten wie die berüchtigten *Brabanzonen*). Élie Griffe argumentiert, die Anwendung von Gewalt beziehe sich nur auf die Söldnerrotten, während man die Häretiker mit den traditionellen Methoden der Kirchendisziplin und der Exkommunikation bekämpft habe. Deshalb könne man das Dekret von 1179 nicht als Beginn der gewaltsamen Unterdrückung der Häresie betrachten.[228] Dies ist eine mögliche Interpretation des Konzilsbeschlusses, die sich wegen der Erklärung am Anfang des Kanons jedoch schwer aufrechterhalten lässt, weil sie sich offenkundig auf Häretiker *und* Söldnerbanden bezieht, und auch wegen der Verknüpfung mit der päpstlichen Legation im Vorjahr. Hinzu kommt, dass sich die Maßnahmen zur Auferlegung des Gottesfriedens, wie sie vermutlich im selben Jahr von Bernhard Gaucelm, Bischof von Béziers, angeordnet wurden[229], nicht wesentlich von den im 11. Jahrhundert entwickelten Maßnahmen unterscheiden und die auch Papst Urban II. bei seinem Kreuzzugsaufruf im Jahre 1095 aufgriff. In der Vergangenheit waren alle Bemühungen um einen inneren Frieden eng mit der Entstehung des Kreuzzugsgedankens verknüpft, und dasselbe trifft wohl auch im Falle der Häresie zu. Die Konzilsväter hatten gewiss alle Berechtigung, beide zu verbinden, denn eine unsichere Gesellschaft bot geringere Chancen für eine systematische Unterdrückung der Häresie. So illustriert das Dekret die Verhältnisse sehr gut, denn immerhin war die Häresie inzwischen so sehr in Bereiche der Gesellschaft des Languedoc eingebettet, dass sich ein Kontakt mit ihr häufig nicht vermeiden ließ, nicht einmal für rechtgläubige Katholiken. Im folgenden November fühlte sich daher Erzbischof Pons von Arsace auf dem Konzil von Narbonne – zweifellos die Kirchenprovinz mit der größten katharischen Anhängerschaft – genötigt, Templern, Johannitern und anderen Klerikern noch einmal einzuschärfen, dass die Bestattung von Exkommunizierten unweigerlich das Interdikt für den gesamten jeweiligen Sprengel bedeuten würde, sowie die Exkommunikation für die Betroffenen, bis der Leichnam wieder aus dem geweihten Boden entfernt wäre. Namentlich die Ritterorden waren gehalten, diese Angelegenheit ernst zu nehmen, denn sie waren die am engsten mit dem Kreuzzug verbundene Institution der Kirche. Obwohl Raimund VI. in seinem Testament von 1218 den Wunsch geäußert hatte, als Johanniter begraben zu werden und diese auch einen Mantel um seine Schultern legten, als er vier Jahre später im Sterben lag, wurde ihm ein Begräbnis im Haus der Johanniter zu Toulouse verweigert.[230] Die Intention des Kanons zeigte sich deutlicher im Jahre 1181, als man versuchte, seine Bestimmungen in die Praxis umzusetzen, und zwar bei einem Vorgang, der gewisse Merkmale eines Kreuzzugs aufwies: Heinrich von Marcy führte eine Armee in das Gebiet von Albi und griff Lavaur an: Zwei *bonshommes* wurden ihm übergeben, und nachdem sie offenkundig ihre Irrtümer eingestanden hatten, machte man sie zu Kanonikern in Toulouse.[231]

Solche Initiativen bezeugen die grundsätzliche Bereitschaft der kirchlichen Autoritäten zu einer gewaltsamen Kampagne gegen die Häresie, aber die allgemeinen Umstände verhinderten deren Realisierung. Die fünf Päpste in der Periode zwischen dem Tod Alexanders III. im Jahre 1181 und dem Beginn des Pontifikats Innozenz' III. im Jahre 1198 legten ein nur geringes Engagement zur Fortsetzung dieser Politik an den Tag, vor allem wohl, weil sie von alarmierenden Ereignissen in anderen Regionen abgelenkt waren. Die Schlacht von Hattin im Juli 1187 und die darauf folgende Eroberung Jerusalems durch Saladin vernichteten großenteils die Macht der Lateinischen Kreuzfahrerstaaten im Osten; ihre Territorien konnten durch den Dritten Kreuzzug von 1189–1192 nur teilweise zurückgewonnen werden. Das Heilige Grab lag nun außerhalb christlicher Reichweite. Bald darauf lebte der Konflikt mit den Staufern wieder auf, den man mit dem Frieden von Venedig (1177) gelöst zu haben glaubte, denn Barbarossas Sohn Heinrich VI. entfachte erneut die Furcht des Papstes vor einer Einkreisung, als der Stauferkaiser 1194 das Königreich Sizilien eroberte. Der einzige Hinweis auf päpstliche Führerschaft im Kampf gegen die Häresie ist das von Papst Lucius III. erlassene Dekret *Ad abolendam* von 1184. Es belegte eine ganze Reihe von Häretikern und ihre Beschützer mit dem Kirchenbann und fasst die Häresie unter einer Vielzahl von Namen zusammen, darunter auch *Cathari* und *Patarini.* Es erstreckt sich auch auf Leute, die sich »häretischer Verworfenheit« schuldig machten, nenne man sie nun *consolati, credentes* oder *perfecti.*[232] Letztlich war es aber Aufgabe der Bischöfe, dem Dekret durch jährliche Visitationen Geltung zu verschaffen. Berengar, Erzbischof von Narbonne seit 1191, kann in diesem Zusammenhang jedoch nicht als gutes Beispiel gelten, denn in den ersten zehn Jahren seines Episkopats fand er nie Zeit, seine Provinz zu visitieren. Innerhalb seiner Kirchenprovinz lagen immerhin die beiden wichtigen Diözesen Toulouse und Carcassonne.[233] Heinrich von Marcy, der einzige Prälat, der in dieser Region ein militärisches Unternehmen anführte, starb 1189. Gerade diese Jahre aber waren bedeutsam für die Ausbreitung der katharischen Religion im Languedoc, denn um die Mitte der 1170er Jahre hatte Niketas eine Diözesanstruktur etabliert, innerhalb derer die *bonshommes* tätig werden konnten. Die Ansicht Wilhelms von Puylaurens dürfte daher kaum anzuzweifeln sein, dass die Katharer im Laufe einer Generation seit dem Konzil von St-Félix-de-Caraman ein allgemein anerkannter Teil des täglichen Lebens geworden waren (zumindest im Toulousain und in den weiträumigen Territorien des Hauses Trencavel, das über Albi, Carcassonne, Béziers usw. herrschte).[234] Hier mögen die Gründe für die unterschiedlichen Haltungen bei Raimund V. und Raimund VI. liegen: Während der erstere darum bemüht war, auswärtige kirchliche Hilfe ins Land zu rufen, stand der letztere kirchlichen Appellen offenkundig recht indifferent gegenüber. Zur Zeit der Nachfolge Raimunds VI. im Jahre 1194 konnte er wahrhaftig nur wenig gegen die Katharer in seinem Machtbereich unternehmen. In den Worten Peters von Les Vaux-de-Cernay: um 1203 »war die Wurzel der Bitterkeit so stark geworden und war so tief in die Herzen der Menschen eingebettet, dass sie nun nicht mehr mit Leichtigkeit ausgerissen werden konnte.«[235]

Als Coelestin III. im Jahre 1198 starb, hatte er das hohe Alter von zweiundneunzig Jahren erreicht, und so überrascht es nicht, dass sich die Prälaten des Languedoc – alarmiert von der Ausbreitung der katharischen Häresie – mit ihren Bitten an den siebenunddreißigjährigen Innozenz III. wandten, von dem man sich ein tatkräftigeres Pontifikat erhoffte. Der Papst reagierte mit der Aussendung von Legaten in den Jahren 1198, 1200–1201 und 1203–1204; für die letzte Periode wurden zwei Zisterziensermönche von Fontfroide, Peter von Castelnau und Magister Radulf, zu Legaten ernannt. Dass dies ein Wendepunkt war, wie Wilhelm von Puylaurens meint, scheint eine durchaus richtige Einschätzung zu sein. Bernard Hamilton weist nämlich darauf hin, dass auf der Balkan-Halbinsel die Bosnischen und Bulgarischen Kirchen den Primat des Papstes anerkannten, und dies mag den Papst auf das alarmierende Ausmaß des Bogomilischen Glaubens in der christlichen Welt aufmerksam gemacht haben, sodass er der Frage eine erhöhte Dringlichkeit zusprach. Im Jahre 1199, also kurz nachdem Innozenz Papst geworden war, äußerte König Vukan von Zeta (ein Sohn des Serbenkönigs Nemanja), eine »unkontrollierte Häresie« breite sich in Bosnien aus, und der dortige Herrscher Kulin, Ban von Bosnien, habe »mehr als 10.000 Christen dieser Häresie zugeführt«. Innozenz reagierte mit Schärfe: Im Oktober 1200 schrieb er an König Imre von Ungarn und warnte ihn, die »Seuche« werde sich über alle umliegenden Gebiete verbreiten, wenn er nicht zu einer Gegenaktion bereit wäre, und obwohl Erzbischof Bernhard von Split die Stadt bereits von »Paterenes« gereinigt habe, fänden diese in Bosnien doch »offenen Unterschlupf«. Im Jahre 1203 hatte Innozenz zudem einen Legaten nach Bosnien entsandt, wo Johannes von Casamaris in Bolino-Polje die örtlichen häretischen Führer dazu brachte, von ihrem Glauben abzulassen und »in Übereinstimmung mit den Riten und Geboten der Heiligen Römischen Kirche« zu leben.[236] Rom musste den Eindruck gewinnen, dass die dualistische Häresie in den Ländern östlich der Adria endemisch ist, denn genauso wie im Falle Dalmatiens, Bosniens und Bulgariens musste der Papst zur Kenntnis nehmen, dass eine bedeutende paulikianische Gemeinde in Philippopolis existierte – immerhin war er mit dem Problem lateinischer Siedler in früheren byzantinischen Gebieten seit dem Fall Konstantinopels im April 1204 eingehend befasst.[237]

Die Legaten im Languedoc konnten anfänglich erfolgreich die Konsuln und Einwohner der Stadt Toulouse zu einem Eid für die Verteidigung der Orthodoxie und zur Vertreibung der Häretiker bewegen, wobei nach Ansicht Peters von Les Vaux-de-Cernay das »verräterische Toulouse« niemals wirklich die

Absicht hatte, das Versprechen einzuhalten.[238] Innozenz III. schien im Jahre 1204 zu einer ähnlichen Überzeugung gekommen zu sein, denn er hatte seine ursprüngliche Position von 1198 weit hinter sich gelassen: Jetzt galt der Kampf gegen die Häresie nicht mehr als ein einfaches gutes Werk, sondern als ein bedeutender Akt der Bußfertigkeit. In einem Brief an seinen neuen Legaten Arnold Amauri – angefüllt mit der Metaphorik des Schwertes und des Blutes – sagt er: »Für diejenigen, die getreu gegen die Häretiker aufgetreten sind, wünschen wir dieselbe Vergebung der Sünden, wie wir sie denen gewähren, die zur Hilfe für das Heilige Land übers Meer geeilt sind.« Und an den Legaten gewandt sagt er: »… übertragen wir Dir die Befugnis zu zerstören, zu vernichten und auszurotten, von dem Du überzeugt bist, dass es zerstört, vernichtet und ausgerottet werden muss.«[239] Im folgenden Jahr führt er in einem Brief an König Philipp II. Augustus aus: »Die Häretiker wüten so sehr unter der Herde Christi, dass sie nicht den Verlust ihres rechten Ohres durch das Schwert fürchten, so wie es Petrus selbst geschwungen hat.«[240] Von da an arbeitete der Papst mit allen Kräften daran, Angst und Schrecken zu verbreiten. Im Mai 1207 bedrohte er Raimund VI., dem er schrieb, sein Leib sei wie der eines jeden Menschen beschaffen, verwundbar durch Fieber, Aussatz, Lähmung, unheilbare Krankheit, und auch er könne Beute der Dämonen werden. Und er sei auch nicht immun gegen drohendes Unheil, denn:

»Ich werde alle Fürsten in Eurer Nachbarschaft dringend ermahnen, sich gegen Euch als Feind Christi und Verfolger der Kirche zu erheben und von Euch zu nehmen so viel Eures Landes, das sie besetzen können, besonders solche Plätze Eurer Herrschaft, die von der Befleckung häretischer Verderbtheit beschmutzt sind. Auch soll in allen diesen Dingen der Zorn des Herrn nicht von Euch abgewendet werden, und schon ist Seine

Hand zum Schlag gegen Euch erhoben, und Ihr werdet sehen, wie schwer es ist, Seinem Zorn zu entrinnen, den Ihr so sehr entfacht habt.«[241]

Für Wilhelm von Puylaurens war die Francia der natürliche Ort, an den man sich wenden musste, denn dort »waren sie es gewohnt, die Kriege des Herrn zu führen«.[242]

Gleichzeitig jedoch versuchte man immer wieder, die Häretiker bei öffentlichen Disputationen zu stellen. Solche Maßnahmen sah man nicht als Widerspruch zur scharfen Sprache der päpstlichen Kanzlei und der Kirchenkonzilien. Nach Meinung Wilhelms von Tudela waren solche »Religionsgespräche« jedoch nutzlos. Im Jahre 1204 gab es in Carcassonne eine formelle Konfrontation zwischen den Rechtgläubigen unter Führung des Bischofs Berengar von Pomas und König Peters II. von Aragón auf der einen Seite und den »Bulgaren« auf der anderen Seite, aber der König verließ bald die Veranstaltung, als er hörte, was die Häretiker zu sagen hatten. Trotz allem versuchte man es weiterhin: »Angeführt von Bruder Arnold, dem Abt von Cîteaux und Freund Gottes, reisten die Prediger zu Fuß und zu Pferd unter den verruchten und ungläubigen Ketzern umher, stritten mit ihnen und griffen heftig ihre Irrtümer an, aber diese Toren beachteten es nicht und verachteten alles, was sie sagten.«[243]

Trotz einer langen Serie von Enttäuschungen fanden mindestens seit 1165, also über fast ein halbes Jahrhundert, Disputationen statt. So vereinbarte man ein Treffen mit Vertretern beider Seiten in Lombers. Diesen spektakulären Disput nahm die katholische Kirche sehr ernst: Ihre Repräsentanten waren Wilhelm III., Bischof von Albi (1157–1185), in dessen Diözese Lombers lag, ein weiterer Bischof, drei Äbte und ein Laie; zu den Beobachtern gehörten der Erzbischof von Narbonne, drei Bischöfe, vier Äbte und einige weltliche Herren, an ihrer Spitze Raimund Trencavel, Vizegraf von Béziers. Fast die gesamte Einwohnerschaft von Lombers und Albi soll zugegen gewesen sein. Letztlich aber erging man sich in gegenseitigen Beschuldigungen: Die katholischen Bischöfe verdammten die *bonshommes* und forderten von ihnen Beweise ihrer Unschuld, und die *bonshommes* beschimpften ihre Gegner als »reißende Wölfe, Heuchler und Verführer, Begierige nach Ehrbezeugungen auf dem Marktplatz, nach den besten Sitzen und Plätzen an der Tafel, nach der Anrede Rabbiner oder Meister«. Die problematischsten Punkte waren wohl die Weigerung der *bonshommes* (»Gute Leute«, wie die Häretiker hier vermutlich zum ersten Mal genannt wurden), das Alte Testament zu akzeptieren, sowie ihre Weigerung, Eide abzulegen, während sie bei anderen Punkten offenbar nicht auf definitive Antworten vorbereitet waren. Im schriftlichen Bericht über das Treffen findet sich ihre Erklärung, sie glaubten an einen Gott und an das Menschsein Christi. Das hat einige Historiker zweifeln lassen, ob es sich hier überhaupt um wirkliche Katharer gehandelt habe, obgleich aus der Art der Befragung des Bischofs von Lodève hervorgeht, dass sie die kirchlichen Autoritäten durchaus für Katharer hielten.[244] Die Erinnerung an dieses Treffen mag erklären, warum Bischof Wilhelm IV. von Albi (1185–1227) zögerte, an einer weiteren Disputation in Lombers zu einem unbekannten Datum, wahrscheinlich aber bald nach dem Beginn seines Episkopats, teilzunehmen. Als Wilhelm von Puylaurens einmal die Stadt besuchte, so berichtet er, hätten die Adligen und Bürger darauf bestanden, dass der Bischof mit Sicard dem Cellerar disputiere, der seit dem Konzil von St-Félix-de-Caraman offen als katharischer Bischof des Albigeois auftrat. Es ist möglich, dass er mit Olivier identisch ist, der die häretische Seite beim Treffen von 1165 anführte. Der Bischof betrachtete das Unternehmen als zwecklos, willigte aber ein, um nicht den Eindruck zu erwecken, er fürchte sich vor dem Disput. Es war nicht das Aufeinandertreffen von Gesinnungen. Nach Ansicht des Bischofs war Sicard darauf

Dominikus und Diego auf einer Predigtreise (Tafelbild des 13. Jh. aus Neapel, Museo Capodimonte). Der Brauch der Dominikaner, zu Fuß in Zweiergruppen durchs Land zu reisen, galt den Zeitgenossen als Zeichen christlicher Demut.

bedacht, alles auf verkehrte Weise darzustellen; so glaubte er, Abel, Noah, Abraham, Moses und David seien nicht erlöst worden, während der verstorbene Wilhelm Peyre von Brens – den der Bischof kannte und ihn als einen Mann beschrieb, der »zeit seines Lebens an Raub und Untaten gewöhnt war« – der Erlösung teilhaftig geworden sei.[245]

Vielversprechender – vielleicht auch nur, weil die katholischen Teilnehmer in besonderem Maße daran interessiert waren – verliefen die von Wilhelm von Puylaurens beschriebenen Disputationen in Verfeil und Pamiers Ende 1206 sowie in Montréal im April 1207. Den Vorsitz führte Diego, der Bischof von Osma, unter den kirchentreuen Klerikern der entscheidende Wegbereiter für derartige Kontakte zwischen Katholiken und Katharern. Ihm assistierte Domenico Guzmán, damals Kanoniker in

Osma, außerdem die zisterziensischen Legaten Peter von Castelnau und Radulph von Fontfroide. Wilhelm bewunderte Diego und Domenico (den späteren Ordensgründer Dominikus), weil sie »nicht prunkvoll mit einer Menge Berittener reisten, sondern barfuß auf Fußpfaden von Burg zu Burg zu den anberaumten Disputationen wanderten.«[246] Peter von Les Vaux-de-Cernay weiß für die Zeit von September 1206 bis April 1207 von vier Disputationen in Servian (nördlich von Béziers), in Béziers, Carcassonne und in Montréal. Nach Peter sollen in Servian die beiden Häresiarchen Balduin und Theoderich (ehemals Wilhelm von Châteauneuf, Kanoniker aus Nevers) vertrieben worden sein, und den katholischen Predigern sei es gelungen, »die gesamte Einwohnerschaft der Stadt zum Hass gegen die Ketzer zu bewegen.« In Béziers wurden die Häretiker in Verwirrung gestürzt, und in Montréal verweigerten die häretisch gesinnten Juroren ein Urteil, »denn sie konnten erkennen, dass die Ketzer bereits den Wettstreit verloren hatten.«[247] Diese Disputationen waren Marathonveranstaltungen; sie dauerten acht Tage in Servian und Carcassonne und fünfzehn Tage in Béziers und Montréal. Peter und Wilhelm berichten übereinstimmend, dass die Disputationen in Montréal schriftlich festgehalten wurden, wissen aber nicht, was mit den Dokumenten später geschehen ist. Wilhelm hatte Bernhard, den Mitherrn von Villeneuve la Comtale und einen der Richter, darüber befragt, und dieser sagte ihm, sie seien bei der allgemeinen Flucht während der Kreuzzüge verloren gegangen. Auch Peter hatte die Information, die Dokumente hätten sich im Besitz der Häretiker befunden. Nach Aussagen Bernhards habe man als Folge der Disputation einhundertfünfzig Häretiker zum katholischen Glauben bekehren können.[248] Für Peter von Les Vaux-de-Cernay war dann auch nicht allein die Ermordung Peters von Castelnau Grund für den Kreuzzug, sondern auch der Tod des Legaten Radulph von Fontfroide und des Bischofs Diego von

*Kreuzfahrer stürmen eine feindliche Stadt
(französische Miniatur des 13. Jh.).*

Osma innerhalb eines Zeitraums von nur achtzehn Monaten.
Nach Peter gelangten die Prälaten der Provinz Narbonne zu
dem Schluss, dass nach alledem die »Predigtmission ihre Aufgabe zum größten Teil erfüllt und doch nicht viel erreicht hatte,
oder vielmehr fast gänzlich um die erwünschten Früchte be-
trogen worden war.«[249] Aber obwohl die Gewalttätigkeit des
Kreuzzuges für die nächsten zwanzig Jahre jede offene Debatte
erstickt hatte, zeigte die Kirche keine Ermüdung in der intellektuellen Auseinandersetzung. Es ist bemerkenswert, dass Raimund VII., als er endlich im Jahre 1229 zu einer Übereinkunft
gezwungen wurde, 4.000 Mark für die Entlohnung von Professoren der Theologie, des Kirchenrechts, der Artes Liberales und
der Grammatik zahlen musste, die man in Toulouse einzustellen

gedachte.[250] Nachdem der Krieg beendet war, nahm man Disputationen wie vor 1209 nicht mehr auf, aber in den mittleren Jahrzehnten des 13. Jahrhunderts produzierten die Katholiken mehr eingehende Analysen über die katharischen Glaubensinhalte als jemals zuvor.

Der Albigenserkreuzzug

Der Papst hatte den Kreuzfahrern nicht nur die vollständige Vergebung ihrer Sünden versprochen, wie man es auch den Kämpfern für das Kreuz im Osten zugesagt hatte, sondern auch das Recht, alles Land der Häretiker einzuziehen einschließlich der Besitztümer des Grafen von Toulouse. Die päpstlichen Absichten waren bereits in der Dekretale *Vergentis* niedergelegt worden, die der Papst zu Beginn seines Pontifikats dem Klerus und den Bürgern von Viterbo ausgestellt hatte. In dieser Dekretale hatte der Papst erstmals die Häresie und die Simonie mit dem aus dem römischen Recht stammenden Hochverrat, dem Majestätsverbrechen (*crimen laesae maiestatis*), gleichgesetzt – das *crimen laesae maiestatis divinae* war mit der Konfiskation seines Eigentums und Enterbung seiner Nachkommen zu ahnden. Im Juli 1200 wendete er diesen Grundsatz auf die Verhältnisse im Languedoc an, allerdings ohne Sanktionen gegen die Erben.[251] Nach dem vergeblichen Versuch Raimunds VI., Raimund Roger Trencavel auf seine Seite zu ziehen, entschloss sich der Graf zur Rettung seiner Besitzungen, unterzog sich einer Bußgeißelung, um sich dann im Juni dem Kreuzfahrerheer anzuschließen.[252] Dieser Schritt fand nicht die Zustimmung Peters von Les Vaux-de-Cernay, der ihn einen »falschen und gottlosen Kreuzfahrer« nannte, weil er das Kreuzfahrergelübde nur zur Verschleierung seiner Niedertracht benutzte. Die Korrespondenz Papst Innozenz' III. jedoch legt nahe, dass dies für den Papst keine Rolle spielte, solange die südfranzösischen Herren

*Béziers, im Mittelalter eine der wohlhabenden Städte des
Languedoc. Sie fiel am 22. Juli 1209 der Rache der Kreuzfahrer zum
Opfer (historische Fotografie).*

nur gespalten wären.[253] Die Folge jedenfalls war, dass sich die Hauptmacht des Kreuzzuges gegen die beiden wichtigsten Städte der Trencavel richtete, gegen Béziers und Carcassonne. Dagegen meint Wilhelm von Tudela, Raimund Roger sei »gewiss katholisch« und überdies habe der Papst, zumindest bis zu diesem Zeitpunkt, ausschließlich Raimund von Toulouse die Alleinverantwortung zugeschoben.[254] Mit der Waffe des Kreuzzuges hatte die katholische Obrigkeit praktisch den Versuch aufgegeben, das Geflecht der Gesellschaft im Languedoc zu entwirren, um damit die Häretiker zu isolieren.

Der Charakter des Konflikts erweist sich in seinem ersten und seinem letzten Akt. Der Angriff auf Béziers am 22. Juli 1209 wurde von solchen Kräften durchgeführt, die Peter von Les Vaux-de-Cernay als *ribauds* (»Rotten«) bezeichnet, und nicht von den adligen und ritterlichen Führern des Kreuzheeres – eine Unterscheidung, die vielleicht darauf hindeutet, dass selbst die erbittertsten und kompromisslosesten katholischen Beobachter die Notwendigkeit spürten, sich von dem nun folgenden Blutbad zu distanzieren. Indessen muss Peter sehr wohl gewusst haben, dass Bischof Renaud (Rainald) von Montpellier eine Liste bekannter Häretiker in Händen hatte, und auch wenn der Chronist nicht über Einzelheiten informiert war, konnte er doch annehmen, dass es sich bei den Aufgelisteten nur um eine sehr kleine Minderheit handeln musste. Selbst bei einer großzügigen Interpretation der Zahlenangaben in diesen Quellen kommt man nicht wesentlich über 700 hinaus – bei einer Gesamteinwohnerschaft von 8.000–9.000.[255] Nach Wilhelm von Tudela jedoch »töteten sie jeden, der sich in die Kirche (die Kathedralkirche St-Nazaire) flüchtete; weder Kreuz, noch Altar, noch Kruzifix konnte sie retten. Und das Lumpenpack, diese Wahnsinnigen, töteten auch Kleriker, Frauen und Kinder. Ich glaube, dass nicht einer lebend entronnen ist.« Auch scheint er gezweifelt zu haben, dass viele von ihnen Häretiker waren: »Gott schütze ihre Seelen und nehme sie, wenn es Ihm gefällt, in Sein Paradies auf.«[256] Zwanzig Jahre später berichtet Wilhelm von Puylaurens von Bischof Fulko von Toulouse, wie er die Bewohner der Stadt mit Lebensmitteln versorgte, weil sie wegen der Verwüstung der Weinberge und der Getreidefelder unter einer Hungersnot litten. Im Jahr zuvor hatte sich ein Heer unter Führung des königlichen Seneschalls Humbert von Beaujeu, unterstützt von den Bischöfen von Auch und Bordeaux, jeden Tag zur Morgenmesse versammelt, um dann – die Bogenschützen voran und im Rücken geschützt von Rittern – gegen die Außenquartiere der Stadt vorzurücken. Hier machten sie kehrt und bewegten sich wieder auf ihr Lager zu und vernichteten dabei die Ernte entlang der Front ihrer Heeresreihe, wobei die Bogenschützen nach rückwärts sicherten. »Und sie verfuhren so jeden Tag, bis beinahe drei Monate vergangen waren, und nach allen Seiten hin war fast alles zerstört.«[257] (Vgl. Tabelle 1).

Nach dem Blutbad von Béziers vollzog sich die Einnahme von Carcassonne am 15. August ohne sonderliche Gewaltanwendung. Raimund Roger hatte sein Quartier in seiner wichtigsten Stadt aufgeschlagen, befand sich aber in einer isolierten Lage, nachdem der Vermittlungsversuch seines Gefolgsherrn, König Peters II. von Aragón, gescheitert war. Nach zweiwöchiger Belagerung lieferte sich Raimund Roger freiwillig als Geisel aus, eine Entscheidung indessen, die Wilhelm von Tudela als »wahnsinnig« bezeichnete, die aber wohl im Lichte der Ereignisse von Béziers gefällt wurde. »Es sind nur eine Hand voll Narren und ihre Torheit, die Euch in solche Gefahr und Bedrängnis gebracht haben«, soll Peter von Aragón gesagt haben, auch wenn dieser Ausspruch eher die Ansicht Wilhelms von Tudela widerspiegelt als die des Königs.[258] Wenn es sich so verhielt, dann bezahlten die Bewohner von Carcassonne teuer für diese »Hand voll Narren«, denn mit der Kapitulation verloren sie all ihre Habe. »Alle Bewohner gingen nackt aus der Stadt heraus«, sagt

Peter von Les Vaux-de-Cernay, »und trugen nichts außer ihren Sünden mit sich fort.« Raimund Roger wurde gefangen gesetzt und starb am 10. November, wahrscheinlich an der Ruhr.[259]

Kreuzzüge indessen brauchen beständig neuen Zuzug, wenn Territorialgewinne gesichert und die eroberten Gebiete dauerhaft besetzt sein wollen. Der Fall von Béziers und Carcassonne sowie der anschließende Tod des Vizegrafen vernichtete den Besitz der Trencavel auf absehbare Zeit und stellte damit eine schwere Bedrohung für Raimund von Toulouse dar; das Problem der Häresie blieb jedoch bestehen. Sollte sich der Kreuzzug gegen die Katharer und ihre Anhänger als effektiv erweisen, bedurfte es nicht nur einiger weniger spektakulärer Erfolge, sondern eines lang anhaltenden und zermürbenden Abnutzungskrieges, um eine soziale und politische Infrastruktur zu zerstören, die eine organisierte Katharerkirche erst möglich gemacht hatte. Allein, keiner der maßgebenden weltlichen Herren und dementsprechend auch keiner ihrer Vasallen, die lediglich zu einer vierzigtägigen Heerfolge verpflichtet waren, zeigten sich bereit, den Winter im Süden zu verbringen. Dieser Umstand führte dazu, dass man die Rechtstitel des Hauses Trencavel (und damit auch die Verantwortung für die Fortsetzung des Kreuzzuges) an Simon, den Herrn von Montfort l'Amaury, übertrug, an einen lokalen Grundherrn also, dessen Machtbasis auf einigen Burgen in der Diözese Chartres, etwa vierzig Kilometer westlich von Paris, beruhte. Auch wenn ihn Peter von Les Vaux-de-Cernay gerne als »Grafen« bezeichnete – er hatte über die Familie seiner Mutter Anspruch auf das Herzogtum Leicester –, war er doch kein Fürst mit regionalem Status und war zu dieser Zeit mit Sicherheit auch nicht im Languedoc bekannt. Im Norden dagegen erfreute er sich eines guten Rufes als Kreuzfahrer, der als Teilnehmer am Vierten Kreuzzug seine persönliche Unabhängigkeit mit der Weigerung bewiesen hatte, an dem von Venedig angezettelten Angriff auf die dalmatinische Hafenstadt

Zara (Zadar) im Jahre 1202–1203 teilzunehmen. Außerdem war Simon bei Odo III., dem Herzog von Burgund – einem der bedeutendsten Kreuzfahrer des Jahres 1209 –, wohl bekannt. So berichtet dann auch Peter von Les Vaux-de-Cernay, Simon habe auf Drängen des Herzogs am Albigenserkreuzzug teilgenommen.[260]

Von Ende August 1209 bis zu seinem Tod bei der Belagerung von Toulouse neun Jahre später ist Montfort die Personifizierung des Kreuzzugs. Er war getrieben von der Überzeugung, Gottes Werk auszuführen und ein persönliches Anrecht auf alles Land zu besitzen, das die Grundherren der Region – als *fautors* oder Beschützer der Häretiker – seiner Meinung nach zu Recht verwirkt hatten. Dass Montfort sehr bewusst seine religiösen und militärischen Rollen vermischte, lässt sich an der eindrucksvollen Zeremonie ablesen, die er zu Castelnaudary im Hochsommer 1213 am Fest Johannes des Täufers organisierte. Dort nämlich wurde sein Sohn Amaury nach den Worten Peters von Les Vaux-de-Cernay zum »Ritter Christi« geschlagen. Die Initiative dazu kam offenkundig von Montfort selbst, denn der Bischof von Orléans, Maurice von Seignelay, zögerte zunächst, die Zeremonie durchzuführen, und meinte, sie sei »neu und ohne Beispiel«, aber endlich konnte ihn Montfort dazu überreden. Die Zeremonie vollzog sich unter freiem Himmel und in Anwesenheit einer großen Menschenmenge.

»Am Tag des Festes legte der Bischof von Orléans sein Messgewand an, um eine feierliche Messe in einem der Zelte zu feiern. Jedermann, Ritter und Geistliche versammelten sich und hörten die Messe. Als der Bischof vor dem Altar stand und die Messe zelebrierte, nahm der Graf seinen ältesten Sohn, Amaury, an der rechten Hand, und die Gräfin nahm ihn bei der linken Hand. Sie schritten zum Altar und befahlen ihn Gott und baten den Bischof, ihn zu einem Ritter im Dienste Christi zu machen. Die

Bischöfe von Orléans und Auxerre verneigten sich vor dem Altar und umgürteten den jungen Mann mit dem Gürtel des Rittertums, und mit großer Frömmigkeit beteten sie das *Veni Creator Spiritus*.«[261]

Im Laufe des Winters 1209–1210 sah sich Montfort, nach Peter von Les Vaux-de-Cernay, »allein gelassen und nahezu ohne Unterstützung«, denn seine Streitmacht bestand lediglich aus dreißig Rittern, alles seine eigenen Vasallen und Nachbarn aus der Ile-de-France. »Die Unseren in Carcassonne befanden sich in einer solchen Verwirrung und Furcht, dass sie beinahe alle Hoffnung fahren ließen und nur noch an Flucht denken konnten, denn wahrhaftig, sie waren von allen Seiten von zahllosen mächtigen Feinden umgeben.« Kleinere Burgen und Städte, die sich dem Kreuzheer ergeben hatten, fielen nun von ihm ab und vertrieben oder töteten seine Statthalter, »sodass fast alle Leute der Gegend von dieser feindseligen Haltung ergriffen wurden und unseren Grafen im Stich ließen.« Peter von Les Vaux-de-Cernay konnte dann auch nur acht Plätze nennen, darunter Carcassonne und Albi, die von den Kreuzfahrern in dieser Periode gehalten wurden.[262] Als jedoch frische Kreuzfahrer zu Beginn der Jahre 1210 und 1211 hinzukamen, konnte Montfort seine Angriffe wieder aufnehmen und die *castra* des lokalen Adels nach und nach in seine Hand bringen. Zwischen Frühjahr 1210 und Sommer 1211 waren alle wichtigen Burgen der ehemaligen Herrschaft Trencavel entweder nach Belagerungen eingenommen oder hatten sich freiwillig ergeben, wie etwa Minerve, Montréal, Termes, Cabaret, Lavaur und Puylaurens. Unter diesen Umständen akzeptierte schließlich Peter von Aragón den Grafen Simon von Montfort als Nachfolger der Herren von Trencavel.[263]

Die Grafen von Toulouse und Foix – in den Augen Peters von Les Vaux-de-Cernay niederträchtige Verteidiger der Ketzer –

verblieben in ihren Herrschaften. In einem Exkurs von seinem Haupttext gibt sich Peter dann auch einer langen Tirade über die Verbrechen des Grafen Raimund Roger von Foix hin, eines Mannes, so sagt er, »der ihnen (den Ketzern) half und sie ermunterte, wo er nur konnte.«[264] Sein Zorn wurde vermutlich noch durch die Erfolglosigkeit Montforts in den Ländern des Grafen erhöht. Im Spätsommer des Jahres 1211 war das Kreuzheer acht Tage im Gebiet um Foix »und richtete so viel Schaden an, wie es nur konnte«, aber es bot sich keine Gelegenheit, dort dauerhaft Fuß zu fassen.[265] Montfort indessen sah den Grafen von Toulouse als sein nächstliegendes Problem, und sobald er Lavaur im Mai 1211 genommen hatte, begann er, in dessen Herrschaftsgebiet einzudringen. Raimund VI. hatte den Kreuzzug nach dem Fall Carcassonnes verlassen und war daraufhin exkommuniziert worden, weil er nicht genügend Eifer im Kampf gegen die Häresie gezeigt hatte. Wenn sich – wie argumentiert wurde – Raimund VI. und Peter II. von Aragón bewusst zurückhielten, während die Trencavel ruiniert wurden[266], dann hatten beide für ihre Fehlkalkulation teuer zu bezahlen. Im Sommer und im Herbst 1211 eroberte Montfort die Plätze Les Cassès, Montferrand und Castelnaudary; Toulouse jedoch schien ihm noch eine Nummer zu groß, und nach zwei Wochen hob er im Juni die Belagerung dieser Stadt wieder auf. Gleichwohl verblieb das Land der Trencavel unter seiner Kontrolle, und Toulouse konnte durch Angriffe auf die Besitzungen des Grafen im Osten und im Norden geschwächt werden. Ein Streifzug nördlich von Cahors im Spätsommer 1211 auf Anforderung des Bischofs eröffnete Montfort die entsprechenden Möglichkeiten: Das Kreuzheer zerstörte auf seinem Weg die gräfliche Burg Caylus. Vergeltung war unvermeidlich. Im September griff Raimund die Stadt Castelnaudary an, und Raimund Roger von Foix schlug sich mit Soldaten Montforts bei Saint-Martin-Lalande. Es folgte ein Phase der Schwäche wie auch schon im

Winter 1209 auf 1210. Keiner konnte die Oberhand gewinnen, aber Verstärkung aus dem Norden – außergewöhnlicherweise im Dezember – »richtete auf edle Weise Seine Sache, die damals sehr am Boden lag, wieder auf.«[267]

Weitere Verstärkung kam im Frühjahr hinzu, sogar aus so weit entfernten Gebieten wie Deutschland, Lombardei, Slavonien, aber auch aus der Auvergne.[268] Während des Feldzuges 1212 konnten die Kreuzfahrer deshalb Hautpoul und Sorèze einnehmen und eine ganze Reihe Orte im Norden, darunter St-Marcel, St-Antonin, Montcuq, Penne, Biron, Castelsarrasin und Moissac. Im November kehrte Montfort in den Süden, nach Pamiers, zurück und fühlte sich stark genug, eine ganze Serie von Rechtsverfügungen zu erlassen, welche die örtlichen Gewohnheitsrechte ersetzen sollten. Toulouse selbst war ihm zwar entgangen, aber die bei der Unterwerfung der Herren von Trencavel angewendeten Techniken schienen sich auch im Toulousain als wirksam zu erweisen. So lagen die Verhältnisse, als sich Peter von Aragón, unterstützt von den Grafen von Toulouse, Foix und Comminges, veranlasst sah, Montfort am 12. September 1213 auf dem Schlachtfeld von Muret (südwestlich von Toulouse) zu stellen. Trotz unterschiedlicher Stärke des jeweiligen Aufgebots – die Armee der Verbündeten war möglicherweise dreimal so groß wie das Kontingent der Kreuzfahrer – griff Montfort dennoch an und triumphierte. Der König von Aragón blieb tot auf dem Schlachtfeld zurück.[269]

Im Vertrauen auf seine militärische Position und verstärkt durch Zuzug aus Nordfrankreich zog Montfort im Sommer 1214 erneut in den Norden des Languedoc und griff alle Städte an, in denen sich angeblich Häretiker oder Söldner aufhielten – von Morhlon über Mondenard und Marmande und wieder zurück über Casseneuil. Zum ersten Mal brachten die Kreuzfahrer den Krieg ins Tal der Dordogne. »Auf diesem Wege«, sagt Peter von Les Vaux-de-Cernay, »erreichten wir die Unterwerfung von vier *castra*, nämlich Domme, Montfort, Castelnaud und Beynac. Hundert Jahre lang und mehr hatte Satan seinen Sitz in diesen vier Plätzen.« In Peters Augen hatten »die Kraft und die Geschicklichkeit« Montforts jetzt »Ruhe und Frieden« wiederhergestellt, »nicht nur für die Bewohner des Périgord, sondern auch für die Leute des Quercy, des Agenais und für weite Teile des Limousin«.[270] Montfort schwenkte dann nach Osten in die Diözese Rodez, eroberte Capedenac (bei Figeac) und Sévérac und begab sich dann nach Süden, nach Montpellier, wo er im Januar 1215 am dortigen Konzil teilnahm. Trotz der zunehmenden Zweifel des Papstes konnte ein so eindrucksvoller militärischer Erfolg kaum bestritten werden, und so wurde Simon von Montfort auf dem Laterankonzil im November vom Papst als Graf von Toulouse bestätigt. König Philipp II. akzeptierte in Melun Montforts neuen Rang.[271]

Indessen, das Languedoc musste bei Montfort den Eindruck eines siedenden Kessels hervorrufen, der jederzeit überzukochen drohte. Das einzige Mittel, den Deckel auf dem Kessel zu belassen, war beständiger Druck von oben, und das bedeutete für Montfort: unablässiger Bewegungskrieg. Inzwischen waren Innozenz III. Bedenken gekommen, ob man den Sohn Raimunds VI. zu Recht enterbt hatte. Schließlich war er bei Ausbruch der Kampfhandlungen noch ein kleiner Junge und konnte dafür kaum verantwortlich gemacht werden. Deshalb hatte Innozenz die provenzalischen Besitzungen des Grafen von Toulouse östlich der Rhône treuhänderisch für den jungen Raimund unter päpstliche Verwaltung gestellt. Die Südfranzosen nutzten rasch den Vorteil dieser Konzession: Während Montfort im Norden seine neue Stellung mit Philipp II. klärte, belagerte der junge Raimund die Truppen Montforts in Beaucaire, und sein Vater stellte in Spanien eine neue Streitmacht auf. In den letzten zwanzig Monaten seines Lebens musste sich Montfort mit einer doppelten Bedrohung auseinander setzen: im Westen mit Toulouse und im Osten mit der Provence. Trotz erheblicher Anstrengungen gelang es ihm nicht, die Garnison in Beaucaire zu entsetzen, und ein Aufstand der Bürger von Toulouse gegen die Nordfranzosen zwang ihn zum Rückzug nach Westen. Obwohl der Aufstand im März 1217 niedergeschlagen wurde, waren die französischen Kräfte nicht stark genug, Toulouse fest im Griff zu behalten, und so konnte Raimund VI. im September in die Stadt einziehen. Montfort, im Glauben, er könne sich dem Konflikt in der Provence wieder zuwenden, war nun gezwungen, Toulouse erneut zu belagern, auch wenn beide Seiten nicht so stark waren, einen schnellen Sieg herbeizuführen. Bei dieser Belagerung nun wurde Simon von Montfort am 25. Juni 1218 vom Steingeschoss eines Katapultes am Kopf getroffen und getötet.[272]

Es darf nicht überraschen, dass die Ansichten der Zeitgenossen über ihn sehr gegensätzlich waren. Für Peter von Les Vaux-de-Cernay, dessen Kloster eng mit der Familie Montfort verbunden war, erschien er als Muster eines Kreuzritters: »Selbst den Feinden galt er als anständig, seinen Freunden gegenüber war er kameradschaftlich, er hielt auf strenge Keuschheit und überragte alle an Demut. Mit Weisheit begabt, traf er alle Entscheidungen schnell und sicher, klug in seinem Rat, gerecht in seinem Urteil, gewandt in militärischen Fragen, umsichtig in komplizierten Angelegenheiten, stets zur Erfüllung seines Auftrags bereit und immer ein getreuer Diener Gottes.« Angesichts der offenkundigen Unbeständigkeit eines Gottes, der nur bisweilen Montfort zu unterstützen schien, präsentiert der Chronist die Weiterführung des Krieges als ein Mittel Gottes, Montfort vor der Sünde des Hochmuts zu bewahren, während er zugleich die Möglichkeit zur Erlösung der Sünder anbietet.[273] Das nun steht im dramatischen Gegensatz zu einer Äußerung, die der anonyme Fortschreiber der *Chanson* dem Grafen von Foix in den Mund legt, als dieser auf dem Laterankonzil im No-

Das Grabmal des Kreuzzugsführers Simon de Montfort in der Kathedrale von Carcassonne.

vember 1215 vor Innozenz III. auftrat. Danach war Montfort ein brutaler Schlächter, ein Mann, »der dort bindet und da erhängt, der zerstört und verwüstet, ein Mann ohne Erbarmen.« Nach seinem Tod löste sich das Kreuzheer auf. »Das Kreuz ist in zwei Teile zerbrochen«, sagt der Autor der *Chanson*, »und zieht in Hass davon.«[274] Beide Männer standen der Zeit und den Ereignissen nahe. Wilhelm von Puylaurens lebte zur Zeit der Kreuzzüge, aber seine Sicht ist durch eine Rückschau nach fünfzig Jahren geschärft:

»Seht, er, der gefürchtet war zwischen Mittelmeer und Britischer See, fiel unter dem Schlag eines Steines, und es folgte, dass die überwunden wurden, die zuvor fest gestanden hatten, und durch ihn, der gut war, wurde der Stolz seiner Untergebenen zunichte gemacht. Ich sage jetzt, was ich im Gang der Zeit gehört habe, dass der Graf von Toulouse, der zuletzt starb (Raimund VII.) und der sein Feind war, seinen Glauben, seinen Weitblick und seine Stärke lobte und alles, was ihn als Führer auszeichnete.«

Dennoch beschreibt ihn Wilhelm von Puylaurens letztlich als desillusioniert und seines Kriegsherrendaseins überdrüssig. Der Graf war beladen mit Mühe und Leid, müde und erschöpft von dem Aufwand, auch ertrug er nicht leicht das ständige Antreiben des Legaten, der sagte, er sei unachtsam und nachlässig, was ihn sehr verärgerte. Deshalb, so sagte man, habe er zu Gott gebetet, er möge ihm Frieden durch das Heilmittel des Todes schenken.«[275] Seine militärischen Aktivitäten bestanden fast ausschließlich in Belagerungen und in den dazugehörigen Scharmützeln; er war nur an zwei Feldschlachten beteiligt, wobei er in der Schlacht bei Saint-Martin-Lalande nicht mehr als eine untergeordnete Rolle spielte, wohingegen er bei Muret einen entscheidenden Sieg errang. Zwischen September 1209 und

Juni 1218 führte er neununddreißig Belagerungen durch, nur sechs verliefen erfolglos, einige dauerten nur wenige Stunden, andere zogen sich über Monate hin; Höhepunkt war die achtmonatige, vergebliche Belagerung von Toulouse, bei der er den Tod fand. Außerdem zählt Peter von Les Vaux-de-Cernay weitere 48 befestigte Plätze auf, die sich entweder freiwillig ergaben oder kapitulierten, als er und seine Streitmacht vor den Toren erschienen.[276] Sein Operationsgebiet erstreckte sich vom Razès und Sault im Süden bis zum Mittellauf der Dordogne im Norden, von Lourdes im Westen bis zur Rhône im Osten. Zwei Beispiele mögen genügen, um eine Vorstellung von der Art der Kriegführung, die nach dem uns vorliegenden Quellenmaterial nicht einmal brutaler war als andere Kriege und Fehden der Zeit, zu gewinnen. Wie nicht anders zu erwarten, behauptet Peter von Les Vaux-de-Cernay, dass die andere Seite mit den Scharmützeln anfing, aber wie dem auch sei, der Bericht macht deutlich, dass beide Seiten beteiligt waren. Im Winter 1209 nahm Guiraud von Pépieux, Ritter aus Béziers und zunächst wohl Teilnehmer am Kreuzzug, die mit einer Kreuzfahrerbesatzung belegte Festung Puisserguier im Handstreich. Als Montfort Truppen dort hinschickte, floh Guiraud und ließ die Soldaten tot und mit Schutt bedeckt im Graben zurück. Die beiden Ritter, die sie befehligt hatten, wurden nach Minerve gebracht; man zog sie nackt aus, riss ihnen die Augen aus und schnitt ihnen Ohren, Nase und Oberlippen ab. So ließ man sie liegen, der eine starb vor Entkräftung, der andere wurde von einem armen Mann gerettet und nach Carcassonne gebracht. Die Verteidiger von Bram zahlten dafür im folgenden März. Als der befestigte Platz nach dreitägiger Belagerung fiel, wurden die gefangenen Männer geblendet, die Nasen wurden ihnen abgeschnitten, und man schickte sie nach Cabaret unter der Führung eines Mannes, dem man zu diesem Zwecke ein Auge gelassen hatte.[277] Das Urteil Wilhelms von Puylaurens klingt wahr. Montfort hatte neun Kriegsjahre durchlebt, die auch die Entschlossenheit eines noch so willensstarken und zielstrebigen Mannes zermürbt hätten.

Während Montforts Entschlossenheit außer Zweifel steht – wie auch immer die Ansicht des Legaten Bertrand von St. Priscus zu bewerten ist –, so bleibt doch die Frage, welche Wirkung Montfort und seine Kreuzfahrer auf das Katharertum wirklich ausübten. Innozenz III. starb knapp zwei Jahre früher als Montfort. In seinem Brief von 1208 hatte er den Tod Peters von Castelnau als ein notwendiges Opfer dargestellt, wenn »das böse und verderbte Geschlecht« der Häretiker überwunden werden soll.[278] Dennoch, der Zusammenhang zwischen Montforts ständigen militärischen Expeditionen und der aktuellen Ausrottung der Katharer ist komplexer, als es die päpstliche Rhetorik nahe legt. Wie aus Tabelle 2 hervorgeht, erwähnen die wichtigsten Chronisten des Kreuzzuges nur drei von Montfort nachweislich belagerte Plätze von 37 (Toulouse wurde dreimal belagert), bei denen die Anwesenheit von *perfecti* ausdrücklich erwähnt wird. Im Juli 1210 wurden in Minerve 140 *perfecti* hingerichtet, zwischen 300 und 400 im Mai 1211 in Lavaur und kurz darauf zwischen 50 und 100 in Les Cassès.[279] Nirgendwo sonst werden Häretiker besonders genannt, auch wenn die Kreuzfahrer möglicherweise annahmen, die Verteidiger befestigter Plätze müssten von vornherein mindestens als Sympathisanten der Häretiker gelten. In diesem Sinne scheint Peter von Les Vaux-de-Cernay die Ereignisse von Les Cassès als Symbol für alle zu verwenden: »Dies war ein deutlicher Beweis für die Liebe des Grafen von Toulouse zu den Ketzern – in diesem unbedeutenden *castrum* befanden sich mehr als fünfzig Vollkommene der Häretiker.«[280] Dies mag die Mentalität der Kreuzfahrer widerspiegeln; es bietet sich aber noch ein anderer Weg zu den Zahlenverhältnissen: ein Vergleich der von Montfort belagerten oder der freiwillig übergebenen Plätze mit Michel

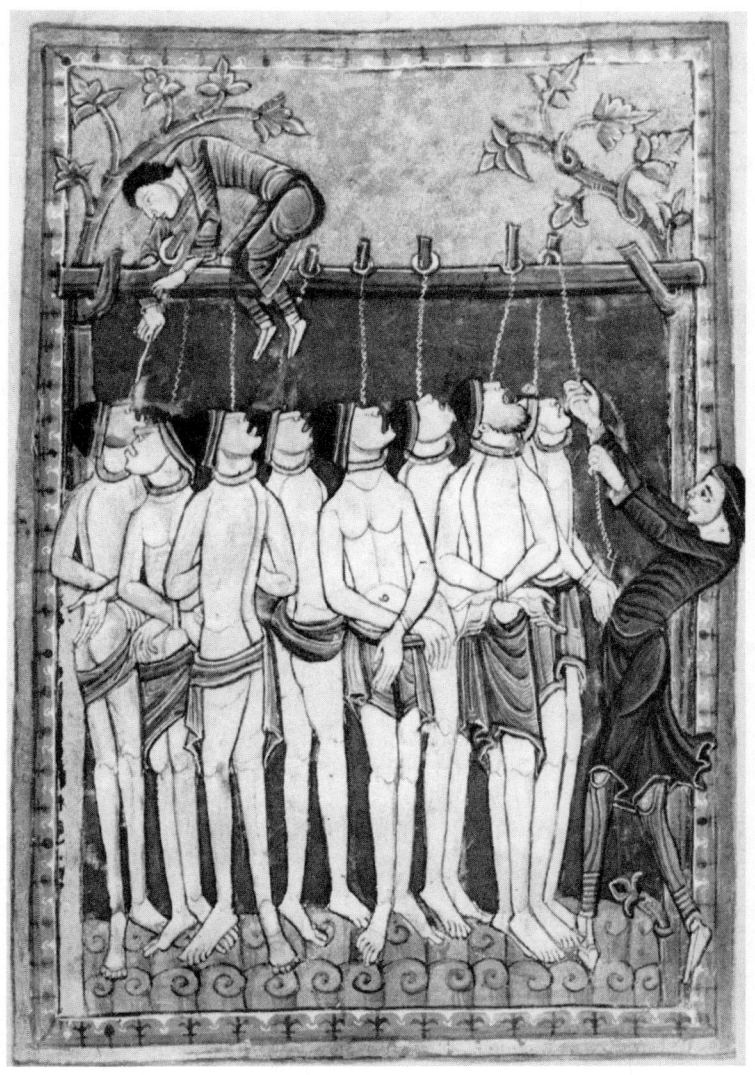

Hinrichtungsszene des Mittelalters (Miniatur aus einer englischen Heiligenvita, Bury St. Edmunds, vor 1150).

Roqueberts Überblick über häretische Präsenz »am Vorabend des Kreuzzugs«.[281] Roquebert fand 86 Plätze (nicht eingerechnet Carcassonne und Béziers), von denen Montfort zum einen oder anderen Zeitpunkt 23 hielt, wobei er vergeblich versucht hatte, noch eine andere Befestigung, St-Marcel, in seine Gewalt zu bringen.

Diese Zahlen sind schwierig zu interpretieren. Sie deuten darauf hin, dass Montfort bei all seinen dynamischen Aktivitäten nicht versucht zu haben scheint, über 62 befestigte Plätze Kontrolle zu erlangen, von denen bekannt war, dass sich im Jahre 1209 und davor in ihren Mauern Häretiker aufhielten. Da einige Belege aus Inquisitionsakten stammen, ist es denkbar, dass Montfort zu seiner Zeit keine Kenntnis davon hatte. Sie mögen natürlich außerhalb der finanziellen Möglichkeiten Montforts gelegen haben, denn trotz der revolutionären Kreuzzugssteuern unter dem Pontifikat Innozenz' III. erhielt der Albigenserkreuzzug keine ausreichende Finanzierung, und Montfort war eher auf Privatbankiers wie Raimund von Cahors oder auf Kriegsbeute verwiesen als auf reguläre Einkünfte aus der Klerikerbesteuerung.[282] Selbst unter diesen Umständen war es ihm gelungen, weitere 63 Plätze entweder zu erobern oder durch freiwillige Übergabe in seine Gewalt zu bringen, für die es keine Belege häretischer Präsenz während seines neunjährigen Kreuzzuges gibt. Im Januar 1213 beschuldigte ihn Innozenz III. selbst, gemeinsam mit Arnold Amauri – nach Protesten der Gesandten Peters von Aragón – seine »gierige Hand nach Ländern auszustrecken, die nicht im schlechten Ruf der Häresie stehen«.[283] Das mag wichtig sein für die Bewertung der Motivationen Montforts, es legt aber auch nahe, dass es eindeutige Grenzen für die militärische Lösung der »Ansteckung durch die Häresie« gab, denn eigentlich ist es höchst unwahrscheinlich, dass die Kirche eine andere weltliche Persönlichkeit von Rang mit derselben Hingabe und demselben militärischen Geschick

Die Burg Puylaurens (dép. Aude), Stützpunkt der Katharer im Kampf gegen Simon de Montfort.

finden konnte als Montfort. Das Versagen Amaurys von Montfort nach dem Tod des Vaters unterstreicht diesen Umstand. Die mit den Katharern sympathisierenden südfranzösischen Feudalherren konnten Montfort nicht leicht entkommen, wenn er sie erst einmal ins Visier genommen hatte, aber die Zahlen zeigen, dass die Chancen zwischen drei und vier zu eins standen, angegriffen zu werden. Einzelnen *bonshommes* standen deshalb viele Zufluchtsorte zur Verfügung, und das erklärt vielleicht, warum es keine Massenverbrennungen von Häretikern nach dem Mai 1211 gab.

Nun gibt es aber noch einen anderen Weg, wie man die Auswirkungen Montforts auf das Katharertum bemessen kann. Auch wenn er nur gut ein Viertel der bei Roquebert als »häretisch« aufgelisteten Plätze hielt, zeigt die geografische Verteilung, dass sie sich auf das Herrschaftsgebiet der Trencavel und auf die Umgebung von Toulouse, der wichtigsten Stadt Raimunds VI., konzentrierte. Einen Teil seiner Zeit brachte Montfort auf Feldzügen in der Provence, im Agenais und im Dordognegebiet zu, wo es, soweit man sagen kann, verhältnismäßig wenige Katharer gab, aber er unterwarf zahlreiche *castra* und befestigte Plätze im Lauragais, im Toulousain, im Carcassès und im Albigeois, und da waren die Katharer fest etabliert. So versuchte er, zumindest einen Teil der Infrastruktur zu zerstören, von der die *perfecti* abhingen.[284] Wenn die Lücken in der katharischen Hierarchie während dieser Jahre ein Hinweis sind, dann war Montfort zumindest teilweise erfolgreich. In Albi, Carcassonne und Agen gab es zur Zeit seiner Kreuzzugsführung keine katharischen Bischöfe, lediglich einen Diakon in der Diözese Carcassonne. In Toulouse lagen die Dinge besser, denn die Kontinuität wurde von Bischof Gaucelm (1204 – ca. 1220) und Guilhabert von Castres aufrechterhalten. Sie überlebten jedoch nur, weil sie sich während des Kreuzzugs zusammen mit einigen Diakonen der Diözese und anderen führenden *perfecti* auf den Montségur zurückgezogen hatten.[285] Montforts Politik war doppelt wichtig nach dem Fall größerer Städte wie Béziers und Carcassonne, denn viele Anhänger der Katharer waren in die *castra* geflohen, bevor sie der Kreuzzug einholte, nur um sich dann weiterem militärischem Druck gegenüberzusehen. Nachdem sie einmal ihre Städte verlassen hatten, war eine Rückkehr schwierig, denn alles Eigentum wurde eingezogen: So wurden Haus und Besitz des häretischen Sympathisanten Bernhard von Lérida in Carcassonne und im nahe gelegenen Beriac den Zisterziensern übereignet.[286]

Im Jahre 1208, nach der Ermordung seines Legaten, hatte der Papst an Philipp II. appelliert, »katholische Einwohner anzusiedeln, die in Übereinstimmung mit Eurer Rechtgläubigkeit die Disziplin des Glaubens in Heiligkeit und Gerechtigkeit unter Eurer glücklichen Regierung in der Gegenwart Gottes aufrechterhalten.«[287] Es gelang ihm nicht, den König dazu zu bewegen, aber Montfort ersetzte zumindest einige der landsässigen Herren durch eine begrenzte Anzahl von Kreuzfahrern, die länger als nur für eine Saison im Süden bleiben wollten, wie etwa Alan von Roucy, der Termes, Montréal und Bram erhielt, oder Bouchard von Marly, der Saissac und Caberet besetzte. Dass er diese Angelegenheit ernst nahm, zeigt die Verfügung der Statuten von Pamiers im Jahre 1212, die – wie Claire Dutton formuliert – darauf abzielten, eine »neue Ordnung« im Süden zu etablieren. Eine Bestimmung enthielt die Forderung, dass Häretiker, auch wenn sie mit der Kirche versöhnt wären, freiwillig die Stadt, in der sie wohnten, verlassen sollten; sie konnten sich an einem anderen Ort niederlassen, jedoch nur mit der ausdrücklichen Erlaubnis Montforts. Dass Erbinnen und Witwen »hoher Ränge«, die befestigte Plätze in ihrem Besitz hatten, eine Erlaubnis zur Verheiratung mit einheimischen Herren benötigten, nicht aber mit Franzosen, sollte offenkundig der Stärkung eines rechtgläubigen Milieus dienen. Zur selben Zeit begann Montfort damit, eine Art administrative Struktur einzurichten, die jedoch einen recht rudimentären Charakter hatte im Vergleich zu anderen zeitgenössischen, weiterentwickelten Herrschaften.[288] Das Problem der Ressourcen und Mannschaftsstärken blieb jedoch bestehen. Nur wenige, die sich im Süden niedergelassen hatten, konnten dort dauerhafte Dynastien gründen, aber das erneute Auftreten katharischer Prediger in den *castra* bereits in den 1220er Jahren zeigt, wie begrenzt solche Niederlassungen gewesen sein müssen.[289] Es waren die königlichen Eroberungen von 1226 bis 1229, die dieser katharischen Renaissance enge Grenzen setzten, und nicht die Nachwirkungen der Maßnahmen Montforts.

Indessen, der Kreuzzug lag nicht allein in Händen des Kriegsherrn und seiner Truppen. Die Position Montforts stand stets unter dem Einfluss verschiedener Parteien an der päpstlichen Kurie und war abhängig von der schwankenden Haltung eines Papstes, der trotz seines Rufes als Mann klarer Perspektiven und entschlossener Aktionen bisweilen seine Politik je nach dem letzten Besuch eines Interessenvertreters auszurichten beliebte. Die schwankende Persönlichkeit Innozenz' III. stand von zwei Seiten unter Druck: zum einen seitens der Achse Aragón–Toulouse, die ihn zu überzeugen suchte, der Kreuzzug habe seine Ziele erreicht und müsse deshalb nicht weitergeführt werden, zum anderen von lautstarken Legaten, die ihm einzureden versuchten, er sei von den listigen Manövern der Häresiefreunde hinters Licht geführt worden. Bei drei wichtigen Anlässen, in den Jahren 1211, 1213 und 1215, begünstigte schließlich die päpstliche Entscheidung die Kreuzfahrerseite, und jedes Mal diente die Entscheidung zur Verlängerung des Kreuzzuges. Arnold Amauri, der schon immer Raimund VI. für den Tod Peters von Castelnau persönlich verantwortlich gemacht hatte, war der Meinung, die Eroberung des Trencavel-Landes sei unzureichend, solange das Land des perfiden Tolosaner Grafen unangetastet bliebe. Auch wenn man dem Legaten mehr als einmal ein Doppelspiel bei seinen Verhandlungen mit Raimund VI. vorwerfen kann[290], scheint das Muster »häretischer« Plätze, wie aus Roqueberts Liste hervorgeht, die Ansicht Arnold Amauris zu stützen, das Katharertum im Languedoc sei im Frühjahr 1211 weit von einer Unterwerfung entfernt gewesen. Hartnäckige Interventionen Raimunds VI. an der Kurie verzögerten – zusammen mit Montforts Auseinandersetzungen mit den Trencavel – einen direkten Angriff auf die Herrschaft Raimunds. Als sich aber der Graf auf den Konzilien von Narbonne und Montpellier im Januar und Februar 1211 wiederum weigerte, ein Hilfsversprechen gegen die Katharer im Toulousain abzugeben, nutzten die Legaten die Gelegenheit, den Grafen zu exkommunizieren und den Kreuzzug zum ersten Mal in seinen Herrschaftsbereich zu lenken.[291] Als der Widerstand der Trencavel gebrochen war, akzeptierte Peter von Aragón schließlich Montforts Huldigung als Herr über das Land der Trencavel.

Als Montfort jedoch Toulouse selbst durch seine Kriegszüge im Norden und im Osten der Stadt zunehmend bedrängte, machten sich die Zweifel Peters von Aragón erneut geltend. Gestärkt von seiner entscheidenden Rolle beim Sieg über die Mauren bei Las Navas de Tolosa im Juli 1212, schickte der Aragonese eine Gesandtschaft nach Rom und erwirkte am 17. Januar 1213 eine päpstliche Bulle, mit der der Kreuzzug ausgesetzt und Montfort wegen seiner willkürlichen Gewaltanwendung getadelt wurde. Für den König war der Augenblick günstig, denn der Papst war in erster Linie mit der Entsendung eines neuen Kreuzzugs ins Heilige Land beschäftigt. Im April veröffentlichte er zu diesem Zwecke die Enzyklika *Quia maior*, in der er die Privilegien der Kreuzzüge in Spanien und im Languedoc widerrief, weil sie für ihn nicht länger existent waren.[292] Das Dokument unterstreicht die wachsende Unsicherheit des Papstes über die Richtung und den Charakter des Albigenserkreuzzuges, aber sein Sinneswandel war nur von kurzer Dauer. Peter von Les Vaux-de-Cernay beschreibt den Papst als »allzu bereit, den falschen Berichten der Gesandten des Königs von Aragón Glauben zu schenken«, und bemerkt mit Befriedigung, wie die Legaten und Prälaten den Papst dazu brachten, seine Meinung zu ändern. Im Mai 1213 schrieb der Papst an Peter von Aragón:

»Wir sind verwundert und beunruhigt, dass Ihr, indem Ihr Eure Gesandten dazu benutzt, die Wahrheit zu unterdrücken und falsche Berichte über die Angelegenheit abzugeben, von Uns eine päpstliche Bulle erwirkt habt, die anordnete, den Grafen von Comminges und Foix sowie Gaston von Béarn ihre Länder zu restituieren, eingedenk der Tatsache – wir übergehen hier ihre zahlreichen anderen ungeheuren Verfehlungen –, dass sie gebunden sind mit der Kette der Exkommunikation wegen ihrer Hilfestellung für die Ketzer, die sie offen verteidigen.«[293]

Dieser Fehlschlag seiner diplomatischen Bemühungen muss eine wichtige Rolle für die Entscheidung des Königs gespielt haben, selbst gegen Montfort vorzugehen. Wie Wilhelm von Tudela schildert, »verkündete der König allen (seinen Leuten), dass er beabsichtige, nach Toulouse zu gehen, um gegen den Kreuzzug zu kämpfen, denn dieser veröde und zerstöre das ganze Land. Weiterhin sagte er, der Graf von Toulouse habe an sein Mitleid appelliert, er möge verhindern, dass sein Land verbrannt und wüst gelegt wird, denn er habe keiner Menschenseele Leid und Schaden zugefügt.«[294]

Die Befürchtungen des Papstes über die politische Natur des Kreuzzugs, die sein Urteil vorübergehend, namentlich im Jahr 1211, beeinflusst hatten, tauchten erneut anlässlich des Laterankonzils vom November 1211 auf. Der pro-languedozisch eingestellte Kontinuator der *Chanson* fügt ein theatralisches Gruppenbild ein, das vorgibt, ein Bericht über die dem Papst am Konzil vorgetragenen Argumente zu sein. Alle Teilnehmer sind mit einer Eloquenz ausgestattet, die man selten im richtigen Leben findet, aber es ist durchaus wahrscheinlich, dass der Dichter hinter all der Rhetorik, die er ihnen in den Mund legt, doch die grundsätzliche Wahrheit ihrer jeweiligen Perspektiven zum Ausdruck bringt.[295] Einen Eindruck von dieser Darstellung vermittelt die Konfrontation zwischen Fulko, dem Bischof von Toulouse, und Raimund Roger, dem Grafen von Foix. »Meine Herren«, sagte der Bischof,

»Ihr habt alle aus dem Munde des Grafen von Foix gehört, er sei frei von dieser Häresie und nicht von ihr befleckt. Aber ich sage Euch: sein Lehen ist ihre Hauptwurzel, er hat die Ketzerei gehegt, gestützt und war ihr freundlich gesonnen; seine gesamte Grafschaft ist voll gestopft und wimmelnd von Ketzerei; den Gipfel des Montségur hat man mit Vorsatz befestigt, um die Ketzerei zu schützen, und er hat sie dort willkommen geheißen.

Und seine Schwester (Esclarmonde) wurde zur Ketzerin, als ihr Ehemann starb, und sie lebte damals drei Jahre in Pamiers und hat dort viele zu ihrer üblen Lehre bekehrt.«

Raimund Roger antwortete mit genauso scharfen Worten: »Und nachdem er (Fulko) zum Bischof von Toulouse gewählt worden war, wütete ein Feuer im ganzen Land, das kein Wasser je löschen kann, denn er hat die Seelen und die Leiber von mehr als fünfhundert Menschen zerstört, alten und jungen. In seinen Werken, seinen Worten und in seinem ganzen Betragen – das versichere ich Euch – ist er eher wie der Antichrist als ein Gesandter Roms.«[296] Nach erheblichen persönlichen Streitereien bedeutete die Übertragung des Lehens des Grafen von Toulouse an Montfort sowie des Papstes Treuhänderschaft über »die verbleibenden Länder, die nicht von den Kreuzfahrern genommen wurden« zu Gunsten des Sohnes Raimunds VI., bis er volljährig sein würde, letztlich die weitere Anfachung des Krieges.[297]

Simon von Montfort rief bei seinen Zeitgenossen Bewunderung und Verachtung hervor, aber wie auch immer die Meinungen über ihn ausfielen, alle würdigen seine tragende Rolle für den Kreuzzug. Das bedeutet: Solange er lebte, konnten die Katharer nicht in der Weise Proselyten gewinnen wie vor dem Jahre 1209. Der Kreuzzug führte nicht zur Eliminierung der Häresie – viele häretische Zentren blieben unangetastet –, aber er veränderte die gesamte Szenerie. Nach 1209 sollte sich das Languedoc für die katharische Kirche gänzlich verändert haben. Von da an wurde das einst so expansionistische Katharertum in die Defensive gedrängt. Montforts Tod mag zu einer Änderung der Verhältnisse geführt haben, aber die vom nostalgischen Dichter der *Chanson* herbeigesehnte Welt der *paratge* sollte niemals mehr wiedererstehen.[298] Dies konnte schon deshalb nicht eintreten, weil schließlich das geschah, was Innozenz III.

von Anfang an gewünscht hatte: das Eingreifen des französischen Königs. Der hauptsächliche Anstoß dazu kam von Ludwig, dem Sohn Philipps II. Bereits 1215 hatte er eine Streitmacht nach Süden geführt, wie auch nun im Sommer 1219, als er Raimund VI. die Festung Marmande abnahm und sich an einer erfolglosen Belagerung der Stadt Toulouse beteiligte. Das letztere Unternehmen konnte die Wiedergeburt der Herrschaft Toulouse nicht verhindern: Im Jahre 1224 hatte Raimund VII. den größten Teil der Erblande seiner Dynastie wieder in seine Gewalt gebracht. Die Leistung der Nordfranzosen war wahrhaftig nicht sonderlich beeindruckend, und sogar Peter von Les Vaux-de-Cernay musste Philipps fehlendes Engagement zugeben, obwohl er nicht wagte, den König für etwas zu kritisieren, was er selbst als ernsten Fehlschlag betrachtete. Als Ludwig 1215 das Kreuz nahm, berichtet Peter, sei Philipp »sehr bekümmert« gewesen, »dass sein Sohn sich mit dem Kreuz gekennzeichnet hatte, doch es ist nicht unsere Sache, den Grund für seine Bekümmernis darzulegen.«[299]

Mit dem Tod des Vaters im Jahre 1223 konnte Ludwig VIII. wesentlich freier seine eigene Politik verfolgen. Der Wille zur Fortsetzung des Kampfes lag weniger bei Raimund VII. und Amaury von Montfort, die 1223 beide zum Kompromiss und zu einer Heiratsallianz bereit waren, sondern bei Ludwig VIII. und Papst Honorius III. Amaury fehlte nicht nur die starke Persönlichkeit seines Vaters, sondern er sah sich auch einem nachlassenden Enthusiasmus für eine Sache gegenüber, die sich bereits seit 1209 hinzog. Viel mehr als sein Vater musste er sich auf Söldner stützen, und dies mag 1221 zur Idee geführt haben, einen religiösen Ritterorden nach dem Vorbild der Templer zu gründen, in diesem Falle für den Kampf gegen die Häresie.[300] Zunächst zeigte sich Honorius III. an diesem Projekt interessiert, aber der Eifer Ludwigs VIII. für den Kreuzzug dürfte ihn davon abgebracht haben. Wenn der Anstoß dazu von Amaury von Montfort kam – was wahrscheinlich ist –, dann kann sein gänzliches Verschwinden aus den Quellen mit seiner Entscheidung von 1225 erklärt werden, sich vom Schauplatz des Geschehens zurückzuziehen und seine Rechte im Languedoc dem König zu übertragen. Auf dem Konzil zu Bourges im November 1225 verweigerte der neue päpstliche Legat Romanus – ein Mann in der starken Tradition Peters von Castelnau und Arnold Amauris –, sich Raimunds Sache zu Eigen zu machen und exkommunizierte ihn Anfang des Jahres 1226. Jetzt konnte Ludwig seinen geplanten Kreuzzug beginnen. Anfangs stockte das Unternehmen des Königs in Avignon, er erreichte aber im September 1226 doch die Unterwerfung der Stadt, desgleichen die Unterwerfung Beaucaires, und zog dann nach Albi weiter. Viele Herren der Region sahen, dass ihnen keine andere Wahl blieb, als sich der königlichen Autorität zu beugen. Auch wenn Ludwig der Angriff auf Toulouse nicht gelang – vielleicht war er bereits von der Krankheit geschwächt, an der er im Oktober sterben sollte, vielleicht auch wegen der frustrierenden Erinnerung an die vergebliche Belagerung von 1219 –, so erreichte er doch eine dauerhafte Präsenz der Nordfranzosen unter seinem Vetter Humbert von Beaujeu. Dessen systematische Verwüstungsstrategie konnte nur durchgehalten werden, weil sie sich auf königliche Ressourcen stützte. Es waren diese Zerstörungen des Tolosaner Hinterlandes, die Raimund VII. schließlich an den Verhandlungstisch zwangen.

VIERTES KAPITEL
Die Katharer und die Gesellschaft des Languedoc

Der Adel und das Netzwerk der Katharer

Der wichtigste kirchentreue Chronist des Albigenserkreuzzuges
war ein Zisterziensermönch aus der etwa fünfunddreißig Kilometer südwestlich von Paris gelegenen Abtei Les Vaux-de-Cernay. Sie stand in enger Verbindung mit der Familie des Simon
von Montfort, des Kriegsherrn des Albigenserkreuzzugs. Peter
von Les Vaux-de-Cernay, der Simons Kreuzzug von Montfort
fast die ganze Zeit über begleitete, schreibt entweder als Augenzeuge oder stützt sich doch auf Informationen der unmittelbar
Beteiligten. Nach Peter war die befestigte Stadt Lavaur, etwa
siebenunddreißig Kilometer nordöstlich von Toulouse gelegen,
»die Quelle und der Ursprung der ganzen Ketzerei«. Der Tolosaner Kleriker Wilhelm von Puylaurens, der um die Mitte des
13. Jahrhunderts schrieb, zeichnet ein weniger tendenziöses
Bild der Ereignisse als Peter, aber Lavaur provozierte auch
ihn: Es war ein Ort, »an dem sich der Satan mit Hilfe der
Ketzer einen Sitz für sich selbst bereitet« hatte.[301] Ende März
1211 brach Simon von Montfort, verstärkt durch ein frisches
Kontingent Kreuzfahrer aus dem Norden, von Carcassonne auf,
um die »Synagoge des Satans« zu erobern. Ursprünglich hatte er
geplant, die Burg Cabaret in der Montagne Noire gleich nördlich von Carcassonne zu belagern, aber der Burgherr, Peter
Roger, hielt es trotz seines Rufes als Verteidiger der Häretiker
doch für den klügeren Weg, sich zu unterwerfen, und übergab
die Burg an Simons Mitstreiter Bouchard von Marly. Die Bewohner von Lavaur jedoch waren zum Widerstand entschlossen.
»In Lavaur«, so Peter von Les Vaux-de-Cernay, »befand sich

154

auch jener Verräter Aimery, der frühere Herr von Montréal, und viele andere Ritter – etwa achtzig, allesamt Feinde des Kreuzes, die in den Ort gekommen waren und ihn gegen die Unseren in Verteidigungszustand versetzt hatten: Die Herrin des Ortes, eine Witwe namens Giraude, war nämlich eine ganz schlimme Häretikerin und eine Schwester des genannten Aimery.«[302]

Aimery war der Sohn Sicards II. von Laurac und seiner Gattin Blanca und hatte die Herrschaft über zwei der wichtigsten befestigten Orte im Carcassès, Laurac und Montréal, im Jahre 1200 von seinem Vater geerbt. Peter von Les Vaux-de-Cernay hielt ihn für »den mächtigsten und vonehmsten Herrn in der ganzen Gegend, abgesehen von den Grafen«, während Wilhelm von Tudela meint, es gebe »keinen wohlhabenderen Ritter, weder im gesamten Gebiet von Toulouse, noch in den übrigen Teilen des Landes, niemanden von solcher Großzügigkeit oder höherem Rang.«[303] Natürlich verfügte die Familie über gute Verbindungen. Drei Schwestern Aimerys waren mit wichtigen Adelsherren verheiratet: Girauda mit dem Herren von Lavaur, Navarra mit Stephan von Servian und Esclarmonda mit Wilhelm von Niort.[304] Diese Heiraten platzierten den Herren von Laurac und Montréal in das Zentrum eines Familiengeflechts, das sich von Lavaur an der Grenze zum Albigeois im Norden bis Niort in der Pyrenäenregion Sault im Süden sowie nach Osten hin bis Servian, nördlich von Béziers, erstreckte.

Zweifellos handelte es sich hierbei um ein häretisches Netzwerk, bei dessen Stabilisierung die weiblichen Familienmitglieder eine Schlüsselrolle spielten. Nach Sicards Tod wurde Blanca in Lavaur zu einer *perfecta*, wo sie ein Haus für katharische Frauen gründete; zu diesen gehörte auch ihre Tochter Mabilla. In Laurac und Montréal gab es regelmäßige Treffen zwischen Katharern und ihren Anhängern sowie »Religionsgespräche«, die großen öffentlichen Debatten über den Glaubensstreit. 1207 kam es dort zu einer solchen Redeschlacht zwischen Katharern und Rechtgläubigen, an deren Spitze Diego, der Bischof von Osma, stand. Wortführer der Katharer war Arnaud Oth, Diakon aus Laurac. Im nächsten Jahr fand in Laurac ein ähnliches Treffen statt, diesmal zwischen Isarn von Castres aus dem benachbarten Mas-Saintes-Puelles und dem Waldenser Bernhard Prim.[305] Einen guten Eindruck des religiösen Milieus dieser Gegend im ausgehenden 12. und beginnenden 13. Jahrhundert liefern die Erinnerungen von Hélis von Mazerolles, der Frau des Ritters Arnaud von Montréal. Sie sagte im Jahre 1243 vor der Inquisition aus und erinnerte sich an Zusammenkünfte vor fünfzig Jahren. Ihre Großmutter Guillelma von Tonneins war Vorsteherin eines Hauses für *perfectae* in Fanjeaux, das auf etwa halbem Wege zwischen Laurac und Montréal liegt. Hélis hatte sie als junges Mädchen dort besucht; in diesem Hause wurde auch ihre Mutter Auda zur *perfecta* erzogen. In Fanjeaux lebte zu dieser Zeit der spätere katharische Bischof von Toulouse, Guilhabert von Castres, der 1207 ebenfalls an der Debatte mit Bischof Diego teilgenommen hatte. Von den zahlreichen Zusammenkünften, die Hélis miterlebt hatte, erinnerte sie sich an eine des Jahres 1203 in Montréal: Dort hatten zwei *perfecti*, Bernhard Coldefy und Arnaud Guiraud, vor einer Gruppe von zehn Frauen gepredigt; einige davon waren Ehefrauen von Rittern aus Montréal. Ihre Schwester Braida und ihre Schwägerin Fabrissa unterhielten Häuser in Montréal und Gaja-la-Selve (westlich von Fanjeaux), und auch sie hatte sie mehrfach besucht. Neben vielen anderen war sie in Montréal Aimery von Montréal und zwei Brüdern ihres Mannes, Raines und Peter, begegnet.[306]

Obwohl die Chronisten Aimery selbst niemals wirklich als Ketzer schildern, lebten die Katharer jedenfalls in aller Öffentlichkeit in Laurac und Montréal und standen mit benachbarten katharischen Orten in regelmäßigem Kontakt. Viele, vielleicht die meisten der Ritter und ihrer Familien, respektierten die *per-*

fecti und ihre Unterweisungen. Wilhelm von Tudela beklagt den Tag, an dem Aimery den »Ketzern und Holzschuhträgern« (damit meint er die Waldenser) begegnete, denn er macht sie für Aimerys tiefen Fall verantwortlich.[307] In gewissem Sinne war das richtig, denn die katharische Durchdringung der lokalen Herrschaften in den Vizegrafschaften Béziers und Carcassonne unter den Trencavel war der unmittelbare Anlass für die Invasion der Kreuzfahrer. Wie dem auch sei, Wilhelms Sicht der Dinge ist nur zum Teil eine Erklärung für Aimerys Situation, denn seine Patronage der Katharer hängt mit einer grundlegenden Auffassung seiner eigenen politischen und sozialen Stellung zusammen, die er mit anderen Herren seiner Gegend teilte. Peter von Les Vaux-de-Cernay nennt ihn »einen Verräter übelster Sorte«, denn zweimal hatte er sein Wort gegenüber Simon von Montfort gebrochen: das eine Mal bei der Einnahme Carcassonnes im Jahre 1209, als er Montfort aufgab und sich den Kreuzfahrern anschloss, nur um die Burg – aus den Händen des Vertreters Montforts – wieder entgegenzunehmen, das andere Mal ein Jahr später, nachdem er in einen Frieden eingewilligt hatte und als Gegenleistung ein in offenem und unbefestigtem Gelände liegendes »gleichwertiges« Territorium (wie es Peter nennt) erhielt.[308] Zwischendurch hatte er versucht, eine Übereinkunft mit König Peter II. von Aragón auszuhandeln, der 1211 widerstrebend die Übertragung der Trencavel-Territorien an Montfort akzeptieren musste. Im Mai oder im Juni 1210 hatten Raimund von Termes, Peter Roger von Cabaret und Aimery von Montréal dem König ihre direkte Huldigung angeboten. Peter II. jedoch wollte sich nur darauf einlassen, wenn sie in das Prinzip der Öffnung einwilligten, das heißt, dass er ihre Burgen übernehmen könne, wann immer er es wünschte, wodurch aber die Vorrechte seiner Vasallen nicht beschnitten werden sollten.[309] Das schien den Herren dann doch einen Schritt zu weit zu gehen, und sie brachen die Verhandlungen ab.[310] Aimery von

Montréals Handlungen und sein offener Widerstand in Lavaur erklären sich aus dem Charakter dieser Herrschaften. Sie waren an eine Kontrolle ihrer Aktionen nicht gewöhnt, wie sie das kapetingische Königtum Nordfrankreichs oder die Angevinen in England ihren Vasallen im 12. Jahrhundert auferlegten. Obwohl sie die Oberherrschaft der Vizegrafen von Béziers anerkannten und auch am vizegräflichen Hof präsent waren[311], zeigten sie sich nicht willens, dass er ihre politische und ökonomische Unabhängigkeit in einem größeren Ausmaß einschränkte. Es ist deshalb nicht schwer einzusehen, wie sich Glaubensgrundsätze, die an katharische Gläubige keine weiteren Anforderungen stellten – im Gegensatz zu den wachsenden Bußbürden der katholischen Kirche –, bruchlos in diese Welt einfügen ließen.[312] In einem solchen Kontext ist Aimerys Verteidigung von Lavaur leicht zu verstehen. Nach Wilhelm von Tudela »hatte er Montréal, Laurac und seine anderen Besitzungen an die Kreuzfahrer verloren; sie hatten sein Lehensgut um 200 Ritter vermindert, und er war ärgerlich.«[313]

Die regionale Machtstellung solcher Herren wurde durch dynastische Allianzen konsolidiert, wie die ehelichen Verbindungen der Schwestern Aimerys demonstrieren. Indessen, wegen ihrer geografischen Lage, gestaltete sich die Geschichte der Herrschaften Servian, Niort und Lavaur jeweils unterschiedlich. Servian wurde schon vor dem Fall Béziers am 22. Juli 1209 aufgegeben, denn die Kreuzfahrer besetzten eine aufgelassene Burg, bevor sie die Stadt erreichten.[314] Wie Montréal war Servian im Jahre 1206 Schauplatz eines Streitgesprächs zwischen katholischen Predigern und katharischen Wortführern, die unter dem Schutz Stephans von Servian standen. Stephan gestand diesen Umstand im Februar 1210 ein, als er in der Abtei St-Thierry in Anwesenheit des päpstlichen Legaten Arnold Amauri der Ketzerei abschwor. »Ich habe in meinen Burgen Häretiker und sogar Häresiarchen empfangen, nämlich Theodoricus, Balduin, Bernhard von Simorre und andere, die kommen wollten, und ich habe sie geschützt und unterhalten und ihnen erlaubt, häretische Unterweisungen durchzuführen, zu predigen und in der Öffentlichkeit zu debattieren.«[315] Während Navarras Ehemann vom Kreuzzug fast unmittelbar betroffen war, verheiratete man Esclarmonda mit Wilhelm von Niort, und dieser wurde nur schrittweise in den Konflikt hineingezogen. Im Gegensatz zu Servian lagen die Kerngebiete der Herrschaft Niort in den Bergen, im Bereich der Rebenty-Schlucht am Oberlauf der Aude, weit abseits des Operationsgebietes des Kreuzheeres. Auch diese Familie war ein integraler Bestandteil der katharischen Welt: Bernhard Oth, Esclarmondas ältester Sohn, wuchs Anfang des 13. Jahrhunderts in Blancas katharischem Haus in Laurac auf. Diese frühen Einflüsse machten sich auch im Erwachsenenalter bemerkbar, denn Bernhard und sein Bruder Raimund traten in den 1220er Jahren aktiv als Beschützer der Häretiker auf, und letzterer starb mit dem *consolamentum* versehen zwischen 1223 und 1227. Bernhard Oth heiratete Nova, die Tochter eines anderen häretischen Adelsherren und Verbündeten ihres Onkels Peter Roger von Cabaret. Im Zuge der Wiedererstarkung des Südens unter Graf Raimund VII. in den 1220er Jahren hatte er Laurac und Montréal in seinen Besitz gebracht. Auch wenn Bernhard Oth 1226 eine Versöhnung mit König Ludwig VIII. anstrebte, stand er doch die meiste Zeit im Konflikt mit den Prälaten und den Inquisitoren der Region, und keiner von ihnen konnte einen irgendwie versöhnlichen Zug im Glauben dieser Familie erkennen. Zwar legten die einzelnen Mitglieder des Niort-Clans eine unterschiedliche Begeisterung für die Katharer an den Tag, aber es ist doch unwahrscheinlich, dass man Esclarmonda bei Zweifeln an ihrem katharischen Bekenntnis in die Familie aufgenommen hätte. Nach ihrer Beteiligung an der Trencavel-Revolte im Jahr 1240 wurden Burgen der Familie vom König konfisziert. Trotz verschiedener Ver-

suche konnte sie niemals mehr ihre frühere Stellung einnehmen.[316]

Lavaur liegt am Westufer des Agout auf dem Steilufer einer
tief eingeschnittenen Flussschleife. Aimery schien dieser Platz
günstiger als die Höhenlage seiner Burg Montréal. Nach Wilhelm von Tudela gab es außerhalb der *castra* im Gebirge keinen
festeren Ort als Lavaur, denn es verfügte über Stadtmauern und
tiefe Gräben.[317] Peter von Les Vaux-de-Cernay nennt den Ort
»bedeutend und ausgedehnt«; während der Belagerung ritten
gerüstete Ritter auf den Mauern entlang, »um den Unseren ihre
Verachtung auszudrücken und um zu zeigen, dass die Mauern
wohlgefügt und gut befestigt sind.«[318] Dies entspricht dem Muster befestigter Flecken und Dörfer, die Anne Brenon *bourgades*
nennt und die spätestens ab dem 11. Jahrhundert in Italien, der
Provence und der Gascogne nachzuweisen sind.[319] Solche Orte
waren nicht einfach militärische Garnisonen, sondern verfügten
auch über ein ausgeprägtes kommunales Leben im Umkreis
eines zentralen Platzes innerhalb der Mauern. Lavaur war ein
durchaus entwickelter Ort. Als er an die Kreuzfahrer fiel, bestand die Beute aus Streitrössern, guten Eisenrüstungen, großen
Vorräten an Getreide und Wein, Tuchen und wertvoller Kleidung[320], und als Simon von Montfort seinen Feldzug fortsetzte,
war Lavaur der Ort, an dem er seine Frau zurückließ.

In der Zeit vor dem Kreuzzug konnte sich das weibliche Element, das so wichtig war für den Erhalt des katharischen Netz-
werks, in einer solchen Umgebung bestens entfalten. Ab dem
12. Jahrhundert hatten Frauen eine höhere Lebenserwartung
als Männer, und auch der allgemeine Gesundheitszustand der
Frauen hatte sich verbessert. Zugleich vergrößerte sich allgemein der Altersunterschied zwischen Ehegatten, wobei die
Frauen häufig mindestens zwanzig Jahre jünger waren als ihre
Männer. Deshalb stieg die Wahrscheinlichkeit, dass sie zu Witwen wurden und auch nachhaltigeren Einfluss auf ihre Kinder

ausüben konnten.[321] Im Jahre 1211 hatte Guirauda bereits ihren Ehemann verloren, sie wohnte aber weiterhin in Lavaur, wo sie sich einen guten Ruf als freigebige Gastgeberin erwarb.[322] Auch wenn Lavaur kaum der Quell der gesamten katharischen Bewegung gewesen sein dürfte – die entsprechende Übertreibung Peters von Les Vaux-de-Cernay galt wohl mehr der Rechtfertigung des Blutbades nach der Eroberung der Stadt –, war es dennoch ein höchst bedeutendes katharisches Zentrum. Eine Generation früher war Lavaur das vornehmliche Angriffsziel des Heinrich von Marcy, Abt von Clairvaux, der es 1181 mit Hilfe des Tolosaner Grafen Raimund V. belagerte. Heinrich hatte sich dieses Ziel vermutlich ausgesucht, weil er drei Jahre zuvor in Toulouse eine Debatte mit zwei Häretikern aus Castres, Raimund von Baimire und Bernhard Raimund, geführt hatte, und beide waren danach nach Lavaur übergesiedelt. Bernard Raimund fungierte als katharischer Bischof von Toulouse nach dem Konzil von St-Félix-de-Caraman in den 1170er Jahren. Bei der damaligen Belagerung nun konnte Adelaide, die Ehefrau Rogers II. von Trancavel, die Bewohner von Lavaur zur Unterwerfung bewegen, und die beiden Häretiker wurden ausgeliefert.[323] Nach Wilhelm von Puylaurens konvertierten sie zur Rechtgläubigkeit und verbrachten den Rest ihres Lebens als Kanoniker in Toulouse.[324] Heinrichs Bemühungen indessen trugen keine weiteren Früchte für die Kirche, denn Lavaur blieb der Sitz eines katharischen Bischofs, und die Häretiker unterhielten dort weiterhin ihre Häuser.[325] »Das Fieber der Ketzerei linderte sich nicht«, sagt Wilhelm von Puylaurens.[326]

Wie auch im Falle von Laurac und Montréal gab es in der Umgebung von Lavaur Orte, für die katharische Präsenz belegt ist, und vor 1209 herrscht zwischen diesen Orten ein reger Austausch. Der Fluss war ein wichtiges Kommunikationsmittel: Vierzehn, zweiundzwanzig, respektive sechsunddreißig Kilometer flussaufwärts lagen Saint-Paul-Cap-de-Joux, Vielmur und

Castres. Nicht am Agout, aber in einem Radius von weniger als dreißig Kilometern lagen nach Norden hin Rabastens (am Tarn), Les Touelles (das heutige Briatexte), Lombers und Lautrec, nach Süden hin Verfeil, Puylaurens und Lanta.[327] Saint-Paul und Lombers waren katharische Bischofssitze, und in Lautrec, Verfeil, Lanta, Vielmur und Puylaurens sind katharische Diakone belegt.[328] Als im April 1211 das Kreuzheer mit der Belagerung Lavaurs begann, war die Einwohnerschaft durch Zuzug anderer Katharer der umliegenden Orte beträchtlich angewachsen. Einer dieser Orte war das sechsunddreißig Kilometer flussabwärts von Lavaur gelegene Villemur, in dessen Nähe der Agout in den Tarn mündet. Im Juni 1209 war diese Stadt von ihren eigenen Bewohnern zerstört worden, als sie hörten, dass ein Kreuzheer aus Richtung des Agenais in ihre Gegend eingefallen war.[329] Arnauda von Lamothe, eine *perfecta*, die vor der Inquisition im Jahre 1244 ihre Aussagen machte, hielt sich zu dieser Zeit dort auf. Sie stammte aus Montauban und war die Tochter von Austorga, einer katharischen Gläubigen. Um 1206 gab man Arnauda und ihre Schwester Peirona in das Haus einer Häretikerin im nahe gelegenen Villemur; drei Jahre später empfingen sie das *consolamentum*. Hier befanden sie sich in einer dynamischen katharischen Gemeinschaft, die mindestens zwei häretische Häuser unterhielt und die immer wieder von führenden Katharern besucht wurde. Dieses katharische Milieu geriet jedoch in wenigen Monaten in Unordnung, denn zahlreiche Häretiker flohen aus der Stadt, weil »die Kreuzfahrer in ihre Gegend kamen«. Von da an konnte sich Arnauda nirgendwo mehr niederlassen. In der Obhut des katharischen Diakons Raimund Aimeric gingen sie zunächst nach Roquemaure und Giraussens und dann weiter nach Lavaur, wo sie mit ihrem Gefährten ein Jahr lang im Haus der *perfecta* Alzalais wohnten. Die Bedrohung durch Montforts Soldaten nötigte sie zu erneutem Aufbruch; diesmal ging es nach Rabastens.[330]

Arnauda berichtete, sie sei damals noch jung gewesen, und deshalb hatte man sie wohl in Sicherheit gebracht. Viele andere erwachsene Häretiker blieben – möglicherweise mehr als vierhundert –, entweder weil man in einer so großen Anzahl nirgends Zuflucht fand, oder weil sie auf die starke Befestigung des Ortes vertrauten. Wenn sie letzteres glaubten, dann waren sie im Irrtum. Am Anfang der Belagerung hatten die Kreuzfahrer nicht genügend Mannschaft, um die Stadt vollständig einzuschließen, und die Verteidiger fühlten sich stark genug, einen Ausfall zu wagen. Peter von Les Vaux-de-Cernay sagt dann auch, in der Stadt habe sich »eine riesige Zahl von bestens bewaffneten Leuten« befunden, »sodass die Zahl der Verteidiger fast größer war als die der Angreifer« und dass die Verteidiger heimlich vom Grafen von Toulouse versorgt wurden, trotz seiner früheren Feindschaft gegenüber Lavaur. Nach Verstärkung durch die »Weiße Bruderschaft«, einer von Bischof Fulko von Toulouse zur Verteidigung des Glaubens gegründeten Miliz, konnte das Kreuzheer seine Angriffe entschlossener fortsetzen, und nach einmonatiger Belagerung fiel Lavaur am 3. Mai.

Es folgte nun eine Vergeltung bislang noch unbekannten Ausmaßes. Im Jahr zuvor hatten die Kreuzfahrer das befestigte Dorf Minerve nordöstlich von Carcassonne eingenommen. Wie auch Lavaur lag es auf einem Hochufer des Flusses, wobei hier der Zusammenfluss der Flüsse von Cesse und Brian tiefe Schluchten zu beiden Seiten des Dorfes eingeschnitten hatte. In Minerve gab es zwei häretische Häuser, eines für Männer, das andere für Frauen. Außer drei Frauen entsagte von ihnen keiner seinem Glauben, und 140 Menschen wurden verbrannt. Die übrigen Bewohner schworen der Ketzerei ab und retteten dadurch ihr Leben. Wilhelm, dem Herrn von Minerve, gewährte man Einkünfte aus einigen Ländereien in der Nähe von Béziers.[331] In jenem Winter indessen, nachdem das Gros der Kreuzfahrer abgezogen war, so berichtet Peter von Les Vaux-de-Cernay, sagten sich zahlreiche weltliche Herren von der katholischen Kirche wieder los – mehr als vierzig zwischen 1209 und 1210.[332] In Lavaur ging Simon von Montfort deshalb mit ungleich größerer Härte gegen die Besiegten vor. Aimery von Montréal und über achtzig seiner Ritter wurden entweder gehängt oder niedergemetzelt, zwischen 300 und 400 Häretiker verbrannte man auf dem Scheiterhaufen, und die laut schreiende Guirauda warf man in einen Brunnen und bedeckte sie auf Geheiß Montforts mit Steinen.[333] Diese brutalen Hinrichtungen und Morde scheinen eine sehr bewusste Maßnahme gewesen zu sein, bei der es nicht nur um die Vernichtung der *perfecti* ging, sondern auch um die Abschreckung des örtlichen Adels, der so lange die Häretiker toleriert und beschützt hatte.[334] So hatte auch Wilhelm von Tudela vorher nie gehört, dass man einen Adelsherrn vom Range Aimerys aufgehängt hätte. Einiges deutet darauf hin, dass das Töten nicht willkürlich vonstatten ging. Die gehängten Ritter kamen wohl alle aus den Vizegrafschaften Béziers und Carcassonne und waren deshalb in den Augen Montforts Verräter. Für andere Betroffene, die aus der Grafschaft Toulouse kamen, verlangte man vermutlich Lösegeld.[335] Die Strategie wirkte sofort: »Als der Herr von Puylaurens, Sicard, der sich früher unserem Grafen angeschlossen hatte, hörte, dass Lavaur erobert worden war, wurde er von Furcht ergriffen. Er gab die Burg Puylaurens auf und zog mit seinen Rittern eilig nach Toulouse. Puylaurens ist ein bedeutendes *castrum* in der Diözese Toulouse und liegt etwa drei Meilen von Lavaur entfernt.«[336]

Die Territorialherren

Aus zeitgenössischen Chroniken und späteren Inquisitionsakten geht hervor, dass die Stärke des Katharertums in jenem Netzwerk miteinander verknüpfter Herrschaften lag, insbesondere, aber nicht ausschließlich, im Toulousain, im Albigeois und im

Carcassès. In den Augen katholischer Autoritäten jedoch waren die führenden weltlichen Herren der Region – die Grafen von Toulouse, Foix und Comminges sowie die Vizegrafen von Béziers und Carcassonne – die Hauptverantwortlichen für die Ausbreitung der Häresie. Als im Jahre 1213 König Peter II. von Aragón gezwungen war, Rechte zu verteidigen, die er von den Kreuzfahrern unter Simon von Montfort als bedroht ansah, setzte man auch den König auf die Liste der *fautors* (oder Beschützer), ungeachtet der Kreuzzugsanstrengungen Peters auf der Iberischen Halbinsel. Graf Raimund VI. von Toulouse galt als der oberste Verteidiger der häretischen Verderbtheit. Zwei Monate nach der Ermordung Peters von Castelnau, des päpstlichen Legaten für das Languedoc, machte Papst Innozenz III. den Grafen in einem Schreiben direkt dafür verantwortlich:

»Gegen ihn (den Legaten) stachelte der Teufel seinen Diener, den Grafen von Toulouse, auf. Dieser hatte sich wegen vieler und schwerer Vergehen, die er gegen die Kirche und gegen Gott begangen hatte, oft die Strafe der Kirche zugezogen und ebenso oft war er, ein verschlagener und gerissener, betrügerischer und unbeständiger Mensch, auf Grund seiner geheuchelten Reue wieder vom Bann der Kirche gelöst worden. Schließlich vermochte er aber den Hass nicht mehr zurückzuhalten, den er gegen Peter von Castelnau entwickelt hatte, weil dieser, um unter dem Volk die Rettung zu betreiben und unter den Leuten die Warnung zu verbreiten, das Wort Gottes nicht in seinem Munde verschlossen hielt. Und darin ist er noch heftiger und noch mehr für seine Untaten zu tadeln.«[337]

Dieser in Peters Chronik vollständig aufgenommene Brief entstand in der damals aufgeladenen Atmosphäre an der päpstlichen Kurie, und obwohl der Papst wahrlich nicht von einer ernsthaften Reue des Grafen überzeugt war, erlaubte er Rai-

Ausweisung von Katharern aus der Stadt Carcassonne. Die Häretiker werden in schmachvoller Nacktheit dargestellt (Miniatur des 13. Jh.).

mund gut drei Monate später, sich wiederum mit der Kirche zu versöhnen. Der neue, am 1. März ernannte päpstliche Legat, Magister Milon, nahm als Vorsichtsmaßnahme sieben von Raimunds provenzalischen Burgen als Pfand für sein Wohlverhalten.[338] Peter von Les Vaux-de-Cernay macht sich keinerlei Illusionen über Raimunds Glauben: »Der überzeugendste Beweis, dass er immer den Ketzern hofierte, ist, dass ihn keiner der päpstlichen Legaten je dazu bewegen konnte, die Ketzer aus seinem Land zu vertreiben, obgleich die Legaten ihn oft bedrängten, sie öffentlich zu verdammen.« Peter behauptete, Raimund habe Häretiker in sein Gefolge aufgenommen (freilich verborgen unter normalen Kleidern), damit sie ihm beim Herannahen des Todes das *consolamentum* spendeten und ihn so in die katharische Kirche aufnehmen könnten.[339] Peters Hass auf den Grafen ist wohl bekannt, es ist aber interessant zu beobachten, dass der um die Mitte des 13. Jahrhunderts schreibende Wilhelm von Puylaurens – kein Ortsfremder wie Peter, sondern aufgewachsen in einem Ort eine Tagesreise von Toulouse entfernt – ebenfalls meinte, man müsse Raimund als dem mächtigsten Herrn der Region den Vorwurf machen, »dass sich durch seine Nachlässigkeiten und Fehler das Übel in diesem Lande vermehrte.«[340]

Peter spricht wohl von den Grafen, die er zu seinen Lebzeiten kannte, das sind Raimund VI. (1194–1222) und sein Sohn Raimund VII. (1222–1249). Die entscheidende Periode jedoch ist die Regierungszeit Raimunds V., der im Alter von vierzehn Jahren die Grafschaft übernahm, als sein Vater Alfons Jourdain während des Zweiten Kreuzzugs im Jahre 1148 starb. Raimund V. trat ein beeindruckendes Erbe an: Es erstreckte sich über weite Teile Südfrankreichs von der Grenze zur Gascogne bis zu den Alpen und vom Périgord und der Auvergne im Norden bis zum Mittelmeer. Diese Ansammlung von Territorien hat ihren Ursprung im frühen 10. Jahrhundert, als das von Karl dem Großen aufgebaute Frankenreich, an dessen Südrand die spätere Großregion des Languedoc lag, in einzelne Teilreiche (*regna*) und Fürstentümer zerfiel. Im Jahre 778 führte Karl der Große Krieg im muslimischen Spanien, und auch wenn dieser im »Rolandslied« gefeierte Feldzug historisch gesehen nicht zu den erfolgreichsten Militärunternehmungen des Frankenherrschers zählte, so gab er doch Impulse zur Gründung von Grafschaften in der Gascogne und Katalonien und führte das gräfliche Verwaltungssystem im Languedoc ein. Die Grafschaft Toulouse, die maßgeblich auf Wilhelm den Heiligen (gest. 812), einen Verwandten Karls des Großen, berühmten Klostergründer und ritterlichen Helden der »Chansons de geste«, zurückgeht, wurde zum selbständigen Fürstentum, als das karolingische System im Laufe des 9. Jahrhunderts verfiel. Im Jahre 924 gewann Graf Raimund III. die »Gothia« mit den Zentren Narbonne, Montpellier und Nîmes, und die Vermählung des Grafen Wilhelm III. mit Emma von Provence im Jahre 990 weitete den Machtbereich der Dynastie in die Gebiete östlich der Rhône aus. Dabei handelte es sich jedoch nicht um einen stetigen Expansionsprozess, denn die Grafen erlitten im 11. Jahrhundert eine Reihe von Rückschlägen, aber 1096 fühlte sich Raimund IV. sicher genug, seine angestammten Territorien zu verlassen und sich auf den Kreuzzug ins Heilige Land zu begeben. Die Verbindung zur Königsdynastie in der Francia bestand weiterhin, und das konnte bisweilen durchaus von Vorteil sein; so etwa 1159, als der Kapetingerkönig Ludwig VII., der Schwager des Grafen, Raimund V. bei der Bedrohung durch den Angevinen König Heinrich II. von England und den Grafen von Barcelona, Raimund Berengar, Unterstützung gewährte.[341] Derlei Interventionen waren jedoch in der Regel so schwer durchführbar, wie sie selten waren, denn den Kapetingerkönigen, deren Kerngebiet die Île-de-France und ihr Umfeld war, fehlte ein größerer Einfluss in den königsfernen Gebieten südlich der Loire. Und so waren die Grafen auch gerne bereit, eine Allianz mit den Angevinen einzugehen, wenn es sich als günstig erwies. Als Raimund der V. im Jahre 1173 seine Gemahlin Konstanze von Frankreich verstoßen hatte, akzeptierte er Heinrich als seinen Lehnsherrn. Zwanzig Jahre später heiratete Raimund VI. in vierter Ehe Johanna, die Schwester Richards I., und erhielt das Agenais und das Quercy zu Lehen und dehnte damit seine Macht entlang dem rechten Ufer der Garonne bis über Marmande hinaus aus. Es versteht sich, dass der französische König Philipp II. 1202 bis 1204 keinerlei Hilfe aus Toulouse erhielt in seinem Konflikt mit Richards Nachfolger Johann Ohneland um den Besitz der Normandie.[342]

Die Grafen von Toulouse hatten somit ihre Territorien auf keine andere Weise vergrößert als andere Zeitgenossen des 12. Jahrhunderts auch: durch militärische Stärke, Heiratsallianzen und opportunistische Loyalitätswechsel. Das Resultat war ein Herrschaftsgebilde mit »föderalem Charakter«, wobei die verschiedenen Elemente jeweils ihre eigenen lokalen Institutionen beibehielten, »zum Nachteil einer zentralen Regierung«.[343] Die Grafen verfügten über lokale Amtsträger, *viguiers,* in den wichtigeren städtischen Zentren, die sich – nicht immer harmonisch – die Macht mit dem städtischen Konsulat teilten; auf dem Lande waren es die *bayles.* Unter Raimund VI. wurden die *sénéchaux* mit Befugnissen über ganze Regionen eingesetzt, aber zu Beginn des Albigenserkreuzzugs waren die *sénéchaussées* noch nicht vollständig etabliert und konnten sich erst nach dem Frieden von 1229 gebührend entwickeln. Trotz alledem war das Fehlen »zentralisierter« Institutionen nicht untypisch. Die gewaltige Ansammlung von Lehensland unter der Herrschaft Heinrichs II. wies nämlich keinen größeren administrativen Zusammenhalt auf als Raimunds Territorien.[344] Ambitionierte Herrscher versuchten, so viel Landbesitz an sich zu bringen, wie sie nur konnten, und ihn mit all den Mitteln zu verwalten, die sich ihnen boten.

Dennoch, das Erbe Raimunds V. war nicht so gewaltig, wie eine Karte seiner Domänen nahe legen könnte – weniger wegen administrativer Schwächen, sondern eher wegen politischer Rivalitäten. Auch andere Herren – weltliche und geistliche – hatten den Niedergang der karolingischen Macht genutzt. Neben den Grafen von Toulouse waren dies vor allem die den Grafen unterstehenden Vizegrafen von Béziers und Carcassonne, die Trencavel, deren Herrschaftsgebiete sich von den Flussläufen des Aveyron und Tarn nördlich von Albi bis zu den Pyrenäen erstreckten, unter Einschluss des Hérault im Osten. Wie ein Keil schoben sich diese Territorien zwischen die gräflichen Besitzungen. Mitten hindurch führte das große Wegesystem, das Toulouse mit Nîmes und dem Rhônetal verband. Im Land der Trencavel gab es über fünfzig *castra* und befestigte Orte. Reibungen waren da unvermeidlich, trotz dynastischer Verbindungen. Im Jahre 1150, bald nachdem Raimund V. Graf geworden war, fügte Raimund Trencavel, seit 1129 Vizegraf von Béziers, nach dem Tod seines Bruders Roger noch die Vizegrafschaft Carcassonne sowie Albi und das Razès seinem Herrschaftsgebiet hinzu. Dieser Landgewinn konsolidierte nicht nur die Macht des Hauses Trencavel (die in der Folge ungeteilt blieb), sondern versetzte auch die Könige von Aragón in die Lage, sich in diese Beziehungen einzuklinken, denn die Vizegrafschaft Carcassonne und das Razès waren aragonesisches Lehen.[345] Überdies standen die Herrscher von Aragón stets bereit, jeden Konflikt in den Tolosaner Territorien für ihre Interessen zu nutzen. Raimund Berengar IV., Graf von Barcelona und durch seine Gemahlin Petronilla seit 1137 auch König von Aragón, hatte erfolgreich seine Macht auf Kosten der Mauren ausgedehnt und war bestrebt, eine ebenso entschlossene Expansionspolitik auch nördlich der Pyrenäen zu verfolgen. Raimund Berengar und sein Nachfolger Alfons II. (1162–1196) versuchten deshalb, die Pyrenäenmächte, namentlich die Grafen von Foix und die Vizegrafen von Béarn, in ihre Einflusssphäre einzubeziehen. Zu diesem Zwecke empfing Raimund Berengar 1150 den Lehnseid der Vizegrafen Trencavel, und obwohl das Lehensverhältnis 1176 unter Alfons II. unterbrochen wurde, wechselte der neue Vizegraf Roger drei Jahre später wieder zur aragonesischen Seite über. Rogers Heirat mit Adelaide, der Tochter Raimunds V., im Jahre 1171 bedeute indessen keine Lösung für die herrschende Instabilität.[346] Eine ähnlich sensible Region war die Provence, wo Raimund V. die Konflikte seines Vaters mit Raimund Berengar geerbt hatte.

Für Raimund V. war diese Frage von besonderer Bedeutung, denn aus seinen Urkunden geht hervor, dass er mehr an seinen östlichen Besitzungen interessiert war als am Toulousain.[347] Auch einige geistliche Herren hatten ihre eigenen Enklaven gebildet, insbesondere die Erzbischöfe von Narbonne. Bezeichnenderweise lagen die Diözesen Toulouse und Carcassonne innerhalb der Kirchenprovinz Narbonne.[348]

Raimunds verhältnismäßig passive Haltung gegenüber häretischen Angelegenheiten könnte somit mit seiner Jugend zur Zeit seiner Herrschaftsübernahme und zugleich mit diesen langfristigen politischen und militärischen Problemen erklärt werden, die ihm aus den vielfältigen Gebietsansprüchen der Grafen von Toulouse erwuchsen. Als er sich schließlich um Hilfe an König Ludwig VII. wandte – 1177 in einem Brief an Alexander, Abt von Cîteaux –, war er schon dreißig Jahre lang Graf von Toulouse. So wird man ihm gerne seine Aussage glauben, dass »die edelsten meiner Herren bereits von der Seuche der Ungläubigkeit befallen sind und verdorben wurden, und mit ihnen ist eine große Zahl von Leuten vom Glauben abgefallen«.[349] Die Existenz der Häresie in den Territorien der Grafen von Toulouse ist in den 1140er Jahren gut belegt, und obwohl Bernhard von Clairvaux 1145 erfolgreich der Predigt Heinrichs »von Lausanne« in Toulouse entgegengetreten war, scheint auch er den Eindruck gehabt zu haben, die Ketzerei sei in dieser Gegend keineswegs ausgerottet.[350] Im Jahre 1165 fand in Lombers die öffentliche Debatte zwischen orthodoxen Bischöfen und Äbten sowie Führern der Häretiker statt, und das Konzil von St-Félix-de-Caraman Mitte der 1170er Jahre hatte bogomilische Missionare empfangen, die die katharische Kirche reorganisierten.[351] Der Brief Raimunds V. könnte eine Reaktion auf die Versammlung von St-Félix gewesen sein, das in der Grafschaft Toulouse liegt, im Gegensatz zu Lombers im Herrschaftsgebiet der Trencavel. Aber auch hier ist seine Politik zweideutig, denn nach Ansicht von Historikern stützte sich der Graf genauso gerne auf Interventionen von außen zur Bekämpfung seiner politischen Feinde, wie etwa die *consules* von Toulouse oder Roger Trencavel, wie er bereit war, die Häresie auszulöschen.[352] Als dann aber eine militärische Expedition realisiert wurde – 1181 unter Heinrich von Marcy, Abt von Clairvaux –, zielte sie bezeichnenderweise auf Lavaur im Land der Trencavel.[353] Als Raimund VI. 1194 die Nachfolge seines Vaters antrat, stand er ironischerweise – sein Großvater und sein Urgroßvater hatten beide im Heiligen Land ihr Leben gelassen – an der Spitze einer Gesellschaft, die eine Religion akzeptierte, die den Kirchentreuen nicht weniger verhasst war als der Islam. Raimund IV., 1105 bei der Belagerung von Tripoli gefallen, wurde in den 1180ern als Held des Ersten Kreuzzugs gefeiert, eine Ehre, die im zu seinen Lebzeiten niemals zuteil wurde. Der im Westen gut bekannte Kreuzzugschronist Erzbischof Wilhelm von Tyrus bewunderte seine Entschlossenheit, in Outremer zu bleiben und sich selbst als »Brandopfer des Herrn« hinzugeben, obwohl er ein »berühmter und mächtiger Mann mit ausgedehntem Besitz war und alle guten Dinge im Überfluss haben konnte«.[354] Jede Beurteilung Raimunds VI. muss in diesem Kontext gesehen werden. Auch wenn Peter von Les Vaux-de-Cernay Recht hat, dass sich Häretiker am Hofe des Grafen aufhielten, so verlangte doch der Graf in seiner Todesstunde nicht nach dem *consolamentum*, sondern nach dem Habit der Johanniter und nach einem Begräbnis in ihrer Kommende in Toulouse.[355] In diesem Punkt trifft er sich mit seinem Zeitgenossen Guillaume le Maréchal, Earl von Pembroke, für den ein eigens angefertigter Umhang für sein Begräbnis in der Templerkirche zu London bereitlag.[356]

Wenn Raimund VI. für Peter von Les Vaux-de-Cernay der Erzschurke war, der genaue Gegensatz zu Simon von Montfort, so war er doch nur der Prominenteste einer Gruppe, welche die Chronisten für ebenso verderbt und verfehlt erachteten. Raimund Roger Trencavel, der seine Vizegrafschaft im Jahre 1194 übernahm, im selben Jahr wie Raimund VI. die Grafschaft Toulouse, war Sohn Adelaides, Tochter Raimunds V., und »folgte dem üblen Beispiel seines Onkels und unternahm nichts, die Ketzerei einzuschränken.« Der Zeitgenosse Raimund Roger, Graf von Foix zwischen 1188 und 1223, »gestattete den Ketzern und ihren Helfershelfern, sich in seinem Land aufzuhalten, und unterstützte und ermutigte sie, wo er nur konnte«, während sein Sohn Roger Bernhard ein Mann war, »dessen Verderbtheit der seines Vaters in nichts nachstand«, eine Formel, die Peter an drei weiteren Stellen in seiner Chronik wiederholt. In Pamiers ließ Raimund Roger »seine Frau und ihre beiden häretischen Schwestern mit einer großen Menge anderer Häretiker« in einem Haus wohnen, das er für sie auf dem Eigentum der Kanoniker von Saint-Antonin hatte erbauen lassen. Peter widmet der »Grausamkeit und Bosheit des Grafen von Foix« einen ganzen Abschnitt seiner Chronik und steigert sich bei der Aufzählung seiner Freveltaten in einen immer hysterischeren Ton. »Seine Schlechtigkeit sprengte alle Grenzen. Er plünderte Klöster, zerstörte Kirchen und übertraf alle an Grausamkeit.« Das wahre Problem jedoch lag im Konflikt mit den Kanonikern von Saint-Antonin, und dabei ging es eher um die gemeinsame Gerichtsbarkeit über den Ort Pamiers als um einen Streit über »die zwei Prinzipien«. Peter von Les Vaux-de-Cernay scheint bei den Schilderungen des Abtes ein recht unkritischer Zuhörer gewesen zu sein.[357] Drei weitere Herren aus der Pyrenäenregion kamen in Konflikt mit der Kreuzfahrern: Bernhard IV., Graf von Comminges (1181–1225); sein Neffe Roger II. von Comminges, Vizegraf von Couserans und durch Heirat Graf von Pallars, dessen Territorien zwischen den Grafschaften Foix und Comminges lagen; schließlich Gaston VI., Vizegraf von Béarn (1170–1215) und durch Heirat Graf von Bigorre. Peter von Les Vaux-de-Cernay wusste nicht so viel über diese drei und stellte den Grafen von Comminges und den Vizegrafen von Béarn mit dem Grafen von Foix auf eine Stufe als »dieses schändliche und verdammte Trio«. Er war sich offenkundig mit den Prälaten des Konzils von Lavaur einig, die 1213 geäußert hatten, der Graf von Comminges habe sich »mit den Ketzern und ihren Anhängern verbündet und gemeinsam mit diesen schädlichen Leuten die Kirche angegriffen.« Roger von Comminges, der sich in Lauvaur Simon von Montfort unterworfen hatte, später aber sein Wort wieder brach, nennt Peter einen »elenden und gottlosen Mann«. In Peters Welt war kein Platz für Unklarheiten: Entweder stand man auf Seiten Montforts, des Rechtgläubigen, oder man befand sich in den Fängen des Teufels.[358]

Obwohl Peters Diktion unbeherrscht ist und sein moralisches Urteil rigide, so stimmt doch seine Beobachtung mit der Sicht anderer Chronisten und mit Zeugenaussagen vor der Inquisition überein, die großen Territorialherren der Region hätten die Häretiker geduldet oder sogar geschützt. Nach Wilhelm von Puylaurens hingen die *milites* dem einen oder anderen Häretiker an »und hielten die Ketzer in so großen Ehren, dass sie sogar Friedhöfe hatten, in denen sie alle häretisierten Personen in aller Öffentlichkeit beerdigten, und von ihnen (den *milites*) erhielten sie Bettzeug und Kleider.«[359] Wilhelm von Tudela schildert Raimund Roger Trencavel als einen »großzügigen und freigebigen« jungen Mann, der seine Vasallen als Gleichberechtigte behandelte und mit ihnen scherzte und lachte. Und obwohl er selbst kein Häretiker war, »duldeten alle seine Ritter und Lehnsleute die Ketzer in ihren Türmen und Burgen, und damit verursachten sie ihren eigenen Untergang und schmählichen Tod.«[360] Er wuchs in einer Umgebung auf, in der die Anwesenheit von Häretikern einfach üblich war. Als sein Vater Roger II. 1194 starb, ließ er den neunjährigen Raimund Roger in der Obhut seines Vasallen Bernhard von Saissac zurück, der selbst ein Schutzherr katharischer *perfecti* war.[361] Die Verhältnisse in Foix waren nicht viel anders. Nach Wilhelm von Puylaurens traten 1207 die Häretiker in Pamiers, wo Raimund Roger gewöhnlich residierte, öffentlich unter dem Schutz seiner Schwester Esclarmonda auf. Nach Zeugenaussagen vor der Inquisition war sie 1204 in Anwesenheit ihres Bruders zur *perfecta* gemacht worden. Seine Frau Philippa lebte ebenfalls als *perfecta* in einem katharischen Haus in Dun, etwa zwanzig Kilometer südöstlich von Pamiers. Das Auftreten seiner Tante Fais von Durfort, auch sie eine *perfecta*, in Pamiers gab Anlass zu einer ernsthaften Auseinandersetzung zwischen den Rittern des Grafen und den Kanonikern von Saint-Antonin.[362] In seiner eigenen Familie, wie auch in der Grafschaft Toulouse und der Vizegrafschaft Béziers, gab es unter seinen eigenen Vasallen wichtige häretische Familien, namentlich im Geschlecht der Mirepoix. Über Eheschließungen stand diese Familie in enger Beziehung zu Raimund von Pereille, der irgendwann zwischen 1204 und 1208 die Pyrenäenburg Montségur wieder aufbauen ließ und sie zu einem Sammelpunkt für katharische *perfecti* und ihre Anhänger machte. Raimunds Schwiegersohn Peter Roger von Mirepoix gab später an, die Stadt Mirepoix sei 1206 oder 1207 Versammlungsort von etwa 600 Katharern gewesen.[363] Jedoch, Raimund Roger von Foix scheint selbst kein religiös engagierter Katharer gewesen zu sein, ähnlich wie auch Raimund VI. und Raimund Roger Trencavel. Der pro-südfranzösische anonyme Kontinuator der *Chanson* legte den Teilnehmern am Vierten Laterankonzil im November 1215 einige Reden in den Mund und stellt dabei Raimund Roger in die vorderste Reihe der Debatte. Nach der Schilderung des Dichters behauptete der Graf, er sei »niemals mit Häretikern befreundet gewesen, weder mit Gläubigen noch mit ihren Geistlichen«, und wenn sich seine Schwester falsch verhalten haben sollte, »dürfe er nicht für ihre Fehler vernichtet werden«. Als ihm Fulko, Bischof von Toulouse, vorhielt, seine ganze Grafschaft »wimmele von Ketzern« und dass der Gipfel des Montségur absichtlich befestigt worden sei, um Häretikern Schutz zu gewähren, konterte Raimund Roger mit dem Hinweis, er sei ja nicht der Oberherr des Montségur. Auch betonte er seine und seiner Vorgänger Patronage für das Zisterzienserkloster Boulbonne gleich nördlich von Pamiers, das als Grablege der Familie diente. Es sollte nicht übersehen werden, dass Roger Bernhard, den Peter von Les Vaux-de-Cernay als ebenso verderbt wie sein Vater beschreibt, vor seinem Tod das Ordensgewand von Boulbonne nahm; 1241 wurde er dort auch begraben.[364]

Diese Feudalherren der Pyrenäenregion bildeten eine eng verzahnte Gruppe, die sich ein hohes Maß an Unabhängigkeit sichern konnte, obwohl sie nicht alle zu den erstrangigen Regionalfürsten gehörten. Dabei waren dynastische Ehen ein wichtiges Bindemittel: In der Kreuzzugsgeneration beispielsweise war Roger II. von Comminges über seine Mutter der Neffe des Raimund Roger von Foix, und Bernhard IV. von Comminges war Neffe über seinen Vater. Ab der Mitte des 12. Jahrhunderts huldigten die Grafen von Foix und Comminges den Grafen von Toulouse, jedoch nur in Bezug auf einen kleinen Teil ihres Landes, der innerhalb der Diözese lag; das betraf Saverdun für Foix und Muret sowie Sammartin für Comminges. Ansonsten schlossen sie sich ebenso oft Aragón wie Okzitanien an. Roger von Comminges, Vizegraf von Couserans, besaß Land in Katalonien, das über den Salou-Pass mit seinen nördlichen Territorien verbunden war.[365] Peter von Les Vaux-de-Cernay verdammt sie alle gleichermaßen, weil sie in der Regel gegen die Kreuzfahrer zusammenhielten. Insbesondere der Graf von Foix und sein Sohn erwiesen sich als ernsthafte Gegner Montforts und seiner Mitstreiter.[366]

Der Fall Peters II. von Aragón unterscheidet sich von dem der Feudalherren im Languedoc, weil er vor dem Albigenserkreuzzug niemals etwas mit Häretikern zu tun gehabt hatte. So wurde er etwa im Jahre 1204 von Papst Innozenz III. gekrönt, und sein Land wurde päpstliches Lehen. 1212 spielte er eine wichtige Rolle beim Sieg über die Mauren bei Las Navas de Tolosa, südlich von Toledo. Seine Verdammung durch Peter von Les Vaux-de-Cernay als ein »Glaubensdingen äußerst feindlich gesonnener« Mann ist bezeichnend dafür, wie die Probleme von den südfranzösischen Herren gesehen wurden, nachdem das Katharertum erst einmal in ihren Territorien Fuß gefasst hatte. In den Augen des Chronisten war seine Sicht gerechtfertigt, denn »er (der König) nahm alle Häretiker und Exkommunizierten, nämlich die Grafen von Toulouse, von Comminges und von Foix, sowie Gaston von Béarn und alle Ritter aus dem Gebiet von Toulouse und Carcassonne, denen wegen Häresie ihr Besitz genommen worden war und die sich nach Toulouse geflüchtet hatten, sowie die Bürger von Toulouse in seinen Schutz.« Wegen einer fälschlichen päpstlichen Restitution ihrer Länder schätzte der König die Stellung der Grafen von Comminges und Foix und die des Gaston von Béarn falsch ein, denn die Restitution wurde rasch wieder für nichtig erklärt.[367] Die Könige von Aragón konnten ihrerseits die Ereignisse jenseits der Pyrenäen nicht ignorieren, hatten sie dort doch bedeutende Besitzungen wie das Roussillon, Montpellier und die Provence und hielten den Lehnseid der Trencavel für die Vizegrafschaft Carcassonne. Ihre gewöhnliche Politik zielte auf die Sicherung ihrer Präsenz im Toulousain, indem sie ihre Lehnsrechte ausübten. Peter II. jedoch änderte diese Strategie: Er ging durch die Vermählung seiner Schwester Eleonore mit Raimund VI. eine Allianz mit dem Grafen ein. Das nun wiederum stellte seine Ernsthaftigkeit bei seinen Vermittlungsversuchen zwischen Raimund Roger Trencavel und den Kreuzfahrern im August 1209 in Frage, als der Vizegraf in seiner Hauptstadt gefangen genommen wurde.[368] Wie auch immer seine langfristigen Pläne ausgesehen haben mochten – sie könnten durchaus den Traum einer Oberherrschaft über das Languedoc eingeschlossen haben –, sie kamen mit seinem Tod in der Schlacht von Muret im September 1213 zu einem jähen Ende. Tatsache jedenfalls ist, dass die südfranzösischen Feudalherren kaum den Kontakt mit der Häresie vermeiden konnten, auch wenn ihre persönlichen religiösen Neigungen nur geringfügig über den konventionellen Wunsch eines kriegerischen Adels hinausgegangen sein dürften, ihre letzte Ruhe in einem örtlichen Haus ihres bevorzugten religiösen Ordens zu finden, am ehesten wohl bei den Zisterziensern und den Johannitern. Für Wilhelm von Puylaurens war ihre Sünde die der Unterlassung. Niemand, so sagt er, habe sich den Ketzern entgegengestellt, vielmehr habe man ihnen erlaubt, sich in den Städten und Dörfern festzusetzen und Äcker, Weinberge und große Häuser zu erwerben, wo sie öffentlich zu ihren Anhängern hätten predigen können.[369] In der Mitte des 13. Jahrhunderts jedoch – und das verdeutlicht die Chronik Peters von Les Vaux-de-Cernay – gab es im herrschenden Klima des lateinischen Christentums keinen Mittelweg mehr.

Das Ende einer aristokratischen Gesellschaft

Nach Ansicht des anonymen Autors der *Chanson* zerstörte der Kreuzzug diese Welt. Er schrieb in den 1220er Jahren und schaute mit Wehmut auf eine Zeit zurück, als die von ihm so genannte *paratge* noch ein zentrales Element der aristokratischen Gesellschaft war. In dieser Rückschau erwies sich die Niederlage der südfranzösischen Adelsherren und der Tod Peters II. in der Schlacht von Muret im September 1213 als der entscheidende Wendepunkt.

»Sie schwächte die ganze Welt, seid dessen gewiss, denn sie zerstörte die *paratge* und entehrte und beschämte alles Christentum.«

178

Dies, sagten die Tolosaner im Jahre 1218, war das Verschulden von Außenstehenden, vor allem des Papstes und der Prälaten der Kirche, »die unseren Tod und unsere Zerstörung aus der Hand von Fremden befahlen, die das Licht nährten, von dessen Herrschaft wir frei sein wollten«. Hätten sie Gott und Toulouse gewähren lassen, sie hätten Würde und *paratge* tief im Erdboden vergraben, ohne Hoffnung, sie zurückzugewinnen. Eine Zeit lang sah es so aus, als könne Raimund VI. in den letzten Jahren seines Vaters und während der 1220er Jahre einen Weg finden, die Vergangenheit wieder aufleben zu lassen. Als Simon von Montfort im Juni 1218 getötet wurde, sah der Dichter die Gelegenheit gekommen, »*paratge* und Würde zu retten«. Es lag ganz in den Händen »des tapferen jungen Grafen, der die Finsternis mit Gold erhellt und das Grün in die tote Welt zurückbringt«.[370]

Dieses Konzept der *paratge* war ein integraler, typischer Bestandteil der aristokratischen Beziehungen in Okzitanien; das war Wilhelm von Tudela und Wilhelm von Puylaurens wohl bewusst. Die meisten Historiker sind sich einig, dass bis zur Beendigung des Kreuzzugs 1229 die Vasallitätsbindungen schwach oder nicht existent waren, dass sich freie Leute nicht bereit zeigten, direkt von einem Lehnsherrn abhängig zu werden und dass die Übertragung eines Lehens gegen Heerfolge selten vorkam.[371] Die Leute trafen Übereinkünfte zu gegenseitiger Hilfeleistung, *convenientiae* genannt, aber die jeweiligen Vertragspartner betrachteten sich als Gleiche und nicht als Abhängige und hätten diese vertragliche Beziehung niemals in der Weise interpretiert wie die Nordfranzosen den Huldigungseid oder die Lehenstreue. Im Süden hielten diese Leute ihre eigenen, häufig um ein *castrum* oder einen befestigten Ort konzentriertes Territorium, und es stand für sie außer Frage, dass sie diesen Besitz in vollem Umfang an ihre Nachkommen weitergeben würden. Meist waren diese Güter freies Eigen und frei von externen Belastungen und Grundschulden: Auch wenn der Anteil dieses

Allodialeigentums im Schwinden begriffen war, schätzt man, dass etwas weniger als 50 Prozent des Landes im Toulousain am Ende des 11. Jahrhunderts in dieser Form gehalten wurden.[372] Für andere freie Lehen verlangte man verhältnismäßig geringe Dienstleistungen, bisweilen nur das Öffnungsrecht. Sogar dann noch zögerten viele, sich auf solche Beziehungen einzulassen, wie aus der Weigerung Aimerys von Montréal von 1210 hervorgeht, Peter II. von Aragón ein solches Zugangsrecht zu gewähren, obwohl er dessen Hilfe dringend benötigte.[373] Dieses Muster gründet auf der im Süden immer noch lebendigen römischen Rechtstradition. Das römische Recht erlaubte die freie Verfügungsgewalt über ein Eigentum und bestand nicht auf dem Erstgeburtsrecht, wie es im Laufe des 12. Jahrhunderts in der Francia üblich wurde. Daraus folgte, dass Eigentum seltener geteilt wurde, sondern eher in gemeinsamem Besitz stand. So konnte an manchen Orten die Anzahl der Miteigentümer in unübersichtliche Dimensionen anwachsen.[374]

Nach Auffassung des Autors der *Chanson* bezog sich *paratge* jedoch nicht nur auf das Recht der Leute, ihre ererbtes Eigentum so zu halten und so an ihre Erben weiterzugeben, wie sie es wünschten, der Begriff umschloss vielmehr eine ganze Lebenseinstellung. Als die beiden Raimunds sich Anfang des Jahres 1216 in Genua trafen, nachdem sie die päpstliche Anerkennung der Ansprüche des jungen Raimund in der Provence erwirkt hatten, reisten sie zunächst nach Marseille weiter und dann nach Avignon. Auf dem Weg nach Avignon ritten sie durch eine malerische Landschaft:

»Am nächsten Morgen, als der Tau fiel, das klare Licht der Morgenröte heller wurde, die Vögel zu singen begannen, als sich die Blätter entfalteten und sich die Blütenknospen öffneten, ritten die Ritter in Paaren über das Grasland und sprachen über ihre Waffen und ihre Ausrüstung. Aber Guy von Cavaillon, der auf

*Lastours (dép. Aude), eine der zahlreichen Adelsburgen, deren Besitzer,
auch wenn sie selbst nicht immer Katharer waren, den Kreuzfahrern und
dem französischen König Widerstand leisteten.*

einem Braunen ritt, wandte sich an den jungen Grafen: ›Jetzt ist
die Zeit gekommen, da die *paratge* dringend von Euch verlangt,
schlecht oder gut zu sein. Der Graf von Montfort, der Menschen
vernichtet, er und die Kirche in Rom und die Prediger, sie alle
bedecken *paratge* mit Schande, sie haben sie heruntergestürzt
von ihrem hohen Sitz, und wenn du sie nicht wieder aufrichtest,
wird sie für immer vergehen. Wenn Würde und *paratge* nicht
mehr durch dich neu erstehen, dann stirbt *paratge*, und in dir
stirbt die ganze Welt. Du bist die wahre Hoffnung jeder *paratge*,
und du hast die Wahl: Entweder du zeigst Heldenmut oder die
paratge stirbt.‹«

Der jüngere Raimund gelobte, dies alles tun zu wollen, und
an diesem Abend erlebten sie einen begeisterten Empfang in
Avignon. »So groß war die Menge der Menschen und der Pro-
zession, dass man zu Drohungen, Stöcken und Steinen greifen

musste. Sie begaben sich in die Kirche und sprachen ihre Gebete und danach ließen sie sich an einer reichen und köstlichen Tafel nieder mit allen Arten von Saucen und Fischgerichten, roten und weißen Weinen, gewürzt mit Nelken und Zinnober, mit Gauklern, Violen, Tanz und Liedern.«[375] Es ist leicht zu erkennen, wie poetische Konventionen und die Erotik höfischer Liebe in einer solchen Atmosphäre gedeihen konnten.

Dennoch, die Welt des Languedoc vor dem Kreuzzug war nicht so idyllisch, wie sie unser Autor darstellt oder wie er sich am Ende der 1220er Jahre in wehmütigem Rückblick erinnerte. Als im März 1179 die Katharer vom Dritten Laterankonzil mit dem Anathem belegt wurden, assoziierte man sie mit denen, die man Brabanzonen, Aragonesen, Navarrer, Basken, Coterelli und Triaverdini nannte. Nach Kanon 27 verübten diese Leute gegenüber Christen solche Grausamkeiten, dass sie weder Kirchen noch Klöster respektieren und weder Witwen, Waisen, Alte und Junge jeglichen Geschlechts und Alters verschonen, sondern wie Heiden zerstören und alles verwüsten. Alle, die sie in ihre Dienste nehmen oder bei sich wohnen lassen, »sollen in vollem Umfang demselben Urteilsspruch und derselben Strafe unterworfen sein wie die oben genannten Ketzer, und sie sollen nicht in die Gemeinschaft der Kirche aufgenommen werden, bis sie ihrer verderblichen Gesellschaft und Ketzerei abgeschworen haben.«[376] Wilhelm von Puylaurens erachtete dieses Problem im Süden als endemisch. Er erwähnt, dass Fulcrand, Bischof von Toulouse von 1179 bis 1201, keine Visitation seiner Diözese durchführen konnte, ohne die Herren der Gebiete, durch die er reisen wollte, um Schutz zu bitten. Wilhelm machte die Grafen von Toulouse nicht gänzlich für diesen Zustand verantwortlich, denn in dem herrschenden Kriegszustand konnte er nicht einmal seine eigenen Länder sichern, geschweige denn einen allgemeinen Frieden aufrechterhalten. Diese Kriege lockten *routiers* (Söldner) von außerhalb an, insbesondere aus Spanien, und sie zogen ungehindert durchs Land. »Selbst wenn er (der Graf) es zufällig sehr wünschte, war er nicht in der Lage, ohne die Hilfe seiner Feinde das häretische Unkraut auszureißen, das so stark im Lande verwurzelt war.«[377] Es ist natürlich durchaus möglich, dass dieses Ausmaß an Gewalt – auch wenn sie zeitgenössische Kleriker tadeln – für das ausgehende 12. Jahrhundert nicht außergewöhnlich war. Verhielt es sich aber so, dann hatte Stephan von Tournai, Abt von St-Geneviève in Paris, darüber eine andere Ansicht: Als er Heinrich von Marcys Kriegszug von 1181 begleitete, hatte er die meiste Zeit Angst vor Angriffen. In einem Brief an seinen Prior schrieb er: »Ich folge dem Bischof von Albano durch Berge und Täler, durch ausgedehnte Wildnis, durch die Grausamkeit von Räubern und durch den Anblick des Todes, verursacht durch das Abbrennen von Städten, und durch Häuserruinen, wo nichts unversehrt ist, nichts ruhig und nichts zur Sicherheit hinführt.« Man konnte sich nicht erholen und nicht wirklich rasten, denn man fürchtete sich stets vor einem Hinterhalt.[378] Vielleicht war der Abt ein furchtsamer Mann und neigte zur Übertreibung, aber in gewissem Sinne hingen *paratge* und Söldnerwesen zusammen, denn die geringe Verpflichtung zum Heeresdienst bedeutete, dass der Rückgriff auf Söldner die einzige Alternative bot.

Der Klerus

Wilhelm von Puylaurens maß dem Grafen von Toulouse die Hauptverantwortung für die Ausbreitung der katharischen Häresie zu; mit dem Spruch Salomons (24:30) könne man von ihm sagen: »Ich ging am Acker des Faulen entlang, und siehe, lauter Nesseln waren darauf.«[379] Freilich wusste Wilhelm sehr genau, dass es die vornehmliche Aufgabe des Klerus, namentlich der Bischöfe, war, die Häresie zu bekämpfen. Bei der geografischen

Verbreitung der Häresie im Languedoc musste der Bischofssitz in Toulouse eine Schlüsselrolle spielen. In der entscheidenden Periode war er allerdings von zwei Männern besetzt, die Wilhelm als schlecht gerüstet für die anstehende Aufgabe bezeichnet, zum einen wegen ihrer persönlichen Unzulänglichkeiten, zum anderen wegen der obwaltenden Umstände, unter denen sie agieren mussten. Fulcrand, Bischof von 1179 bis 1201, lebte nach den Worten Wilhelms wie ein Bürger von dem Wenigen, das er an Grundzins zusammenbrachte, sowie von seiner unbedeutenden, auf das Stadtgebiet beschränkten Autorität. Es gelang ihm nicht, den Zehnten einzuziehen, denn alles floss an den Adel und die Klöster. Sein Nachfolger Raimund von Rabastens war von der Simonie befleckt; seine mageren Einkünfte verwendete er für Prozesse und für Fehden mit seinem Vasallen Raimund Fort von Belpech. Als er von Innozenz III. abgesetzt wurde, befanden sich alle Bauernstellen und Befestigungen seiner Diözese in den Händen von Gläubigern. So sah Wilhelm den Amtsantritt des Zisterziensers Fulko, Abt von Florèze und Le Thoronet, als einen Akt göttlicher Vorsehung. Er sei gesandt worden, um ein totes Bistum mit Leben zu erfüllen, ganz wie ein neuer Elias. Es war wahrhaftig keine beneidenswerte Aufgabe, denn die Finanzkrise war so akut, dass nur noch sechsundneunzig *sous toulzas* in der Kasse zu finden waren, und die Gläubiger bedrängten ihn dermaßen, dass der Bischof seine vier Maultiere am Brunnen seines Hauses tränken musste. Zum Fluss konnte er sie nicht führen lassen, denn er riskierte, dass man sie ihm zur Deckung der Schulden abnahm. Die Gläubiger verlangten sogar, er solle vor den *capitouls* (Konsuln) der Stadt erscheinen, obwohl er der Bischof war.[380]

Ein Bischof wie Fulcrand – zu arm und zu furchtsam, seinen Sprengel zu visitieren – konnte natürlich auch auf keinerlei Standards innerhalb des niederen Klerus dringen. Wilhelm von Puylaurens schreibt, der Adel habe wenig Neigung an den Tag gelegt, die eigenen Kinder eine geistliche Laufbahn einschlagen zu lassen, während sie die Söhne ihrer Untertanen in die Kirche zwangen, um auf diesem Wege an den Zehnten zu kommen. Deshalb war mit einer geistlichen Position auch keine Ehre und kein gesellschaftlicher Status verbunden, und die lokalen Kleriker verhielten sich so unauffällig wie möglich – sie kämmten sogar ihre Haare über die Tonsur. Nach Wilhelms Ansicht begegnete man dem Klerus mit Verachtung: Die Leute sagten, sie wollten lieber Jude sein oder, angesichts einer unangenehmen Arbeit, sie wollten lieber ein Kleriker sein, als sie auszuführen.[381] Als Ortsfremde verfügten weder Wilhelm von Tudela noch Peter von Les Vaux-de-Cernay über die Einblicke Wilhelms von Puylaurens in die Lebensverhältnisse der Kleriker in Südfrankreich. Beide berichten aber auch von der Geringschätzung gegenüber Prälaten und Ortspfarrern. Als der päpstliche Legat Arnold Amauri einmal die Leute zur Bußfertigkeit aufforderte, »verlachten sie ihn und schmähten ihn wie einen Narren«, berichtet Wilhelm von Puylaurens. Wo immer der Legat zu predigen versuchte, sagt Peter von Les Vaux-de-Cernay, »hielten die Ketzer mit dem Hinweis auf das schändliche Benehmen der Kleriker dagegen und meinten, wenn die Legaten den Lebensstil der Kleriker ändern wollten, müssten sie ihre Predigtkampagne einstellen.«[382]

Am Konzil von St-Félix-de-Caraman hatten die katharischen Führer – mit gutem Gespür, wo ihre Hauptanhängerschaft lebte – ihre eigenen Bistümer in Albi, Toulouse, Carcassonne und Agen eingerichtet. Der Metropolitan für Toulouse und Carcassonne war der Erzbischof von Narbonne, während Albi zum Erzbistum Bourges und Agen zum Erzbistum Bordeaux gehörten. Weniger betroffen von der Häresie waren die Diözesen Béziers im Erzbistum Narbonne sowie die Diözesen Comminges und Couserans im Erzbistum Auch.[383] Bourges und Bordeaux waren weit weg, und weil die Katharer in St-Félix-de-Caraman nicht daran gedacht hatten, auch in Foix ein Bistum einzurichten, lag die Hauptlast des Kampfes gegen die Häresie bei den Erzbischöfen von Narbonne. Aber auch hier zeigte sich eine deutliche Führungsschwäche. Die Erzbischöfe von Narbonne waren in der Tat mächtige Herren: Neben Toulouse, Carcassonne und Béziers gehörten zu ihren Suffraganbischöfen die von Elne, Lodève, Nîmes, Maguelonne, Uzès und Agde, eine große Kirchenprovinz also, die sich vom Roussillon bis zur Rhône erstreckte. Die Erzbischöfe beherrschten die Stadt Narbonne und zwangen die Vizegrafen, ihre Oberherrschaft anzuerkennen, zudem waren sie Herren über befestigte Plätze im Razès, über Termes, Peyrepertuse im Westen und im Hérault, in Capestang, Montels, Nissan und Poilhès im Osten.[384] Dennoch, weder Pons von Arsac (1162–1181) noch Berengar, Abt von Montearagón (bei Tarragona) und Bischof von Lérida, der den Bischofssitz von Narbonne von 1190 bis 1212 innehatte, nutzten ihre finanziellen Muskeln zum Angriff auf die Häresie, trotz der Tatsache, dass sich die Katharer zu dieser Zeit bereits in der halben Kirchenprovinz festgesetzt hatten. Erzbischof Berengar war ein hoch gestellter katalanischer Aristokrat und Sohn des Grafen von Barcelona. Er sanierte die Finanzen seines Bischofssitzes nach den Verschwendungen des Pons von Arsac innerhalb von nur vier Jahren und fand auch neue Einnahmequellen. Nach einer Untersuchung des Legaten jedoch im Jahre 1204 musste er sich vor dem Papst dafür rechtfertigen, dass er niemals seine Provinz visitiert und auch keine geistliche Führerschaft bewiesen hatte. Obwohl er Besserung versprach, gibt es keine Hinweise, dass er Visitationen in seiner Diözese durchgeführt oder sich aktiver im Kampf gegen die Häresie engagiert hätte. Schließlich setzte man ihn ab und ernannte den päpstlichen Legaten Arnold Amauri zu seinem Nachfolger.[385] Die Beziehung zwischen der Stärke diözesaner Strukturen und der Ausbreitung der Häresie ist nicht einfach eine Beziehung zwischen Ursache und Wirkung – in der

Tat scheint es keine Häresie von Bedeutung in der Stadt Narbonne gegeben zu haben –, aber in diesem Falle ergriff der wichtigste Metropolitan dieses Landesteils keine Maßnahmen gegen die Häresie und unterstützte auch nicht die finanziell schwächsten Diözesen Toulouse und Carcassonne.[386]

Allerdings wäre es eine zu große Vereinfachung, das Languedoc des 12. und beginnenden 13. Jahrhunderts als eine durchgängig mit einem schwachen Klerus ausgestattete anti-klerikal geprägte Region zu beschreiben. Beides war präsent, aber einzelnen Bischöfen war die Häresie durchaus bewusst, und sie ergriffen auch entsprechende Gegenmaßnahmen. Einige beklagten sich über die Situation auf dem Konzil von Tours 1163 in Anwesenheit Papst Alexanders III. Zwei Jahre später wurde die orthodoxe Seite bei der Debatte von Lombers von den Bischöfen Wilhelm von Albi und Gaucelm von Lodève repräsentiert, selbst Erzbischof Pons von Narbonne war zugegen, zusammen mit den Bischöfen Albert von Nîmes, Gerhard von Toulouse und Wilhelm von Agde.[387] In Narbonne scheint die Ernennung des Bernhard Gaucelm, Bischof von Béziers, im Jahre 1182 der Versuch gewesen zu sein, den Posten mit einem im Kampf gegen die Häresie erfahrenen Mann zu besetzen.[388] Und Peter von Les Vaux-de-Cernay, der sich mit moralischer Entrüstung nicht zurückhält, wenn er jemandem ungenügende Unterstützung der Orthodoxie vorwirft, beschreibt Renaud von Montpellier, Bischof von Béziers zur Zeit des Albigenserkreuzzuges, als einen Mann, dem man wegen seines Alters, seiner Lebensführung und seiner Gelehrsamkeit Respekt zollen müsse.[389]

Überdies war das Languedoc keine rückständige religiöse Provinz, wie sie manchmal beschrieben wird.[390] Wie auch in den toskanischen und lombardischen Städten war diese Region das Zentrum eines reichen und komplexen religiösen Lebens, in dem Orthodoxie und Häresie blühten – eine Situation, die kirchliche Führerschaft umso notwendiger erscheinen ließ. Obwohl

das Languedoc im 12. Jahrhundert nicht der kreative Mittelpunkt des Klosterwesens war wie etwa Burgund, waren die
neuen Orden hier doch gut vertreten. In der Region südlich des
Tarn und westlich des Orb wurden zwischen 1136 und 1165
zwölf Zisterzienserabteien gegründet, von denen drei – Fontfroide, Grandselve und Boulbonne – zu den wichtigsten Zister-
zienserniederlassungen der Zeit gehörten. Aus den ersten beiden gingen drei der päpstlichen Legaten zur Zeit des Kreuzzugs
hervor.[391] Für die Templer und Hospitalorden war das Languedoc eine wichtige Einkommens- und Rekrutierungsquelle. Die
Hospitalorden errichteten 1121 ihr Verwaltungszentrum oder
Priorat in St. Gilles, von wo aus ihre Kommenden in den Regionen Toulouse, Albi, Béziers und an anderen Plätzen verwaltet
wurden. In den 1130er Jahren ernannten die Templer einen regionalen Meister oder *bailli* über Aragón, Toulouse und die Provence zur Kontrolle der wachsenden Anzahl von Kommenden,
die sie in der Region einrichteten. Die Militärorden hätten sich
im Languedoc nicht ohne die Unterstützung des Adels so kräftig
verbreiten können. Die Gründung neuer Orte sowie die Urbar-
machung zuvor ungenutzten Landes – wie es im 12. Jahrhundert
gang und gäbe war – gehen weitgehend auf die Allianz zwischen
Adelsland und Ordenskapital zurück.[392] John Mundys Untersuchungen über die Gründung von Hospitälern und anderen
karitativen Einrichtungen in Toulouse zwischen 1100 und 1250
zeigen, dass es da keinen Mangel an Sponsoren gab, die bereit
waren, ihr Glaubensbekenntnis mit besonderen materiellen Zu-
wendungen zu untermauern, in der Hoffnung, am spirituellen
Nutzen des Hauses teilhaben zu können. Elf der fünfzehn Spi-
täler in Toulouse wurden zwischen dem späten 11. Jahrhundert
und dem Beginn der Albigenserkreuzzüge gegründet oder
renoviert, während mindestens vier der sieben Leprahäuser zwischen 1167 und 1209 gegründet wurden. Im späten 12. Jahrhundert fallen Laieninitiativen (freilich unter der Ägide des kanoni-

schen Rechts und bischöflicher Rechtsprechung) besonders ins Auge.[393] Die Wurzeln dieser Frömmigkeit reichen tief; in derselben Region zwischen Tarn und Orb gab es zweiunddreißig vor dem Jahr 1000 gegründete Benediktinerkonvente, und unter diesen behielt St. Sernin in Toulouse während des gesamten 12. Jahrhunderts die Kontrolle über Kirchen und Zehnten. Das nun straft alle Ansichten Lügen, die Gregorianische Reform habe diese Region kaum berührt.[394] Die verbalen Zweikämpfe zwischen Orthodoxen und Häretikern – und unter den Häretikern selbst – spiegeln die religiöse Vitalität der Region wider. Wilhelm von Puylaurens listet Arianer, Manichäer, Waldenser auf und beklagt, dass einige »unwissende Priester«, in ihrem Hass auf andere Häretiker, die Waldenser tolerierten; dies wird auch von Zeugen vor der Inquisition bestätigt.[395] Peter von Les Vaux-de-Cernay wusste auch warum: »Sie sind schlechte Leute, aber sehr viel weniger verderbt als andere Ketzer; sie stimmten mit uns in vielem überein und unterscheiden sich in manchen Dingen.«[396] Der häufige Einsatz von Juden in der Verwaltung der Grafen von Toulouse und der Vizegrafen von Béziers, und auch ihre im Vergleich zu Nordeuropa größere Freiheit, Grundeigentum zu besitzen und zu transferieren, unterstreicht, dass auch das Judentum ein weiteres Element der vielfältigen religiösen Szene im Languedoc war.[397]

Die städtische Gesellschaft

Traditionell waren die Städte besonders offen für heterodoxe Ideen, insbesondere in einer Periode der wirtschaftlichen Expansion und des Bevölkerungswachstums wie dem 12. Jahrhundert. Bessere Verbindungen zu weit entfernten Orten, ein schnellerer Bevölkerungsumschlag und eine größere Bevölkerungsdichte erleichterten die Ausbreitung von Ideen und beschleunigten den Geldumlauf. Die Historiker haben deshalb einen Zusammenhang zwischen dem Aufkommen der Häresie und urbanem Wachstum konstatiert; so konnten etwa die bogomilischen Missionare bevorzugt ihre Anhänger in den norditalienischen Städten und im Rheinland mit seiner Großstadt Köln gewinnen. Dementsprechend gestaltete es sich für die Orthodoxen schwierig, Häretiker in den Städten zu isolieren und zu kontrollieren. Selbst mit Waffen wie einem Kreuzzug war die Aufgabe unmöglich zu erfüllen. Städte wurden willkürlich zu Angriffszielen, aber im Gegensatz zu den *castra* und den Dörfern im Toulousain stellten die Häretiker und ihre Anhänger niemals die Bevölkerungsmehrheit. Peter von Les Vaux-de-Cernay jedenfalls hält die gesamte Bevölkerung der drei wichtigsten Städte für unrettbar von der Ketzerei befleckt; überhaupt scheint er städtisches Leben von vornherein als sündig aufgefasst zu haben: »Béziers war eine sehr berühmte Stadt, doch völlig von dem Gift der häretischen Verderbtheit angesteckt. Die Bürger von Béziers waren aber nicht nur Häretiker, sondern auch die schlimmsten Räuber, Rechtsbrecher, Betrüger und Diebe und voll von jeglicher Lasterhaftigkeit.« In Carcassonne waren die Bürger »die schlimmsten Häretiker und die größten Sünder vor dem Herrn«. Toulouse war »seit seiner Gründung kaum, wenn überhaupt jemals, frei von dieser abscheulichen Seuche.«[398] Nach dem anonymen Autor der *Chanson* zeigten sich die Kreuzfahrer während der Belagerung von Toulouse 1218 so entmutigt, dass Foucaud von Berzy, ein langjähriger Gefährte Montforts, den radikalen Plan vorschlug, ein »Neues Toulouse« zu bauen und mit neuen Bewohnern und neuen Eiden einen Neuanfang zu machen. Dann könnten sie »Raimunds Toulouse« vernichten und alle, die dort lebten.[399]

In der Praxis ist es für den Historiker ebenso schwierig, die Quellen städtischer Häresie zu identifizieren, wie für die Kreuzfahrer. Der Zisterzienser Gottfried von Auxerre, der Bernhard von Clairvaux auf seiner Reise nach Toulouse 1145 begleitete,

Die Stadtbefestigung von Carcassonne, eine der besterhaltenen des Mittelalters (historische Fotografie).

glaubt, es habe in der Stadt schon Häretiker gegeben, bevor Heinrich der Mönch für Unruhe sorgte und dass sie von einigen führenden Bürgern gestützt worden seien. Allerdings schätzt er die häretische Gefolgschaft in der Stadt als insgesamt verhältnismäßig gering ein.[400] Die Maurands gehörten zu diesen Familien: Das prominente Familienmitglied Peter Maurand wurde 1179 vor den päpstlichen Legaten Peter von Pavia und den Abt von Clairvaux, Heinrich von Marcy, zitiert. Er wird als reicher Mann beschrieben, der zwei Herrenhäuser (Stadtburgen) oder Türme besaß, eines in der Stadt und eines vor der Stadt. Die Ankläger behaupteten, Maurand sei ein Führer der Häretiker in Toulouse, und obwohl er dies zunächst abstritt, gestand er schließlich, er verneine die Realität des Opfers in der Eucharistie. Er erhielt eine schwere Prügelstrafe und wurde zu einem dreijährigen Exil in Jerusalem verurteilt. Ob das Urteil vollstreckt wurde, ist nicht bekannt. Seine »reichen und sehr schönen Türme« sollten geschleift werden.[401] Dieser Fall könnte bedeuten, dass Mitglieder des Konsulats, der regierenden Oligarchie in Toulouse, Beziehungen zu den Häretikern hatten. Die Gründung der Weißen Bruderschaft in Toulouse, einer schlagkräftigen Miliz zur Bekämpfung der Ketzerei und des Wuchers, durch Bischof Fulko zeigt jedoch, dass deren Anzahl nicht besonders groß gewesen sein dürfte. Nach Wilhelm von Puylaurens fand die Weiße Bruderschaft bei nahezu allen in der Stadt Unterstützung, und ihre vier Anführer waren zu verschiedenen Zeiten Mitglieder des Konsulats gewesen.[402] Opposition kam hauptsächlich aus dem Bourg (Burgus), dem mittelalterlichen Stadtkern um die große Kirche St-Sernin, wo viele wohlhabende Leute ihr Geld mit Finanzgeschäften verdienten und deshalb wohl nichts für Maßnahmen gegen den Wucher übrig hatten.[403] Es ist genauso schwierig festzustellen, wie viele Häretiker dauerhaft in Toulouse wohnten – angesichts der engen Verbindung zwischen dem Konsulat und dem landsässigen Adel in den *castra*. Einige flüchteten sich in die relative Anonymität der Städte, nachdem ihre Anwesenheit in den *castra* zu offenkundig geworden war, und verstärkten damit die häretische Gemeinde.[404]

Die einzige detaillierte Liste städtischer Häretiker übergab Renaud von Montpellier, Bischof von Béziers, den päpstlichen Legaten kurz vor dem Fall der Stadt im Jahre 1209. Es war die Weigerung der Bewohner von Béziers, diese Leute auszuliefern, die den furchtbaren Angriff der Kreuzfahrer provozierte. Alles deutet darauf hin, dass die katharische Häresie einige Anhänger unter den Handwerkern hatte, wobei sie wohl nur eine sehr kleine Minderheit im Verhältnis zur Gesamtbevölkerung der Stadt darstellten.[405] Die Liste enthält zwischen 219 und 222 Namen, die der Herausgeber, Louis Domairon, als Familienoberhäupter interpretiert; so könnten etwa 700 Menschen betroffen gewesen sein. Fünf Personen sind als Waldenser gekennzeichnet; die anderen waren dann wohl katharische Sympathisanten. Unter ihnen können ein Adliger (*baronus*) und vier Doktoren identifiziert werden, sowie eine ganze Reihe von Handwerkern und Händlern, darunter fünf Strumpfwirker, zwei Schmiede, zwei Kürschner, zwei Schuhmacher, ein Schafscherer, ein Zimmermann, ein Weber, ein Sattler, ein Getreidehändler, ein Messerschmied, ein Schneider, ein Tavernenwirt, ein Bäcker, ein Wollkämmer, ein Textilienhändler und ein Geldwechsler. In Chroniken und Inquisitionsakten wurden *textores* (Weber) stets mit der Häresie zusammengebracht. In der besagten Liste arbeiten zehn Personen in der Tuchverarbeitung, wobei nur einer eigentlich Weber ist, vielleicht, weil Weben keine ausschließlich städtische Betätigung war.[406]

Die Analyse der Belege für das Languedoc als Ganzes deutet nicht auf eine Beziehung zwischen urbanem Wachstum und Häresie hin. Der Landesteil westlich des Orb, der am meisten vom Katharertum betroffen war, wies in der Tat eine verhältnismäßig hohe Bevölkerungsdichte auf, aber er gehörte nicht zu den stärker urbanisierten Regionen der lateinischen Welt im Mittelalter. Auch nach 1229, in einer ökonomischen Wachstumsphase, waren nur Toulouse und Narbonne mit einer Bevölkerung vor der Großen Pest (1348/49) von 35.000, respektive danach 25.000, groß genug, um sich mit Städten in der Lombardei und der Toskana messen zu können.[407] Diese beiden Städte bilden in der Region eine eigene Klasse: Die nächsten drei waren Béziers mit 14.000 Einwohnern, Albi mit 10.700 und Carcassonne mit 8.400. Agen am Rande der Region hatte etwa 6.000 Einwohner,

Pamiers dagegen nur 3.500.[408] Die geschätzte Einwohnerzahl von Béziers zur Zeit des Angriffs im Jahre 1209 wird meist bei 8.000–9.000 angesetzt,[409] so ist es wohl angebracht, auch die anderen Städte proportional niedriger einzustufen. Sogar Peter von Les Vaux-de-Cernay sah Narbonne nicht voller Häretiker, auch wenn er am Benehmen der Bürger einiges auszusetzen hatte. Desgleichen konnte die Forschung zeigen, dass auch die Inquisition in der Stadt nur auf eine magere Ausbeute zurückblicken konnte.[410] In der Region östlich des Orb, wo die katharische Häresie eine nicht so breite Akzeptanz fand, liegen ähnliche Verhältnisse vor. Auch hier gab es nur drei große Städte: Montpellier mit 40.000 Einwohnern, Avignon mit 18.000 und Marseille mit 12.000. Trotzdem hat die Region einen höheren urbanen Index (wie es Josiah Russell nennt) von 11,5 Prozent im Vergleich zum Westteil, wo der Anteil nur bei 3 Prozent liegt. Die Zahlen verdeutlichen die größeren wirtschaftlichen Aktivitäten im Osten des Languedoc.[411] Papst Innozenz III. war bezeichnenderweise der Meinung, dass die Bevölkerung in Montpellier, der größten dieser Städte, der katholischen Kirche besonders loyal gegenüberstand.[412]

Die Entwicklung der Konsulate bestätigt dieses Muster. Bei den Konsulaten handelt es sich um Oligarchien der mächtigen und reichen Bürger, ausgestattet mit Privilegien, die eine Kontrolle durch den Grafen als Stadtherrn auf ein geringes Maß reduzierten. Der Prozess ist der Entwicklung kommunaler Strukturen in den italienischen Städten nicht unähnlich, vollzog sich aber bedeutend später und war nicht so umfassend.[413] In der Grafschaft Toulouse hatte im Jahre 1220 nur die Stadt selbst ein Konsulat, dessen Gründung auf 1152 zurückgeht. Toulouse verdankte sein Wachstum einer prosperierenden Landwirtschaft, bei der Getreide und Wein die Hauptrolle spielten, zudem war Toulouse ein Knotenpunkt des Handelsverkehrs aus dem Mittelmeerraum und des Schiffsverkehrs auf der Garonne, der die

Region mit Bordeaux verband.[414] Wie auch in Italien bestand
das Konsulat aus einem Amalgam merkantiler und ritterlicher
Familien mit Grundeigentum in der Stadt, wobei diese Mi-
schung durch die Ausweitung des Burgus mit seinen zahlreichen
Geldverleihern und Bankiers bisweilen Änderungen unterworfen war. Nach 1189 wurde Toulouse von einem Konsulat aus vierundzwanzig Mitgliedern regiert, die Stadt und Burgus repräsentierten. Zwischen 1202 und 1205 gab es seitens des Konsulats
Bestrebungen, einen *contado* ähnlich wie im Falle der italienischen Städte zu schaffen; wäre der Plan gelungen, hätten dreiundzwanzig benachbarte Städte und Dörfer der Kontrolle der
Stadt Toulouse unterstanden.[415] Lediglich Béziers und Narbonne hatten vor Toulouse ein eigenes Konsulat, seit 1131, respektive 1132, aber nur drei Orte verfügten 1195 über Konsuln:
Millau (1187), Carcassonne (1192) und Montauban (1195). Agen
(1197) und Albi (1220) gehörten zu zehn weiteren Städten, die
zwischen 1195 und 1220 ihre eigenen Konsulate einrichteten.
Während deutlich wird, dass die Region im 12. und 13. Jahrhundert einen ökonomischen Aufschwung erlebte und dass in der
Folge einzelne Städte nach größerer Freiheit von traditionellen
territorialen Autoritäten strebten, so wird auch deutlich, dass
dieses Wachstum im westlichen Languedoc recht moderat war
im Vergleich zu solch hoch entwickelten Regionen wie Nord-
und Mittelitalien, Flandern und vielleicht sogar im Vergleich
zum östlichen Languedoc. Die eigentlich bemerkenswerte Entwicklung der Konsulate jedoch vollzog sich erst nach der Kreuz-
zugsperiode, als das Katharertum nach und nach zerbrach, und
nicht so sehr im 12. Jahrhundert, als sich die Häresie dynamisch
verbreitete. Allein in der Grafschaft Toulouse waren bis 1249
(dem Todesjahr Graf Raimunds VII.) weitere fünfzehn Konsulate entstanden und noch einmal 145 bis 1271 (dem Todesjahr
Alfons' von Poitiers, dem Nachfolger Raimunds VII.).[416]

Katharertum und Sozialstruktur

Die günstigste Umgebung für die Etablierung und Bewahrung des Katharertums waren die *castra* und befestigten Dörfer der mächtigen lokalen Feudalherren. Ihre Familien waren durch Heiraten miteinander verknüpft, und das verschaffte ihnen oft einen ausgedehnten regionalen Einfluss. So konnten die Katharer ihre Predigttätigkeit über weite Gebiete ausdehnen und an verschiedenen Orten Häuser für ihre Gemeinden einrichten. Zugleich boten die Gläubigen bereitwillig wirtschaftliche Unterstützung in Form von Geschenken, Geldzuwendungen, Bekleidung, Lebensmitteln, Aufbewahrung von Hilfsmitteln und Vorräten, Gewährung von Herberge und Unterschlupf bei kürzeren und längeren Aufenthalten.[417] Weder die Könige von Aragón noch die Grafen von Toulouse, Foix und Comminges oder die Vizegrafen von Béziers und Carcassonne konnten jemals wirklich dieses soziale Geflecht kontrollieren. Als dann die Katharer auf der Bildfläche erschienen, bestand wenig Hoffnung, diejenigen zu Fall zu bringen, die sie tolerierten oder unterstützten, selbst wenn der Wille vorhanden gewesen wäre. Starke feudale Bindungen, wie sie das kapetingische Frankreich in Gestalt einer scharfen Kontrolle über unbotmäßige Vasallen entwickelt hatte, fehlten im Languedoc, wo Konföderationen zwischen Gleichgestellten wesentlich üblicher waren. Die großen Herren konnten somit nicht bei ihren Kriegen auf Vasallenkontingente zurückgreifen, sondern mussten Söldnertruppen (*routiers*, wie sie die Kirche nannte) in ihre Dienste nehmen. Natürlich waren solche Söldner nicht leicht zu kontrollieren; sie machten für alle die Straßen unsicher, die nicht die Möglichkeit hatten, sich selbst zu verteidigen. Sicherlich ist es nicht richtig, das Personal der Diözesen pauschal als unfähig oder desinteressiert zu verdammen, es ist aber nicht zu leugnen, dass sich in der wichtigen Diözese Toulouse die Situation durch das Unvermögen verarmter Bischöfe und durch einen demoralisierten, schlecht informierten Klerus noch schlimmer als anderswo darstellte. Unter solchen Umständen war es natürlich schwierig, einer gut organisierten und zuversichtlichen katharischen Kirche mit ihren hoch motivierten Geistlichen entgegenzutreten, die dazu noch den Respekt weiter Teile der Bevölkerung genoss. Wir haben es hier nicht mit einer ausschließlich häretischen Gesellschaft zu tun, sondern mit einer Gesellschaft, die sich durch eine große Bandbreite erfolgreicher kirchlicher Institutionen auszeichnete, ersichtlich an bedeutenden Zisterzienserklöstern, an zahlreichen Niederlassungen der Hospitalorden und der Templer und der lebhaften Debatten zwischen Orthodoxen und Häretikern. Die Urbanisierung spielte für die Verbreitung des Katharertums eine geringere Rolle als erwartet, denn es gab im westlichen Languedoc nur zwei große Städte, und die eine war von der katharischen Häresie so gut wie nicht betroffen. Insgesamt lebte nur ein kleiner Teil der Bevölkerung in Städten. Das Ausmaß der Häresie in den Städten ist natürlicherweise schwer zu bemessen, nicht zuletzt wegen der Anzahl und der Mobilität der Bevölkerung und der Vielfalt ihrer gewerblichen Tätigkeiten. Für diese Region jedenfalls sind traditionelle Erklärungen für die Ausbreitung einer Häresie nicht angemessen; ein verarmter Klerus und urbanes Wachstum spielten sicher eine Rolle, aber die Interaktion zwischen Gesellschaft und Häresie ist komplexer, als einfache Formeln Glauben machen wollen.

Die Beziehung zwischen Katharertum und sozialen Strukturen eignet sich nicht für eine einzige, monolithische Erklärung. Die Berichte über dualistische Glaubensvorstellungen im Rheinland, in Nordfrankreich und Flandern ab den 1140er Jahren ergeben, dass diese Vorstellungen vornehmlich auf die unteren Gesellschaftsschichten eine Anziehungskraft ausübten – ihre Assoziierung mit den *textores* bestätigt diese Beobachtung – und weniger auf die Aristokratie. Die Verbreitung auf Handelswegen durch Kaufleute erscheint als gangbare Erklärung. Nach

Anselm von Alessandria soll sich die Verbreitung der Häresie in Bosnien nach dem Besuch örtlicher Kaufleute in Konstantinopel auf diese Weise zugetragen haben. Das könnte auch erklären, warum die Häresie dort weniger erfolgreich war als im Languedoc, wo die Interaktion mit sozialen Strukturen ganz anders verlaufen ist. Im Languedoc war der lokale Adel die Schutzmacht der Häresie; das verlieh dem Katharertum eine größere Dauer und – da die Landbevölkerung meist dem Beispiel ihrer gesellschaftlichen Führungsschicht folgt – auch eine weitere Verbreitung.[418] *Castrum* und Dorf Mas-Saintes-Puelles im Lauragais – später Gegenstand intensiver inquisitorischer Untersuchungen – ist eine Probe aufs Exempel. Die dort herrschende Adelsfamilie war eng mit der katharischen Häresie verbunden, aber ebenso stark auch Kaufleute, akademisch gebildete Männer, Handwerker und Bauern. Bei etwa der Hälfte der Gläubigen ist der sozio-ökonomische Hintergrund nicht bekannt, vermutlich waren sie Bauern. Die Häresie in Mas-Saintes-Puelles entstand somit nicht als Ergebnis eines Klassen- oder Geschlechterkonflikts, denn sie umschloss »alle Gesellschaftsklassen«.[419] Es kommt nicht von ungefähr, dass die Konversion der Häretiker zum radikalen Dualismus durch *papa* Niketas auf dem Konzil von St-Félix-de-Caraman der wichtigste Wendepunkt für das Katharertum im Languedoc war, denn Niketas entstammte mit ziemlicher Sicherheit dem Kreis vornehmer Familien in Konstantinopel, die den recht rohen Bogomilismus eines Kosmas in jene verfeinerte, von Niketas vertretene Kosmologie umformten. Der bulgarische Bogomilismus dagegen mit seiner starken Anziehungskraft auf unterdrückte Bauern und Handwerker passte sich bereitwillig einem ähnlichen sozialen Milieu im Westen an. Für Dmitri Obolensky ist dieser Unterschied entscheidend: »Die Samen des Albigenserkreuzzugs wurden wahrhaftig auf dem Konzil von St-Félix-de-Caraman ausgesät.«[420]

FÜNFTES KAPITEL

Zwischen Inquisition und Widerstand.
Der Niedergang des Katharertums

Ein drückender Vertrag: Paris 1229
»Denn gerade in diesem Augenblick, als die Kirche dachte, sie hätte Frieden in diesem Land, rüsteten sich die Ketzer und ihre gläubigen Anhänger mehr und mehr zu zahlreichen gewagten Unternehmungen und Kriegslisten gegen sie und die Katholischen, und es endete damit, dass die Ketzer bei weitem mehr Schaden in Toulouse und in dieser nämlichen Gegend anrichteten als selbst während des Krieges.«[421] Wilhelm Pelhisson war ein Dominikaner aus Toulouse, der um die Mitte des 13. Jahrhunderts die Tätigkeiten der zur Untersuchung der Häresie im Languedoc eingesetzten Inquisitoren – zu denen er gehörte – in den frühen 1230er Jahren ins Gedächtnis zurückrief. Natürlich wollte er die Erfolge seines Ordens herausstreichen, und so war er gewiss nicht daran interessiert, die Opposition gegen die Kräfte der Orthodoxie zu untertreiben. Allerdings war er häufig Augenzeuge, bei manchen Ereignissen trat er sogar als Handelnder auf, und so ist seine Beurteilung des Häresieproblems durchaus von Bedeutung.

Im Jahre 1229 war der Kirche wohl bewusst, dass die Katharer nicht geschlagen waren. Die Bestimmungen des Vertrages von Paris, der Graf Raimund VII. im April 1229 aufgezwungen worden war, zeigt deutlich, wie die katholischen Autoritäten das Problem anzupacken gedachten.[422] Auf der einen Seite unterstreicht das Dokument die politische und militärische Niederlage des Hauses Toulouse: Raimund trat die Markgrafschaft Provence auf Dauer an die Kirche ab sowie den größten Teil seines Landbesitzes im Bas Languedoc an die Krone. Wichtiger noch:

Das Siegel Raimunds VII., des letzten selbständigen Grafen von Toulouse. Von 1229 bis zu seinem Tode (1242) wurden seine Territorien schrittweise der Kapetingermonarchie einverleibt.

Er gab sein Einverständnis zur Verheiratung seiner Tochter Johanna (Jeanne) mit einem der Brüder König Ludwigs IX. (1236 oder 1237 mit Alfons von Poitiers), wobei ihnen und ihren Erben die noch verbliebenen Gebiete nach Raimunds Tod zufallen sollten. Auf der anderen Seite jedoch war der Vertrag ein Versuch, das Problem des Katharertums zu lösen, an dem Innozenz III. und Simon von Montfort weitgehend gescheitert waren. Die katholischen Mächte mussten die politische und soziale Infrastruktur zerstören, die der katharischen Kirche und ihren Geistlichen weiterhin als Operationsfeld diente. Dem Krieg war dieses Zerstörungswerk nicht gelungen, denn es gab unabweisbare Anzeichen für ein Erstarken der katharischen Hierarchie. Im Jahre 1223 hatte der neue katharische Bischof Peter Isarn Kopien der Akten des Konzils von St-Félix-de-Caraman anfertigen lassen, sodass er nach den Unterbrechungen des Krieges wiederum die jurisdiktionellen Grenzen seiner Diözese festlegen konnte. Zwei Jahre später wurde auf dem neuen Konzil von Pieusse an der Aude bei Limoux das neue Bistum Razès eingerichtet, offenkundig weil Peter Isarn nicht in der Lage war, sich über die Grenzen Klarheit zu verschaffen. Peter Isarns Interessen an diesen Akten waren nicht nur jurisdiktioneller Natur, denn zugleich war er entschlossen, für die Wiedereinführung eines moderaten Dualismus im Languedoc zu kämpfen, und dazu benötigte er die Autorität von St-Félix.[423] Während das Konzil von Pieusse nicht die Bedeutung von St-Félix hatte und ein drohendes Schisma Peter Isarn nicht wirklich Kopfzerbrechen bereitete, sind diese Ereignisse für den Historiker dennoch handfeste Zeichen einer fortgesetzten intellektuellen Vitalität des Katharertums in der Mitte der 1220er Jahre.

Hinsichtlich der Gebiete, die Raimund auf Lebenszeit behalten durfte – es sind diejenigen im Bereich der Diözese Toulouse, die Stadt selbst eingeschlossen, der Diözesen Agen, Rodez und Albi nördlich des Tarn sowie Cahors mit den Städten Albi und Cahors –, ist es aufschlussreich zu beobachten, welche Plätze besonders ins Auge gefasst wurden. Toulouse selbst wurde von königlichen Beamten kontrolliert, die für einen Zeitraum von zehn Jahren das Château Narbonnais mit einer Garnison zu versehen hatten (mit 6.000 Mark von Raimund teilweise selbst finanziert). Die Stadtmauern sollten geschleift und die Gräben verfüllt werden. Verfeil am Fluss Agout östlich von Toulouse sowie das Dorf Lasbordes und seine Weiler nordwestlich von Carcassonne sollten dem Bischof von Toulouse und Sohn des Kreuzfahrers, Olivier von Lillers, übertragen werden. Dies geschah in Übereinstimmung mit einer zuvor von König Ludwig VIII. und Amaury von Montfort getätigten Übereignung, obwohl der Graf hier noch einige Rechte innehatte. Ebenso wichtig ist, dass 25 namentlich genannte *castra* die gleiche Behandlung wie Toulouse erfahren sollten, sowie fünf weitere, die vom Legaten zu benennen waren. Die 25 *castra* waren: Fanjeaux, Castelnaudary, Labécède, Avignonet, Puylaurens, Saint-Paul-Cap-de-Joux, Lavaur, Rabastens, Gaillac, Montégut, Puycelci, Verdun, Castelsarrasin, Moissac, Montauban, Montcuq, Agen, Condom, Saverdun, Auterive, Casseneuil, Pujols, Auvillar, Peyrusse und Laurac. Fünf von diesen – Castelnaudary, Lavaur, Montcuq, Peyrusse und Verdun – sowie drei andere, Penne d'Agenais, Cordes und Villemur, sollten für zehn Jahre mit einer königlichen Besatzung belegt werden, fünf davon mit gräflicher Finanzierung. Der König behielt sich das Recht vor, vier dieser Befestigungen zu schleifen – Castelnaudary, Lavaur, Villemur und Verdun –, wobei der Graf weiterhin die Garnisonskosten zu tragen hatte. Diese Maßnahmen vermitteln einen guten Eindruck von der angenommenen geografischen Verbreitung der Katharer in der Diözese im Jahre 1229, auch wenn wohl einige vor allem wegen ihrer Rolle in der Vergangenheit (und deshalb wegen ihrer potenziellen und kaum wegen ihrer akuten Gefahr) zum genannten Kreis der *castra* gehörten und weniger wegen ihrer katharischen Bevölkerung. Für die Kirche indessen gab es da ein unheilvolles Zeichen: Eine der Befestigungen, Penne d'Albigeois, leistete immer noch Widerstand, und Raimund musste sich verpflichten, den Platz mit Gewalt zu nehmen.

Wenn man die Katharer ihrer gewohnten Zufluchtsstätten beraubte, waren sie bei einer aktiven Politik der Ketzerjagd äußerst verwundbar. »Wir werden diese Länder«, versprach Graf Raimund, »von den Ketzern und vom Gestank der Ketzerei reinigen, und wir werden bei der Reinigung dieser Länder, die der königliche Herr durchführen wird, mithelfen.« Alle sollten belohnt werden, die die Ketzerjagd ernsthaft betreiben wollten: »Um ihnen (den Häretikern) besser und leichter die Maske vom Gesicht zu reißen, versprechen Wir (der Graf), zwei Mark Silber in den ersten zwei Jahren und danach eine Mark Silber an jede Person zu zahlen, welche die Festsetzung eines Ketzers bewirkt, unter der Bedingung, dass der Ketzer als solcher vom Bischof des Ortes oder einer anderen befugten Obrigkeit verurteilt wird.« Raimund war zudem gehalten, die Kirche nachhaltig zu unterstützen, wenn sie im Zuge ihrer Friedensbemühungen die *routiers* vertreibt oder wenn es um die Verteidigung der Rechte und des Besitzes einzelner Kirchen geht. Das gesamte administrative Potenzial des Grafen sollte zur Realisierung der Bestimmungen entfaltet werden, insbesondere bei der Durchsetzung von Exkommunikationen. Seine Beamten sollten diesen Urteilen durch Vermögenseinzug Nachdruck verleihen, wenn Exkommunikationen für mehr als ein Jahr ignoriert würden. Niemand könne mit einer Einsetzung als *bayle* rechnen, sobald Zweifel an seinem Engagement bestünden – dazu gehörten Juden und alle der häretischen Sympathie verdächtigte Personen. Der gesamte frühere kirchliche Landbesitz sowie der Zehnte sollten an die Kirche zurückfallen – und alles musste aus der Schatulle des Grafen aufgebracht werden: 10.000 Mark an die Kirche als Wiedergutmachung für erlittene Zerstörungen; 4.000 Mark an bestimmte Klöster und weitere 4.000 Mark als Unterhalt für 14 Professoren an der neu zu gründenden Universität in Toulouse.

Damit also wäre das Land besetzt mit Bastionen der Orthodoxie und Ketzer könnten in Zukunft keine Zuflucht mehr finden. Aller Infrastuktur beraubt, wären sie leichter zu isolieren und zu identifizieren, und man könnte Maßnahmen zur Einstellung ihrer Aktivitäten ergreifen. Toulouse würde sich grundlegend verändern: von einer Stadt, die Peter von Les Vaux-de-Cernay als »Hauptursache für das Gift der Gottlosigkeit« bezeichnete, zu einem »zweiten Gelobten Land«, wie es Johannes de Garlandia, ein Pariser Grammatiker und Lehrer an der neuen Universität, formulierte.[424] Frühere Erfahrungen jedoch hatten gelehrt, dass es verfehlt war, auf die Unterstützung örtlicher weltlicher Autoritäten zu bauen, insbesondere, wenn die maßgeblichen Persönlichkeiten dem Hause Toulouse entstammten. Der Unterschied lag im Jahre 1229 nun darin, dass die Königsmacht jetzt ein grundsätzliches Interesse an der direkten Verwaltung des Languedoc zeigte. Am Anfang zumindest schien es nicht so, als sollte Raimund VII. eine wesentliche Rolle spielen, wenn er erst einmal die geforderten Strukturen finanziert hätte. Klausel 14 des Vertrags von Paris legte dann auch fest, dass der Graf irgendwann zwischen August 1229 und August 1230 das Land in Richtung Outremer zu verlassen habe und nicht vor Ablauf von fünf Jahren zurückkehren dürfe. Das hätte den königlichen Amtsträgern einen dominierenden Einfluss in der Region gesichert, vor allem weil sie die wichtigsten Zentren im Lande des Grafen besetzt hielten. Das betraf nicht nur Burgen, denn der Promulgation des Vertrages folgte unmittelbar das Statut *Cupientes*, das »den Baronen des Landes, Unseren Amtsträgern und anderen gegenwärtigen und zukünftigen Untertanen« die Verpflichtung auferlegte, »mit Eifer und getreulicher Sorgfalt die Ketzer aufzuspüren und zu enthüllen, und so sie solche entdeckt haben, sie ohne Verzug den kirchlichen Autoritäten zu übergeben.«[425]

Domini canes, die Saat der Inquisitoren

Diese Maßnahmen zielten auf das Problem der Unterstützung des Katharertums im Languedoc durch die Laien, die Aufgabe der genannten »kirchlichen Autoritäten« war es aber, sich mit der Häresie selbst zu befassen. Die meisten Historiker sehen den Kardinal Romanus von Sant'Angelo hinter der Abfassung von *Cupientes*, und ohne Zweifel spielte er eine führende Rolle, als er das Konzil von Toulouse zusammenrief. Achtzehn der fünfundvierzig Canones des Konzils handelten von der Verfolgung der Ketzer und verliehen der Obrigkeit die ausdrückliche Befugnis zu ihrer Aufspürung und zur Festnahme.[426] Die Bestimmungen bieten Aufschluss darüber, wo nach Auffassung der Kirche ehemalige Schwachstellen bei der Verfolgung der Katharer gelegen haben. Predigt, Streitgespräch und selbst militärische Aktion verfehlten ihr Ziel, wenn die Entschlossenheit bestand, der Entdeckung aus dem Wege zu gehen. Die in Toulouse ergriffenen Maßnahmen waren dazu ausersehen, die verborgenen Strukturen der Häresie aufzudecken. Zu diesem Zwecke entwickelte man Verfahren zur aktiven Verfolgung von Einzelpersonen. Dabei sollten die örtlichen Prälaten einen Priester und zwei zuverlässige Laien zur Suche nach Ketzern in ihrem Gebiet verpflichten. Als Vorbild dienten wohl Ideen des Konzils von Narbonne im Jahre 1227. Die Bestimmungen erlauben keinerlei Zweifel an der Ernsthaftigkeit der Absichten: Ab 1229 konnten Wohnstätten, ihre Keller, Dachböden und Nebengebäude systematisch durchsucht werden und auch jeder andere Ort, der als Versteck dienen konnte. Jedes Gebäude, in dem man einen Ketzer aufspürte, musste zerstört werden; damit wollte man die Leute vor jeglicher, auch vorübergehender, Beherbergung von Ketzern abschrecken. Der Kardinal war entschlossen, den Angriff auf der Basis örtlicher Mitarbeit zu führen, so wie es im Vertrag von Paris angekündigt worden war. Freiwillig zum Katholizismus konvertierte *bonshommes* sollten in rein katholischen Städten neu angesiedelt werden. Alsdann mussten sie zwei Kreuze sichtbar an sich tragen »in Abscheu vor ihren jüngsten Irrtümern.« Dieses Detail ist wichtig, denn es zeigt, wie sich die Kirche eine mögliche Reaktion der Häretiker auf diese Gesetzgebung vorstellte. Die Kreuze mussten in einer anderen Farbe als die Kleidung gehalten sein, und ein ehemaliger Ketzer benötigte eine schriftliche Erlaubnis vom Bischof, bevor er die Kreuze wieder entfernen durfte. Eine öffentliche Funktion kam für solche Personen nicht in Frage, denn sie durften kein Amt bekleiden und sich an keinem Gerichtsverfahren beteiligen, bis sie – auch in den Augen des Papstes und seines Legaten – genügend Beweise ihrer Bußfertigkeit abgelegt hätten. Häretiker, deren Abschwörung nicht als freiwillig geleistet galt, erhielten keinerlei Vertrauen: Sie wurden eingesperrt und mussten in der Gefangenschaft Buße tun. Das Gefängnis diente dazu, »sie von verderblichem Einfluss auf andere abzuhalten«. Die Haftkosten mussten von denen aufgebracht werden, die das konfiszierte Eigentum des Häretikers erworben hatten.

Wenn die Häresie erst einmal aus der Gemeinschaft entfernt worden wäre, sollte sie keine Gelegenheit mehr erhalten, sich wieder in sie einzuschmuggeln. Jeder, der das »Alter der Strafmündigkeit« erreicht hatte, war verpflichtet, einen Eid gegen die Häresie abzulegen und dreimal im Jahr zur Beichte zu gehen. Der Besitz eines Alten oder eines Neuen Testaments war allein schon ein Verdachtsgrund und war verboten; lediglich der Psalter und ein Breviarium waren erlaubt, aber nicht in einer volkssprachigen Übersetzung. Man hielt es für besonders wichtig, jeden Kontakt zu Kranken und zu Sterbenden zu unterbinden, denn man unterstellte, dies sei die beste Zeit, wo sich »gottlose und abscheuliche Dinge« ereignen könnten. Somit konnten sich Häretiker oder verdächtige Personen nicht als Ärzte betätigen, und letztwillige Verfügungen galten nur als gültig, wenn sie von einem Priester oder anderen »Männern guten Rufes« bezeugt wurden.

Wilhelm von Puylaurens war vermutlich beim Konzil zugegen; nur so erklärt sich sein detaillierter Bericht über die Art und Weise, wie der Kardinal am Ende des Konzils einen Mann präsentierte, den er wohl für seinen Kronzeugen hielt: Wilhelm von Solier, ein ehemaliger katharischer *perfectus*, der inzwischen seine Reputation wiederhergestellt hatte. Sein Zeugnis sollte seine »Wirksamkeit entfalten gegen jene, von denen er die Wahrheit wusste«. Andere Zeugen brachte Bischof Fulko von Toulouse bei, und die Bischöfe des Konzils wurden aufgefordert, sie zu befragen. Die Ergebnisse der Befragung sollten niedergeschrieben und aufbewahrt werden, »damit sie vieles in kurzer Zeit ausführen« könnten. In der Vergangenheit hatten nämlich manche Bischöfe nicht recht begriffen, was aus Sicht der Kirche notwendig war. Das Ganze sieht so aus, als sollten sie

Ein Mönch als Retter der Christenheit: Papst Innozenz erschaut im Traum, wie Dominikus die stürzende Kirche auffängt (Tafelbild von Francesco Traini, Pisa, Pinacoteca S. Matteo).

die Maßnahmen unter Beobachtung praktizieren, bevor sie sie nach ihrer Rückkehr in die Diözesen in die Tat umsetzten. Einige Zeugen gaben freimütig Auskunft, andere blieben »halsstarrig«. Während sich also einige der Gnade des Legaten befahlen und vollständige Vergebung der Sünden erlangten, wurden andere mit Gewalt herbeigeholt. Einige wollten sich juristisch wehren und verlangten nach den Namen der Zeugen, die gegen sie ausgesagt hatten. Der Legat scheint gezögert zu haben, denn sie mussten ihn bis Montpellier begleiten, bevor sie eine Antwort erhielten. Es endete damit, dass er ihnen eine allgemeine Zeugenliste übergab, jedoch keine spezielle Aufstellung derjenigen, die gegen sie ausgesagt hatten, denn er fürchtete, »sie würden die Zeugen töten, von denen sie wussten, dass sie sie belastet hatten.« Sie sollten feststellen, ob sie auf der Liste irgendeinen ihrer Feinde identifizieren könnten. Die Liste muss von enormem Umfang gewesen sein, denn nach Wilhelm gaben sie ihre Prozessabsichten auf und unterwarfen sich dem Legaten.[427] Die Zeitgenossen konnten feststellen, dass die Albigenserkriege die Häresie nicht eliminiert hatten, aber es wurde genauso deutlich, dass das Languedoc nach den Kreuzzügen nicht mehr die gastfreundliche Umgebung bot, deren sich die Katharer einst erfreut hatten. Die Aktionen der Kirche und der Krone schufen eine Welt, die sich als immer gefährlicher und bedrohlicher für die katharische Kirche erwies. Aber auch wenn sich die Rahmenbedingungen geändert hatten, der Konflikt zwischen Orthodoxie und Katharertum war noch nicht aus der Welt geschafft. Vielmehr förderte die 1229 formulierte Strategie zur Eliminierung der Häresie – zumindest nach Ansicht Wilhelm Pelhissons – eine neue Welle des Widerstands, und in dieser Situation konnte sich die Kirche in den 1230er Jahren allein auf das Engagement seines eigenen Ordens stützen.

Pelhisson, der selbst einmal zum Inquisitor werden sollte, präsentiert die Dominikaner als Kämpfer in vorderster Front bei einem Angriff auf eine keineswegs kooperative Gesellschaft. Er hatte keine hohe Meinung von den kürzlich in Toulouse eingetroffenen Professoren, die er als »ungeeignet für die Entwurzelung der Häresie« geißelt, und er hegte tiefes Misstrauen gegenüber dem Hof Raimunds VII., weil er »höchst unrein im Glauben« sei. Für ihn waren die 1215 in Toulouse installierten Dominikaner die eigentlichen Bannerträger. Sie hatten dort von dem wohlhabenden Bürger Peter Seila, der später selbst dem Orden beitrat, drei Häuser in der Nähe des Narbonne-Tores erhalten, sowie von Bischof Fulko die St. Romanus-Kirche. 1230 verlegten sie ihren Sitz in ihr neues Domizil an der Sarazenenmauer, das ihnen wiederum ein reicher Bürger, Pons von Capdenier, vermacht hatte. Im Jahre 1234 zählte diese Dominikanerniederlassung mehr als vierzig Brüder – eine mächtige Predigertruppe in dieser Stadt. Sie stand unter dem Schutz des Bischofs Fulko, »Vater und Freund des Ordens«. Nach seinem Tod 1231 trat der Dominikaner Raimund von Le Fauga, ein früherer Provinzialprior, an seine Stelle.[428]

Zur gleichen Zeit wandte sich Papst Gregor IX., der bis zu seiner vorübergehenden Versöhnung mit Kaiser Friedrich II. von seinen Auseinandersetzungen mit den Staufern abgelenkt war, wiederum dem Kampf gegen die Häresie zu. Dabei konnte er sich auf die Dominikaner als das geeignete Instrument für seine Absichten stützen, denn sie waren ja eigens für die Bekämpfung der Häresie gegründet worden. Ausgestattet mit einer gründlichen Ausbildung in Theologie und Rechtskunde, hatten sie an einigen Orten bereits die Initiative ergriffen. Deutschland, Frankreich und das Languedoc waren ihre ersten Einsatzgebiete. Im Jahre 1231 erhielten die Dominikaner die päpstliche Genehmigung, in Deutschland tätig zu werden, zwei Jahre später wurde die Genehmigung auf Frankreich ausgeweitet, auch wenn damit lediglich eine bereits existierende Situation offiziell geregelt wurde. In La Charité-sur-Loire trat als führender Ketzerjäger Robert »der Bulgare« auf, ein ehemaliger Katharer, der seine Mission sehr eigenwillig auszulegen schien.[429] Im Languedoc wurden die inquisitorischen Untersuchungen durch zwei im April 1233 ausgefertigte päpstliche Bullen eingeleitet. Darin informierte man die Bischöfe von Bourges, Bordeaux, Narbonne und Auch, dass Dominikaner zur Unterstützung bischöflicher Aktionen gegen die Ketzerei ausgesendet würden. Die Dominikanerprioren erhielten die Anweisung, geeignete Personen für diese Aufgabe zu benennen.[430] Nach Ansicht der Historiker ist die hieraus entstandene Inquisition jedoch niemals eine allein dominikanische Angelegenheit gewesen, denn im Laufe der Zeit beteiligten sich daran auch Franziskaner und örtliche Prälaten.[431] Wilhelm Pelhisson jedenfalls war sorgsam darauf bedacht, jeden Anspruch seitens eines »Verunglimpfers, Rivalen oder Neiders« zurückzuweisen und zu betonen, dass er diese Ereignisse »zum Ruhme von Mitgliedern unseres Ordens« schildert. Indessen, das Werk der Inquisition hatte im Languedoc bereits vor den päpstlichen Instruktionen begonnen, und die

Dominikaner hatten nur geringe Mühe, das geeignete Personal dafür zu finden.

»Auch wurde Bruder Pons von St-Gilles zum Prior von Toulouse ernannt. Er zeigte sich mutig und entschlossen in den Angelegenheiten des Glaubens gegen die Häretiker, zusammen mit Bruder Peter Seila, der Tolosaner war, und Bruder Wilhelm Arnold, einem Juristen aus Montpellier. Sie ernannte der Herr Papst zu Inquisitoren gegen die Ketzer in den Diözesen Toulouse und Cahors. Der Herr Legat, Erzbischof von Vienne (Johann von Bernin), machte auch Arnold Catalan, der damals im Konvent zu Toulouse war, zum Inquisitor gegen die Ketzer in der Diözese Albi, wo er mannhaft und furchtlos predigte und danach trachtete, die Inquisition so gut er konnte durchzuführen.«[432]

Die Auswirkungen dieses neuen Systems waren von entscheidender Bedeutung für die Katharer. Das erste überlieferte Handbuch des Inquisitionsverfahrens wurde wohl 1244 von dem Dominikanerinquisitor Ferrier kompiliert,[433] obwohl dieses nüchterne und methodisch aufgebaute Textbuch oft die aktuelle Realität solcher Untersuchungen angesichts feindlich gesinnter Gemeinden und unkooperativer weltlicher Herren leugnet. Nach dem Bericht Wilhelm Pelhissons zu schließen, der gemeinsam mit Arnold Catalan für Albi und das Gebiet um Albi verantwortlich war, entsprachen die Methoden des Handbuchs solchen Verfahren, welche die Inquisitoren in den 1230er und frühen 1240er Jahren entwickelt hatten. Dabei ging es zunächst darum, eine Bresche in die Solidaritätsfassade einer Gemeinde zu schlagen, um die Loyalitäten und Ängste, die sie zusammenhielt, aufzubrechen und zu unterminieren. Zum Jahr 1235 beschreibt Pelhisson, wie »alle Inquisitoren nach Toulouse kamen und viele Leute aufforderten, die Beichte abzulegen und ihnen eine Gnadenfrist gewährten. Wenn sie innerhalb dieser Zeit ein gutes und vollständiges Geständnis ohne Täuschung abgelegt hätten, stellten die Inquisitoren die feste Hoffnung in Aussicht, dass sie nicht eingesperrt, vertrieben oder ihrer Habe beraubt würden, denn der Herr Raimund war mit den Brüdern übereingekommen, dass jeder Bußfertige, der die Wahrheit gesteht, nichts verlieren werde. Und diejenigen, die ehrlich gestanden, sahen, dass dies der Wahrheit entsprach.«[434]

Unter solchen Umständen war die Versuchung, andere zu denunzieren, übermächtig, und wenn auch nur, um sich selbst zu schützen. In einer Gemeinde mit beständigem Kontakt zu Häretikern – und der Vertrag von Paris zeigt, wie gut diese Orte bekannt waren – konnte niemand in den Augen der Kirche unschuldig sein, und jeder musste damit rechnen, in den umfänglichen Akten der Inquisitoren zu erscheinen. Solche Akten wurden nachweislich angelegt: Basierend auf den Namenslisten, die Wilhelm von Solier 1234 dem Konzil von Toulouse vorgelegt hatte, wurden viele mit Bußen belegt, während man einige Verstorbene, die früher für rechtgläubig gehalten worden waren, exhumierte und ihre Gebeine verbrannte. Übertritte ehemaliger Häretiker, wie etwa Wilhelm von Solier, waren für die Inquisitoren besonders wertvoll. Im April 1236 ging Raimund Gros, von dem Wilhelm Pelhisson sagt, er sei seit 22 Jahren ein *perfectus* gewesen, unaufgefordert zu den Dominikanern in Toulouse und legte ein so umfassendes Geständnis ab, dass die Brüder mehrere Tage benötigten, um alles aufzuzeichnen. Außer dem Hinweis auf die göttliche Vorsehung kann Wilhelm Pelhisson keinen Grund für Raimunds Konversion angeben und begnügt sich damit, diesen kapitalen Fang zu feiern, der da ins Netz gegangen ist. »Viele kamen aus eigenem Willen, weil sie die Gefangenschaft fürchteten«, sagt er.[435] Es war ein großes Risiko, sich ruhig zu verhalten in der Hoffnung, der Aufmerksamkeit der Inquisitoren zu entgehen, denn die Bußen für Verschweigen und Verstellen nach Ablauf der Gnadenfrist waren weitaus härter als bei einem rechtzeitigen Geständnis oder bei einer bereitwilligen Denunziation anderer. Im Zusammenhang mit der 1234 von Peter Seila und Wilhelm Arnold in Moissac durchgeführten Untersuchung, bei der einige Männer als starrsinnige Häretiker verurteilt wurden, meint Pelhisson, es herrsche »im Lande große Furcht unter den Häretikern und ihren Gläubigen«.[436]

Das Inquisitorenhandbuch von 1244 präsentiert die Erfahrungen, die man mit diesen Methoden gesammelt hatte: Nachdem die Inquisitoren einen geeigneten Ort ausgemacht hatten, riefen sie die Bevölkerung und den Klerus zusammen und richteten eine allgemeine Predigt an alle, sodann wurden die Bewohner des Bezirks aufgerufen, vor den Inquisitoren zu erscheinen – alle Männer ab vierzehn Jahren, alle Frauen ab zwölf Jahren, »oder jüngere, wenn sie sich etwa eines Vergehens schuldig gemacht haben«. Wenn nicht schon zuvor eine andere Inquisition am Ort war, »wollen wir allen, deren Namen nicht genannt sind und die noch nicht Befreiung von ihren Sünden erlangt haben, Befreiung von Gefängnishaft gewähren, wenn sie innerhalb einer festgesetzten Zeitspanne freiwillig als Bußfertige erscheinen und die genaue und vollständige Wahrheit über sich selbst und andere darlegen.« Alle, die sich auf diese Weise freiwillig den Inquisitoren stellten, mussten jeglicher Ketzerei abschwören und geloben, aktiv an der Verfolgung und Verhaftung anderer Häretiker teilzunehmen. Daraufhin sollten die entsprechenden Personen »gewissenhaft befragt« werden, das heißt, es wurde versucht, alle möglichen Kontakte zu Häretikern aufzudecken, dazu gehörten auch Anwesenheit bei häretischen Predigten, Beherbergung und Wegweisung, gemeinsame Mahlzeiten mit Häretikern, Aufbewahrung von Geld, Überreichung von Geschenken. »Und wenn ein Gebiet sehr stark befallen ist, dann befragen wir alle Leute in der Weise, wie oben gesagt ist, und tragen alle ihre Namen in das Befragungsprotokoll ein, auch die Namen derjenigen, die darauf beharren, nichts über andere zu wissen und selbst kein Verbrechen begangen zu haben; wenn sie nämlich gelogen haben oder anschließend eines Vergehens schuldig werden, wie es sich oft als wahr erweist, dann ist schriftlich bezeugt, dass sie abschwörten und eingehend befragt worden waren.« Die Versammlungen wurden nach festgesetzten Rechtsformeln einberufen und beinhalteten eine »schadlose Aufschubsfrist«, offenkundig, um andere Entschuldigungsgründe von vornherein abzuschneiden. Eine juristische Verteidigung war zugelassen, aber die Namen der Zeugen blieben geheim. Schließlich wurden Bußen und Urteile verkündet, und es musste erneut abgeschworen werden. Wenn keine Gefängnishaft verhängt wurde, umfassten die auferlegten Bußen das Tragen gelber Kreuze, die lebenslange Anwesenheit bei der Messe und der Vesper an Sonntagen, Teilnahme an Prozessionen und bestimmten Wallfahrten. Das Verbot, Büßende zu belästigen, zeigt, dass dies wohl auch eine andere Form des Drucks war, wenn auch eine indirekte Konsequenz inquisitorischer Verdammungen. Wer jedoch an seinem Irrglauben festhielt, den überantwortete man dem »weltlichen Gericht«. Wurden Häretiker nach ihrem Tod verurteilt, verbrannte man ihre Gebeine »aus Abscheu vor einer so grässlichen Verfehlung«. Schließlich bewirkten die Inquisitoren, dass das Hab und Gut der Häretiker und der Inhaftierten konfisziert wurde. Die Inquisitoren betonten, es handele sich bei allem um ihre rechtliche Verpflichtung, es sei aber wichtig, weil »gerade auf diese Art und Weise Häretiker und ihre Gläubigen in Verwirrung gestürzt werden«.[437]

Land im Aufruhr
Die ausgeklügelte Konstruktion dieses Systems ließ nur wenige rechtliche Auswege offen. Die Alternative war deshalb direkter

und bisweilen gewaltsamer Widerstand. Nicht überraschend ist deshalb das durchgängige Thema in Pelhissons Chronik der heroische Triumph seines Ordens über die Anschläge der Gottlosen. »Ich schreibe, damit die Nachfolger in unserem Orden oder andere gläubige Personen, die sich mit diesen Dingen befassen, wissen mögen, welch große Leiden ihre Vorgänger für den Glauben und den Namen Christi erdulden mussten.«[438] Exhumierungen, die in Toulouse bereits 1230 begannen und sich über das folgende Jahrzehnt hinzogen, waren in ihrer makabren Grausamkeit ein besonders provokativer Akt. Ein Ereignis im Albi des Jahres 1234, von Wilhelm Pelhisson und einem anonymen Zeitgenossen überliefert, ist beispielgebend für Reaktionen auf diese Art inquisitorischen Vorgehens: Die Menge war drauf und dran, den Inquisitor Arnold Catalan in den Fluss Tarn zu werfen, auch wenn man sich schließlich seiner erbarmte und ihn durchgeprügelt, mit blutigem Gesicht und zerrissenen Kleidern liegen ließ.[439] Der anonyme Bericht (möglicherweise von Isarn von Denat, einem Priester, der in den Zwischenfall verwickelt war und dabei auch Blessuren davontrug) gibt einen Eindruck, welche Stimmung der Exhumierungsbefehl hervorrief: Die Amtspersonen hatten Angst, auf dem Friedhof Arnold Catalans Urteilsspruch über eine verstorbene Frau zu vollstrecken, und so musste er sich selbst dorthin begeben und die ersten symbolischen Hiebe mit einer Hacke ausführen. Das eigentliche Ausgraben überließ er dann den Bediensteten des Bischofs. Die jedoch waren fast auf der Stelle wieder zurückgekehrt und berichteten, sie seien von einer Menschenmenge unter Führung des Ritters Pons Bernhard vom Friedhof vertrieben worden. Pons hatte mindestens fünfundzwanzig Leute bei sich (deren Namen sorgfältig in dem anonymen Bericht aufgeführt sind), und bald strömten noch andere herbei. Als sich ihnen Arnold Catalan entgegenstellte, gingen sie auf ihn los und verprügelten ihn: »Einige schlugen ihn mit ihren Fäusten auf die Brust und ins Gesicht, andere zerrten ihn an seiner Haube, wieder andere zogen ihn am Mantel, sodass alles noch Tage später zu sehen war.« Nur dem Eingreifen anderer war es zu verdanken, dass man ihn nicht in den Tarn warf. Während sich der Inquisitor zur Kathedrale durchkämpfte, war die Menge bereits auf 200 bis 300 Menschen angewachsen; der Ruf wurde laut, man solle ihm den Kopf abschlagen und diesen in einem Sack in den Tarn werfen. Arnold Catalan reagierte mit der Exkommunikation der gesamten Einwohnerschaft Albis; daraufhin gelobte man Besserung, und Arnold verzieh den Angriff auf seine Person, nicht aber den Angriff auf die Kirche. Allerdings widerrief er schließlich den Exhumierungsbefehl.[440]

Die Schnelligkeit und offenkundige Spontaneität der Reaktionen auf Exhumierungsanordnungen deuten darauf hin, dass bereits ein latentes Klima der Konfrontation existierte. Das traf insbesondere auf Toulouse zu, wo das Konsulat beklagte, man habe angesehene Katholiken fälschlich angeklagt. Die Situation spitzte sich zu, als Wilhelm Arnold – dessen gestrenges Auftreten als Inquisitor in Toulouse und Carcassonne in den 1230er Jahren zu seiner Ermordung 1242 beigetragen haben dürfte – zwölf häretische Gläubige der Stadt zu sich befahl, darunter auch Maurand den Älteren, Mitglied einer führenden Familie mit häretischen Sympathien, die auch schon vorher mit der Obrigkeit in Konflikt geraten war.[441] Sie verweigerten ihr Erscheinen und »stießen Drohungen und grässliche Warnungen aus, um ihn von seinem Vorhaben abzubringen«. Andernfalls würde man ihn buchstäblich aus der Stadt befördern. Ein zweiter Versuch, die Vorladung von Carcassonne aus auszusprechen, endete mit der Vertreibung der mit der Aufgabe betrauten Kleriker. Obwohl die Dominikaner in der Stadt bleiben duften, wurde ihr Konvent praktisch unter Quarantäne gestellt, die Zufuhr von Wasser und Lebensmitteln wurde abgeschnitten, und sie erhielten nur, was ihnen ihre Anhänger heimlich über die Mauern des

Konvents werfen konnten. Als man den Boykott auch auf den Bischof ausdehnte, verließ auch er die Stadt, »weil niemand wagte,
ihm Brot oder dergleichen Dinge zu geben«. Schließlich ver-
trieb man auch die Dominikaner aus der Stadt – von den Ser-
geanten der Konsuln aus ihrem Kloster gezerrt, wie Wilhelm
Pelhisson es ausdrückt. Erst im März 1236 – nach Protesten
beim Papst in Perugia und päpstlichem Druck auf Raimund VII.
– konnten sich die Inquisitoren und andere Dominikaner wieder
in der Stadt niederlassen.[442] Die Härte des Konflikts spiegelt die
Bedeutung des Problems, denn, wie John Mundy zeigt, erkannten die Inquisitoren sehr richtig, dass sich die reichsten und
mächtigsten Familien der Stadt überproportional an der Unterstützung des Katharertums beteiligten. Sie scheinen deshalb von
Anfang an ganz bewusst gerade solche Familien verfolgt zu
haben. Zugleich hatte Raimund VII. – wahrhaftig kein Freund
der Inquisitoren – seine eigenen Pläne, denn es ging ihm darum,
die gräfliche Macht in den Besitzungen zu festigen, die ihm
nach dem Vertrag von Paris noch geblieben waren. Deshalb
standen die städtischen Konsuln weitaus mehr unter Druck als
ihre Kollegen in den italienischen Städten. Die Spannungen
hielten auch in den 1230er Jahren an: Einerseits beschuldigten
die Konsuln die Inquisitoren, sie hätten falsche Anschuldigun-
gen gegen »ehrenvoll verheiratete Männer« vorgebracht, während andererseits Wilhelm Pelhisson meint, die Konsuln seien
von den Häretikern bedrängt worden, unter denen »große
Furcht« herrschte.[443]

Der Widerstand maßgeblicher Kreise, wie etwa der Konsuln
von Toulouse, erfolgte recht offen, ganz unabhängig von den jeweiligen Motiven, er wurde jedoch untermauert von einer eher
unterschwelligen Gewaltbereitschaft, die öffentlich ausgesprochenen Drohungen ein erhebliches Gewicht verliehen. Wilhelm
von Puylaurens meint, dies habe bald nach der Abreise des Legaten Romanus von Sant'Angelo nach dem Konzil von Toulouse

im November 1229 begonnen. Ein unmittelbares Opfer war der königliche Seneschall Andreas Chaulet, dem man in einem Wald bei La Centenière südlich von Carcassonne einen Hinterhalt legte – offenkundig als Vergeltung für die Bekehrung eines katharischen *perfectus*, den er in Gefangenschaft hielt. Viele andere seien »nur auf einen Verdacht hin« ermordet worden, sodass man Raimund VII. eklatanter Tatenlosigkeit beschuldigte. Nach Ansicht Wilhelms von Puylaurens wollten diese Leute das Land wieder in die üblen Zeiten der Vergangenheit zurückführen, »und ist erst einmal der Friede gestört, wären sie wiederum in der Lage, sich ihren gewohnten Räubereien hinzugeben und die Ketzer zu unterstützen und den Sturz des Grafen vorzubereiten, obwohl sie vorgeben, ihn zu lieben. Folglich brachen diese Söhne Belials aus ihren Verstecken hervor, unterbanden die Zehntzahlungen an den Bischof, verfolgten seine Kleriker und verdarben sein Land Verfeil.«[444] Da er aus dieser Gegend stammte, kannte Wilhelm das Land östlich von Toulouse sehr gut. Offenkundig gab es in der Umgebung von Verfeil also noch viele Katharer, trotz inquisitorischer Untersuchungen und trotz der königlichen Garnison in Lavaur.

Kardinal Romanus war sich der Gefahr wohl bewusst, und bei seiner Rückkehr nach Rom im November 1229 hatte er die gesamte Dokumentation seiner Mission bei sich, »denn wenn sie irgendwann von Übeltätern in diesem Land gefunden worden wäre, hätte dies zum Tod von Zeugen führen können, die gegen solche Personen ausgesagt hatten.«[445] Unerfahrene Ketzerjäger waren indessen verwundbarer, wie etwa der Vikar von Toulouse und der Abt von Saint-Sernin: Sie waren Ostern 1235 zur Unterstützung der Dominikaner in Toulouse herangezogen worden, die damals von der Anzahl der Beichtwilligen geradezu überschwemmt wurden. Ein vom Vikar von Toulouse abhängiger Weinhändler namens Arnold Dominic führte den Vikar und den Abt nach Les Cassès im Lauragais, auf halbem Wege zwischen

Toulouse und Carcassonne. Dort setzten sie sieben Häretiker fest, aber einige konnten mit der Hilfe der Bauern des Ortes entkommen. Arnold Dominic legte sein Geständnis ab und wurde auf freien Fuß gesetzt – wie es nach den von Wilhelm Pelhisson beschriebenen Verfahren üblich war –, aber jetzt war er ein gezeichneter Mann, dessen Identität gut bekannt war, und man ermordete ihn in seinem Bett in Aigrefeuille bei Lanta, etwa zwölf Kilometer nördlich von Verfeil. Als der Abt und der Vikar einen gewissen Peter Wilhelm Delort in Saint-Sernin festsetzten – nach Wilhelm Pelhisson »ein bekannter Anhänger der Häretiker« –, wurde ihr Vorhaben auf ähnliche Weise durchkreuzt: Freunde befreiten Delort aus der Gewalt der Inquisitoren und verhalfen ihm zur Flucht. Später wurde er als Häretiker verurteilt.[446]

Die Gewalt kulminierte in direkten Attacken auf die Inquisitoren selbst: In der Nacht des 28. Mai 1242 wurde eine ganze Gruppe von Inquisitoren, angeführt von dem Dominikaner Wilhelm Arnold und dem Franziskaner Stephan von St. Thibéry, in der südöstlich von Toulouse gelegenen Kleinstadt Avignonet getötet. Die Inquisitoren waren von Toulouse aus auf einer Rundreise durch den Ostteil der Diözese. Zwischen November 1241 und dem Datum des tödlichen Anschlags hatten sie die Region zwischen Lavaur im Norden und Fanjeaux im Süden bereist. Ihr jeweiliger Aufenthaltsort muss also gut bekannt gewesen sein. Als sie nach Avignonet kamen, wurde dies vom gräflichen Vogt Raimund von Alfaro der Besatzung des Montségur hinterbracht. Die Pyrenäenburg Montségur war ca. 1204 von Raimund von Pereille wieder aufgebaut worden und hatte sich zum Sammelpunkt für Katharer aus allen Teilen des Languedoc entwickelt. Dort herrschten noch im Jahre 1242 Verhältnisse, wie sie vor 1209 überall im Languedoc anzutreffen waren. Die Botschaft führte zu einer prompten Reaktion des Burgherren und Schwiegersohns Raimunds von Pereille, Peter Roger von Mirepoix. Auf seinem Weg versammelte Peter Roger in Gaja und in Avignonet selbst weitere Mannschaften um sich, die ihrem Hass auf die Inquisitoren mit Hilfe ihrer Schwerter, Äxte und Lanzen Luft machten und die Inquisitoren erschlugen. Einige von ihnen brüsteten sich, durch ihre eigene Hand den Tod Wilhelm Arnolds und Stephans von Thibérys herbeigeführt zu haben. Die von Pferden bis zu Büchern reichende Beute verteilten die Täter unter sich und verkauften später einige dieser Beutestücke. Profitgier war jedoch nicht das Motiv. Wie ein Teilnehmer, Wilhelm Golairon, später sagte, hatten sie gehofft, dass auf diese Weise »die Geschäfte der Inquisition zunichte gemacht werden könnten und das Land befreit werde und dass da keine andere Inquisition mehr sein solle«.[447] Auch wenn der Angriff opportunistisch gewesen sein sollte, so war das Ziel jedenfalls nicht das Erpressen von Lösegeld. In Wilhelm Pelhissons Bericht erscheint Wilhelm Arnold als der aktivste Einzelinquisitor in den 1230er Jahren, als er die Inquisitionen in Toulouse, Carcassonne und Cahors leitete; die Angreifer mochten sich vorgestellt haben, mit ihm das Rückgrat der Inquisitionskampagne brechen zu können.

Die Vorstellung, dieser Angriff könne der Inquisition auf immer ein Ende setzen, erscheint in der Rückschau als eine sehr naive Hoffnung. Innerhalb weniger Monate nahm man dann auch die inquisitorischen Untersuchungen unter Leitung des Dominikanerbruders Ferrier wieder auf. Zwischen Dezember 1242 und September 1244 befragte er zusammen mit verschiedenen Kollegen – Peter von Alès, Wilhelm Raimund, Pons Gary und Peter Durand – mindestens 700 Personen. Bezeichnenderweise waren sie nach dem Anschlag von Avignonet nur am Rande an Glaubensdingen interessiert und konzentrierten sich auf tatsächliche Vergehen. Ferrier war der erfahrenste Inquisitor seiner Zeit. Er hatte seit 1229 an der Verfolgung von Ketzern teilgenommen und war bis in die 1230er Jahre hinein aktiv in Narbonne, Caule und Elne. Er galt als streng, und es war ihm keineswegs fremd, dass seine Aktionen Gewaltausbrüche provozieren konnten. Seine Ernennung so kurz nach Avignonet war deshalb zweifellos als Signal gedacht, dass sich die Inquisitoren nicht einschüchtern ließen. Sicherlich machte die Amtsführung Ferriers die groß angelegten Untersuchungen von Bernhard von Caux und Johann von St. Pierre in den Jahren 1245 und 1246 erst möglich. Die Morde von Avignonet scheinen – zumindest vorübergehend – lediglich zu einer Einschränkung der Reisetätigkeit geführt zu haben, denn Ferriers Inquisition beschränkte sich auf Conques, Limoux und Saissac. Von den Zeugen wurde verlangt, dass sie sich dorthin begaben.[448]

Peter Roger und seine Leute können auch von den im Frühjahr 1242 herrschenden politischen Umständen zum Handeln ermuntert worden sein. Zu dieser Zeit nämlich war Raimund VII. einer gegen die französische Krone gerichteten Koalition beigetreten; ihre Mitglieder waren der englische König Heinrich III. und Hugo von Lusignan, Graf von La Marche im Poitou. Alle drei sahen sich, auf ihren jeweiligen Ebenen, als Opfer kapetingischer Habgier, auch wenn sie ansonsten wenig gemeinsam hatten. Die Behauptung Wilhelms von Puylaurens, dass die Gewalttätigkeit der Helfer der Katharer »den Fall des Grafen« vorbereitet habe, unterstreicht noch einmal das Dilemma des Hauses Toulouse, seit sich das Katharertum in seinen Territorien verbreitet hatte. Raimund VII. war eingeklemmt zwischen den kirchlichen Autoritäten, die das Languedoc als Land des Bösen von der Ketzerei reinigen wollten, und seinen Untertanen, von denen eine bedeutende Minderheit zumindest mit den Häretikern sympathisierte, und die – auch ohne prokatharische Einstellung – zum Widerstand bereit waren, um ihren Besitz zu verteidigen. Wilhelm von Puylaurens war sowohl gegenüber den Häretikern wie auch gegenüber den Pro-Kapetingern feindlich eingestellt – und diese Position macht seine

Beurteilung Raimunds umso wertvoller. Seiner Meinung nach waren die Bestimmungen des Vertrages von Paris so geartet, »dass jede für sich als Preis für die Auslösung genügt hätte«, wenn der König den Grafen in der Schlacht besiegt und gefangen genommen hätte.[449] Raimunds Aktionen in den 1230er und 1240er Jahren sind von diesen widerstreitenden Druckmomenten geprägt, und so ist es durchaus verständlich, dass sie von solchen Leuten aus dem Süden falsch interpretiert wurden, die in ihrem Eifer für die eigene Sache die Konsequenzen ihres Handelns nicht bedachten. Raimund hatte versäumt, sich – wie versprochen – fünf Jahre ins Heilige Land zurückzuziehen, und im Jahre 1236 war er vom Papst wegen seiner Untätigkeit im Zusammenhang mit der Vertreibung der Inquisitoren aus Toulouse getadelt worden. Im Jahre 1238 schenkte Papst Gregor IX., bedrängt von Kaiser Friedrich II., den Klagen Raimunds über das Verhalten der Inquisitoren schließlich Gehör und suspendierte die Tätigkeit der Inquisition. Der Graf selbst beteiligte sich im September 1240 nicht an der Revolte des Raimund Trencavel und ließ Trencavel nach dem Scheitern der Revolte keine andere Wahl als den Rückzug nach Katalonien. Für Raimund schien die Koalition von 1242 eine bessere politisch-militärische Ausgangsbasis geboten zu haben als Trencavels isoliertes Aufbegehren. Allerdings dürfte den Katharern nicht entgangen sein, dass der Graf bei der Wiedereinführung der Inquisition im Jahre 1241 wenig Neigung zum Eingreifen zeigte. Im Oktober 1242 jedenfalls war die Koalition zerbrochen, und im Januar 1243 musste Raimund eine neue Übereinkunft mit Ludwig IX. eingehen.[450]

Im folgenden Jahrzehnt hatten dann einige Katharer »den Wunsch, zum Unflat des Krieges zurückzukehren«, wie es Wilhelm von Puylaurens ausdrückt.[451] Wenn es sich so verhielt, dann mussten die nächsten zehn Jahre sogar diesen Wunsch zunichte machen.

Sturm auf den Montségur

Die gescheiterten Aufstände von 1240 und 1242 hinterließen keine Führungspersönlichkeiten, in die man Vertrauen setzen konnte, aber wichtiger noch für die katharische Sache: Avignonet provozierte einen königlichen Angriff auf den Montségur selbst. Die Belagerung des Montségur, die im Mittsommer 1243 begann und mit dem Fall der Festung Mitte März 1244 endete, wurde von der Katharergeschichtsschreibung mit immenser Bedeutung befrachtet. Und es gibt gute Gründe dafür. Wenn der endgültige Niedergang des Katharertums im Languedoc wenigstens zum Teil mit der Zerstörung seiner Infrastruktur erklärt werden kann, dann kann der Montségur als Beispiel für die letzte traditionelle Zufluchtsstätte der katharischen Gemeinde gelten. Seit seinem Wiederaufbau war Montségur eine katharische Festung. Fournière, Mutter des Raimund von Pereille und Gattin Wilhelm Rogers von Mirepoix, war eine Häretikerin im Status einer Vollkommenen, und zur Zeit der Belagerung waren vierzig der 415 Burgbewohner, die vier Generationen umfassten, Mitglieder der Familie Mirepoix-Pereille.[452] Die Burg lag auf dem Gipfel eines hoch herausragenden, isolierten Felsrückens in der Pyrenäenregion Ariège auf 1.216 Metern über dem Meeresspiegel. Der Platz war keineswegs unzugänglich, lag aber den wichtigsten Besiedlungszentren nicht so nahe, dass er sich als unumgängliches militärisches Ziel angeboten hätte. Seit der Kreuzzugszeit war der Montségur als häretisches Zentrum bekannt. Auf dem Laterankonzil von 1215 hatte Fulko, Bischof von Toulouse, den Nachweis zu erbringen versucht, dass Raimund Roger, Graf von Foix, Häretiker war, u. a. mit dem Argument, er habe die Burg seinem Schutz unterstellt. Raimund Roger wies den Vorwurf ebenso vehement zurück und wies ganz zu Recht darauf hin, dass er nicht Herr über die Burg sei.[453] Beide Seiten jedoch akzeptierten, dass jegliche Verbindung mit dem Montségur als Beweis für katharische Sympathien zu wer-

*Das Masada der Katharer: Die Burg Montségur, eine der letzten
Bastionen des Widerstandes, wurde 1244 von kirchentreuen Truppen
erstürmt, etwa 200 gefangene Katharer starben auf dem Scheiterhaufen.*

ten sei. In den Augen Wilhelms von Puylaurens blieb die Burg
»ein öffentliches Refugium für jede Art von Übeltätern und
Häretikern, ganz wie eine Synagoge des Satans.«[454]

Als die Festung fiel, wurde ihre Bedeutung für das Katharer-
tum offenkundig. Über die Hälfte der Besatzung waren *perfecti*
oder *perfectae*, das heißt 210 von 415 Personen, die sich in der
Burg aufhielten; dazu gehörten Bertrand Marty, der katharische
Bischof von Toulouse, und Raimund Agulher, Bischof des Razès.
Die Anwesenheit des Bischofs von Toulouse unterstreicht den
seit 1229 auf der katharischen Kirche in dieser Stadt lastenden
Druck: Im wesentlich verwundbareren Lauragais konnte sich
dagegen während der gesamten Kreuzzugszeit in Saint-Paul-
Cap-de-Joux (Tarn) ein katharischer Bischofssitz halten, der
über den Friedensschluss hinaus bis 1232 fortbestand, als sich
Bertrand Martys Vorgänger, Guilhabert von Castres, auf den
Montségur zurückziehen musste.[455] Nach Wilhelm von Puylau-
rens wurden im März 1244 »ungefähr 200« vollkommene Häre-

tiker, Männer und Frauen, verbrannt, eine von Wilhelm Pelhisson in etwa bestätigte Anzahl. Auch Bertrand Marty wurde hingerichtet.[456] Die Lebensfähigkeit der katharischen hierarchischen Strukturen im Languedoc war damit untergraben, und diejenigen, die entkommen konnten oder sich an anderen Orten aufhielten, mussten sich in die Lombardei zurückziehen, wo sie eine Kirche im Exil gründeten. Damit waren sie außer Stande, ihre Anhänger im Toulousain und im Carcassès so zu beeinflussen oder zu ermutigen, wie sie es in der Vergangenheit vermocht hatten.

Montségur repräsentiert somit einen Herrschaftstyp, der zuvor im Languedoc üblich war: kontrolliert von mächtigen, aber lokalen Herren, die weitgehend unangefochten von äußeren Autoritäten ihre Herrschaft ausübten. Wie in Lavaur favorisierten diese Herren die Häretiker, erlaubten ihnen, in ihren Mauern zu leben und zu predigen; viele ihrer Familienmitglieder waren »gewandete Häretiker«. Lavaur allerdings lag zu nahe an Toulouse und zu nahe am Hauptoperationsgebiet des Kreuzzugs, als dass es hätte überleben können. Ein Angriff auf den Montségur dagegen »lohnte« sich nur, wenn dringende Gründe vorlagen. Jedenfalls, in den Jahren 1243–1244 stellte Hugo von Arcis, Seneschall von Carcassonne, eine mächtige Streitmacht auf und wurde dabei von so prominenten Kirchenmännern wie Peter Amiel, Erzbischof von Narbonne, und Durandus, Bischof von Albi, unterstützt. Offenkundig sprach man dem Montségur einen solchen Symbolwert für das Katharertum zu, dass man ihn nicht mehr dulden konnte. Schon im Jahre 1241 hatte man versucht, Raimund VII. zum Vorgehen gegen den Montségur zu bewegen. Der Mord an den Inquisitoren im darauf folgenden Jahr war schließlich der Auslöser für den Feldzug. Historiker von Henry C. Lea im ausgehenden 19. Jahrhundert bis Jean Duvernoy und Élie Griffe in den 1970er und 1980er Jahren haben dann auch in der Expedition »Merkmale eines Kreuzzugs« erkannt.[457] Dennoch muss der Fall von Montségur im richtigen Verhältnis gesehen werden. Nicht alle Historiker akzeptieren, dass die Zeitgenossen die Expedition im Sinne eines Kreuzzugs gesehen haben; einige zweifeln sogar, dass die Hinrichtungen nach dem Fall der Burg überhaupt stattfanden, und meinen, dies erinnere zu sehr an die »Mentalität von Béziers« und sei den Umständen von 1244 nicht mehr angemessen gewesen.[458] Überdies – und darauf weist Delaruelle hin – haben die Chroniken des »kapetingischen Frankreich« diesem Ereignis keinerlei Aufmerksamkeit gewidmet. Wilhelm von Nangis, Mönch in St. Denis, widmet beispielsweise der Trencavel-Revolte und der Belagerung Raimunds Trencavel in Montréal durch königliche Truppen ein halbes Kapitel, erwähnt aber Montségur mit keinem Wort. Für die Nordfranzosen war das große Ereignis des Jahres, dass der König das Kreuz nahm, um die Muslime im Osten zu bekämpfen.[459]

Allein, für die Katharer standen die Kreuzzugsentscheidung Ludwigs IX. und der begrenzte Krieg in seinem Namen in den Bergen des Ariège in einem direkten Zusammenhang, denn beide Ereignisse sollten entscheidend sein für die Zukunft der Häretiker im Languedoc. Das Schicksal der pro-katharischen Herrschaften befand sich seit 1209 in der Schwebe; nach 1244 sahen alle die noch existierenden lokalen Herren keine andere Möglichkeit, als das zu akzeptieren, was der König bereit war, ihnen anzubieten. Die Geschichte der Herren von Termes im 13. Jahrhundert illustriert, wie dieser äußere Druck ihr Geschick formte und zugleich das der Katharer, die unter ihrem Schutz standen. Die Burg Termes liegt in der Luftlinie etwa achtundzwanzig Kilometer südlich von Carcassonne, aber wegen ihrer Lage in den Bergen der Corbières ist die Entfernung auf modernen Straßen etwa doppelt so groß. Dementsprechend waren die Burgherren, Vasallen der Trencavel, an ihre Unabhängigkeit gewöhnt und vertrauten darauf, dass man sie nicht erfolgreich angreifen könne. Selbst unter der Bedrohung des Kreuzzuges im Sommer 1210 waren die Familienoberhäupter, Raimund von Termes, Peter Roger von Cabaret und Aimery von Montréal, nicht bereit, ihre Unabhängigkeit aufzugeben. Folgerichtig scheiterten die Verhandlungen über eine Huldigung Peters II. von Aragón, weil der König auf einer Übergabe ihrer Burgen als Huldigungsbedingung bestand.[460] Der Platz selbst erfüllte Peter von Les Vaux-de-Cernay deutlich mit einigem Schrecken, als er mit Schaudern das tief zerklüftete Terrain und die klimatischen Extreme beschrieb, während Wilhelm von Tudela überzeugt war, Simon von Montfort habe diese »wundervolle Burg« nach viermonatiger Belagerung zwischen Ende Juli und Ende November 1210 nur durch göttliches Eingreifen erobern können.[461] Für Peter von Les Vaux-de-Cernay war Raimund von Termes ein manifester Häretiker, der sein Ende im Kerker von Carcassonne voll und ganz verdient hatte. Ob dies nun der Wahrheit entsprach oder nicht, auf jeden Fall duldeten die Herren von Termes Häretiker in ihrer Burg. Männer wie Benedikt von Termes, ein offener Häretiker seit 1207 und seit 1226 katharischer Bischof des Razès, entstammte der Häretikergemeinde von Termes; und Bernhard Raimund von Roquebert, der katholische Bischof von Carcassonne, versuchte während der Belagerung zu vermitteln, weil seine Mutter und sein Bruder beide Häretiker waren und sich zu dieser Zeit in der Burg aufhielten.[462] Peter von Les Vaux-de-Cernay hegte besondere Hassgefühle gegenüber Wilhelm von Roquebert, Bruder des Bischofs, den er als »besonders hartnäckigen Verfolger der Kirche« beschreibt und den er für die Ermordung von Zisterziensermönchen aus der Abtei Eaunes (zwischen Toulouse und Foix) Ende 1209 verantwortlich machte.[463] Die Burg wurde schließlich wegen Ausbruchs der Ruhr am 22. November 1210 aufgegeben, und Raimund geriet mit anderen in Gefangenschaft, als er versuchte zu fliehen. Dies nun wirkte sich unmittelbar auf die Katharer der Region aus, denn »als bekannt wurde, dass Termes gefallen war, wurden die stärksten Burgen verlassen, und Le Bézu (zwischen Coustaussa und Puivert) wurde ohne Belagerung eingenommen«, so Wilhelm von Tudela.[464] 1213 fielen Termes, im nächsten Jahr Montréal und Bram, an Alan von Roucy, ein Vasall des Grafen von Champagne, der sich dem Kreuzzug 1211 angeschlossen hatte.[465]

Raimunds Söhne Olivier und Bernhard jedoch hatten die Herrschaft ihres Vaters 1220 oder 1221 zurückgewonnen, wohl nachdem Alan von Roucy bei Kämpfen um Montréal den Tod gefunden hatte.[466] Die Wechselfälle von Oliviers langer Karriere bis zu seinem Tod im Heiligen Land 1275 sind ein gutes Beispiel für das wechselvolle politische und militärische Geschick adliger Personen des Languedoc.[467] Unter dem Druck der kapetingischen Macht der Jahre 1219 und 1228 unterwarfen er und sein Bruder sich dem königlichen Marschall Guy von Lévis. Zwischen diesen Daten hatte Olivier zunächst Raimund Trencavel unterstützt und schloss sich dann Raimund VII. an, nachdem Trencavel im Jahre 1226 Carcassonne hatte verlassen müssen. Im Auftrag des Grafen beteiligte er sich 1227 an der erfolglosen Verteidigung des befestigten Platzes Labécède im Lauragais nördlich von Castelnaudary. Auch hier hielten sich maßgebliche Katharer auf: Der Diakon Gerhard von Lamothe erlitt den Feuertod, nachdem die Festung Humbert von Beaujeu in die Hände gefallen war. Der Platz hatte eine häretische Geschichte, seitdem ein früherer Herr, Pagan von Labécède, den Status eines *perfectus* erworben hatte.[468] Dieses Engagement jedenfalls kostete Olivier die Burg Termes, aber auch sein Versprechen, dass er und sein Bruder »alle Zeit Getreue des Herren König von Frankreich und seiner Erben bleiben werden.« In Wahrheit war er nicht treuer als im Jahre 1219. Obwohl er Termes nicht mehr in seinem Besitz hatte, verfügte er über Land und Einfluss in den Corbières, wo er gemeinsam mit dem *faidit* Chabert von

Barbéra die Burg Quéribus hielt. Sie thront – ähnlich wie Montségur – auf einem 729 Meter hohen Berggipfel. Hier gewährten sie Benedikt von Termes Zuflucht, der dort um 1241 starb, sowie anderen katharischen Diakonen und *perfecti*, die sich dorthin in den frühen 1240er Jahren geflüchtet hatten.[469] Gemeinsam mit einem anderen Pyrenäenherrn, Gerald von Niort, spielte er eine aktive Rolle bei der lang anhaltenden und bisweilen gewaltsamen Opposition gegen die inquisitorischen Aktivitäten des Bruders Ferrier in Narbonne zwischen 1234 und 1237.[470] Insbesondere aber hatte er führenden Anteil an der Trencavel-Revolte von 1240 sowie an der Revolte Raimunds VII. von 1242. Der Preis für die Teilnahme an der ersten Revolte war der Verlust seiner Burg Aguilar nordöstlich von Quéribus, mit der Exkommunikation zahlte er für die zweite Revolte. Nach 1240 konnte sich die kapetingische Macht effektiver als je zuvor auch im Gebiet der Corbières ausbreiten: Eine der wichtigsten Figuren der Trencavel-Revolte, Wilhelm von Peyrepertuse, dessen Burg etwa gleich weit von Quéribus und Aguilar entfernt lag, musste sich ebenfalls der Konfiszierung unterwerfen.[471]

Olivier von Termes hatte in einer Periode von zweiundzwanzig Jahren dreimal seinen Eid gegenüber der Krone gebrochen, er hatte Festungen verteidigt, in denen sich führende Katharer aufhielten, und er hatte sich an größeren Revolten gegen den König beteiligt. Alle diese Anstrengungen wurden zunichte gemacht: Raimund VII. unterwarf sich 1243 und Raimund Trencavel im Jahre 1247. Jetzt gab es kein Entrinnen mehr, und es überrascht deshalb nicht, dass er sich 1247 bereit erklärte, am Kreuzzug Ludwigs IX. teilzunehmen, von dem er erst 1255 zurückkehrte. Dieses Mal hielt er dem König die Treue, und im Jahre 1250 wurde er mit der Rückerstattung von Aguilar und anderem Landbesitz sowie mit Einkünften in Höhe von 250 *livres tournois* belohnt.[472] Danach kämpfte er bei drei Gelegenheiten in Outremer – 1264, 1267–1270 und 1273–1275 –, und er war an der Seite Ludwigs IX. in Tunis, als der König dort sein Leben verlor. Bereits 1257 hatte er den Wunsch geäußert, in der Abtei Fontfroide bestattet zu werden. Olivier von Termes wusste, dass ihm keine andere Wahl blieb: In der Urkunde, in der ihm im Juli 1250 einige seiner Ländereien restituiert wurden, heißt es ausdrücklich: »Sollte irgendjemand von ihnen (d. h. Mitglieder der Familie) im Verdacht der Ketzerei stehen oder andere Abscheulichkeiten begehen, dann wollen wir nicht, dass ihnen die erwähnten Ländereien zurückerstattet werden.« Zahlen musste er indessen doch, aber auf andere Weise. Weil er seinem früheren Mitherrn von Quéribus, Chabert von Barbéra, einen Hinterhalt legte und ihn gefangen setzte, nahm dies Peter von Auteuil, Seneschall von Carcassonne, zum Anlass, die Burg Quéribus und wohl auch die Burg Puylaurens im Winter 1255–1256 zu übernehmen und damit Chaberts Freilassung zu erwirken.[473] Danach gab es keine Pyrenäenburgen mehr, auf die sich die von Norden her abgedrängten Katharer hätten stützen können.

Katharer im Exil: Zufluchtsort Italien

Um die Mitte der 1240er Jahre standen die Katharer des Languedoc von drei Seiten her unter Druck: durch die Wucht der militärischen und administrativen Macht des Königs, durch den Verlust ihrer traditionellen weltlichen Stützen und durch die hartnäckige und systematische Verfolgung der Inquisitoren. Dies hatte zur Folge, dass nahezu alle ihre überlebenden Geistlichen in die Lombardei flohen, sodass im Languedoc weder Unterweisung noch Seelsorge mehr praktiziert wurden. Unter diesen Umständen war es kaum mehr möglich, Anhänger in der nächsten Generation zu gewinnen. Die Bande, welche die Gewalt der Kreuzfahrer unter Montfort nicht hatten trennen können, waren jetzt bis zum Zerreißen gedehnt. Im Gegensatz zum Languedoc jedoch hatte die katharische Kirche in Italien, wenn

Sirmione am Gardasee war wie die Nachbarstadt Desenzano ein Zentrum katharischen Lebens in Oberitalien (historische Fotografie).

sie auch von einer Einheitlichkeit weit entfernt war, ihre Existenz bewahren können. Nach Rainieri Sacconi gab es um 1250 in West und Ost weniger als 4.000 vollkommene Häretiker, aber 2.550 davon befanden sich in Italien. Dies entspricht in etwa seiner Schätzung von 200 Häretikern in den Kirchen von Toulouse, Albi und Carcassonne, die einst doch die aktivsten katharischen Gemeinschaften im Westen gewesen waren.[474] Trotz der Bedrohung durch Inquisitoren waren die vier lombardischen Hauptkirchen von Concorezzo (bei Mailand), Desenzano (am Gardasee), Bagnolo (bei Mantua) und Vicenza noch aktiv.[475] Darüber hinaus scheint es zumindest eine katharische Kolonie auch in Apulien gegeben zu haben. Wilhelm von Puylaurens behauptet, dass die Region unter Manfred, dem Sohn Friedrichs II., »eine ›Haube‹ und ein Refugium für alle möglichen Ungetreuen und Übeltäter« gewesen sei, dass dies aber ein Ende genommen habe mit der Machtübernahme Karls von Anjou, des Bruders Ludwigs IX., der König Manfred im Jahre 1266 bei Benevent besiegt hatte und damit die Stauferherrschaft in Süditalien vernichtete.[476] In Wahrheit waren die Staufer durchaus aktiv im Erlass strenger anti-häretischer Gesetze, spätestens seit den Dekreten Friedrichs II. von 1224, die noch vor der päpstlichen Einführung von Sonderinquisitoren datierten. Noch 1264 ging Manfred im Burgus Guardia-Lombardi bei Neapel gegen eine Ketzergruppe um Vivent, den katharischen Bishof von Toulouse, vor.[477] Es ist sogar gut möglich, dass einige Katharer in Rom lebten: Wilhelm Pelhisson berichtet, dass die 1234 von Peter Seila und Wilhelm Arnold in Cahors durchgeführten inquisitorischen Untersuchungen zur Flucht Raimunds von Broelles, »ein wichtiger häretischer Gläubiger«, nach Rom geführt habe, wo Raimund im Tiber ertrunken sein soll.[478]

Dennoch blieb die Lombardei um die Mitte des 13. Jahrhunderts das aktivste katharische Verbreitungsgebiet im Bereich der Westkirche und war deshalb der wichtigste Zufluchtsort. Aus Wilhelm Pelhissons Bericht geht hervor, dass die Bedrohung durch die Inquisitoren spätestens ab 1234 einzelne, direkt betroffene Personen in Toulouse und Moissac zwang, nach Italien zu fliehen. Der nach dem Fall von Montségur 1244 hingerichtete Katharerbischof von Toulouse, Bertrand Marty, hatte zuvor vom Katharerbischof von Cremona das Angebot erhalten, sich in der italienischen Stadt in Sicherheit zu bringen.[479] Bertrand Marty hatte offensichtlich lieber das Risiko des Märtyrertodes auf sich genommen, als dass er seine Pflichten aufgegeben hätte, aber nach dem Fall der Burgen Montségur 1244 und Quéribus 1255 gab es keine andere Möglichkeit als die Flucht ins Exil, um wenigstens von Italien aus eine gewisse Hierarchie aufrechtzuerhalten. Es ist bekannt, dass sich Bernhard Oliba, der Katharerbischof von Toulouse, und Aimeric von Collet, der Katharerbischof von Albi, in den Jahren 1272–1273 in der Lombardei aufhielten. Bernhard Oliba war seit mindestens 1255 in Sirmione, gegenüber von Desenzano am Südufer des Gardasees gelegen, das sich zu dieser Zeit zu einem bedeutenden katharischen Zentrum entwickelt hatte. Im Jahre 1255 will ein Zeuge neben

Bernhard Oliba auch Wilhelm Peter von Verona, den Katharerbischof von Frankreich, und den etwas vage mit »Bischof der
lombardischen Häretiker« beschriebenen Heinrich dort gesehen
haben.[480] Die katharischen Gläubigen im Languedoc sammelten
Geld zur Unterstützung der Exilkirche in der Lombardei.[481]

Katharische Gläubige besuchten die Bischöfe und »Guten
Leute« regelmäßig. Einige von ihnen, wie Peter von Beauville
und Bernhard Quidiers, waren unmittelbar am Überfall von
Avignonet beteiligt, und als die Tätigkeit der Inquisitoren nicht
in sich zusammenbrach – wie sie wohl gehofft hatten –, mussten
sie fliehen. Peter von Beauville ging zunächst nach Clermont,
dann nach Lagny in der Champagne und begab sich dann nach
Cúneo am Fuß der Alpen in der westlichen Lombardei. In seinem bis 1277 während Exil lebte und wirkte er in Cúneo,
Pavia, Piacenza und Cremona und besuchte eine Reihe anderer
Städte, darunter Alessandria, Genua und Mailand.[482] Peter von
Beauvilles Abreise verlief in Hast und ungeplant, aber andere
Katharer sparten Geldmittel an, bereiteten sich so auf Besuche
bei »Guten Leuten« und Verwandten vor und tätigten Geschäfte
auf ihren Reisen.[483] Der Reiseverkehr der Katharer war lebhaft
genug, um Leuten wie Peter Maurel, der als Führer und Kurier
fungierte – *nuntius* oder *ductor* in den Inquisitionsakten –, den
Lebensunterhalt zu sichern. Peter Maurel ging bei seiner ge-
fährlichen Arbeit als Fluchthelfer so geschickt und vorsichtig zu
Werke, dass er mindestens neunzehn Jahre, zwischen 1255 und
1274, unentdeckt blieb, bis er schließlich doch in die Netze der
Inquisition geriet.[484] Obwohl die Inquisitoren von Anfang an die
Tätigkeit solcher Personen kannten – Wilhelm Pelhisson etwa
wusste, dass Peitavin Boursier bereits 1234 »für eine lange Zeit
eine Art Hauptkurier für die Ketzer in Toulouse« und ein »Bote
und Agent der Häretiker« gewesen war[485] –, entwickelten die
Katharer wirksame konspirative Strukturen, die eine Gefangennahme schwierig machten. Peter Maurel nutzte »sichere Häu-

Die Ermordung des heiligen Petrus Martyr (1252) als dramatisch bewegte Märtyrerszene: Altarbild des Domenichino (um 1618, aus dem Dominikanerinnenkloster in Brisighella, heute in Bologna, Pinacoteca).

ser« im Languedoc wie auch in der Lombardei und stützte sich auf ein Familiennetzwerk, in dessen Mittelpunkt seine Brüder standen. Die Hauptroute verlief wohl entlang der alten Römerstraße Via Domitia durch das untere Languedoc, die Narbonne, Béziers, Montpellier und Nîmes verband. Reisende von Toulouse und Carcassonne erreichten die Straße in Narbonne, Reisende von Cahors in Béziers. Die Rhône überquerte man bei Beaucaire mit einer Fähre, und von dort ging es weiter über die Alpen nach Cúneo, von wo aus alle wichtigen norditalienischen Städte in Reichweite lagen, aber auch die kleineren, von den Katharern eher bevorzugten Orte.[486]

Natürlich war dies nur eine prekäre Notlösung. Die Reisen waren allein schon riskant, weil Exilanten, die zurückkehrten, um ihre Familie zu sehen oder Geschäfte abzuwickeln, häufig in die Hände der Inquisitoren fielen, denn diese hatten inzwischen das Land mit einem Netz von Spitzeln und Informanten überzogen und Verhältnisse geschaffen, in denen sich niemand mehr sicher fühlen konnte, sobald seine Anwesenheit bekannt geworden war. Im Jahre 1274 endete die Karriere des Peter Maurel auf diese Weise, und es entstand Panik unter den vielen, die er kannte.[487] Es ist in der Tat möglich, dass die Kathererkirche in den 1270er Jahren von beiden Enden her unter Druck stand, denn im November 1276 wurden die Mitglieder der häretischen Gemeinde in Sirmione verhaftet, und im Februar 1278 verbrannte man »rund 200« in Verona – ohne Zweifel ein schwerer Schlag für die am Ort ansässige tolosaner Kirche.[488] Überdies waren die Inquisitoren in Italien genauso lange tätig wie im Languedoc, wobei ihre Durchschlagskraft aber von Stadtregierungen geschwächt wurde, die wesentlich mächtiger waren und eifersüchtiger über ihre jurisdiktionellen Rechte wachten als die Konsuln von Toulouse.[489] Wie hoch die Bedrohung unter den Katharern eingeschätzt wurde, lässt sich an der Ermordung des Inquisitors Peter von Verona (»Petrus Martyr«) und seines Gefährten Dominikus ablesen. Auf einer Reise von Cúneo nach Mailand wurden die beiden Dominikaner am 6. April 1252 Opfer eines in mehreren lombardischen Städten – unter anderem Mailand, Cúneo, Lodi, Bergamo und Pavia – geplanten und finanzierten Komplotts. Wie schon Wilhelm Arnold hatte Peter von Verona wegen seiner außergewöhnlich energischen und öffentlichkeitswirksamen Verfolgung der Häretiker erhöhte Aufmerksamkeit auf sich gezogen. Peter von Veronas Eltern waren angeblich Katharer, er selbst aber wurde Dominikaner im Konvent S. Eustorgio in Mailand; in den frühen 1230er Jahren hatte er sich bereits einen Namen durch seine öffentlichen Predigten und Streitgespräche mit den Häretikern gemacht. Er war ab 1234 Inquisitor in Mailand und zwischen 1244 und 1246 in Florenz, wo er den früheren Katharer Rainieri Sacconi bekehrte, der dann selbst als Inquisitor wirkte. In Mailand 1234 und zehn Jahre später in Florenz zeichnete er sich verantwortlich für die Gründung orthodoxer Milizen zur Bekämpfung der Ketzerei und stachelte damit die Laienbevölkerung zur Teilnahme an den Ketzerverfolgungen an. Diese Idee wurde auch von anderen Städten aufgegriffen. 1251 erhielt er den Auftrag, sein Wirkungsgebiet über ganz Norditalien, von Genua bis Venedig, auszudehnen. Das Mordkomplott gegen Peter zielte auch auf den damals in Pavia tätigen Rainieri Sacconi, schlug aber fehl.[490] Der Dominikanerorden erhielt mit der Kanonisierung Peters von Verona im Jahre 1253 in gebührender Weise die Belohnung für seinen ersten Märtyrer. Bereits in den ausgehenden 1250er Jahren hatte er legendarischen Status erreicht und wurde in die *Legenda aurea* (»Goldene Legende«) des Jacobus de Voragine aufgenommen, die seine Wunder detailliert beschreibt und ihn als »strahlendes Licht in einer Qualmwolke« charakterisiert. Die Erklärung für den Mord jedoch dürfte wohl unterhalb jeglicher Hagiographie gelegen haben. Nach der *Legenda aurea* waren die Häretiker in Mailand sehr zahlreich und hatten Machtpositionen inne, von denen aus sie »wirksamen Gebrauch von ihrer betrügerischen Beredsamkeit und ihrem Teufelswerk« machten, als aber Peter von Verona dort auftrat, gab er ihnen »weder Rast noch Ruh«.[491]

Die Inquisition an der Arbeit

Das Auftreten der Inquisitoren im Languedoc während der 1240er Jahre bezeugt eine wachsende Hoffnung der Kirche auf eine erfolgreiche Beendigung des Kampfes gegen die Häresie. Die meisten Anzeichen deuten darauf hin, dass sie mit dieser Einschätzung Recht hatten, auch wenn noch sporadische Akte gewaltsamen Widerstandes vorkamen: Gegen Ende des Jahres 1247 wurden ein Schreiber und ein Bote in Diensten der Inquisition von Carcassonne in Caunes bei Narbonne ermordet, und bezeichnenderweise verbrannten die Täter die mitgeführten Akten und Register.[492] Zu dieser Zeit hatten die Inquisitoren ihre Hauptquartiere in Toulouse und Carcassonne. Die von Toulouse aus operierenden Inquisitoren waren auch für das Quercy und das Agenais zuständig, während die Inquisition von Carcassonne den größten Teil der Provinz Narbonne abdeckte mit Ausnahme der Diözese Toulouse. Die Diözesen Albi und Rodez waren wohl unter ihnen aufgeteilt.[493] Beide Tribunale fanden die Unterstützung der weltlichen Macht, wenn auch mit unterschiedlichem Engagement. In Toulouse sah Raimund VII. trotz seiner anhaltenden Fehde mit den Dominikanern nach 1242 keinen anderen Ausweg, als mit der Kirche zu kooperieren, und legte im April 1243 in Béziers einen entsprechenden Eid ab. In Carcassonne konnten sich die Inquisitoren auf königliche Amtsträger verlassen, die dort von einer energischen Monarchie eingesetzt worden waren.

Wie dies in der Praxis funktionierte, davon gibt Walter Wakefields Studie über die beiden von Bernhard von Caux und

Johann von St. Pierre in Toulouse 1245–1246 ausgearbeiteten Inquisitionsregister einen guten Eindruck.[494] Er zeigt die Auswirkungen auf ein Dorf, Mas-Saintes-Puelles im Lauragais westlich von Castelnaurary, wo 420 Personen, etwa zwei Drittel der gesamten Dorfbewohner, ihre Aussagen zu Protokoll gegeben hatten. Das sind nach dem Zeugnis der überlieferten Untersuchungsakten mehr befragte Personen als an jedem anderen Ort, aber wie die Aussagen zeigen, handelte es sich hierbei um ein Dorf, in dem die Häresie spätestens seit 1180 von den meisten Leuten als Bestandteil des täglichen Lebens akzeptiert wurde. Überdies war eine bedeutende Minderheit vollständig der katharischen Religion verpflichtet, gab ihren Glauben an die Kinder weiter und heiratete nur innerhalb einer begrenzten Gruppe. Der Umfang der Vorladungen in den Jahren 1245–1246 lässt sich wohl nur so erklären, dass die Obrigkeit davon genaue Kenntnis hatte, denn 75 Zeugen gaben an, sie hätten in der Vergangenheit bereits vor anderen Inquisitoren Geständnisse abgelegt. Offensichtlich wurden also zu verschiedenen Gelegenheiten seit 1209 Untersuchungen durchgeführt und Geständnisse eingeholt. Wie Wakefield zeigt, folgten die beiden Inquisitoren den potenziellen Untersuchungsprinzipien keineswegs so rigoros, wie zu erwarten gewesen wäre. Das ist an sich nicht überraschend, bedenkt man den Umfang der Gesamtuntersuchung, denn allein die beiden überlieferten Register umfassen 5.500 Personen aus 104 verschiedenen Orten, und wir wissen, dass es insgesamt einmal zehn Register waren.[495] Die Inquisitoren scheinen dennoch in der Folge eine zumindest äußerliche Akzeptanz der Orthodoxie erreicht zu haben, und so dürfte, zumal im vorliegenden Falle, das katharische Milieu immerhin so weit unterminiert gewesen sein, dass die Inquisitoren wirksam ihre Ermittlungen durchführen konnten.

Die zwischen März 1246 und Juni 1248 erlassenen Urteile der beiden Inquisitoren zeigen, wie sie ihre Erkenntnisse anwendeten.[496] Am 24. Juni 1246 ergriffen sie Maßnahmen, um einer – wie sie es sahen – häretischen »Infektion« des zum Orden von Fontevrault gehörigen Konvents von Lespinasse entgegenzutreten. Dort lebte Johanna, die Witwe des tolosaner Konsuls Bernhard von Latour, als Nonne. Dies allein jedoch war noch kein Schutz vor einem inquisitorischen Urteilsspruch.

»Weil Johanna … viele Häretiker sah und verehrte und an zahlreichen Orten ihre Predigten hörte, sie viele Male bei sich empfing, ihnen Dinge ihres eigenen Besitzes gab, glaubte, sie seien gute Leute, den Waldensern Almosen gab und die Wahrheit entgegen ihrem eigenen Gelübde verneinte, soll sie innerhalb des Klosterbezirks von Lespinasse in einem gesonderten Raum eingeschlossen werden, so, dass andere keinen Zugang zu ihr haben können und sie nicht zu anderen; alles zum Leben Notwendige soll ihr von außen verabreicht werden; und wir befehlen der Priorin von Lespinasse, für sie solche Vorkehrung zu treffen, wie oben gesagt.«[497]

Wenn nicht einmal der Eintritt in den Orden von Fontevrault einen ehemaligen katharischen Gläubigen vor dem Zugriff der Inquisitoren verschonte, dann war es wenig wahrscheinlich, dass andere Witwen, die zugaben, einmal Häretiker als »gute Leute« betrachtet zu haben, einem Urteil auf lebenslange Kerkerhaft entgehen konnten. Auf einer Liste mit sieben Personen, die man in Toulouse am 18. August 1247 verurteilte, standen auch Berengaria, die Witwe des Assalit von Monts, der »die Hinterlassenschaft einer gewissen *perfecta* den Ketzern vermacht hatte«, weiterhin Marin, die Witwe des Hugo, »der versucht hatte, Tücher zu kaufen, in denen ein gewisser toter Ketzer beerdigt werden sollte«.[498] Unter solchen Umständen war Flucht der einzige Ausweg, und diesem folgte auch Wilhelm Garnier, ein Doktor aus Mas-Saintes-Puelles; er wurde am 16. Februar 1248 exkommuniziert, weil er Häretiker »gesehen und verehrt« und sie mit Lebensmitteln versorgt hatte.[499] Diese Urteile repräsentieren nur einen Bruchteil der insgesamt ausgesprochenen Urteile, sie zeigen aber, dass 190 Personen verdammt wurden, nicht nur wegen ihres katharischen Glaubens und ihrer Respektierung der »guten Leute«, sondern auch wegen geleisteter Hilfe in Form von Lebensmitteln, Unterschlupf, Kleidung und Geld. Wenn diese Tribunale ihre Arbeit beendeten, hatten sie die Repräsentanten der katharischen Kirche von weiteren Hilfsquellen abgeschnitten.

Dieselben Verfahren wurden auch im Carcassès angewendet, wo der *greffier,* der Schreiber, der Inquisitoren von Carcassonne die Urteile und Zeugenaussagen aus einer siebzehnjährigen Tribunalstätigkeit, von 1250 bis 1267, aufzeichnete. Aus diesen Akten lässt sich der Lebensweg eines katharischen Vollkommenen rekonstruieren. Es handelt sich um Bernhard Acier, der seit mindestens 1241 bis zu seiner Verhaftung im Jahre 1259 versuchte, in einem Teil des Razès, der Region südlich von Carcassonne, den katharischen Glauben am Leben zu erhalten. Bernhard Acier stammte aus dem Dorf Couffoulens am rechten Ufer der Aude, etwa sieben Kilometer von Carcassonne entfernt. Offenkundig bewegte er sich in einem eng begrenzten Gebiet, denn er ist nur bezeugt zwischen Rieux-en-Val im Osten und Belvèze-du-Razès im Westen – eine Distanz von nur 40 Kilometern. Der südlichste Ort, an dem seine Anwesenheit bezeugt wird, ist die etwa 15 Kilometer von seinem Heimatdorf entfernte Stadt Limoux. In diesem überschaubaren Gebiet konnte er sicher sein, Herberge, Nahrung und Kleidung zu finden, sowie Führer, denen er vertrauen konnte. Wegen der Präsenz der Inquisitoren war es gefährlich geworden, sich weiter zu entfernen oder zu lange an einem Ort zu bleiben. Aber obwohl er sich auf heimischem Terrain befand, schien er sich oft der Situation nicht sicher zu sein; sie zwang ihn wohl eher zur Reaktion auf Ereignisse als zu eigenständiger Aktion. Im Oktober 1254 war Bernhard Acier in Belvèze und sandte von dort eine Nachricht an einen katharischen Gläubigen namens Wilhelm Sicred, einen Nachbarn im nur zwei Kilometer von Couffoulens entfernten Dorf Cavanac. Wilhelm begab sich daraufhin nach Belvèze zu Bernhard Acier und dessen Begleitern. Bernhard befragte ihn »über den Zustand des Landes und über die gläubigen Häretiker« – offenbar, weil ihm sein unstetes und konspiratives Leben, zu dem er gezwungen war, nur wenig Gelegenheit bot, die allgemeine Lage der katharischen Kirche sogar in dieser kleinen Region zu beurteilen.

Die Aussagen Wilhelm Sicreds und anderer Zeugen verdeutlichen, dass Bernhard Acier – ähnlich wie andere *perfecti* – über einen Zeitraum von achtzehn Jahren von einem Versteck zum anderen zog, manchmal in Häusern Unterschlupf fand, aber auch in Kellern, Schuppen und Scheunen, sich nachts mit Sympathisanten in Wäldern und Weinbergen traf und dann zu einem anderen Ort geleitet wurde. Wenn möglich, übte Bernhard die geistlichen Funktionen seines Amtes in kleinen Versammlungen von Gläubigen aus, und einmal wurde er 1257 in Limoux zu einer sterbenden Frau gerufen, um ihr vermutlich das *consolamentum* zu spenden. Indessen, solche Aktivitäten erfolgten eher auf einer individuellen Basis, denn von der organisatorischen Struktur der katharischen Kirche war nicht mehr viel übrig geblieben. Bernhard Acier reiste bisweilen in einer Gruppe von nicht weniger als einem halben Dutzend *perfecti*, aber sie bildeten keine fest gefügte, kohärente Gruppe. So wird Peter Pollan, der katharische Bischof des Razès, nur erwähnt, als ein *perfectus* namens Bernhard von Montolieu dem Zeugen Wilhelm Sicred erzählte, der Bischof habe sie heimlich verlassen und sich »mit allem Geld und allen wertvollen Sachen davongemacht«. Wahrhaftig fand dann Wilhelm Sicred nach einigem Suchen auf einem Berg bei La Bezole, etwa zehn Kilometer südwestlich von

Limoux, drei in der Erde vergrabene, mit Geldmünzen gefüllte Flaschen, die er einige Tage später Bernhard von Montolieu und Bernhard Acier zurückgab. Schließlich schien Bernhard Acier zum Schluss gekommen zu sein, dass es auf diese Art nicht weitergehen konnte, und so suchte er mit Peter von Camia, einem anderen *perfectus*, seinen Nachbarn Wilhelm Sicred im Dorf Corrèze auf (an der Aude, etwa drei Kilometer flussaufwärts von Couffoulens entfernt) und schlug ihm vor, er solle sie in die Lombardei begleiten. Wilhelm aber sagte ihnen, er könne nicht mitkommen, weil es ihm an Geld fehle. Bernhard Acier sollte die Lombardei nicht erreichen. Die Unterredung zwischen den drei Männern fand etwa zu Mittfasten des Jahres 1258 statt. Noch im selben Jahr wurde Bernhard Acier verhaftet und nach Carcassonne gebracht. Dort »bekehrte« man ihn zum katholischen Glauben, und er legte ein Geständnis ab, in dem er auch Wilhelm Sicred belastete. Mit einigen der anderen begab sich Wilhelm daraufhin nach Rocamadour, »um die Kirche und das Oratorium der gebenedeiten Jungfrau Maria zu besuchen« – dies war möglicherweise der verspätete Versuch einer Bußwallfahrt, die er bei einer früheren Befragung durch die Inquisitoren im Jahre 1250 zugesagt hatte. Im Oktober 1259 jedenfalls befand sich auch Wilhelm Sicred in den Händen der Inquisitoren.[500]

Die tief greifende Veränderung im Umfeld der katharischen Kirche im Bergland südlich von Carcassonne zeigt mikroskopisch, was sich draußen in der Welt zugetragen hatte. Im beginnenden 13. Jahrhundert stand diese Region unter der Herrschaft mächtiger Adliger, Vasallen der Trencavel, wie etwa der Herren von Termes, Fanjeaux und Montréal. Diese Männer erlaubten den katharischen Geistlichen, frei in ihren Territorien umherzureisen, sie hießen sie auf ihren *castra* willkommen, hörten ihre Predigten und gestatteten sogar ihren Familienmitgliedern, *perfecti* oder *perfectae* zu werden. In den 1250er Jahren war das alles verschwunden: Ein *perfectus* wie Bernhard Acier lebte in ständiger Unsicherheit und Angst und konnte sich weder auf den lokalen Adel noch auf eine katharische Hierarchie stützen. Das Katharertum war auf der sozialen Skala abgesunken, und es blieben nur wenige adlige Schirmherren, während die meisten katharischen Geistlichen gefangen genommen oder in die Lombardei geflohen waren. Selbst wenn er die Fähigkeit dazu gehabt hätte, wäre Bernhard Acier nicht in der Lage gewesen, die Literatur seines Glaubens zu studieren oder sein Wissen anderen weiterzugeben. Stattdessen wirkte er nur in kleinen und unkoordinierten Versammlungen von Gläubigen oder bei Treffen mit Einzelpersonen.[501] Die Geschichte der Inquisitoren im Languedoc in den ersten fünfundzwanzig Jahren ihrer Tätigkeit war wahrhaftig kein uneingeschränkter Erfolg – Gewaltausbrüche gegen einzelne Inquisitoren und zeitweilige erzwungene Einstellung ihrer Aktivitäten charakterisieren die Probleme. Dennoch funktionierte die inquisitorische Maschinerie gut genug und oft so gut, dass ein erfolgreicher Widerstand schwierig wurde. Wiederum ist der Fall Bernhard Acier lehrreich. Als der *perfectus* in Gefangenschaft geraten war, eilte Wilhelm Sicred nach Carcassonne, um herauszufinden, was er gesagt hatte. Hier unterrichtete ihn ein anderer *perfectus*, Vital von Paulmiano, dass Bernhard Acier den Inquisitoren von ihm (Vital) berichtet habe, »und wenn er noch nicht über diesen Zeugen (Wilhelm Sicred) gesprochen hat, so wird er es jetzt tun und diesen Zeugen und seine Handlungen offenbaren; und er riet ihm, aus diesem Lande zu fliehen«.[502]

Zur gleichen Zeit, als die katharischen Gemeinschaften – weitgehend vergeblich – versuchten, eine zusammenhängende Struktur und Ideologie aufrechtzuerhalten, gewannen die Truppen der Kirche an Stärke. Obwohl die Struktur der italienischen Stadtstaaten der katholischen Kirche nicht so sehr entgegenkam wie die 1229 im Languedoc durchgesetzten politischen und religiösen Machtverhältnisse, gab es auch in Italien eine bemerkenswerte inquisitorische Dynamik, die von einer wirkungsvollen Widerlegung der katharischen Glaubensprinzipien gespeist wurde. Bisweilen vereinigten sich beide Aspekte in einer Person wie im Falle des früheren Katharers Rainieri Sacconi oder des Theologieprofessors Moneta von Cremona. Sogar der Mord an einem führenden Inquisitor wie Peter von Verona konnte in einen Sieg verwandelt werden: Peter »der Märtyrer« erhielt rasch Kultstatus als Symbol für das Gute, das vom Bösen niedergeschmettert worden war. Und die vor 1209 verachtete und weitgehend machtlose katholische Kirche im Languedoc stand jetzt unter dem Schutz eines Königs, der Simon von Montfort als Helden des Glaubens betrachtete, und profitierte von königlicher Freigebigkeit und der Wiederherstellung des Kirchenzehnten.[503] Die deutlichsten Auswirkungen waren in den Städten, vor allem in Städten mit Bischofssitzen, spürbar, wo die Bischöfe – neben den Spezialisten aus den Predigerorden – an den Maßnahmen der Inquisition aktiven Anteil nahmen.[504] Aber auch ländliche Gegenden waren betroffen, vor allem durch den Erlass synodaler Statuten ab der Mitte des 13. Jahrhunderts. Diese Statuten stützten sich auf Vorschriften, die auf dem Vierten Laterankonzil von 1215 entwickelt worden waren, und spiegelten die Tendenzen einer episkopalen Gesetzgebung in Frankreich seit dieser Zeit wider. Es ging dabei um Normen für den Klerus und die Praktizierung des Glaubens in den einzelnen Diözesen, die jedoch nicht nur durch Anweisungen, sondern auch durch Visitationen und örtliche Klerikerversammlungen verbreitet und durchgesetzt wurden.[505] Diese Veränderungen vollzogen sich in einem überraschend günstigen wirtschaftlichen Klima. In seiner Studie über karitative Maßnahmen im Toulouse des 12. und 13. Jahrhunderts konnte John Mundy zeigen, dass die »Erholung« von den Albigenserkriegen bemerkenswert schnell vonstatten ging, sodass zwischen 1230 und

Ludwig IX. der Heilige (1226–1270). Der fromme und zugleich machtbe- wusste Herrscher bekämpfte das bereits geschwächte Katharer- tum und band die Länder des Languedoc enger an die französische Monarchie.

1250 neue karitative Einrichtungen gegründet und unterhalten werden konnten.[506]

Es ist häufig zu beobachten, dass wirtschaftliche Prosperität viel zur Versöhnung einer Bevölkerung mit einem neuen Re- gime beiträgt. Ludwig IX. verstärkte diese Tendenz durch eine Serie geschickter Restituierungen, namentlich zwischen 1259 und 1262[507], sowie Rehabilitierungen von Adligen wie etwa Oli- vier von Termes. Auch wenn sich Raimund VII. immer wieder über die Dominikaner beschwerte, kam sein Widerstand nach 1242 zum Erliegen. Als er starb, fiel die gesamte Region an den Kapetingerprinzen Alfons von Poitiers, und damit hatte die »Unzuverlässigkeit« des Hauses Toulouse ein Ende. Alfons war ein eifriger Förderer der Kirchentreuen, und da die Kirche es ablehnte, dass man Haftstrafen mit Geldzahlungen kompensie- ren konnte, wurden vermehrt Gefängnisräume zu Verfügung gestellt. Die Beamten des neuen Grafen verfolgten rigoros die Konfiszierung von Vermögen überführter Häretiker.[508] Mehr noch: Der Beginn der neuen Regierung unter Alfons von Poitiers fiel mit der Gewährung größerer Freiheiten für die Inquisitoren zusammen, nachdem sie sich 1248 und 1249 von einer Kooperation zurückgezogen hatten. Es war dies ein Protest gegen die ihrer Meinung nach zu milde Haltung des Papstes Benedikt IV. gegenüber verurteilten Häretikern, und der Protest hielt bis 1254 an, als der neue Papst Alexander IV. ihren Forderungen nachgab. Im Jahre 1256 erhielten sie sogar die Erlaubnis, sich gegenseitig von Verstößen gegen das kanonische Recht freizusprechen.[509] Innerhalb von 50 Jahren hatte sich das gesamte Umfeld verändert, und die Katharer wandelten sich von angesehenen Reformern zu *maquisards* und dann von *maquisards* zu Flüchtlingen.

SECHSTES KAPITEL

Letzte Versuche des Überlebens.
Das Ende der Katharer

Die Brüder Autier, Morgenluft für Katharer

Bertrand von Taix war ein Ritter aus Pamiers im Pays de Foix. Er wurde vermutlich um 1250 in eine häretische Familie hineingeboren, denn sein Vater Isarn war möglicherweise bereits 1236 als »halsstarriger Ketzer« verdammt worden, während man seine Mutter Ava dazu verurteilt hatte, wegen ihrer Ketzerei Bußkreuze zu tragen. Bertrand selbst endete als nicht bußfertiger Häretiker, der immer noch »an die Irrtümer der Manichäer« glaubte. Um das Jahr 1300 prahlte Bertrand gegenüber seiner Magd Margarita, dass er in seiner Jugend als Führer für Häretiker gedient und sie zu »verschiedenen Orten« geführt habe. So war sein Ruf beschaffen, dass ihn einmal Roger Bernhard III., Graf von Foix, warnte, er könne deshalb seine Ländereien verlieren, aber Bernhard hatte geantwortet, »das fürchte er nicht, solange seine Mutter, auf deren Land sie sich aufhielten, noch am Leben wäre«.

Allein, zu der Zeit, als er Margarita diese Geschichte erzählte, hatte er seine Sorglosigkeit bereits weitgehend verloren. Im Jahre 1272 hatte man ihn vor den Inquisitor Wilhelm Raimund zitiert, der zwar von Carcassonne aus wirkte, sich jetzt aber in Varilhes aufhielt, etwa auf halbem Wege zwischen Pamiers und Foix. Er hatte ein Geständnis abgelegt, das vom Notar aufgezeichnet wurde, und hatte sich wohl auch irgendeiner Art Buße unterzogen. Im Jahre 1300 dann war er mit Hugeta verheiratet, einer Frau, die seinen Glauben nicht teilte und der er deshalb nicht trauen konnte, und da es in Pamiers keine Gesinnungsgenossen gab, fühlte er sich isoliert und bedrückt. Hugeta war seine zweite Ehefrau. Sechs Jahre zuvor, 1294, hatte ihm Flors, seine erste Frau, seine Sympathien für die Häretiker vorgeworfen und beklagt, dass so viele Leute in der Gegend wegen ihrer Unterstützung der Häretiker ins Elend gekommen seien. Von Hugeta hatte sich Bertrand mehr erhofft, und so muss sie für ihn eine arge Enttäuschung gewesen sein, denn die Heirat war arrangiert und kam wohl auf Grund einer falschen Identität zustande. Bertrand erzählte jedem, der ihm sympathisch vorkam, er habe gemeint, sie sei die Tochter des Poncius Esshaura von Larnat (wohl eine Familie mit katharischer Überzeugung), stattdessen stellte sie sich als Tochter eines gewissen En Esshaura von Larcat heraus. Die nachbarschaftliche Lage der beiden Bergdörfer – sie sind nur drei Kilometer Luftlinie voneinander entfernt – und die Ähnlichkeit der Namen mögen seinen Irrtum erklären. Er brach in Tränen aus, als er dies Blanca, der Frau seines Neffen Wilhelm von Rodes und einer der Töchter des Poncius, erzählte (wohl um 1301). Sie jedoch scheint sich ihm gegenüber nicht sonderlich trostreich verhalten zu haben. Sie eröffnete ihm nämlich, dass in Wahrheit alle ihre Schwestern verheiratet seien, außer einer, und die sei Nonne geworden. Seinen Kummer erhöhte noch, dass es in der Stadt keine katharische Gemeinde mehr gab; offensichtlich hatte er die Hoffnung gehegt, seine Heirat könne diesen Zustand etwas ausgleichen. Im Jahre 1294 hatte er gegenüber einem jungen Verwandten, Wilhelm Bernhard aus Luzenac (am Oberlauf der Ariège), geklagt, die Zeiten seien inzwischen so beschaffen, dass es nur einen Mann im gesamten Pamiers gebe, mit dem er über seinen Glauben sprechen könne. Früher dagegen, so fuhr er fort, »konnte er mit so vielen Adligen der Gegend, Gläubigen der guten Leute, sprechen wie er nur wollte«. Irgendwann vor 1301 hatte er Gelegenheit, mit einer in Pamiers wohnenden Frau aus Foix zu sprechen, aber sie wurde als Häretikerin überführt, und ihr Haus wurde niedergebrannt.

In den frühen Jahren des 14. Jahrhunderts war somit der einst so kühne *ductor* der Häretiker darauf verwiesen, sich in bitter-mürrischen Klagen über seine Frau und seine Nachbarn zu er-gehen. Er war am Ort wegen seiner anti-klerikalen Haltung wohl bekannt. Als er einmal von Bonet Davy, dem Vater von Johann Davy, einem Ratsherrn der Stadt Pamiers, wegen seiner unbe-dachten Reden getadelt wurde, hatte er aufgebracht versetzt, dass er (Bonet) für den Untergang der Stadt verantwortlich sei, weil er die Niederlassung der Dominikaner befürwortet hatte. Einmal fragte ihn der Bischof von Pamiers, Bernhard Saisset, wen er mehr hasse, den Klerus oder die Franzosen. Bertrand von Taix antwortete, »er hasse die Kleriker mehr, denn die Kleriker hätten die Franzosen in diese Gegend geholt, und gäbe es keinen Klerus, wären hier auch keine Franzosen.« Der be-rühmte Bernhard Saisset, ein Anhänger des Papstes Bonifaz VIII., hatte selbst nichts für die Franzosen übrig, bekämpfte ihren wachsenden Einfluss im Languedoc und verhöhnte insbe-sondere König Philipp den Schönen, den er in einem geflügel-ten Wort scharfzüngig einen »nichtsnutzigen Uhu« nannte. Der Konflikt wurde immer heftiger, französische Beamte nahmen Saisset im Oktober 1301 in seinem Bischofspalast gefangen, er wurde des Verrats und der Häresie angeklagt, und es kam des-halb zu einem erbitterten Streit zwischen dem König und Papst Bonifaz VIII., schon im erregten Vorfeld des Attentats von Anagni und des späteren Templerprozesses. Die Kurie rief Sais-set aber im Februar 1302 nach Rom, und wenn die örtliche Überlieferung zutrifft, konnte er nach einer vom Papst vermit-telten Versöhnung sein Amt in Pamiers ab 1304 wieder ausüben. Während einer von Bernhard Saisset zelebrierten Messe in die-sem Jahr rezitierte sein Bruder Wilhelm Saisset dem Bertrand von Taix eine *cobla*, ein Gedicht, das diesem so gut gefiel, dass er es auswendig lernte. Es basierte auf einer Dichtung des Trouba-dours Peire Cardenal; wenige Jahre später zitierte Bernhard das

Gedicht in Anwesenheit seines Neffen Wilhelm Bernhard. Das Hauptthema der *cobla* war die Heuchelei der Kleriker, die sich als Hirten ausgeben, in Wirklichkeit aber nichts als Mörder sind!

In dieser aufgewühlten Situation wurde Bertrand von Taix, der in der Wolle gefärbte alte Katharer, durch eine Neuigkeit förmlich elektrisiert: Im Jahre 1298 oder 1299 kehrten die Brüder Peter und Wilhelm Autier aus Ax (einer kleinen Stadt im Sabarthès, sechzig Kilometer flussaufwärts von Pamiers gelegen) aus der Lombardei in diese Gegend zurück. Im lombardischen Exil hatten sie in den letzten drei oder vier Jahren gründliche Unterweisung im katharischen Glauben erhalten und schließlich auch das *consolamentum* empfangen. Die Anwesenheit zweier aktiver *bonshommes* in einer Gegend, in der es noch kurz zuvor keinerlei katharische Geistliche gab, ermunterte Bertrand sehr. Sogleich schickte er den Brüdern ein Quantum Wein und sprach oft davon, persönlich nach Ax zu reisen, um die beiden zu treffen – unter dem Vorwand freilich, er besuche die heilenden Wasser von Ax, denn die dortigen Heilquellen waren seit der Römerzeit berühmt. Einen indirekten Kontakt konnte er über Peter Autiers illegitime Schwester Guillelma herstellen, der er zum ersten Mal um 1301 begegnete, als sie noch ein junges Mädchen war. Damals kam sie mit Bartholomäus Barravi aus Tarascon, um Leinenzwirn für Raimunde von Tarascon, Peter Autiers Schwester, zu kaufen, bei der sie aufwuchs. Guillelma wartete in der Küche von Bertrands Haus, während Bartholomäus Saumtiere aussuchte, die den Einkauf das Tal hinauf transportieren sollten. Als man Bertrand unterrichtete, wer sie wäre, »legte er ihr seine Hand auf ihren Kopf und sagte, da sie die Tochter Peter Autiers sei, liebe er sie sehr, denn Peter sei ein guter Mensch und gewohnt, gute Gastfreundschaft zu gewähren.« Drei Jahre später erhielt Bertrand wiederum Besuch von Guillelma, diesmal in Begleitung ihres neuen Ehemanns Wilhelm Carramati, Schneider aus Tarascon. Wilhelm war

Bertrands Neffe, der Sohn seines verstorbenen Bruders Isarn, und Bertrand bemühte sich nach Kräften, sie zur Niederlassung in Pamiers zu bewegen, und bot ihnen sogar ein Haus an, wenn sie sich dazu entschließen könnten. Dann, so meinte er, könne er sich voll und ganz mit katharischen Angelegenheiten befassen und auch mit denen ihres Vaters, »den er seit seiner Rückkehr in dieses Land noch nicht habe treffen können, obwohl er es mehrfach versucht hatte«. Offenkundig hat man das Angebot nicht angenommen. Als Guillelma nach ihrer Rückkehr nach Tarascon darüber Raimund von Rodes und Blanca, der Frau Wilhelms von Rode, berichtete, meinten beide, »sie solle nicht davon sprechen, denn wenn sie es täte, würde nur Übles über sie kommen.« Hier nun lag die Ursache für Bertrands fortgesetzten Groll. »Der Glaube von Wilhelm und Peter Autier ist gut«, hatte er Wilhelm von Rodes im Jahre 1300 gesagt, aber »sie erduldeten viel Böses und viele Gefahren im Dienste für Gott, sie wagten aber nicht, sich in aller Öffentlichkeit zu bewegen, denn die Kirche verfolgte sie und beging damit eine große Sünde«.[510]

Bertrand von Taix war ein kleiner städtischer Adliger und sein Leben lang ein katharischer Gläubiger. Er war nicht immer so vorsichtig, wie er hätte sein sollen, aber zwischen den 1270er Jahren bis zu seinem Tod nach 1306 ging von ihm keine wirkliche Bedrohung der Orthodoxie aus. Er erging sich meist in nutzlosem Murren über die mögliche Verräterei seiner Frau und über die Schlechtigkeit des Klerus. Er war nicht imstande, eine aktive Rolle in der katharischen Kirche zu spielen, und besuchte – trotz seiner anti-klerikalen Haltung – regelmäßig den Gottesdienst. Indessen, weiter oben im Ariègetal hatten die Brüder Autier beschlossen, nicht länger in Passivität zu verharren, sie erkannten, dass ihre Seelen in Gefahr waren und dass sie für sich selbst und andere handeln müssten. Ansonsten waren sie ganz ähnlich geartet wie Bertrand. Keiner von ihnen war jung, sie waren Bertrands Altersgenossen, und sie entstammten einem katharischen Umfeld: Zwei ihrer Vorfahren, Peter und sein Sohn Raimund, waren bereits 1237 als Katharer entdeckt worden. Beide hatten als erfolgreiche Notare eine gehobene soziale Stellung, während Bertrand von seinen Einkünften lebte. Beide waren mit Roger Bernhard, dem Grafen von Foix, bekannt. Alle drei Männer hatten Familie; Peter wohl mehr als eine, denn er hatte eine Geliebte und auch illegitime Kinder.[511] Keiner von ihnen jedoch befand sich in der Position, über die katharische Kirche eine Art Patronage auszuüben, wie die unterschiedlichen Karrieren Bertrands von Taix und Peter Autiers deutlich zeigen. Im beginnenden 14. Jahrhundert war das Katharertum im Languedoc somit vollständig abhängig vom Charakter und den Handlungen einer ganz begrenzten Anzahl von Einzelpersonen. Als die Autiers um 1299 mit ihrem Wirken begannen, waren die Umstände für eine solche Initiative vorübergehend günstig, jedoch eher zufällig, als geplant. Bernard Saisset war von seinem Hass auf die Franzosen und den politischen Umtrieben gegen Philipp den Schönen und seine Helfer dermaßen absorbiert, dass er sich wohl nicht allzu sehr um die Verfolgung der Katharer kümmerte. Graf Roger Bernhard war trotz seiner orthodoxen Fassade offenkundig ein heimlicher Sympathisant der Katharer, denn er wurde auf dem Sterbebett 1302 von Peter Autier in den Kreis der vollkommenen Katharer aufgenommen.[512] Sowohl Gottfried von Ablis, Inquisitor in Carcassonne ab etwa 1303, sowie der 1307 für das Toulousain ernannte Inquisitor Bernhard Gui kannten die Rolle dieser Personen sehr genau. Sie waren entschlossen, die Gruppe um die Brüder Autier zu zerschlagen. Im Jahre 1312 hatten sie damit Erfolg, und damit brach die seit einem Jahrzehnt während Neubelebung des Katharertums durch die Autiers in sich zusammen.

Nachdem sie sich entschlossen hatten, in die Lombardei zu gehen, trafen die Brüder Autier eine Reihe sorgfältig überlegter Vorkehrungen. Peter beispielsweise besuchte seinen Schwiegersohn und Mitnotar Arnold Textor im nahe gelegenen Lordat und verkaufte sein Vieh auf dem Markt von Tarascon-sur-Ariège. Der Wegzug so bekannter Personen musste in diesen kleinen Gemeinden auffallen, der Grund für die Abwesenheit jedoch blieb Gegenstand von Spekulationen und Gerüchten; einige nahmen an, sie seien von der Lepra befallen, andere meinten, sie hätten Verbrechen begangen, wieder andere glaubten, sie hätten »wegen Ketzerei« die Gegend verlassen.[513] In der Lombardei blieben sie eine Zeit lang in Cúneo, Asti und Como, wo sie nach einer Studienzeit von drei oder vier Jahren schließlich das *consolamentum* erhielten.[514] Ihre Rückkehr erfolgte ebenso konspirativ. Einige Familienmitglieder hatten sie begleitet, aber sie hielten immer Kontakt mit anderen Verwandten und einem engen Freundeskreis im Sabarthès; manche hatten sie auch in der Lombardei besucht.[515] Wilhelm Bonus, Peter Autiers illegitimer Sohn, war ihnen nach Ax vorausgeeilt, um zu prüfen, ob der Ort sicher sei. Nach der Ankunft blieben sie zwei Wochen im Haus ihres Bruders Raimund, bevor sie Arnold Textor über ihre Anwesenheit informierten.[516] Diese ersten vorsichtigen Schritte waren durchaus gerechtfertigt, denn beinahe wären sie im Laufe des Jahres gefangen worden und konnten nur dank ihres Netzes von Verwandten und Freunden entkommen. Im Jahre 1300 wurden sie von einem gewissen Wilhelm Déjean, der sich als katharischer Gläubiger ausgegeben hatte, bei den Dominikanern in Pamiers denunziert. Allerdings wurden sie von Raimund von Rodes, der als »guter Freund« von Peter und Wilhelm Autier beschrieben wird und selbst Dominikaner in Pamiers war, gewarnt. In den Inquisitionsakten wird Raimund als *explorator* oder Spion der Häretiker bezeichnet: »Wenn sich irgendetwas ereignete oder gegen sie unternommen wurde in Pamiers und den umliegenden Gebieten, unterrichtete er sie davon oder sandte Boten, um sie zu warnen.« Unter solchen Bedingungen nahm Hilfe bisweilen die Form abschreckender Gewalt an.

Auch wenn nicht zu belegen ist, dass die Familie Autier beteiligt war, wurde Wilhelm Déjean, der Denunziant, später Opfer eines Angriffs: Er wurde von zwei katharischen Gläubigen, Philipp von Larnat und Peter von Area, so stark verprügelt, dass er nicht mehr sprechen konnte. Man brachte ihn in die Berge oberhalb von Larnat und warf ihn von einem hohen Felsen in eine Schlucht, wo man seinen Leichnam nie mehr finden würde.[517] Bei einer anderen Gelegenheit fand man Arnold Lizier aus Montaillou, einem abgelegenen Dorf am Westrand der Hochebene zwischen den Oberläufen der Ariège und der Aude, tot auf dem Weg zur Burg – vielleicht wegen der Bemerkung Wilhelm Autiers, er könnte offen auf dem Dorfplatz von Montaillou auftreten, wenn nur Arnold Lizier nicht wäre; so stark war die katharische Anhängerschaft in diesem Dorf.[518] Es verwundert nicht, dass die Häretiker bisweilen sehr nervös waren. Als Wilhelm Escainier aus Arques eines Abends im Jahre 1304 oder 1305 hörte, Peter Autier halte sich gerade im Hause seines Schwagers Wilhelm Botolh auf, beschlossen er und seine Mutter, ihn zu besuchen. Am nächsten Morgen überraschten sie Peter, wie er gerade am Feuer saß und einen Fisch in der Pfanne briet. Als Wilhelm Escaunier rief: »Ist da wer?«, erschrak sich Peter so, dass er aufsprang und fortlaufen wollte. Marquesia, Wilhelms Schwester, beruhigte ihn jedoch und sagte ihm, er brauche sich nicht zu fürchten.[519]

Man kann deshalb davon ausgehen, dass sich die intensivsten Aktivitäten der Autier-Gruppe in ihrem heimatlichen Territorium Sabarthès abspielten, von wo aus sie ihren Einfluss nach Osten ausdehnten, in das Pays d'Aillon, ins Razès und in die Fenouillèdes südlich von Carcassonne (vgl. Karte 7). Diese Gegenden liegen deutlich tiefer in den Bergen als die Region, in der Bernhard Acier in den 1250er Jahren wirkte. Wegen ihrer engen lokalen Verbindungen bot diese Bergregion eine bessere Struktur der Unterstützung und ein besseres Kommunikations-

system als das von Bernhard und seinen Anhängern betreute
Gebiet. Allerdings beschränkten die Brüder Autier ihre Tätigkeit nicht auf diese Region, denn trotz aller Gefahren gelangte
Peter auf seinen weiten Reisen durch das Ariègetal nach Norden
bis Toulouse (wo die Katharer einen festen Sitz in einem Haus
in der Rue de l'Étoile unterhielten) sowie zu vielen der früheren katharischen Zentren im Lauragais (östlich von Toulouse)
und in den Tälern des Agout und des Tarn. Manchmal legte
Peter sogar noch weitere Wege zurück: 1302 begab er sich
nach Cahors, um zwei sterbenden Gläubigen die katharischen
Sterbesakramente zu spenden, und als man ihn im August 1309
verhaftete, hatte er sich in einem Bauernhof im 36 Kilometer
nordwestlich von Toulouse gelegenen Beaupuy-en-Lomagne
versteckt. Vidal hat insgesamt 125 Orte identifiziert, an denen
sich im beginnenden 14. Jahrhundert katharische Gläubige
aufhielten.[520] Außer Peter Autier, der wohl als Führungsfigur
angesehen wurde, fand Vidal vierzehn weitere *perfecti* oder
bonshommes in dieser Gruppe, unter anderem Peters jüngeren
Bruder Wilhelm sowie seinen Sohn Jakob, der im Jahre 1301
häretisiert wurde. Mindestens acht von ihnen erhielten von den
Autiers das *consolamentum*, nachdem sie aus der Lombardei
zurückgekehrt waren.[521]

Diese Häretiker reisten meist bei Nacht oder tarnten sich auf
die eine oder andere Weise, indem sie etwa vorgaben, Schäfer
zu sein. Jakob Autier legte sich einmal den grünen Überwurf
eines Gläubigen um und begab sich damit auf den Marktplatz
von Arques.[522] Wenn möglich, nutzten sie bekannte sichere Häuser. Nach Aussagen Peter Autiers hatten sie drei »Häuser von
Freunden« in Châteauverdun, ein sechzehn Kilometer von Ax
flussabwärts gelegenes Dorf. In Montaillou oberhalb von Ax, am
Rande des Plateaus von Sault, konnten sie in das Haus des Dorf-
pfarrers Peter Clergue, eines heimlichen katharischen Gläubigen, gelangen, indem sie einen eigens zu diesem Zweck ge-

lockerten Türpfosten entfernten.[523] Doch nicht immer standen Helfer zur Verfügung. Einmal, als Peter Autier den Wilhelm Bonus vorschickte, um Arnold Textor zu fragen, ob er eine Nacht bei ihm bleiben könne, antwortete Arnold: »Mach dich fort, du Teufel! Mach dich fort, du Teufel!« Peter meinte daraufhin, Arnold »habe schlecht gehandelt, ihn nicht zu empfangen, wo er doch sein Schwiegersohn war«. Es war wohl eher ein persönlicher als ein religiöser Grund, denn Peter hatte Arnold die grobe Behandlung seiner Frau Guillelma, Peters Tochter, vorgeworfen.[524] Aber selbst bei bereitwilliger Hilfe von Gläubigen gab es kurzzeitige Probleme: Als man Peter und Jakob Autier in Quié erwartete, mussten Bettzeug, Wein und Lebensmittel aus Tarascon, vom anderen Ufer des Flusses Ariège, herbeigeschafft werden, denn all das war an ihrem ins Auge gefassten Aufenthaltsort nicht vorhanden. Die meisten Lebensmittel stammten von katharischen Gläubigen. Die Häretiker aßen »kein Fleisch, kein Fett und nichts, in dem Fett oder Fleisch gekocht war«; ihre Helfer gaben ihnen Fische, Äpfel, Pflaumen, Feigen, Trauben, Nüsse, Haselnüsse, Brot, Öl und Wein. Bei einer solchen Diät war Fisch besonders wichtig: Einmal war es gesalzene Barbe, dann wieder eine Fischpastete oder Forelle und Salm. Als sie in Quié nichts zu essen hatten, gab ihnen eine Gläubige zwei handgroße Stücke vom Steinbutt – gewiss ein teures Geschenk, da man sich ja tief in den Pyrenäen befand.[525] Gläubige machten oft Geschenke, entweder Sachgeschenke (meist Wolle, wie in dieser Gegend nicht anders zu erwarten) oder Geldzuwendungen, immerhin in solcher Höhe, dass man es als Reserve zurücklegen konnte. Einiges Geld wurde in Ax aufbewahrt, während nach Angaben des Schäfers Peter Maury der *bonhomme* Raimund von Toulouse »den Schatz der Häretiker« – angeblich 16.000 Goldstücke – in Verwahrung hatte. Als der Druck seitens der Inquisitoren in Toulouse zu stark wurde, übergab Raimund das Geld seinem Neffen, der es nach Sizilien oder in die Lombardei brachte. Noch 1323 gab es Gerüchte, die Katharer hätten einen großen Schatz von 100.000 *livres* in Toulouse, Mirande und Castelsarrasin versteckt.[526]

Die Erfahrung des Wilhelm Escaunier, der sich auf die Suche nach einem *bonhomme* begab, damit dieser seiner sterbenden Mutter das katharische Sterbesakrament spende, zeigt die von den Häretikern ergriffenen Vorsichtsmaßnahmen selbst auf vertrautem Territorium. Wilhelm wusste, dass er im Hause der Sibylla den Balle in Ax nachfragen musste, denn sie war unter den örtlichen Gläubigen als Verbindungsfrau zum Netzwerk der Autier-Gruppe bekannt. Wilhelm scheint aber darüber hinaus keine weitere Idee zur Auffindung eines *bonhomme* gehabt zu haben.[527] Zuerst ging er einige Kilometer die Straße hinunter ins Dorf Coustaussa, wo er in einer Schenke einige Männer traf, die er als gläubige Häretiker kannte. Ein junger Mann namens Peter riet ihm, nicht alleine nach Ax zu gehen, und begleitete ihn auf dem Rest des Weges. Es war wahrhaftig keine leichte Reise. Nach Coustaussa folgten sie dem Tale der Aude bis Quillan, erklommen auf steilem Aufstieg die Hochebene von Sault, und dann ging es hinunter nach Ax auf der Westseite der Hochebene – immerhin eine Entfernung von achtzig Kilometern. In Ax machte er Station im Haus seines Bruders Raimund, bevor er Sibylla den Balle aufsuchte. Sie fragte ihn, ob er ein Gläubiger sei und wer ihn begleite, und versprach nachzusehen, ob jemand verfügbar wäre. Er solle nach dem Abendessen wiederkommen. Das tat er auch, nur um zu erfahren, dass er wieder gehen und auf dem Friedhof warten solle. Er, Peter und sein Bruder gingen zum Friedhof und warteten dort lange auf Sibylla, und, wie er sagte, regnete es, und es war finstere Nacht, und dann sagte sein Bruder zu ihm »Was machen wir hier?«, und er antwortete, man warte auf Sibylla den Balle; sie wolle einen Mann herbeibringen, der mit ihnen gehen würde, und sein Bruder, dem die ganze Sache verdächtig vorkam, sagte zu ihm »Und wer ist dieser Mann?«, und er versetzte, »Ich weiß es nicht«, und während sie auf diese Weise auf dem Friedhof miteinander sprachen, näherte sich Sibylla mit dem Ketzer Prades Tavernier, auch Andreas von Prades genannt. Und weil es dunkle Nacht war, konnten sie sich gegenseitig nicht sehen, und Sibylla fragte »Wer ist da?«, und er erklärte ihr, wer er sei, und dann sagte Sibylla: »So, hier ist er, gehe mit ihm, aber gehe nicht die *via de Balneis* entlang, sondern nimm den Weg über die alte *Villa*, damit dich niemand sieht.« Daraufhin kam es zu einem Streit zwischen Wilhelm und seinem Bruder Raimund, in deren Verlauf Raimund drohte, alles dem Pfarrer zu erzählen, aber am Ende war er widerstrebend einverstanden, sie zu begleiten, auch wenn er murrend hinter ihnen hertrottete.

Sie verbrachten die Nacht auf einem bewaldeten Berg namens »Concaga«, bevor sie am nächsten Morgen nach Coustaussa aufbrachen. Hier kamen sie zu einem anderen katharischen Haus, setzten aber ihren Weg bei Tageslicht nicht fort. In der Zwischenzeit empfing Prades Tavernier einige Gläubige, die ihn dort aufsuchten. »Und nach Mitternacht gingen sie mit dem Ketzer und anderen hinaus, und sie gingen nach Arques, und als sie das Haus betraten, in dem die kranke Mutter lag, fanden sie sie schwer krank und nicht ganz bei Sinnen vor. Und dann näherte sich der Ketzer dem Bett der kranken Frau und sprach mit ihr, aber sie redete irre und wiederholte immer nur ›Oh, oh!‹, und der Ketzer begann sich zu fragen, ob er sie in seine Sekte aufnehmen solle. Und da er im Zweifel war und es schon zu tagen begann, rief man Raymonda, die Schwiegermutter des Peter und auch sie eine Gläubige der Ketzer, und nach einiger Zeit entschloss sich der Ketzer, dass er sie in seine Sekte aufnehmen wolle, und beugte viele Male seine Knie auf einer Bank vor dem Bett der kranken Frau. Alsdann nahm er ein bestimmtes Buch, legte es auf ihren Kopf und machte sie zur Ketzerin.«[528]

In einer solchen Welt bemühten sich die Autiers und die sie

umgebenden *bonshommes*, die Kathererkirche zu neuem Leben zu erwecken, indem sie bekehrten, predigten und Sterbende in ihre Kirche aufnahmen. Die Familie Autier bildete den Kern dieser Neubelebung, und solange dies der Fall war, beruhte die katharische Unterweisung weiterhin auf einer Schriftkultur, mit der die Brüder wohl vertraut waren. Sie waren, wie es die katharische Gläubige Sibylla von Arques ausdrückte, »Schreibkundige und kannten sich in den Gesetzen aus«. Nach ihrem Verständnis kamen sie zu ihrem Glauben, »als Peter eines Tages in seinem Hause in einem bestimmten Buch las, im Beisein seines Bruders Wilhelm, und ihm sagte, auch er solle dieses Buch lesen«. Das Buch selbst wurde Peter Autiers Schwiegersohn Arnold Textor in Verwahrung gegeben, solange sie sich in der Lombardei aufhielten; bei ihrer Rückkehr gab er es ihnen wieder zurück. Es könnte sich um jenes hübsche Buch mit rotem Ledereinband gehandelt haben, das ein Zeuge bei der Inquisition des Bischofs von Pamiers erwähnte. Manchmal nahm Peter dieses Buch als Ausgangspunkt für seine Unterweisungen – dann las sein Sohn Jakob daraus vor, und Peter erläuterte den Inhalt in der Volkssprache. Wenn immer möglich, wandten sich die Katharer bei der Verbreitung des Glaubens an gebildete Familien. Ihr gemeinsamer Freund Wilhelm Bayard von Tarascon – Peter Autier nannte ihn »einen wackeren Mann und guten Schreiber, der ihre Bücher gelesen hatte und ihren Glauben und ihre Glaubensgemeinschaft gut kannte« – hatte zwei Söhne, Richard und Matthäus. Peter Autier sagte, die beiden seien so wie im Gleichnis Christi von den Talenten, »denn nach allen Kräften überzeugten sie andere Personen, den Glauben der Ketzer anzunehmen, sodass sie verdoppelten, was immer sie von den Ketzern empfingen«.[529]

Nicht alle *bonshommes* des Autier-Kreises waren so gebildet: Prades Tavernier beispielsweise war ein früherer Weber und galt als einfacher Mann, der nicht lesen und schreiben konnte.[530]

Obwohl sie ihm die Weihen eines *bonhomme* gegeben hatten, schätzten ihn die Autiers nicht sonderlich hoch, weil sie ihn für unwissend hielten. Für sie war die Fähigkeit zu lesen und zu schreiben eine machtvolle Waffe unter all den schriftunkundigen Gläubigen, bei denen Buchgelehrsamkeit in hohem Ansehen stand. Die naiv erzählte Geschichte der Sibylla von Arques, wie die Brüder Autier durch das Lesen eines Buches zum katharischen Glauben bekehrt wurden, ist bezeichnend, aber noch offensichtlicher ist Wilhelm Balles Erinnerung an ein Gespräch mit Peter Maury. Beide Männer waren Wanderschäfer aus Montaillou. Sie unterhielten sich über die kürzliche Einkerkerung zweier anderer Schäfer mit Namen Wilhelm und Arnold Maurs, und Peter hatte gemeint, dies sei das Werk des Bischofs von Pamiers, eines Mannes, »dessen Geist nach seinem Tod niemals Ruhe und Frieden haben werde«, denn er verfolge diejenigen, »die wir Häretiker nannten«. Wilhelm Balle stimmte Peter Maury zu, war aber erstaunt darüber, »wie es sein konnte, dass der Bischof als des Schreibens und Lesens kundiger Mann nicht wusste, wie gesagt wird, ob die Häretiker einen besseren Glauben hatten als er und umgekehrt.« Peter Maury entgegnete, der Bischof wisse nichts im Vergleich zu den Häretikern. Vor seinem Verbrennungstod hatte Peter Autier entsprechend geäußert, »wenn man ihm erlaubt hätte zu sprechen und den Leuten zu predigen, hätte er das ganze Volk zu seinem Glauben bekehrt«.[531]

In der Praxis hatte Peter Autier niemals die Gelegenheit zu einem großen Auftritt, denn die Umstände erforderten es, dass die *bonshommes* den kumulativen Effekt vieler kleiner Versammlungen nutzen mussten, die häufig vor oder nach den Mahlzeiten im Hause eines vertrauenswürdigen Gläubigen abgehalten wurden. Ein typisches Treffen fand im Haus des Martin Francissi in Limoux statt, als sich dort eine kleine Gruppe aus Arques, bestehend aus Wilhelm Escaunier, seiner Schwester Marquesia (Ehefrau des Wilhelm Botolh) und Sibylla von Arques einfand, um Peter Autier zu besuchen. Sie brachten ihm Fische mit, die man dann in einem Gemeinschaftsmahl aß. Die Zuhörerschaft schien aus fünf Personen zu bestehen: die drei Besucher sowie Martin und seine Frau oder Konkubine. Vor dem Essen sprach Peter Autier über den Glauben, wobei Wilhelm Escaunier behauptete, er könne sich nicht mehr genau erinnern, was gesprochen wurde. Wenn er die Wahrheit sagt, dann beschränkte sich Peter auf eine Reihe moralischer Vorschriften – an die sich Wilhelm erinnerte –, oder Wilhelm hatte die Grundlagen des Glaubens nicht begriffen (und deshalb auch nicht behalten), auf die sich diese Vorschriften bezogen. Vermutlich war die Ansprache Peters auf die Zuhörerschaft zugeschnitten. Peter Autier sagte, »in keinem Fall sollten sie das nackte Fleisch einer Frau berühren und dass sie nicht Böses mit Bösem vergelten sollen, denn Gott habe es verboten, auch sollten sie weder lügen noch irgendetwas töten, außer allem, was sich auf dem Bauch über den Boden hinzieht, und wenn sie die Straße entlanggehen und eine Geldbörse oder einen Geldbeutel finden, dann sollten sie es nicht anrühren, bis sie sicher seien, dass es einem Gläubigen gehört, und erst dann sollen sie es nehmen und ihm zurückgeben.« Bevor sie sich später am Abend zum Schlafen legten, zeigten sie Wilhelm Escaunier, wie die Zeremonie des *melioramentum* durchzuführen sei.[532]

Auf diese Art verbreitete sich die katharische Botschaft, denn der erste Kontakt Sibyllas von Arques zu den Katharern ergab sich bei Predigten und Unterweisungen in solchen kleinen Zusammenkünften, nachdem ihr Ehemann, der Bauer Raimund Peter, im Hause der Sibylla den Balle in Ax den Brüdern Peter und Wilhelm Autier zugehört hatte. Er war so überzeugt von ihren Erklärungen, dass er bei seiner Rückkehr nach Hause seiner Frau sagte, »wenn die guten Christen in ihr Haus kämen, sollten sie sie freundlich empfangen«. Auf dieser Versammlung hatten die Autiers betont, die Erlösung könne nur durch die katharische Kirche erreicht werden, deren Geistliche ja ein asketisches und moralisches Leben führten, und nicht durch die katholische Kirche, deren Priester schlechte Menschen seien und nichts anderes könnten, als Geld zu scheffeln, und deren Sakramente nichts taugten. Wenn die Welt zu ihrem Ende kommt, würde sich die Erde in »eine lodernde Hölle« verwandeln, so erzählte Raimund Peter seiner Frau, und »die Gesegneten werden jene sein, die gut beschuht sind«. Damit meinte er die Häretiker und alle, die man bei ihrem Tod zu Häretikern gemacht hatte.[533]

Nur wenige der Handwerker und Schäfer – die Mehrheit der Zuhörerschaft bei solchen Zusammenkünften – konnten damit rechnen, noch zu ihren Lebzeiten den Status eines *bonhomme* zu erreichen. Alle aber, die von der katharischen Kirche als alleinigem Weg zur Erlösung überzeugt waren, wünschten, sie und ihre Familien könnten in ihrer Todesstunde häretisiert werden.[534] Ein gewisser Bernhard Arquié aus Ax berichtete, dass sich während einer solchen Häretisierung ein Wunder ereignet habe, als »ein helles Licht vom Himmel über das Haus kam und bis zur kranken Frau in ihrem Bett strahlte«. Solche Geschichten dienten dazu, den Wunsch der Gläubigen zu stärken, vor ihrem Tod das *consolamentum* zu empfangen.[535] Für Raimund Peter, seine Familie und Nachbarn jedoch segnete kein solches Wunder ihre Verbindung zu den Katharern; für sie wurde die Häretisierung auf dem Totenbett eine Quelle schweren Unglücks und häuslicher Konflikte. Die Autiers bestanden auf der *endura* bei allen, die sie in ihrer Todesstunde zu Häretikern gemacht hatten[536], aber in einer Gesellschaft, die große Schwierigkeiten hatte zu erkennen, ob eine Krankheit tödlich ist, standen die katharischen Geistlichen und ihre Anhänger häufig vor schwierigen Entscheidungen. Die bereits erwähnte Galharda wurde von Prades Tavernier häretisiert, als sie schon nicht mehr verstehen konnte, was passierte. Ihr Sohn Wilhelm Escaunier wurde angewiesen, ihr nur noch kaltes Wasser zu geben. Nach sechs oder acht Tagen in diesem Zustand begann sich Galharda zu erholen und verlangte nach Essen. Die Weigerung ihrer Tochter Marquesia, ihr etwas zu essen zu geben, führte zu einem erbitterten Streit und brachte Jakob Autier dazu, Galharda »eine böse, alte Frau« zu nennen. Schließlich brachte ihr Sibylla, Peter Raimunds Frau, Brot und Wein und kochte ihr ein Kohlgericht. Die beiden Frauen waren sich einig, »es sei sehr dumm und albern«, unter solchen Umständen zu verhungern.[537]

Fast unmittelbar darauf durchlebte Sibylla ihr eigenes Trauma, als ihre nur wenige Monate alte Tochter Jacoba so krank wurde, dass ihr Vater ihre Häretisierung wünschte. Prades Tavernier wohnte zu dieser Zeit im Hause des Nachbarn Raimund Mauléon in Arques und wartete immer noch auf den Tod von Galharda. In der Nacht kam er zu Sibylla. Nachdem er das Kind häretisiert hatte, sagte er Sibylla, »sie solle dem Mädchen weder Nahrung noch Milch geben oder irgendetwas, das aus Fleisch geboren wurde, und wenn sie lebe, solle sie sie mit Fastenspeise ernähren.« Ihr Ehemann Raimund Peter war darüber sehr erfreut »und sagte, wenn seine Tochter in diesem Zustand sterbe, würde sie zu einem Engel Gottes werden«, aber Sibylla »konnte nicht mit ansehen, wie ihre Tochter auf diese Weise stirbt«, und sie stillte ihre Tochter, wenn ihr Mann nicht im Raum war. Der darauf folgende Streit war so ernst, »dass ihr Mann sie und ihre Tochter nicht mehr liebte und lange Zeit nicht mehr mit ihr sprach«, bis – wie Sibylla es ausdrückte – »er seinen Irrtum einsah«. In dem Streit fand Raimund Peter Unterstützung bei Peter Maury, der sie eine schlechte Mutter nannte und behauptete, alle Frauen seien Dämonen. Das Kind überlebte, bis es etwa ein Jahr alt war, und starb dann ohne häretische »Tröstung«. Auch wenn Sibylla eine unfreundliche Reaktion bei den Männern provozierte, so fand sie doch emotionale Unterstützung bei Galharda. »Und als Galharda Escaunier hörte, was ihrer Tochter widerfahren war, dass sie ihr nach der Häretisierung Milch gegeben hatte, empfand sie große Freundschaft zu ihr und wünschte, wieder Fleisch zu essen, und sie erhielt von Sibylla Fleisch, worüber ihr Mann und die anderen Gläubigen sehr erzürnt waren.«[538]

Peter Autier kritisierte später den gesamten Vorgang, denn es war seiner Meinung nach nicht richtig, ein Kind zu häretisieren, »das keinen Verstand hat«. In der Tat war es immer die Überzeugung der Katharer gewesen, dass die katholische Kirche unrecht daran tat, unwissende Kinder zu taufen. Prades Tavernier jedoch blieb uneinsichtig und beharrte darauf, dies alles sei Gottes Wille gewesen. Außerdem meinte er, die Brüder Autier wollten die Gruppe dominieren und überhaupt beanspruchten sie immer den besten Teil der Tuche, die man aus der geschenkten Wolle hergestellt hatte – ein Hinweis auf eine unterschwellige Rivalität, die über die strittige Frage des *consolamentum* hinausging.[539] Immerhin verhielt sich Prades Tavernier in der Folgezeit vorsichtiger. Als Raimund Peter selbst erkrankte und Raimund Mauléon nach Ax schickte, um einen *bonhomme* zu holen, machte sich Prades auf den Weg, weigerte sich aber, das *consolamentum* zu spenden, bis er sicher sei, dass Raimund Peter wirklich im Sterben liege. Seine Vorsicht war berechtigt, denn Raimund erholte sich bereits nach wenigen Tagen.[540] Es liegt einige Ironie im katharischen Engagement dieser Familie, denn es war Galharda Escaunier, die einst Raimund Peter und Sibylla in ihrer Trauer über den frühen Tod ihrer Tochter Marquesia im Jahr 1306 von den Segnungen der katharischen Kirche überzeugt hatte. Raimund Peters begeisterte Bekehrung hatte direkt zur Häretisierung von Galharda und Jacoba geführt, aber auch zur zeitweiligen Entfremdung von seiner Frau. Sibylla war danach von den Katharern enttäuscht und hielt sie für zu habgierig und neidisch. Soweit sie es sagen konnte, lebten Peter und Wilhelm Autier nicht so, wie sie eigentlich sollten, sondern rafften

Geld zusammen, obwohl sie nach ihren eigenen Vorschriften nur so viel erhalten sollten, damit es für das Nötigste reichte. Und wirklich hatte sie in dieser Zeit Häretiker sagen hören, die Gläubigen sollten jene verraten und töten, die sie verfolgten, denn »der Zweig des Bösen« müsse abgeschnitten und vernichtet werden. Dennoch erlaubte sie den Häretikern, ihr Haus zu benutzen, »denn sie war sehr angstvoll und liebte ihren Mann und wollte ihn nicht kränken«.[541]

Die Brüder Autier waren nicht die ersten, die ein katharisches Beziehungsgeflecht im Languedoc neu beleben wollten. Zwischen der Verhaftung des Bernhard Acier im Jahre 1259 und der Rückkehr der Autiers im Jahre 1299 gab es mindestens fünfunddreißig *bonshommes* in den traditionellen katharischen Gebieten des Albigeois, des Toulousain, des Lauragais und in der Region Ariège.[542] Wilhelm Pagès etwa überlebte ein Vierteljahrhundert; zwischen 1260 und 1285 war er besonders aktiv in der Region Saissac und im Minervois im Westen, aber seine Präsenz ist auch für Albi und Carcassonne belegt. Die Beteiligung an einem erfolglosen Anschlag zur Vernichtung von Inquisitionsakten brachte ihn 1285 schließlich in Carcassonne ins Gefängnis.[543] Es besteht kein Zweifel, dass es sich bei der genannten Zahlenangabe um eine deutliche Unterschätzung der Anzahl der *bonshommes* im Languedoc in den letzten vierzig Jahren des 13. Jahrhunderts handelt, trotzdem sind die Zahlen sehr niedrig und belegen einen jähen Rückgang, bedenkt man Sacconis bereits moderate Zahl von 200 *bonshommes* im Jahre 1250. Wie sogar die Autier-Gruppe am eigenen Leibe erfuhr, war es zu dieser Zeit extrem schwierig, irgendeine Form permanenter Organisation oder Hierarchie zu etablieren. In den 1260er Jahren kehrten nur wenige *bonshommes* für längere Zeit aus der Lombardei zurück, und die letzten bekannten Bischöfe von Albi und Toulouse hatten ihren Sitz in Sirmione. Die eng an die lokalen Gemeinden gebundenen Diakone verschwinden nach 1270 gänzlich.[544] Auch wenn viele Gläubige unter großen Opfern ihre Verbindung mit ihrer Kirche in Italien aufrechterhielten, dürften es doch wesentlich mehr gewesen sein, die – wie Philipp, ein Gläubiger aus Auriac – beklagten, dass sie von den *perfecti* verlassen worden seien und dass nun niemand mehr ihnen das *consolamentum* spende.[545]

Häretiker in der Stadtgesellschaft: Carcassonne und Albi

Die neue Inquisitorengeneration des ausgehenden 13. und beginnenden 14. Jahrhunderts verschlimmerte die Lage der Katharer noch, denn ihre Ermittlungen erfolgten ohne Pause, waren hartnäckig und kompromisslos und veranlassten den katharischen Gläubigen Bernhard Castelnau aus Dreuille, voller Verzweiflung zu fragen, ob denn die Verfolgung der *bonshommes* ewig dauern sollte.[546] Komfortabel ausgestattet mit der 1255 von Papst Alexander IV. gewährten Unabhängigkeit, standen die Inquisitoren allen lokalen Mächten furchtlos gegenüber, und natürlich erst recht den verstreuten ländlichen Gemeinden, auf denen die katharische Wiederbelebung der Autiers beruhte. Im ausgehenden 13. Jahrhundert flammten die Kämpfe zwischen den Inquisitoren und den städtischen Konsuln, die so charakteristisch für die 1230er Jahre waren, wieder auf und brachten auswärtige Mächte ins Spiel, da jede Seite bestrebt war, ihre Position zu untermauern. Besonders erbittert wurde der Konflikt in Carcassonne und Albi ausgetragen: In beiden Fällen gab es Vorwürfe, man habe wichtige und wohlhabende Bürger wegen unberechtigten Verdachtes der Häresie einer strengen Kerkerhaft unterzogen. Zwischen 1280 und ca. 1286 gab es drei Appelle der Konsuln von Carcassonne gegen das Vorgehen der Inquisition in der Stadt, gerichtet an den Papst, den König und den königlichen Kanzler sowie in einem dritten Fall an den Dominikanerprior in Paris, der für die Inquisition in Frankreich

Ecclesia militans: die Kathedrale St. Cäcilia (1285) und der Bischofspalast in Albi, die der Bischof Bernhard von Castanet als steinerne Wahrzeichen der wiedergewonnenen Kirchenmacht errichten ließ (historische Fotografie).

zuständig war.[547] Die Konsuln erzürnte insbesondere das ihrer Meinung nach ungehörige Verhalten des Inquisitors Johannes Galand, der, wie sie sagten, die vor ihm erschienen Personen »mit einem bösen und löwenartigen Gesichtsausdruck« begrüßte. Seine Untersuchungen, so klagten sie, gründe er auf den Aussagen aller möglichen Personen, ob sie nun Feinde seien, Leute mit schlechtem Ruf oder von »übler Beschaffenheit«.[548] Die Auswirkungen waren noch in den 1290er Jahren zu spüren, und der Konflikt erstarb erst nach der »Beilegung« von 1299.[549]

Die Proteste, mit denen die Konsuln der Stadt Albi an Papst und König appellierten, richteten sich gegen die Verfahren des Bischofs Bernhard von Castenet und des Inquisitors von Carcassonnne, Nikolaus von Abbeville, zwischen Dezember 1299 und Frühjahr 1301. Einige der Anklagen mögen von Informationen angeregt worden sein, die man bei früheren Anhörungen in Carcassonne erhalten hatte. In beiden Städten entrüsteten sich die Konsuln besonders über die Haftbedingungen, ein Problem, das in den 1230er Jahren von nur geringerer Bedeutung war, als nur wenige Gefängnisse zur Verfügung standen. Diese Klagen veranlassten schließlich Papst Clemens V. im März 1306 zur Einsetzung einer Untersuchungskommission in den Gefängnissen der Inquisition.[550] Man hat gemeint, dass der Eifer der Inquisitoren – und damit die Heftigkeit der Reaktionen – zum Teil von ökonomischen Erwägungen gespeist wurde, denn die Inquisitoren mussten selbst die hohen Kosten ihrer Tätigkeit decken und konnten erwarten, dass ihnen die notwendigen Mittel durch Konfiszierungen seitens der weltlichen Autoritäten zuflossen. Bernhard von Castenets Vergrößerung seines Bischofsschlosses »La berbie« in Albi war besonders augenfällig, 1285 begann er mit dem Bau der großen »Kirchenfestung« aus Backstein – der Kathedrale St. Cäcilia.[551] Bei derart aufwendigen Bauvorhaben lohnte es sich schon, auf das Vermögen der fünfundzwanzig in Albi verurteilten Männer zurückgreifen zu können, denn hier handelte es sich nicht um Wanderschäfer oder Weber aus abgelegenen Dörfern, sondern meist um Richter, Anwälte, Notare und Kaufleute, von denen einige aus großen konsularischen Familien, quasi Patriziergeschlechtern, stammten.[552] Aber trotz ihrer herausgehobenen sozialen Stellung fruchteten die Appelle an die Krone letztlich nichts, denn obwohl König Philipp IV. daran interessiert war, eine gewisse Kontrolle über die Inquisition auszuüben, wollte er doch nicht als Vermittler zu Gunsten von, wie er es sah, städtischen Agitatoren auftreten. Diese Ansicht scheint sich noch bei einer Reise durch das Languedoc im Dezember 1303 verstärkt zu haben. Offenbar war es diese Haltung des Königs, die 1304 eine Gruppe Konsuln aus Carcassonne zu dem verwegenen Versuch bewog, Ferdinand, den Sohn Jakobs II. von Mallorca, zu ihrem Herrscher zu machen. Die Anführer der Gruppe wurden im November 1304 als Verräter gehenkt.[553] So besteht kein Zweifel, dass diese Konflikte ebenso viel mit Besitz, Rechtsprechung und lokaler Politik zu tun hatten wie mit katharischem Glauben.

Die Bürgerschaft dieser beiden Städte war jedoch nicht so frei von Kontakten zur Häresie, wie ihre Proteste Glauben machen wollten, und es gibt Argumente dafür, dass die Angriffe der Inquisitoren auf Mitglieder dieser städtischen Eliten eine kalkulierte Maßnahme war, um die nach wie vor mächtigen Schutzherren der Katharer in den Städten in die Knie zu zwingen, so wie es in Toulouse in den 1230er Jahren geschehen war.[554] Die dritte Protestnote aus Carcassonne, die mit ziemlicher Sicherheit mit den Verfahren gegen die Verschwörer von 1285 im Zusammenhang steht, wurde vom Notar Bartholomäus Vézian verfasst; auch ihn hatte man wegen Verstrickung in das Komplott angeklagt.[555] In Albi belegen die Aussagen des Stephan Mascoti vom 27. Januar 1300, dass maßgebliche Bürger mit ihren fortdauernden Kontakten zu den Katharern hohe Risiken auf sich nahmen, obwohl eine katharische Kirche im Languedoc in einer wie auch immer gearteten Organistionsform nicht mehr bestand. Im Jahre 1297 war Mascoti von zwei Kaufleuten in Albi, Bertrand von Monte Acuto und Wilhelm Golferii, engagiert worden, um einen *bonhomme* namens Raimund Andree aus der Lombardei zu holen. Er erhielt dafür 35 *livres* aus Albi. Raimund Andree war ihnen offenkundig bekannt und stammte wohl aus dem Albigeois, aber sie standen vermutlich nicht in regelmäßigem Kontakt zu ihm, denn sie wussten nicht, wo er zu finden sei, und waren auch bereit, einen anderen *bonhomme* an

*Philipp IV. der Schöne
(1285–1314).
Der letzte der großen
Kapetingerkönige ging
mit Härte gegen die
Machtansprüche der
Päpste und den Templer-
orden vor; unter Philipps
Herrschaft wurden auch
die letzten Reste des
Katharertums im
Languedoc vernichtet.*

seiner Stelle zu empfangen. Stephan Mascoti begab sich nach
Genua und traf dort, wie es scheint, in einer zuvor arrangierten
Zusammenkunft den Schneider Bernhard Fabri aus Albi. Beide
machten sich auf den Weg zu den Bädern von Acqui, etwa siebzig Kilometer jenseits des Ligurischen Apennins, wo sie mit zwei
anderen Männern zusammentrafen. Nach einer vorsichtigen
Gesprächseröffnung stellten sie fest, dass die beiden Männer
zu der exilierten katharischen Gemeinde aus Albi gehörten. Sie
brachten Stephan Mascoti und Bernhard Fabri zu einem bewaldeten Hügel einige Kilometer außerhalb der Bäder, auf
dem sich drei oder vier Herbergen befanden, in denen Katharer
wohnten. Dort legten sie das *melioramentum* gegenüber dem
»Herrn der Häretiker« ab. Am nächsten Morgen stellte man
ihnen einen lombardischen *perfectus* mit Namen Wilhelm Pagani vor, weil Raimund Andree nicht aufzufinden war. Stephan
Mascoti und Bernhard Fabri begleiteten Wilhelm Pagani zurück

nach Albi, wo ihn Bertrand von Monte Acuto »mit Freuden« empfing. Nach einer Mahlzeit im Hause Wilhelm Golferiis begab sich die kleine Gruppe in eine Scheune, und dort zelebrierten sie das *melioramentum*. Am folgenden Tag wiederholte man die Zeremonie im Hause eines mit Bertrand von Monte Acuto befreundeten Flickschusters. Wilhelm Pagani hielt sich in Albi nur kurz auf und kehrte dann in die Lombardei zurück. Die Darstellung Bertrands von Monte Acuto stimmt weitgehend mit der des Stephan Mascoti überein, er nennt jedoch noch fünf weitere Personen. Auch damit waren es lediglich insgesamt vierzehn Personen, die von der Anwesenheit Wilhelm Paganis wussten.[556] Die Folgen für die Teilnehmer des Treffens waren schwerwiegend: Sieben der neun von Bertrand von Monte Acuto benannten Personen, einschließlich seiner Person, saßen noch 1306 im Gefängnis in Carcassonne, einer erlitt vor 1305 den Tod auf dem Scheiterhaufen und einer wurde später hingerichtet.[557] Dieser an sich eher geringfügige Vorfall zeigt, wie zersplittert die katharische Kirche damals war. Die Konsuln in Albi und ihre Anhänger wussten nichts von den Brüdern Autier, die sich 1297 noch in der Lombardei aufhielten, aber selbst nach ihrer Rückkehr gibt es keine Belege über Kontakte zwischen ihrem ländlichen Netzwerk in der Grafschaft Foix und den Städten Albi und Carcassonne. Es scheint sogar, dass das Treffen mit Wilhelm Pagani ganz außerhalb der Verbindungen stand, welche die Angeklagten im Verfahren von Albi (auch die beiden Kaufleute) mit den örtlichen *bonshommes* Raimund del Boc und Raimund Desiderii unterhielten.[558]

Das Ende des Katharertums im Languedoc

Die katharische Wiederbelebung des ausgehenden 13. und beginnenden 14. Jahrhunderts ruhte niemals auf festen Fundamenten. Von einem König mit einer so starken autokratischen

Haltung und religiösen Überzeugung wie Philipp dem Schönen war nicht zu erwarten, dass er mit Stadtgemeinden sympathisierte, die Autonomiebestrebungen mit dem Makel der katharischen Religion kombinierten, während die Inquisitoren gerade zehn Jahre benötigten, um der Missionsarbeit der Autiers ein Ende zu setzen. Wahrhaftig stand die Kampagne der Autiers immer auf des Messers Schneide, denn die Brüder hatte man bereits im Jahre 1300 bei den Dominikanern in Pamiers denunziert, und fünf Jahre später brachte ein anderer Verrat in Limoux die beiden *perfecti* Jakob Autier und Prades Tavernier ins Gefängnis. Das versetzte einige Gläubige dermaßen in Panik, dass sie nach Lyon gingen und Absolution von Papst Clemens V. erbaten.[559] Zwei andere *bonshommes* aus dem Autier-Kreis, Wilhelm Bélibaste und Philipp Alairac (aus Coustaussa), wurden im Frühjahr 1309 gefangen genommen.[560] Auch wenn die Häretiker in beiden Fällen fliehen konnten, übten die Tribunale der Dominikaner Bernhard Gui und Gottfried von Ablis in Toulouse und Carcassonne erheblichen Druck aus, behinderten die Wirksamkeit der *bonshommes* in hohem Maße und zwangen Peter Autier, sich fast ein Jahr lang zu verstecken, bevor man ihn Anfang September 1309 verhaftete.[561] Am Ende des Jahres hatte man fast alle übrigen *bonshommes* in Gewahrsam. Im Dezember dann wurde Wilhelm Autier verbrannt. Peter Autier übergab man dem weltlichen Arm; er wurde am 9. April 1310 vor der Kirche St.-Sernin in Toulouse hingerichtet. Zuvor hatte er den Inquisitoren noch ausgedehnte Informationen über die vorangegangenen sieben Monate geliefert.[562] Für Bernhard Gui glich der Kampf gegen die Autiers einem Kreuzzug: Eine Analyse seiner Urteilssprüche zwischen 1308 und 1323 (seinem letzten Jahr als Inquisitor) stützt diese Auffassung. Für seine gesamte Karriere als Inquisitor ist belegt, dass er bei zweiundvierzig Gelegenheiten die Häretiker dem weltlichen Arm überantwortete, neunundzwanzig davon zwischen März 1308 und September 1313, in der Zeit also, als er mit der Verfolgung der Autiers befasst war. In den vier Jahren zwischen März 1308 und April 1312 erließ er 459 Urteile, fast die Hälfte der 930 Urteile seiner gesamten Amtszeit.[563] Er wollte ganz offenkundig die *bonshommes* vollständig vernichten, aber auch ihre Helfer und Sympathisanten einschüchtern. James Given konnte zeigen, dass beinahe drei Viertel der vor seinem Tribunal erschienenen Personen wegen Verbindung zu den Katharern angeklagt wurden; die meisten von ihnen waren *credentes*. Nur in der genannten Periode ergingen Befehle, die Häuser derjenigen zu zerstören, die *bonshommes* Herberge gewährt hatten oder unter deren Dach das *consolamentum* zelebriert wurde – insgesamt zweiundzwanzigmal. Bei dieser Art von Gastfreundschaft spielten Frauen eine bedeutende Rolle, und so kommt es, dass 40 Prozent der vor das Tribunal zitierten Personen Frauen waren und dass 64 Prozent wegen ihres katharischen Glaubens angeklagt wurden – und das in einer Zeit, in der Frauen in anderen Gerichtsverfahren fast gar nicht in Erscheinung treten.[564] Neunundvierzig der neunundsechzig Exhumierungen und Verbrennungen auf dem Scheiterhaufen fallen ebenfalls in diese Periode. Gerade die letzte Zahl ist ein klares Zeichen für die erfolgte Unterdrückung des allgemeinen Widerstandswillens, denn noch in den 1230er Jahren hatten gerade die Exhumierungen zu Gewaltakten gegen Inquisitoren geführt. Zur Zeit eines Bernhard Gui scheint es keine offene Empörung mehr gegeben zu haben.[565]

Der massiven Inquisitionstätigkeit von Jacques Fournier, Bernhard Saissets Nachfolger als Bischof von Pamiers, die 1318 begann und bis 1325 dauerte, blieb dann auch nur noch die Jagd auf Geister, Bauern und einen verwirrten und unwissenden *bonhomme*. Vidals Berechnungen zeigen, dass die vereinten Anstrengungen der Inquisitoren Gottfried von Ablis, Bernhard Gui und Jacques Fournier eine Liste von 650 Gläubigen erbrachte, zu der noch zwischen dreihundert und vierhundert denunzierte

Personen hinzugerechnet werden müssen. Auch wenn diese Zahlen keineswegs ein endgültiges Maß katharischer Unterstützung in dieser Periode festlegen, bieten sie doch eine breite Grundlage für gesellschaftliche Analysen. Neun Zehntel waren Bauern, Schäfer, Handwerker und Arbeiter. Selbst kleine Adlige sind kaum vertreten und nur einige Grundbesitzer und Amtspersonen. Unter den siebzig von Fournier als Katharer verdächtigten Personen befinden sich zwei Adlige, vier Kleriker, ein Notar und ein Anwalt.[566]

Der oben genannte *bonhomme* war Wilhelm Bélibaste, der zusammen mit Philipp von Alairac im Frühjahr 1309 in die Hände der Inquisition gefallen war; sie konnten sich aber befreien und flohen über die Pyrenäen nach Katalonien. Philipp von Alairac war unvorsichtig genug zurückzukommen, aber Wilhelm Bélibaste hielt sich außer Sichtweite und entkam so den Verhaftungen des Herbstes 1309 und den folgenden Hinrichtungen. Das Schicksal der Autiers zeigt, wie schwer eine Wiederbelebung des Katharertums zu bewerkstelligen war, selbst für gebildete Leute, die in der Lage waren, günstige politische und religiöse Umstände zu erkennen und zu nutzen. Wilhelm Bélibaste standen solche Möglichkeiten nicht offen, er war ein mäßiger Repräsentant der katharischen Tradition. Seine katharischen Weihen erhielt er von den Autiers gegen Ende des Jahrzehnts, und das allein könnte schon ihre verzweifelte Situation unterstreichen, war doch Bélibaste wegen seiner mangelnden Moral und Ausbildung offensichtlich ungeeignet für diese Aufgabe. Er scheint dann auch keine Rolle bei der Kampagne der Autiers gespielt zu haben. Wilhelm Bélibaste stammte aus dem Dorf Cubières unweit von Arques, wo er als Schäfer arbeitete, und auch im Exil sicherte er sich seinen Lebensunterhalt mit der Schäferei, mit der Verarbeitung von Wolle und mit Weberei. Sein Lebensstil erweckte unter den Leuten keine Bewunderung; auch die Gläubigen mussten erkennen, dass seine

»Magd« Raymonda Marty, die Ehefrau des Arnold Piquier aus Tarascon, in Wirklichkeit seine Mätresse war, und auch seine Beziehung zu Geld und Gut bewies nicht gerade seine Gleichgültigkeit gegenüber materiellen Dingen. Vor seinem *consolamentum* war er auf der Flucht wegen eines Mordes, und in Katalonien war er an einem gescheiterten Mordkomplott gegen die Tochter eines Gläubigen beteiligt, der man Verrat unterstellte. Nach 1314 jedenfalls, dem Todesjahr Raimunds von Toulouse, war er der einzige noch bekannte *perfectus*, und das trug sogar einem Mann wie Bélibaste einige Aufmerksamkeit ein. Die Gläubigen verlangten weiterhin nach dem *consolamentum* beim Herannahen des Todes und erfreuten sich an Bélibastes Beschimpfungen der katholischen Kirche und der Inquisitoren. So gelang es ihm, eine lose geknüpfte Gruppe aus Mitgliedern eines halben Dutzend Familien aus dem Ariège-Gebiet an sich zu binden, die ein ärmliches Leben in und um Morella und San Mateo im Norden der Provinz Valencia fristeten. Es überrascht deshalb nicht, dass der Schäfer Peter Maury den Tod der Brüder Autier bedauerte, die – im Gegensatz zum »Herrn von Morella«, wie er Bélibaste nannte – noch zu predigen wussten.[567] Bisweilen, so scheint es, flüchtete sich Bélibaste in reine Fantasie und prophezeite, »dass einer der Leute des Königs von Aragón sein Pferd dazu bringen werde, auf dem Altar in Rom zu fressen«, und dann würde die katharische Kirche wieder verherrlicht werden.[568]

Wilhelm Bélibaste und seine instabile Gruppe von Gläubigen überlebten auf diese Weise bis 1321, als sich Wilhelm verleiten ließ, nach Tirvia zu gehen, westlich von Andorra, das trotz seiner Lage auf der Südseite der Pyrenäen noch zum Land der Grafen von Foix gehörte. Sein Verräter war Arnold Sicre, einer der vier Söhne der Sibylla den Balle aus Ax, die der Autier-Gruppe eng verbunden war. Arnold Sicre kam aus einer Familie, die von den Auswirkungen der katharischen Renaissance zerrüttet war, denn sein Vater bekannte sich zum katholischen Glauben und hatte sich als gräflicher Beamter an der Verhaftung von Katharern beteiligt. Als Konsequenz trennte er sich von seiner Frau. Arnold und Peter waren die beiden jüngsten Kinder, und weil Sibylla fürchtete, sie könnten die Häretiker ungewollt verraten, schickte sie Arnold zu seinem Vater nach Tarascon und Peter zu ihrer Schwester Alazais nach Urgel. Die beiden älteren Brüder, Pons und Bernhard, waren alt genug, die Situation zu verstehen, und wuchsen in katharischem Milieu auf.[569] Arnolds Bruder Peter hatte die Idee, die Auslieferung eines »gewandeten Häretikers« könne helfen, den wegen ihrer Häresie konfiszierten Besitz ihrer Mutter zurückzugewinnen, denn 50 *livres tournois* waren schon für geringere Personen ausgesetzt. Arnold Sicres Suche in Katalonien verlief zunächst erfolglos, weil er die Häretiker wohl weiter im Norden vermutete. Im Jahre 1318 führte ihn eine Zufallsbegegnung mit der katharischen Gläubigen Guillemetta, der Kusine des Peter Maury, der in San Mateo als Schuhmacher lebte, zu Wilhelm Bélibaste. Für jemanden, der vorgab, schon seit langer Zeit ein Gläubiger zu sein, führte sich Arnold zunächst außerordentlich ungeschickt auf, denn er lud eines Tages Wilhelm Bélibaste zu einer Mahlzeit aus Hammelfleisch und Kohl ein. Arnolds eigentlicher Vorteil war der gute Ruf seiner Mutter als katharische Gläubige, und diesen Ruf spielte er aus, um in der Gruppe zu überleben, die ihm niemals vollständig vertraute. Anfang 1319 zurück in Pamiers, erzählte Arnold dem Bischof von seiner Entdeckung und erhielt Geld und Erlaubnis auszuführen, was sie »einen frommen Betrug« nannten. Der Bélibaste-Gruppe hatte er gesagt, er wolle seine Tante Alazais und seinen Bruder Bernhard aufsuchen. Zu Weihnachten 1320 war er wieder in Katalonien und berichtete, seine Tante und seine Schwester Raymonda wohnten jetzt in der Gebirgsregion Palhars am Südrand der Pyrenäen. Man habe eine Heirat zwischen Raymonda und Arnold Maury, dem Sohn Guillemettas, vereinbart, aber seine Tante sei nicht in der körperlichen Verfassung, nach San Mateo zu reisen. Unter einigen Zweifeln erklärte sich Bélibaste schließlich bereit, sie aufzusuchen. Als sie Tirvia erreichten, wurde er verhaftet und nach Castellbó gebracht. Von dort aus eskortierte man ihn nach Carcassonne, und der Erzbischof von Narbonne verurteilte ihn als hartnäckigen Ketzer. Im Frühjahr 1321 wurde er in Villerouge-Termènes, nicht weit von seinem Geburtsort, verbrannt. Arnold Sicre erhielt von Jacques Fournier und den Inquisitoren Bernhard Gui und Johann von Beaune am 14. Januar 1322 feierlich die Absolution. Es sei nicht leicht, sagte ihr Werkzeug Arnold Sicre, diese Leute zu finden, »die sich an verborgenen Plätzen verstecken…, außer, sie werden durch Komplizen offenbart oder durch Personen, die ihre gewundenen Wege kennen.«[570]

Am 29. April 1321, etwa zur der Zeit, als Wilhelm Bélibaste in Termènes hingerichtet wurde, erschien eine Frau mit Namen Alazais aus dem etwa zehn Kilometer von Ax flussabwärts gelegenen Dorf Vernaux vor Jacques Fournier in Pamiers. Es war das zweite Mal, dass sie vorgeladen wurde, um auf eine Anklage wegen Häresie Rede zu stehen. Beim ersten Mal, vor den Inquisitoren von Carcassonne, hatte sie sich noch vollständig freimütig geäußert. Nach ihren Aussagen begann ihr Interesse an der katharischen Religion im Jahre 1305 oder 1306, als Mengarda Alverniis aus Lordat, »jetzt auf der Flucht wegen Ketzerei«, zu ihrem Haus kam und ihr die Häretiker ans Herz legte, »weil sie allein den Weg zu Gott kennen«. Sie könnten, meinte Mengarda weiter, »Seelen retten und die Menschen von allen Sünden erlösen, und die sie unter sich aufnehmen, gehen nach ihrem Tod ins Paradies ein«. Sie sprachen eine Zeit lang alleine miteinander über diese Dinge, denn es war sonst keiner anwesend, und schließlich überredete sie Mengarda, einige Maß Weizen und Roggen an Wilhelm Autier zu senden, der gerade in Mengardas Haus wohnte. Später nahm sie Mengarda mit in ihr Haus zu einem Treffen mit den beiden Häretikern. Den einen erkannte sie als Wilhelm Autier, der andere war »ein dicker Mann mit einem plumpen und runden Gesicht«, den sie zwar nicht kannte, der aber auch ein Häretiker war. Sie gab an, sich nicht mehr erinnern zu können, was die beiden sprachen, aber mit der Zeit glaubte sie, dass die Häretiker gut und heilig waren und dass Mengarda die Wahrheit gesprochen hatte. Mengarda trug ihr dann auf, »so viele Personen wie sie nur könne dahin zu bringen, Glaube und Zutrauen in die guten Christen, die Häretiker, zu legen, denn je mehr Leute in den Glauben eingeführt würden, desto mehr Lohn könne man gewinnen.« Alazais' Flirt mit der Häresie dauerte nach ihren Worten nur etwa ein Jahr, aber ihr Vergehen wurde mit ihrer unvollständigen Aussage vor dem Tribunal in Carcassonne zusammengelegt. Sie kam ins Gefängnis und wurde erst im August 1324 wieder entlassen.[571]

Der an sich minder schwere Fall der Alazais aus Vernaux zeigt im Kleinen das Schicksal der Autier-Renaissance und das der Gläubigen, die mit hineingezogen wurden. Als Alazais vor dem Bischof von Pamiers erschien, gab es keine »guten Christen« mehr im Languedoc, zu denen man hätte aufschauen können, und es gab deshalb nur wenige Möglichkeiten, das Wort zu verbreiten. Die verbliebenen Gläubigen um Bélibaste gerieten entweder selbst in Gefangenschaft (einige durch Arnold Sicre, der damit offenbar seinen Lebensunterhalt verdiente) oder wurden in alle Winde zerstreut: Raymonda Marty etwa und ihre Tochter flohen an die Küste nach Peñíscola nördlich von Valencia, Peter Maury zog sich nach Mallorca zurück. Guillemetta Maury und ihre Verwandten verschwanden einfach von der Bildfläche. Im Jahre 1323 wurden die Brüder Johann und Peter (der aus Mallorca zurückgekommen war) in Katalonien gefangen genommen und mussten 1324 vor Jacques Fournier erscheinen. Am 12. August wurden beide zu lebenslänglicher Gefängnishaft verurteilt.[572]

Einige dürften Fournier niemals bekannt geworden sein. Im Jahre 1325 schrieb Papst Johannes XXII. an Fürst Stephan von Bosnien und bat ihn, dem Franziskanerbruder Fabian Unterstützung zu gewähren, der zum Inquisitor in seinen Territorien ernannt worden war. »Eine große Mannschaft von Ketzern«, teilte der Papst mit, »ist von vielen verschiedenen Orten in das Fürstentum Bosnien gekommen in der sicheren Hoffnung, ihren üblen Irrtum auszusäen oder dort in Sicherheit zu bleiben.«[573] Es ist zwar möglich, dass der Papst empfänglicher für solche Geschichten war als einige seiner Vorgänger, aber es gibt doch solide Belege eines ununterbrochenen Kontakts zwischen den Katharern und den bosnischen Dualisten im 12. und 13. Jahrhundert, und es ist auch unstrittig, dass die bogomilische Kirche mindestens bis zur osmanischen Eroberung in der Mitte des 15. Jahrhunderts intakt war.[574]

Nicht alle Katharer flohen in so weit entfernte Gegenden. Die Existenz katharischer Literatur unter den überlieferten Materialien der waldensischen Gemeinden im Alpengebiet im ausgehenden 14. Jahrhundert legt nahe, dass sich einige Katharer im Piémont niedergelassen haben. Das liegt durchaus nahe, denn häufig passierten die Katharer des Languedoc diese Gebiete auf ihren Reisen in die Lombardei zur katharischen Exilkirche. Zwei kurz vor 1376 geschriebene okzitanische Texte – *La Gleisa de Dio* und die *Glosa Pater* – spiegeln einen moderaten dualistischen Glauben wider (sehr zum Unterschied der extremen Position des Giovanni di Lugio und seiner Schule), der von den heterodoxen Gemeinden des ausgehenden 14. Jahrhunderts in einem Maße assimiliert wurde, dass die Waldenser diese Werke als Teil ihrer eigenen literarischen Überlieferung angesehen haben dürften. Das ausgeprägte eschatologische Thema in *La Gleisa de Dio* präsentiert die Katharer als verfolgte Märtyrerkirche, die vor dem Erscheinen des Antichrist und vor dem Jüngsten Gericht große Leiden zu erdulden hat. Damit liegt der Text durchaus auf der Linie anderer mittelalterlicher, von den Ideen eines Joachim von Fiore beeinflusster Häresien. Ob die Katharer nun ein erkennbares Element unter den Häretikern dieser alpinen Gemeinden waren oder nicht, die Abfassung zweier Texte, die eine Form des katharischen Rituals enthalten (die *Glosa Pater* ist ein elaborierter Kommentar zum Vaterunser, das stets vor der Zeremonie des *consolamentum* gebetet wurde), eröffnet die faszinierende Möglichkeit, dass in den abgelegenen Alpentälern des ausgehenden 14. Jahrhunderts immer noch die beiden katharischen Klassen – die *credentes* und die *perfecti* – fortbestanden, die so charakteristisch für die katharische Kirche in ihrer Blütezeit waren.[575]

SIEBTES KAPITEL

Auf der Suche nach dem Gral. Die Neuen Katharer

Déodat Roché, Simone Weil und Otto Rahn
Auf der Westseite der Place de l'Église im Dorf Arques steht
das Haus von Déodat Roché. Er wurde dort geboren, wuchs in
Arques auf und war zu verschiedenen Zeiten Bürgermeister des
Dorfes. Roché starb im Januar 1978 kurz nach seinem 100. Ge-
burtstag und hinterließ ein umfangreiches und umstrittenes lite-
rarisches Vermächtnis über die Welt der Katharer – von ihm
selbst verfasst und von anderen, die er inspirierte oder die ihn
bewunderten; zu diesem Vermächtnis gehört auch die Zeitschrift *Cahiers d'Études Cathares*, die er 1948 gründete. Sein
Leben lang fühlte er sich in den Hautes-Corbières verwurzelt;
seine Studien der Rechte und der Philosophie schloss er mit der
license an der Universität Toulouse ab, übte das Richteramt in
Limoux und Carcassonne aus, bis ihn das Vichy-Regime aus seinen Ämtern entfernte, weil er sich »zu sehr mit der Geschichte
der Religionen und des Spiritualismus beschäftigt«. Ob dies der
wirkliche Entlassungsgrund war, sei dahingestellt, aber es ist
wahr, dass sich Roché mit diesen Themen seit seiner Jugend
intensiv beschäftigte. Unter Anregung seines Vaters, eines örtlichen Notars, setzte er sich mit den ägyptischen Mysterienkulten
und der persischen Mithrasreligion auseinander und widmete
sich den vielfältigen religiösen und moralischen Quellen des
Christentums. Als man ihn entließ, stand er bereits in seinen
mittleren Lebensjahren, und so gab ihm der Willkürakt des
Vichy-Regimes die Gelegenheit einer umfassenden Beschäftigung mit dem Thema, das spätestens seit den 1890er Jahren im
Mittelpunkt seines Interesses stand: Es ging ihm um das »wahre

Gesicht des Katharertums als Erbe des Manichäismus«, das – so war seine glühende Überzeugung – von den Lügen und Verleumdungen der Inquisition und von der Intoleranz der mittelalterlichen Kirche gänzlich verfälscht worden war. Nach den Worten seines Grabredners Lucienne Julien »wollte Déodat Roché unserem 20. Jahrhundert das Licht bringen, mit dem die Katharer die mittelalterliche Gesellschaft erleuchten wollten.«[576]

Roché sah darin eine ernsthafte und wahrhaft moralische Aufgabe; sein Weg zu diesem Interessengebiet führte ihn indessen zu einer vollständigen Identifizierung mit dem Thema. 1950 hatte er die *Société du Souvenir et des Études Cathares* gegründet – bezeichnenderweise auf der äußerst emotional besetzten katharischen Bergfestung Montségur – und damit eine organisatorische Struktur geschaffen, welche die zwei Jahre zuvor ins Leben gerufene Zeitschrift ergänzte. Zwei deutlich pro-katharische Bücher hatte er bereits verfasst: *L'Église romane et les Cathares albigeois* (1937) und *Le Catharisme* (1938), und bereits 1899 war die Gründung der kurzlebigen Zeitschrift *Le Réveil des Albigeois* erfolgt, mit der er das Interesse an der katharischen Religion und an katharischer Moral neu erwecken wollte. Nach einer Begegnung mit dem Österreicher Rudolf Steiner, Begründer der Anthroposophie und Herausgeber der Zeitschrift *Die Gnosis,* im Jahre 1922 übernahm Roché, der nach einem Fundament seines eigenen Lebens und seiner katharischen Neigungen suchte, die Philosophie Steiners, insbesondere Steiners Auffassung, dass die Entwicklung des menschlichen Intellekts am Ende zur Wiederentdeckung der seiner Meinung nach angeborenen Fähigkeit führen könne, spirituelle Dinge zu erkennen und an ihnen teilzuhaben. Diese Fähigkeit sei wegen zunehmender Beschäftigung mit materiellen Belangen verschüttet worden.[577] Wie die meisten Vertreter einer derartigen Lehre war auch Roché bemüht, deren Legitimierung über eine historische Kontinuität zu erklären. Somit etablierte er eine direkte Verbindungslinie zwischen Gnosis und Manichäismus über das Katharertum bis hin zu den Freimaurern, in deren Loge in Carcassonne er eine prominente Rolle spielte. So war der während der Belagerung des Montségur 1243–1244 angeblich weggeschaffte Schatz der Katharer für Roché nicht der Gral der literarischen Überlieferung – ein Kelch oder ein Stein – und auch nicht ein prosaischer Schatz aus Gold, Silber und Geld (wie ihn Imbert von Salles, einer der Verteidiger des Montségur, den Inquisitoren beschrieben hatte), sondern der Schatz bestand aus altüberlieferten Werken, zu deren Schutz sich die Katharer – als Erben der ursprünglichen Dualisten – verpflichtet fühlten.

Rochés Bestreben war es, zwei Kulturen – die wissenschaftliche und die populäre – miteinander zu verschmelzen, denn zweifellos betrachtete er seine Arbeit als seriöse Forschung, aber gleichzeitig half sein Status als Neo-Katharer, jene Mythen zu popularisieren, auf die sich die moderne Tourismusindustrie bezieht. Eine Person nahm seine Ansichten in besonderem Maße ernst: Simone Weil, die junge französische Philosophin der Zwischenkriegsgeneration, die im August 1943 im Alter von nur vierunddreißig Jahren in Ashford (Kent) starb. Es entspricht nicht der Wahrheit, dass sie sich selbst zu Tode gehungert hat – wie bisweilen behauptet wird – nach dem Vorbild der katharischen *endura*, auch wenn ihre Weigerung (oder Unfähigkeit) zu essen ihren Tuberkulosetod wohl beschleunigt hat. In den letzten Jahren ihres Lebens jedenfalls begeisterte sie sich für die okzitanische Kultur des 12. Jahrhunderts und für das Katharertum, das sie als herausragende Ausprägung dieser Kultur ansah. Auf Anregung ihrer Freundin Simone Pétrement hatte sie sich bereits seit 1939 mit dem Manichäismus befasst, aber offenbar wurde ihr Interesse für die Katharer erst durch zwei Artikel von Roché in den *Cahiers du Sud* wirklich geweckt, auf die sie der Herausgeber Jean Ballard aufmerksam gemacht hatte. Sie schrieb daraufhin einen Brief an Roché und schilderte ihm, welch tiefen Eindruck seine Artikel auf sie gemacht hatten, namentlich seine Erklärung, warum die Katharer den alttestamentlichen Jahwe ablehnten, den sie selbst für einen Gott von »erbarmungsloser Grausamkeit« hielt und der nichts zu tun habe »mit dem Vater, der in den Evangelien angerufen wird«. Dass Judentum und Christentum diese Geschichten mit so großer Bedeutung versehen hatten, habe sie von diesen Religionen immer fern gehalten. »Der Einfluss des Alten Testaments und des Römischen Reichs, dessen Traditionen vom Papsttum fortgesetzt werden, sind meiner Meinung nach die beiden wichtigsten Quellen für die Korrumpierung des christlichen Glaubens.« Dann ging sie zu einem anderen Thema über, das sie in zwei Artikeln in Ballards *Cahiers* weiterentwickelte, und schilderte Roché, wie sehr die Katharer in ihr Weltbild passten: Es basierte auf der Ansicht, dass die besten Geister der Antike, allen voran Plato, zu einer einzigen philosophischen und religiösen Tradition gehörten. »Aus diesem Denken ist das Christentum hervorgegangen, aber nur die Gnostiker, die Manichäer und Katharer scheinen es getreulich bewahrt zu haben. Sie alleine entrannen der groben Sinnesart und der Herzlosigkeit, die von der Römerherrschaft über weite Gebiete ausgestreut wurden und die heute immer noch die Atmosphäre in Europa bestimmen.« Das Katharertum war für sie nicht einfach eine Philosophie, der einige Personen folgten, sondern eine das gesamte Menschsein durchdringende Religion. Simone Weil fühlte, dass eine so geartete Erneuerung des spirituellen Lebens für ihre Zeit dringend notwendig sei, und ermunterte Roché, Texte für das allgemeine Publikum zu veröffentlichen, die seinen Studien die verdiente Aufmerksamkeit bringen würden.[578]

Simone Weil schrieb, vermutlich 1941, zwei Artikel über das Thema für eine 1943 publizierte Sonderausgabe der *Cahiers* und feierte darin den »Genius Okzitaniens« (»Le Génie d'oc«).

Der erste Artikel – *L'Agonie d'une civilisation vue à travers un poème épique* – basiert weitgehend auf ihrer Lektüre der *Chanson de la croisade albigeoise*, insbesondere auf dem zweiten, pro-okzitanischen Teil des Liedes. Sie meinte darin ein episches Thema erkennen zu können, denn das Lied handelt nach ihrer Ansicht von einem Todesstoß, den man »einer gesamten Zivilisation in ihrer Blüte« versetzt habe. Danach war der Albigenserkreuzzug ein religiöser Krieg, bei dem es »nicht um Religion ging«; er war vielmehr ein Exempel für eines ihrer Hauptthemen: der Triumph des »Imperiums der Gewalt«. Die griechische Zivilisation ist »fast das einzige Licht, das wir besitzen«, aber sie wurde von römischen Waffen zerschlagen, und sie brachte »Sterilität in die mediterrane Welt«. Nur einmal in den letzten zweiundzwanzig Jahrhunderten gab es eine mediterrane Zivilisation, die – hätte man ihr nur die Chance gegeben – vielleicht »ein ebensolches Maß an Freiheit und spiritueller Kreativität wie im alten Griechenland« erreicht hätte: das Languedoc der Katharer. »So wenig wir auch über die Katharer wissen, so scheint es doch ausgemacht zu sein, dass sie in mancher Hinsicht als die Erben platonischen Denkens, esoterischer Lehre und der Mysterien jener vorrömischen Zivilisation gelten können, die einst das gesamte Mittelmeergebiet und den Nahen Osten einschloss.« Sie sah die unterschiedlichen Elemente in diesen Ländern durch Ritterlichkeit, Toleranz und Würde miteinander verknüpft. Es herrschte wahrhaftig ein »patriotisches« Fühlen für ein Land, das durch seine Sprache definiert wurde. All das wurde niedergemacht von der Gewalt und dem üblen Glauben eines Simon von Montfort und seiner Kreuzfahrer. Die katholische Kirche, die durch das Angebot »bedingungsloser Erlösung für alle, die in diesem Kampf fallen sollten«, eine religiöse Einheit erreichen wollte, trug eine schwere Mitverantwortung, weil sie die Bedingungen schuf, die den Krieg in einen Eroberungsfeldzug verwandelten. »Somit genügten ein schäbiges Geschäft mit der Erlösung und die Gewinnsucht eines wahrlich mittelmäßigen Mannes, eine Welt zu zerstören.«[579]

Der zweite Essay zielte auf einen breiteren Kontext. In *En quoi consiste l'inspiration occitane?* wiederholt sie ihre Ansicht, dass »Rom jedes Zeugnis geistigen Lebens in Griechenland« zerstörte und dass nur die Offenbarung Israels fähig war, den Schlag zu überleben. Die wahre christliche Botschaft jedenfalls konnte sich nicht entfalten, zunächst wegen ihrer jüdischen Inhalte, dann wegen ihrer Anbindung an Rom. Die Zerstörung des Römerreiches durch die Barbaren bot dazu eine erneute Gelegenheit, und im 10. und 11. Jahrhundert schließlich konnte die romanische (okzitanische) Zivilisation aufblühen. Auf ihr gründete sich die wahre Renaissance, nicht die falsche des 15. Jahrhunderts. Zwischen diesen beiden Epochen wurde das Land – die *langue d'oc*, das Zentrum dieser romanischen Zivilisation – zerstört, und es zerrissen die letzten lebendigen Verbindungsstränge mit den Traditionen Indiens, Persiens, Ägyptens und Griechenlands. »Das nach der Zerstörung des Languedoc einsetzende gotische Mittelalter war der Versuch einer totalitären Geistigkeit.« Wiederum war die Kirche für den »Mord« an der okzitanischen Welt verantwortlich – ein Weg ins Übel, »für den wir heute Übles erleiden«. Simone Weil räumt ein, dass das soziale Leben in Toulouse, wie auch andernorts, verderbt war, aber »zumindest die Inspiration, einzig und allein bestehend aus städtischem Geist und Ergebenheit, war rein.« Diese Reinheit erreichte ihre extreme Form bei den Katharern. »Ihre Abscheu vor Gewalt ging so weit, dass sie Gewaltlosigkeit praktizierten und der Lehre huldigten, dass alles, was mit Gewalt zu tun hat, aus dem Bösen entspringt – nämlich alles Fleischliche und alles Gesellschaftliche.«[580]

Es überrascht nicht, dass eine Persönlichkeit wie Simone Weil vom Asketentum der *perfecti* angezogen wurde. Ihre Ablehnung eines materialistischen Lebensstils und ihre in ihrer

Kindheit angelegte Abneigung vor körperlichem Kontakt wurden durch einen entschiedenen Pazifismus noch verstärkt – nicht nur aus dem Erlebnis des Ersten Weltkrieges heraus, sondern auch durch ihren tiefen Pessimismus angesichts der ihrer Meinung nach grundsätzlich bösartigen Natur der menschlichen Gesellschaftsordnung. Darüber hinaus verband sich ihr Interesse für das Katharertum mit ihrem Versuch, den Aufstieg Hitlers in einem breiteren Kontext der westeuropäischen Geschichte zu erklären.[581] In einem Brief an ihren Freund, den Dominikanerpater J.-M. Perrin, geschrieben kurz bevor sie Marseille im Mai 1942 verließ, machte sie die katholische Kirche und das Römische Reich für die aktuelle missliche Lage Europas verantwortlich und erklärte die Kirche – in Form der Inquisition – zur Urheberin des Totalitarismus. »Dieser Baum«, schrieb sie, »trug viele Früchte.«[582]

Für Déodat Roché und Simone Weil wurde das Katharertum somit zum Vehikel ihrer philosophischen und moralischen Positionen. Simone Weils Behauptung, die Katharer – obwohl man nicht viel über sie wisse – seien »in mancher Hinsicht die Erben platonischen Denkens«[583], zeigt in ihrer unbekümmerten Geringschätzung historischer Belege wie auch in ihrer generellen Unbestimmtheit, dass ihre Vorgehensweise zutiefst unhistorisch war. Bereits als Schülerin beschrieb sie ihr Lehrer als »ein intelligentes Mädchen, das sich selbst über der Geschichte stehend erlebt.«[584] Im Gegensatz zu Roché kann Simone Weil keineswegs als Neo-Katharerin betrachtet werden, trotz ihr Ansicht, sie könne keinen wirklichen Unterschied »zwischen den manichäischen und christlichen Konzepten in Bezug auf Gut und Böse« erkennen.[585] In ihrem ganzen Leben scheint sie eine spirituelle Lösung für ihre Verzweiflung über den Zustand dieser Welt, in der sie lebte, gesucht zu haben, denn sie hatte von früh an gelernt, dass weder konventionelle politische Institutionen noch revolutionäre Bewegungen jene Antworten lieferten, die sie suchte. Diese Lösung lag jedoch letztlich nicht im Katharertum, denn sie war überzeugt von der Humanität Christi und seiner Kreuzigung und schätzte nach wie vor die Welt und viele ihrer humanen Errungenschaften.[586]

Für beide, für Déodat Roché und Simone Weil, wurden die Katharer zu einem integralen Bestandteil ihres jeweiligen moralischen Universums: Für den einen hieß das vollständige Identifizierung, für die andere ein zentraler Ort in ihrer historischen Sichtweise. Für einen dritten Zeitgenossen – den Deutschen Otto Rahn – waren sie eine Seite im ewigen Kampf zwischen zwei religiösen Traditionen, eines Kampfes, der die Grundlage seiner Kosmologie bildete. Rahn wurde 1904 in Hessen geboren. Als junger Erwachsener hatte er in verschiedenen europäischen Bibliotheken geforscht, bevor er 1930 in die Ariège kam. In den Jahren 1931 und 1932 brachte er viel Zeit mit der Erkundung der Region zu; sein Begleiter war sein Freund, der Lehrer Antonin Gadal aus Ussat. Eine Zeit lang betrieb Rahn ein kleines Hotel in der Stadt, verschuldete sich aber und reiste ab. Im Jahre 1933 veröffentlichte er sein Buch *Der Kreuzzug gegen den Gral* und hoffte wohl, dass er mit den daraus erzielten Einkünften einen Teil seiner Schulden begleichen konnte. In diesem Buch präsentierte er seine Interpretation des um 1210 fertig gestellten *Parzival* des Wolfram von Eschenbach. Rahn schließt sich der gängigen ethischen Deutung des Werkes an: Parzival erkennt mit Hilfe des Eremiten Trevrizent nach und nach die wahre Natur Gottes. Der verblüffende Unterschied liegt nun darin, dass er die Geschichte mit dem Albigenserkreuzzug und den darin verwickelten Personen in Verbindung brachte – ein schwer zu rechtfertigender Ansatz, allein schon wegen der offenkundigen chronologischen Probleme. So glaubte er etwa, in Repanse de Schoye die Häretikerin Esclarmonda von Foix erkennen zu können, Repanses Brüder Anfortas, der König des Gral, und Trevrizent, der Eremit, sind Raimund Roger von Foix und (möglicherweise) Guilhabert von Castres, der Katharer-bischof von Toulouse, und Raimund Roger Trencavel, der junge, 1209 in Kerkerhaft gestorbene Vizegraf von Béziers, gibt das Vorbild für Parzival ab. Die beiden Klassen innerhalb des Katharertums werden durch die Templer (die *credentes*) und Trevrizent (die *perfecti*) repräsentiert. Im Zentrum von Wolframs Geschichte steht die Gralsburg Montsalvaesche, die Rahn in den Montségur verwandelt. Hier wird der Gral aufbewahrt, ein wertvoller Stein und das Symbol für eine dualistische Tradition, die ältere Wurzeln hatte als das Christentum.

Rahn lehnt deshalb die Ansicht ab, bogomilische Missionare hätten die katharische Religion im Westen verbreitet, denn für ihn waren die fundamentalen Ideen bereits seit der Epoche der Kelten und Iberer – auch sie Erben der Perser – im Languedoc lebendig. Das Konzil von St-Félix-de-Caraman war danach der Versuch, die katharische Position zu konsolidieren und die Glaubenslehre angesichts der wachsenden Bedrohung durch die katholische Kirche einheitlich zu gestalten. Der Schauplatz dieses Geschehens war ein Languedoc geistiger Freiheit und religiöser Toleranz, dessen Bewohner die spirituellen und materiellen Forderungen der katholischen Kirche in aller Ehrenhaftigkeit und Unabhängigkeit als miteinander unvereinbar zurückwiesen. Somit war der Albigenserkreuzzug ein Unternehmen zur Zerstörung dieser edlen (und wesentlich älteren) Zivilisation. Das »Todesurteil« wurde von Leuten wie Bischof Fulko von Toulouse gefällt, einem ehemaligen Troubadour, der sein ganzes Leben damit zubrachte, bei jeder passenden Gelegenheit seinen Besitz und seinen Ruhm zu vermehren. Der Charakter des Kreuzuges entlarvte sich bereits beim ersten Angriff: »So starb Béziers, und so begann der Kreuzzug gegen den Gral.« Nach der Zusammenkunft von Pamiers im Jahre 1207 argwöhnten die Katharer, die katholische Kirche könne zur Gewaltanwendung übergehen, und begannen deshalb mit dem Bau der Burg Montségur, über die Esclarmonda von Foix herrschen sollte. Kurz vor dem Fall der Burg im März 1244 schmuggelten vier Katharer den Gral – den Schatz der Katharer – aus der Burg und versteckten ihn in einer der zahlreichen Höhlen der Gegend um Ornolac.[587] Es könnte durchaus möglich sein, dass Rahn, wie Jean-Louis Biget annimmt, die nostalgischen Gefühle des desillusionierten Publikums in der Weimarer Republik ansprechen wollte, denn er präsentiert Guyot von Provins, einen nordfranzösischen Dichter mit intensiven Kontakten zu den aragonesischen und tolosaner Höfen, als eine Hauptquelle Wolframs von Eschenbach. Hier liegt ein starker Appell an den Pangermanismus vor, denn als ursprüngliche Ableitung nennt er eine andere germanische Quelle: die Westgoten, die im 5. Jahrhundert in Septimanien, den südlichen und südwestlichen Regionen des römischen Gallien, siedelten.[588] Letztlich münzte Rahn lediglich die Ideen von Josephine Pélat aus, die 1906 den Montségur in »Montsalvat« umbenannte und die Katharer in eine Gruppe von Initianten verwandelte; Rahn nutzte aber auch die Romane von Maurice Magre, den er in Paris getroffen hatte.[589] Der Rest des Buches ist eine einfache, wenn auch nicht immer akkurate Darstellung der Troubadoure, der Kreuzzüge und der Inquisitoren.

Mit seinem zweiten, 1937 erschienenen Buch *Luzifers Hofgesind* erlangte Rahn in dieser Zeit einen gewissen Bekanntheitsgrad, denn er vermischte seine früheren Theorien mit dem aktuellen rassistischen Klima im Hitlerdeutschland: Wie in seinem ersten Buch bleiben die beiden Zivilisationen im Konflikt, aber jetzt ist der wahre Gott Luzifer, der von den Katharern verehrte »Lichtbringer«. Um sich herum versammelt Luzifer seinen Hofstaat, der dem schwachen Jehova, dem Gott der »jüdischen« katholischen Kirche, feindlich gegenübersteht. »Mit dem Katharertum«, so führt er aus,

»war eine vom Judentum und dem römischen Bischofssitz unabhängige Macht bis ins 13. Jahrhundert hinein aktiv, eine

Macht, die von keinerlei jüdischer Mythologie gereinigt werden musste, denn sie hatte sie niemals angenommen … Diese Macht vereinigte die unterschiedlichsten Menschen, Regionen und Nationen, aber alle stammten von einer Rasse ab und hatten denselben Ursprung.«[590]

Als Mindestes lässt sich sagen, dass sich Rahn – wie so viele andere – nach dem Winde drehte. In dieser Periode arbeitete er für Himmler, zunächst in ziviler Stellung, dann als Stabsoffizier der SS. Deshalb bezichtigt ihn Biget auch des Opportunismus, denn – wie auch René Nelli in seinem Vorwort zum Nachdruck der französischen Übersetzung von *Der Kreuzzug gegen den Gral* bemerkt – ist es allein das zweite Buch, das durchtränkt ist von politischer Propaganda und Antisemitismus.[591]

Luzifers Hofgesind ist nur eine unbedeutende Fußnote in der Geschichte Nazideutschlands und wurde erst 1974 ins Französische übersetzt; nicht so *Der Kreuzzug gegen den Gral*, dessen französische Übersetzung bereits im ersten Jahr nach Erscheinen der deutschen Ausgabe auf den Markt kam. In jüngerer Zeit hat das Buch ein ganzes Genre von Büchern inspiriert, die vorgeben, den von der akademischen historischen Forschung mit ihren »konventionellen Perspektiven und Methoden« übersehenen Schlüssel zu historischen Ereignissen gefunden zu haben. Viele dieser Darstellungen versuchen sich die Fixierung der Nachkriegszeit – besonders ausgeprägt in England und den USA – auf Hitler und das Naziregime zu Nutze zu machen. Ein solches Beispiel ist *The Occult and the Third Reich*, verfasst von zwei Vettern, deren Namen zu Jean-Michel Angebert verschmolzen wurde. Es erschien im Jahre 1974 in Englisch; der französische Originaltitel von 1971 lautet bezeichnenderweise *Hitler et la tradition cathare*.[592] Deutlich beeinflusst von dem 1969 erschienenen Roman *Nouveaux cathares pour Montségur* aus der Feder von »Saint-Loup« (Marc Augier), behauptet das Werk, Rahn sei kein Opportunist gewesen, sondern lediglich ein

Mittel, durch das Hitler »einen gnostischen Rassismus aktualisierte«. Nach dieser Version der Lebensgeschichte Rahns wurde er von Alfred Rosenberg zweimal (1931 und 1937) losgeschickt, um herauszufinden, ob der Montségur wirklich die Gralsburg gewesen sei.[593] Die Autoren sind sich nicht sicher, ob Rahn den Gral wirklich gefunden hatte, glauben aber, man habe ihn auf Himmlers Befehl im März 1944 – anlässlich der siebenhundertjährigen Wiederkehr der Belagerung von Béziers – schließlich nach Deutschland gebracht. Dort soll er den Mittelpunkt eines aus der SS hervorgegangenen »Schwarzen Ordens« gebildet haben. Damit nun konnte die Hitlersche Ideologie als Manifestation einer langen dualistischen Tradition erklärt werden, die jahrhundertelang vom Kampf gegen die katholische Kirche absorbiert wurde und sich von den Gnostikern bis hin zu den Katharern erstreckte und über die Rosenkreuzer (gegründet im 15. Jahrhundert), die Illuminaten von Bayern (gegründet im 18. Jahrhundert) und die Thulegesellschaft (gegründet 1914) bis in die Neuzeit hineinzog. Die Anziehungskraft des Dualismus auf Hitler habe im Konzept der Sonne (Licht) als Symbol der arischen Rasse im Gegensatz zum Mond (Finsternis), der von den semitischen Völkern verehrt werde, gelegen. Der Kreis schloss sich, als Rahn die Theorie Ferdinand Niels' übernahm: Auf der Basis von Sonnenstandsmessungen auf dem Montségur zu verschiedenen Zeitpunkten im Jahreslauf meinte Niels feststellen zu können, der Montségur sei genauso angelegt wie ein Tempel der Manichäer, für die die Sonne eine zentrale symbolische Rolle spielte.[594]

Eingedenk des Wortes von Umberto Eco, die Templer hätten irgendetwas mit allem zu tun, ist es fast unnötig zu sagen, dass hier auch der Templerorden als – freilich geheimer – Verbündeter der Katharer ins Spiel gebracht wird. (Der Templerorden wurde 1119 im Königreich Jerusalem von Rittern gegründet, die sich dem Schutz der Pilger verschrieben und ein asketisches, quasi monastisches Leben führten.) Den »Beweis« erbrachte der österreichische Orientalist Joseph von Hammer-Purgstall im Jahre 1818 in der Form von vier »gnostischen Idolen«, die sich angeblich einst im Besitz der Templer befanden. Genauso wie der Albigenserkreuzzug von der katholischen Kirche auf den Plan gerufen wurde, um »sie alle zu töten«, kaum dass das Geheimnis der Katharer bekannt geworden war, so wurden auch die Templer im Jahre 1312 von einem »Kollaborateur«, nämlich Papst Clemens V., verboten.[595] Der »militaristische Charakter« des Templerordens und sein Prinzip der Initiation haben nach Ansicht der Autoren einen gewichtigen Beitrag zu Hitlers Konzept eines Eliteordens geleistet – gegründet zur Untermauerung seines theokratischen Selbstbildes. Anhänger dieser Erklärung der nationalsozialistischen Psychologie wird es indessen nicht weiter stören, dass Hammer-Purgstalls »Idole« schon längst als Fälschungen entlarvt wurden und dass die heute sichtbaren Mauerreste der Burg Montségur nachweislich aus der nach-katharischen Ära stammen.[596]

Protestantismus und Katharertum

Auch wenn die Unterschiede zwischen Roché, Weil und Rahn auf der Hand liegen – Simone Weil beschrieb das Römische Reich als »totalitäres und in höchstem Maße materialistisches Regime, begründet auschließlich auf der Anbetung des Staates, wie auch der Nationalsozialismus«[597] –, zeigen doch alle drei Autoren, wie sehr das Katharertum zur Untermauerung eines Weltbildes benutzt wurde, das nichts mit dem der eigentlichen Katharer zu tun hat. Sie waren indessen nicht die ersten, vielmehr sind sie Teil einer langen Tradition, die sich fast zeitgleich etablierte, als die letzten Katharer vernichtet wurden. Kaum eine Generation war nach der Exekution Wilhelm Bélibastes vergangen, als der Dominikaner Nikolaus Eymeric, selbst Inquisitor und Verfasser eines Handbuchs über inquisitorische Verfahren, in eine Art Verwirrung geriet, die auch schon Chronisten des 11. Jahrhunderts befallen hatte. Obwohl er Bernhard Guis Darlegungen kannte, versetzte er Mani in das Pontifikat Innozenz' III. und machte ihn zum »Anführer der modernen Manichäer«.[598] Die Hauptthemen jedenfalls standen seit dem 16. Jahrhundert fest, und für Simone Weil zumindest war ihre Resonanz noch zu Beginn der 1940er Jahre zu spüren. In ihrem letzten Werk, *The Need for Roots*, schrieb sie:

»Die Geschichte kann uns ähnliche, aber keine größeren Gräuel vor Augen führen – vielleicht von Ausnahmen abgesehen – als die Eroberung der Länder südlich der Loire durch die Franzosen zu Beginn des 13. Jahrhunderts. Diese Länder, in denen ein hohes Maß an Kultur, Toleranz, Freiheit und geistigem Leben herrschte, waren geprägt von einem intensiven patriotischen Fühlen, das sie mit ›Sprache/Langue‹ umschrieben, ein Wort, das für sie gleichbedeutend mit Heimat war. Für sie waren die Franzosen genau solche Fremden und Barbaren, wie es die Deutschen heute für uns sind. In der Absicht, den Schrecken sogleich in jedermanns Herz zu stoßen, machten sich die Franzosen daran, die Stadt Béziers in toto zu zerstören, und erzielten damit das gewünschte Ergebnis. Sobald sie das Land erobert hatten, pflanzten sie dort die Inquisition ein. Ein gedämpfter Geist der Unrast schwelte unter diesen Leuten und bewog sie später dazu, mit Inbrunst die protestantische Religion in die Arme zu schließen, die – wie d'Aubigné sagt –, trotz großer Unterschiede in der Lehre, direkt bis zu den Albigensern zurückverfolgt werden kann.«[599]

Der erste wirkliche Anstoß zu solchen Verknüpfungen war in der Tat eine Folge der Reformation des 16. Jahrhunderts. Luthers katholische Zeitgenossen beschuldigten ihn, »schlafende

Häresien« aufzuwecken, obwohl eigentlich die katholische Seite die Aufmerksamkeit auf bis dahin in Vergessenheit geratene Konflikte der Vergangenheit lenkte. Unter dem Einfluss von Sammelwerken wie dem Katalog der Ketzereien des Kölner Inquisitors Bernhard von Luxemburg von 1522 versuchten sie zu zeigen, dass Luther als Teil einer langen Tradition gottloser Abweichungen bis zurück zu den Manichäern gewertet werden müsse. In den vorausgehenden Jahrhunderten habe sich jene Abweichung unter anderem in Form der Waldenser, Albigenser und Hussiten manifestiert.[600] Die Polemiken hatten wenig mit Quellenmaterial zu tun – und trugen deshalb auch nicht dazu bei, ihr Konzept von der Vergangenheit der Kirche zu unterminieren –, aber was in diesem Zusammenhang geschah, verfolgte dasselbe Ziel: Als sich im Jahre 1561 der Calvinismus im Languedoc ausbreitete, veröffentlichte Jean Gay, Anwalt am *Parlement* von Toulouse, Auszüge aus der Chronik des Peter von Les Vaux-de-Cernay als Warnung an Katharina von Medici vor den aktuellen Gefahren, die der Katholizismus zu gewärtigen habe, insbesondere, wenn sie ihre Politik der Toleranz weiter verfolge. Die Protestanten ihrerseits bemühten sich am Anfang, der Anschuldigung entgegenzutreten, sie hätten etwas gänzlich Neues im Sinn, und verwiesen darauf, dass die wahre Kirche (wenn auch unsichtbar) schon immer existiert habe. Erst mit der Veröffentlichung des *Catalogus testium veritatis* des Lutheraners Matthias Flacius Illyricus (Straßburg 1562) lieferten auch die Protestanten konkrete Formulierungen zu einer kontinuierlichen Verbindung mit der Vergangenheit. Flacius Illyricus betonte die Ähnlichkeiten zwischen Waldensern und Protestanten, während er zugleich die Waldenser von den Katharern unterschied. Dennoch präsentierte er die Katharer als Teil desselben Prozesses, weil beide die apostolische Gültigkeit der katholischen Kirche leugneten und die Fürbitte der Priester ablehnten. Auf dieser Basis gaben die französischen Protestanten auf einer

Synode der reformierten Kirchen in La Rochelle (1607) eine Geschichtsdarstellung in Auftrag, die 1618 unter dem Titel *Histoire des Vaudois* erschien und von Jean-Paul Perrin, Pastor in Noyon (Dauphiné), verfasst wurde. Darin argumentiert er, ein Glaubensunterschied zwischen Waldensern und Katharern sei nicht erkennbar und beide seien von der katholischen Kirche fälschlich des Manichäismus bezichtigt worden – mit der eindeutigen Absicht, diese Repräsentanten des wahren Glaubens zu zerschlagen und zu diskreditieren. Auf diese Weise schuf er eine beeindruckende Martyrologie des Protestantismus.[601] Der falschen Darstellung Perrins war ein langes Leben beschieden. Die katholische Wissenschaft im 17. Jahrhundert – mit dem Höhepunkt der 1688 erschienenen *Histoire des variations des églises protestantes* von Jacques Bénigne Bossuet, Bischof von Meaux – bot überzeugende Belege dafür, dass Waldenser und Katharer nicht ein und dasselbe waren. Da die Positionen inzwischen offenbar so festgefahren waren, konnte dieses Werk erst um die Mitte des 18. Jahrhunderts eine Wirkung auf den Protestantismus ausüben. Erst danach wandten sich protestantische Autoren gegen die Katharer »mit der ganzen Abneigung einer enttäuschten Liebe«, wie es Arno Borst formuliert.[602]

Die Katharer und die Identität Okzitaniens

Simone Weil ging es bei ihrer direkten Verbindung zwischen »Albigensern« und Protestanten eher darum, den kontinuierlichen Unabhängigkeitsgeist im Languedoc zu demonstrieren, als eine Ähnlichkeit in der Glaubensdoktrin zu behaupten. Verführerischer war da schon, was man die »romantische Historiographie« der okzitanischen Vergangenheit nannte. Diese Literatur blühte insbesondere in der nach-revolutionären Periode des frühen 19. Jahrhunderts, in der sich Antiklerikalismus und regionale Loyalität häufig vermischten, während eine zunehmend breitere lesende Öffentlichkeit die Wirkung dieser Ideen noch erhöhte. In mancher Hinsicht wurde der Boden von Voltaire vorbereitet, der, von keinerlei Forschungsimpulsen getrübt, das Thema als ideale Möglichkeit empfand, die Übel des klerikalen Fanatismus und der feudalen Unterdrückung gebührend anprangern zu können. Darauf bezogen sich Augustin Thierry im Jahre 1820 und Simonde de Sismondi im Jahre 1823, als sie die Grundlagen für den attraktiven Mythos eines Languedoc mit verfeinerter Zivilisation schufen, in der sich die Albigenser – Vorboten der Gedankenfreiheit – blühend entfalten konnten.[603] Sismondis Einfluss reichte über Frankreich hinaus. 1826 lagen Teile der Bände 6 und 7 der *Histoire des Français* in englischer Übersetzung unter dem separaten Titel *History of the Crusades against the Albigensians in the Thirteenth Century* vor, komplettiert von einer aggressiven anti-päpstlichen Einleitung des Übersetzers. Einen atmosphärischen Eindruck von Sismondis Botschaft mag folgender Auszug vermitteln:

»Um den Vormarsch der Zivilisation umzukehren, um die Spuren eines mächtigen Fortschritts des menschlichen Geistes zu tilgen, genügte es nicht, als Exempel tausende von Menschen zu opfern: Es musste die gesamte Nation zerstört werden; alle, die an der Entwicklung des Denkens und der Wissenschaften teilhatten, mussten vergehen, und niemand durfte verschont bleiben, allein die niedrigste Landbevölkerung, deren Intelligenz kaum höher war als diejenige des Viehs, dessen Arbeit sie teilte. So war das Ziel des Abtes Arnold beschaffen, und er war sich durchaus im Klaren über die Mittel, mit denen er sein Ziel erreichen wollte.«[604]

Diese Vorstellung vom Languedoc des 13. Jahrhunderts begann sich erst eigentlich zwischen den 1830er und den 1870er Jahren zu festigen. Obwohl erst spät auf der Bühne im Vergleich zu den

*Der thronende Christus in St-Sernin zu Toulouse (Steinrelief, vor 1096),
ein Wahrzeichen romanischer Kunst im Languedoc. Die Blüte der
romanischen Baukunst, die Troubadourlyrik und das Katharertum
wurden im Zeichen neuen okzitanischen Selbstbewusstseins zu einem
Mythos einstiger Größe verschmolzen.*

katholischen Polemikern, deren Sicht von der Chronik des Peter von Les Vaux-de-Cernay geprägt war, bezogen diese Autoren ihre Inspiration von einer anderen großen Darstellung des Kreuzzugs: vom zweiten Teil der *Chanson de la croisade albigeoise*, geschrieben in Okzitanisch von einem Mann, dessen bittere Schilderung des Simon von Montfort durch seinen immer wieder zitierten ironischen Nachruf beim Tode des Grafen im Jahre 1218 geradezu zum Gemeinplatz geworden ist.[605] Ausgehend von Montforts Epitaph in der Kathedrale St-Nazaire zu Carcassonne, schildert er, was die Leute sagen:

»Dass er ein Heiliger ist und ein Märtyrer, der seinen Atem wiedererlangt und in wundersamer Freude sein Erbe antreten und gedeihen wird, dass er eine Krone trägt und im himmlischen Königreich sitzt. Und ich habe gehört, dass dies sich so verhalten muss – wenn einer Männer tötet und Blut vergießt, Seelen verdammt und mannigfachen Tod verursacht, schlechtem Rat vertraut, Feuer legt, Menschen vernichtet, die *paratge* entehrt, Land an sich reißt und Hochmut ermuntert, sich am Bösen ergötzt und das Gute vernichtet, Frauen tötet und Kinder hinschlachtet, wenn also ein solcher Mann in dieser Welt Jesus Christus gewinnt, dann trägt Graf Simon gewisslich eine Krone und erstrahlt oben im Himmel.«[606]

Es begann mit Antoine de Quatresoux de Parctelaine im Jahre 1833 und kulminierte mit den 1842–45, respektive 1870–72 erschienenen Büchern der liberalen Protestanten Jean Bernard Mary-Lafont, Bibliothekar in Montauban, und Napoléon Peyrat, Pastor der reformierten Kirche von Saint-Germain-en-Laye. Sie schufen ein Bild des Albigenserkreuzzugs als päpstlicher Angriff auf ein kultiviertes und unschuldiges Volk mit seinem Helden Raimund VI., der sich dem blinden Fanatismus eines Simon von Montfort entgegenstellte. Ein besonders bezeichnendes Beispiel dieses Genres ist die Darstellung von Amédée Gouët in der *Histoire nationale de France* (1865). Gouët war ein Berufsautor, der sich trotz der Lektüre zahlreicher Quellentexte bei seinen Schlussfolgerungen davon nicht sonderlich beeinflussen ließ. Seine Hetzreden gegen den katholischen Klerus waren besonders aggressiv: Peter von Castelnau war ein Fanatiker, »der schon seit langem einen Vorwand für Streit suchte«; Arnold Amauri war »eine Art Ungeheuer … ein abscheuliches Beispiel, das seinesgleichen unter den schlimmsten Übeltätern der Menschheit sucht«; die Väter des Laterankonzils von 1215 waren »typisch für die widerlichste und infamste klerikale Barbarei dieser Epoche«. »Wer würde nicht mit Schrecken und Entsetzen vor einer Religion zurückprallen, die fähig war, ein solches Verhalten an den Tag zu legen?« Wie Philippe Martel zeigt, berief sich diese Sichtweise auf die »Patenschaft« Voltaires. Der Kreuzzug war somit die Zerstörung einer Zivilisation durch Barbaren. Der französische Historiker Charles-Olivier Carbonell nennt Gouët mit einiger Übertreibung »den Theoretiker des Völkermords«.[607]

Ein Gutteil dieser Schriften konzentrierte sich auf die Eroberung der Nordfranzosen, während Napoléon Peyrat mehr den Schwerpunkt auf die Schlüsselfiguren des Südens legte. Nach seiner Sicht waren das Feudalherren wie Raimund VII. und Roger Bernhard II., katharische Bischöfe wie Guilhabert von Castres und Bertrand Marty sowie Troubadoure wie Peire Cardenal und Guillem Figueras. Nachdem die einflussreiche Arbeit von Charles Schmidt, Professor für praktische Theologie am protestantischen Seminar zu Straßburg, im Jahre 1849 erschienen war, ließ sich die Ansicht nicht mehr aufrechterhalten, die Waldenser und Katharer seien nicht zu unterscheiden gewesen, oder dass Letztere gar in irgendeiner Verbindung zum Protestantismus standen.[608] Weder Mary-Lafont noch Peyrat konnten sich mit diesen unleugbaren Fakten anfreunden, denn sie öffneten den Weg für Gegenangriffe aus dem rechten Lager und von katholischen Historikern. Nach deren Ansicht waren die Katharer eine gegen die Gesellschaft, namentlich gegen die Familie gerichtete Kraft, die in einem weniger kulturell verfeinerten, sondern vielmehr in einem frivolen und unmoralischen Languedoc toleriert wurden.[609] Die Ideen von Mary-Lafont und Peyrat waren jedenfalls bei den zeitgenössischen Intellektuellen im Süden in guter Verwahrung: Im Jahre 1854 wurde die Félibrige-Bewegung zur Förderung der okzitanischen Sprache gegründet, und zur gleichen Zeit lieferte die Wiederentdeckung der Troubadourdichtung die machtvolle Bestätigung für eine hoch stehende, jedoch unterdrückte Kultur.[610] Somit konnten die Katharer und ihre Anhänger als Opfer »der wilden nordfranzösischen Horden« dargestellt werden, und in einem bombastischen Epilog schilderte Peyrat den Fall von Montségur als ein noch heute wirkmächtiges Symbol für die Vernichtung der katharischen Welt.[611] Peyrats Behauptung, die *terre romane* (damit meinte er alles Land südlich der Loire) sei ein Zentrum »religiöser Liberalität und Freiheit des menschlichen Geistes gegen die römische Theokratie« gewesen, begründete jenen Mythos, der so anziehend auf Simone Weil gewirkt hatte.[612] Für Peyrat war die Geschichte des Albigenserkrieges »die Ilias der Pyrenäenvölker« – ein Bild, das auf die gräkophile Simone Weil eine unwiderstehliche Anziehungskraft ausüben musste, denn in ihren Augen verwandelt sich in der *Chanson de la croisade albigeoise* die Stadt Troja in Toulouse.[613]

Diese Sicht des Albigenserkreuzzuges, wie sie Thierry, Sismondi und andere französische Autoren im Vormärz, vor allem aber Jules Michelet, populär gemacht haben, liegt auch dem (zumindest in deutscher Sprache) wichtigsten und meist gelesenen literarischen Werk über die Katharer zugrunde, dem Versepos »Die Albigenser. Freie Dichtungen« von Nikolaus Lenau (entstanden 1837–42, erschienen 1842), das in der Art eines

»umgekehrten Kreuzzugsepos« (F. Sengle) den gnadenlosen Krieg Papst Innozenz' III. und seines fanatischen Kriegsherrn Simon de Montfort konsequent und äußerst pessimistisch aus der Sicht der leidenden Opfer schildert, die Albigenser damit am Vorabend von 1848 aber auch in die fortschrittsorientierte, revolutionäre Geschichts- und Zukunftsperspektive des Junghegelianismus und des Jungen Deutschland einreiht. Der Autor bringt seine durchaus in der Tradition des protestantischen Katharerbildes stehende Geschichtsauffassung in den wortgewaltigen und oft (z. B. von Karl Marx im Vorwort zum Ersten Band des »Kapitals«) zitierten Schlussversen des Epos programmatisch auf den Punkt:

»Das Licht vom Himmel läßt sich nicht versprengen,
Noch läßt der Sonnenaufgang sich verhängen,
Mit Purpurmänteln oder dunklen Kutten;
Den Albigensern folgen die Hussiten
Und zahlen blutig heim, was jene litten;
Nach Huß und Ziska kommen Luther, Hutten,
Die dreißig Jahre, die Cevennenstreiter,
Die Stürmer der Bastille, und so weiter.«

Die genannte Interpretation der französischen mittelalterlichen Geschichte blieb gleichwohl niemals unwidersprochen, weder von den katholischen Autoren des 17. und 18. Jahrhunderts noch im 19. Jahrhundert von den Konservativen. Der Aufstieg des Nationalsozialismus hatte Simone Weil genötigt, über alle historischen Prozesse zu reflektieren, die zur unheilvollen Situation Frankreichs in den frühen 1940er Jahren geführt hatten. Auf den Historiker Pierre Belperron hatten diese Ereignisse dieselbe Wirkung, führten aber zu einer gänzlich anderen Reaktion, denn Belperron geißelt die seiner Meinung nach sentimentale Sicht der Vergangenheit. Im Vorwort zu seinem Buch

La Croisade contre les Albigeois et l'union du Languedoc à la France (1209–49), erschienen 1942, vertritt er die Ansicht, dass Gruppeninteressen den Albigenserkrieg in einen auf Plünderung und Grausamkeit ausgerichteten Feldzug verwandelt hätten. »Die Kirche, der Feudaladel und die Kapetingermonarchie hatten mit Feuer und Schwert eine demokratische, liberale und tolerante Zivilisation zerstört«, von der man annahm, sie habe in Südfrankreich geblüht. Während er akzeptierte, dass ein solcher Eindruck vom ursprünglichen Kontext her verständlich war, hielt er es für unzulässig, »willentlich diesen Irrtum trotz der Ergebnisse wissenschaftlicher Forschung beizubehalten und ihn als absolute und obligatorische Wahrheit darzustellen«. Er beklagte, dass »Pseudo-Geschichtsschreibungen« wie die eines Napoléon Peyrat immer noch »das Breviarium allzu vieler Okzitanisten« geblieben seien, zumal Peyrat keineswegs nur in gutem Glauben geschrieben habe, denn seine Irrtümer »geschahen nicht immer unfreiwillig«. Am schlimmsten fand er das neueste Werk Otto Rahns, in dem »alles den Kreuzzug Betreffende von Ignoranz und schlechtem Glauben« geprägt sei. Seine eigene Studie sei dann auch als Reaktion auf dieses *méchant livre* entstanden. Darin lag eine Lehre für seine eigene Zeit; er räumt ein, »dass die unser Land heimsuchenden Desaster nicht ohne Einfluss auf unsere Urteile sind«. Er sieht auffällige Parallelen zwischen dem Languedoc des Jahres 1209 und dem Frankreich des Jahres 1939, denn dieselben materiellen und moralischen Gründe hätten dieselben Auswirkungen gezeigt. Um die anstehenden Aufgaben zu bewältigen, müsse sich Frankreich auf historische Beispiele von »Mannhaftigkeit und Energie« besinnen. Das Frankreich des 13. Jahrhunderts war »die Fackel der Welt«, hatte die politische, intellektuelle und architektonische Führerschaft inne. Jetzt sei nicht die Zeit »für die Subtilitäten und Verfeinerungen« am Hof der Raimunds, sondern die Zeit »jener Ritter der Île-de-France, der Normandie, der Champagne, die für ihre Ehre und ihren Glauben kämpften, die wussten, wie sie kämpfen, leiden und sterben sollten.«[614]

Belperrons Ansatz war stark von den Ereignissen des Jahres 1940 beeinflusst. Ähnliche Reaktionen gegen einen, wie viele es nannten, selbstgefälligen Regionalismus hatte es nach der Niederlage gegen Preußen im Jahre 1871 gegeben. Peyrat fand hier einen Ausweg; die Existenz einer gegenwärtigen »unteilbaren« Nation sei die Folge des Triumphes der Revolution, welche die »beiden Frankreich« miteinander verschmolzen habe: »Der monarchische Norden gab die Einheit, der demokratische Süden die Freiheit.«[615] Peyrats Instinkt lag da wohl ganz richtig, denn eine breite, populäre Unterstützung für sein Bild von der Vergangenheit des Languedoc war nicht leicht zu gewinnen. Weder die Anrufung der Vergangenheit während der großen Weinbaukrise im Südfrankreich des Jahres 1907 noch Versuche in neuerer Zeit, die Entwicklung des Tourismus als eine Form nordfranzösischer Ausbeutung darzustellen, scheinen eine besondere Resonanz unter der Bevölkerung des Midi gefunden zu haben.[616]

In den 1970er Jahren kamen regionalistische Bewegungen erneut in Mode, nicht nur in Frankreich, sondern überall in Europa, und gaben einer romantischen Sicht des Languedoc neuen Auftrieb. Ein Beispiel hierfür ist die Tonaufzeichnung von Troubadourlyrik des 13. Jahrhunderts, unter anderem mit Auszügen aus den Werken der Troubadoure Peire Cardenal, Guillem Augier Novella, Guillem Figueras, Pierre Bremon Ricas Novas, Tomier und Palazi, Bernart Sicart Marjevals sowie aus beiden Teilen der *Chanson de la croisade albigeoise*. Die Aufnahme war das Werk des okzitanischen Sängers Claude Martì und des Studios der Frühen Musik unter Leitung von Thomas Binkley, später Professor für frühe Musik an der Indiana University. In Anlehnung an Simone Weil lautete der Titel *L'Agonie du Languedoc*. Thomas Binkley schrieb auf der Plattenhülle: »Die Wiederbelebung dieser alten Sprache macht diese ungewöhnliche Kombination möglich; die Texte sind originale Dichtung des 13. Jahrhunderts, aber wenn Claude Martì diese Texte singt, denkt er an das Languedoc seiner eigenen Tage, das nach siebenhundert Jahren wiederum um die verdiente kulturelle Unabhängigkeit ringt – eine Unabhängigkeit, die das Languedoc im Albigenserkreuzzug verloren hatte.« Das Ergebnis ist eine höchst attraktive Plattenaufnahme, aber den Schlüssel zum dahinter stehenden Geist bietet der letzte Teil des Satzes, denn die Bemerkung liegt ganz in der Tradition Peyrats. Auch wenn die Texte Originale sind, die Musik ist nicht überliefert, aber »es ist nicht der musikalische Stil, es ist die Wut, die Verzweiflung, die Hilflosigkeit angesichts der Zerstörung des Languedoc, die Enttäuschung eines Volkes über die ihm auferlegte kulturelle Aushungerung, welche die Stücke in dieser Aufnahme vereint; eine großartige Poesie, die jenen vergessenen Krieg, den Kreuzzug gegen die Albigenser, überdauert.« Der Kreuzzug selbst wurde auf den Kriegsruf »Schlagt alle tot, Gott wird die Seinen kennen!« verkürzt, betont werden Terror und Grausamkeit, mit der Simon von Montfort den Kreuzzug führte. Ihm folgte die Einschüchterungskampagne der Inquisition, gerichtet insbesondere gegen die Dichter, deren Werk sich durch einen scharfen Antiklerikalismus und Antipapismus ausgezeichnet hätten. Der Konflikt wird hauptsächlich unter politischen Vorzeichen gesehen sowie in seiner Relevanz für die 1970er Jahre und weniger in seinem Verhältnis zu religiösen Fragen. So werden die Katharer in dieser Darstellung auch nur am Rande als »harmlose paulikianische Sekte« erwähnt.[617] Aber wie ihren Vorläufern mangelte es der okzitanischen Bewegung der 1970er Jahre an Tiefe, und sie hatte schon 1977 viel von ihrem Schwung verloren. Die Dezentralisierung und die Förderung regionaler Sprachen nach 1981 war eher Regierungspolitik als lokaler Protest. Alain Touraine wies darauf hin, dass die beiden Hauptelemente der Bewegung – das kulturell-historische und das ökonomische – kaum als kompatibel gewertet werden könnten, denn das eine beziehe sich auf eine Vergangenheit, die nicht solche Antworten liefere, auf die die Militanten hofften, während das andere eher die zukünftige ökonomische Entwicklung im Auge habe. So lässt sich vielleicht nur in der Förderung des Tourismus eine Synthese zwischen beiden Elementen erreichen.[618]

Das wichtigste Vermächtnis dieser Ideen an die letzte Generation scheint dann auch nur in der »Vulgarisation« des Themas bestanden zu haben, so die Formulierung von Charles-Olivier Carbonell, wie sie sich in den Bereichen Fernsehen, Werbung und Tourismus zeigt.[619] Die Hautes-Corbières wurden zum »Katharerland« (*Le pays cathare*); überall stehen die braunen Hinweisschilder und weisen auf Burgen, wo die Behörden für die Unterhaltung der Zufahrtsstraßen und das Jäten von Disteln an beschallten Kassenhäuschen Eintrittsgelder einziehen. Viele Orte nutzen die Gelegenheit und präsentieren Gedenkstätten. Lauvaur bietet dafür vielleicht das augenfälligste Beispiel mit seinem Gedenkstein auf der Esplanade du Plo, dem Platz der ehemaligen Burg. Hier, wo Aimery von Montréal gehenkt und seine Schwester in einem Brunnen ertränkt wurde, zeigt man den Lorbeerkranz als Märtyrerkrone. So kann heutzutage jeder ein Katharer sein.[620] Eine besonders fruchtbare Form, das Katharertum zu mythisieren, ist ein regelrechtes Genre historischer Entdeckungsliteratur, in der die Autoren behaupten, sie hätten die von unseren Vorfahren seit langer Zeit verborgenen »Geheimnisse« aufgedeckt, wobei man sich erinnern sollte, dass Péladans Gralfantasien nunmehr schon gut hundert Jahre alt sind.[621] In ihrer 1964 erschienenen Einleitung zur französischen Ausgabe von Otto Rahns *Kreuzzug gegen den Gral* meint Christiane Roy, Rahns Originalität habe darin bestanden, »dass er eine Synthese zwischen Elementen herstellte, die scheinbar nichts miteinander zu tun haben«.[622] Darin nun hat Rahn viele Nachfolger gefunden. Sie passen gut in eine Welt, in der wirtschaftlicher Wohlstand keineswegs den Aberglauben und die Leichgläubigkeit erschüttern konnte und in der sich der Katharergral von Montségur problemlos dem Turiner Grabtuch und den Neo-Templern in einem heiligen Triumvirat des Okkulten zugesellen kann.

Das »Katharerwappen« als Aufkleber, bildhafter Ausdruck der Sympathie für die katharischen Traditionen Okzitaniens.

ANHANG

Anmerkungen

1 Chanson, Bd. 1, Laisse 2, 8–11.

2 De heresi catharorum in Lombardia, in: A. Dondaine, La Hiérarchie cathare en Italie, I, Archivum fratrum praedicatorum 19, 1949, 309–310; Übers. WE, Nr. 23, 164–165.

3 Die Datierung, der Zweck, sogar die Existenz dieses Konzils bleiben Gegenstand intensiver Diskussion unter den Historikern. Als traditionelles Datum gilt 1167 auf Grund von Dokumenten, die diese Zusammenkunft beschreiben und die von Guillaume Besse im Jahre 1660 veröffentlich wurden. Diese Dokumente wurden bisweilen als Fälschungen angegriffen, weil die Originalmanuskripte nicht gefunden wurden. Zwei grundlegende Darstellungen befassen sich mit dem Thema: A. Dondaine, Les Actes du concile albigeois de Saint-Félix-de-Caraman. Essai de critique d'authenticité d'un document médiéval, in: Miscellanea Giovanni Mercati, Bd. 5 (Studi e testi, 125), Città del Vaticano 1946, 324–355, und B. Hamilton, The Cathar Council of Saint-Félix reconsidered, in: Archivum Fratrum Praedicatorum 48, 1978, 23–53. Dondaine überzeugte die meisten Historiker von der Authentizität der Dokumente, während Hamilton meint, das Konzil habe möglicherweise zwischen 1174 und 1177 stattgefunden. Gemeinsam ist beiden Artikeln die Ansicht, dass Niketas' Mission dreiteilig war: eine erneute Weihe der führenden Katharer im Westen, Gründung von katharischen Bistümern, über die der katharische Glaube verbreitet werden konnte, Bekehrung der westlichen Katharer vom moderaten zum radikalen Dualismus. Hamilton räumt jedoch ein, dass der letztere Punkt »an keiner Stelle der Dokumente ausdrücklich erwähnt wird« (29); zwei führende französische Kathererforscher, Jean Duvernoy, Le Catharisme, Bd. 1, La Religion des Cathares, Toulouse 1976, 105–107 und Anne Brenon, Le Vrai Visage du Catharisme, 2. Aufl., Portet-sur-Garonne 1995, 109, 122–128, unterstützt von der englischen Historikerin Janet Nelson, Religion in »Histoire Totale«: some recent works on medieval heresy and popular religion, in: Religion 10, 1980, vertreten deshalb die Meinung, dass Niketas ausschließlich mit organisatorischen Fragen befasst war und nicht mit Angelegenheiten des Glaubens. Substanzielle Auseinandersetzung unter den Katharern im Westen, namentlich in Italien, ergaben sich aus Zweifeln über die Eignung derjenigen, die für die Bischofsweihe zuständig waren und nicht aus einer Spaltung zwischen moderaten und radikalen Dualisten. Brenon indessen akzeptiert die Präsenz des radikalen Dualismus in der Lombardei spätestens ab 1190 und belegt dies mit der Aussage von Bonacursus, einem zwischen 1176 und 1190 bekehrten Katharer, in der *Manifestatio haeresis catharorum quam fecit Bonacursus*, in: WE, Nr. 25, 170–173 (wo die verschiedenen Texte zusammengestellt sind). Sie sieht darin ein Element interner Entwicklung im westlichen Katharertum ohne Anstöße von außen.

In Anbetracht dessen, dass der Anfang des 13. Jahrhunderts über diese Periode schreibende Autor von *De heresis catharorum* bemerkt, Niketas komme von der Drugunthia-Sekte und dass diese Sekte radikal-dualistisch sei, ist es schon merkwürdig zu argumentieren, wie es auch Brenon tut, es gebe keinen Beweis, dass die drugunthianische Kirche noch vor dem Westen dem radikalen Dualismus anhing und Niketas deshalb kein Anhänger des radikalen Dualismus' gewesen sei. Noch radikaler ist die Ansicht von M. G. Pegg, The Corruption of Angels: The Great Inquisition of 1245–1246, Phil. Diss. Princeton, NJ, 1997, 149–153, der jeglichen bogomilischen Einfluss ablehnt. Er hält es für möglich, dass die Dokumente im 13. Jahrhundert gefälscht wurden. Eine ausgewogene Zusammenfassung der Argumente bietet M. D. Lambert, The Cathars, Oxford 1998, 54–58 (dt. Die Geschichte der Katharer, 2001).

4   De heresi catharorum, 310; Übers. WE, 165.

5   S. unten, Kapitel 5.

6   Eine konzentrierte Zusammenfassung der paulikianischen Häresie bietet HH, 5–25.

7   Vgl. B. Hamilton, The Cathars and the seven churches of Asia, in: J. D. Howard-Johnston (Ed.), Byzantium and the West c. 850–c. 1200. Proceedings of the XVIII Spring Symposium of Byzantine Studies, Oxford, Amsterdam 1988, 284–286; D. Obolensky, The Bogomils, Cambridge 1948, 28–58 und M. Loos, Dualist Heresy in the Middle Ages, Prag 1974, 32–38.

8   Vgl. Obolensky, The Bogomils, 2–28; Loos, Dualist Heresy, 21–39; V. N. Sharenkoff, A Study of Manichaeism in Bulgaria, New York 1927, 5–15; Y. P. Stoyanov, The Hidden Tradition in Europe, Harmondsworth 1994, 87–103.

9   Vgl. P. Brown, Augustine of Hippo. A Biography, Berkeley/London 1967, 46–60.

10   D. Obolensky, The Bogomils, 109–110; S. Runciman, The Medieval Manichee. A Study of Christian Dualist Heresy, Cambridge 1947 (Nachdruck 1955), 62, 87–88, 171–174; M. Söderberg, La Religion des Cathares. Étude sur le Gnosticisme de la basse antiquité et du moyen âge, Uppsala 1949, 82, 265–268.

11   A. Borst, Die Katharer (Schriften der Monumenta Germaniae Historica), Stuttgart 1953, 59–60.

12   HH, 2–3; Y. Hagman, Les historiens des religions et les constructions des ésotéristes, in: CEI, 131–143.

13   H.-C. Puech und A. Vaillant (Ed. U. Übers.), Le Traité contre les Bogomiles des Cosmas le Prêtre, Paris 1945, 13–47 zum Hintergrund, 53–128 zum Text in französischer Übertragung. HH. Nr. 15, 114–134 zur englischen Übersetzung.

14   Bogomil könnte ein angenommener Name mit der Bedeutung »der von Gott Geliebte« sein. Obolensky, The Bogomils, 120, glaubt, sein Taufname habe Theophilus gelautet. Nach neueren Ansichten geht man von einem ursprünglichen Namen Bogomil aus, von dem Loos, Dualist Heresy, 65–66, Fußnote 47, meint »es sei ein gängiger Name in dieser Zeit« gewesen. Dass eine solche Person überhaupt nicht existiert haben soll, wie behauptet wird, kann man übergehen, vgl. D. Anguélou, Le Bogomilisme en Bulgarie, Toulouse 1972, 49, und Puech, Traité, 283–289, der es für unwahrscheinlich hält, dass sich eine solche mythische Figur schon so bald nach ihrem angenommenen Tod entwickelt haben sollte.

15   HH, Nr. 10, 98–102. Der griechische Text bei I. Dujčev, L'epistola sui Bogo-

mili del patriarca constantinopolitano Teofilatto, in: Mélange Eugène Tisserant, Bd. 2 (Studi e testi, 232), Città del Vaticano 1964, 88–91.

16 Obolensky, The Bogomils, 59–167.

17 HH, 29–31. Zur Eucharistie vgl. Kosmas, HH, 119. Vgl. auch Puech, Traité, 292–304, wo er die häretische »Genealogie« kritisch behandelt. Seiner Meinung nach ist direkter manichäischer Einfluss zu vernachlässigen, wichtiger scheint ihm die Rolle des Paulikiansmus und des Messalianismus.

18 Vgl. Obolensky, The Bogomils, 119; Loos, Dualist Heresy, 67; Stoyanov, Hidden Tradition, 130–131.

19 Obolensky, The Bogomils, 88–89

20 Stoyanov, Hidden Tradition, 132–133; HH, 31.

21 Zur Situation in Bulgarien in der 2. Hälfte des 10. Jahrhunderts, vgl. Stoyanov, Hidden Tradition, 120–123. Die Erwähnung der paulikianischen Missionare stammt aus dem Bericht des byzantinischen Gesandten nach Tephrike, Peter von Sizilien, HH, 67.

22 Janet Nelson, Religion, in: »Histoire Totale«, 60 betrachtet die Debatte zwischen »religiösen« und »sozialen« Faktoren als »tote Ente«. Da mag sie recht haben, aber ein Gutteil der grundlegenden Geschichtsschreibung geht dieser Zeit voraus.

23 HH, 132.

24 Obolensky, The Bogomils, 137.

25 Anguélou, Le Bogomilisme, 23–29. Vgl. auch Vaillant, Traité, 28–29, der das Bogomilentum als Bewegung des Protests und der sozialen Agitation mit Ursprung im niederen Klerus auffasst.

26 Anna Comnena, Alexiad, übers. E. Sewter, Harmondsworth 1969, 466. Griechischer Text mit französischer Übersetzung: Anne Comnène, Alexiade (Règne de l'Empereur Alexis I Comnène 1081–1118), 3 Bde. (Collection Byzantine publiée sous le patronage de l'Association Guillaume Budé), 2. Aufl., Paris 1967. Das Zeugnis der Anna Komnene ist wertvoll, weil sie in der »klassisch-hellenistischen Tradition« erzogen wurde und weil ihre historiografische Technik den meisten zeitgenössischen westlichen Chronisten überlegen war. Da die geschilderten Ereignisse auch von anderen bestätigt werden, ist es wahrscheinlich, dass ihre Beschreibungen auf Fakten beruhen. Ihre Themenauswahl legt zudem nahe, dass die Konfrontationen mit den Häretikern als bedeutende Ereignisse in der Regierungszeit Kaiser Alexios' empfunden wurden; vgl. J. Chrysostomides, A Byzantine historian: Anna Comnena, in: D. O. Morgan (Ed.), Medieval Historical Writing in the Christian and Islamic Worlds, London 1982, 30–46.

27 Alexiad, Übers. Sewter, 463–469.

28 Vgl. M. Angold, Church and Society in Byzantium under the Comneni, 1081–1261, Cambridge 1995, 486. Er meint, Basilios' Hinrichtung habe einige Jahre spatter stattgefunden, etwa 1107.

29 Alexiad, Übers. Sewter, 496–504.

30 HH, Nr. 25, 180–195. Der griechische Text bei J. P. Migne (Ed.), Patrologia Cursus Completus, Series Graeca, Bd. 130, Sp. 1289–1331.

31 Angold, Church and Society, 471–476, ist nicht überzeugt, dass es eine Verbindung zwischen den Bogomilen und der Basilios-Gruppe in Konstantinopel gab, erkennt aber auch »die Ähnlichkeiten in Perspektive und Lehre«, 476.

32 Alexiad, Übers. Sewter, 498.

33 HH, 203.

34 HH, Nr. 19, 142–164. Der Text ist nur in Fragmenten erhalten. Die Version in HH ist ein Mischtext.

35 Angold, Church and Society, 477–478.

36 HH, Nr. 36, 235.

37 Dondaine, Les Actes, 344–345, zur Identifikation dieser Kirchen. Die Lokalisierung der Kirche der Milingi bleibt unsicher. Nach C. Schmidt, Histoire et doctrine de la secte des Cathares en Albigeois, Bd. 1, Paris/Genf 1848 (Nachdr. Bayonne 1983), 57, Note 5, handelte es sich« ohne Zweifel »um Melnik in Makedonien. Diese Ansicht fand einige Unterstützung (z. B. Angold, Chirch and Society, 493–494) wegen der geografishen Nähe zu anderen bekannten bogomilischen Kirchen. Dondaine, Les Actes, 345, umgeht das Problem, und Hamilton, Cathar Council, 38–39, bietet Belege für die Peloponnes; in Wahrheit jedoch weiß es niemand genau. Angold, Church and Society, 494–495, schlägt vor, Drugunthia könne im makedonischen Thema Moglena gelegen haben, wo der bogomilische Glaube ca. 1134 und 1164 vom dortigen Bischof, dem Hl. Hilarion, bekämpft wurde.

38 B. Hamilton, The origins of the dualist church of Drugunthia, in: Estern Churches Review 6, 1974, 122.

39 D. Obolensky, Papa Nicetas: a Byzantine dualist in the land of the Cathars, in: Okeanos. Essays Presented to Igor Sevčenko (Harvard Ukrainian Studies, 7), 1983, 499–500, verweist auf Belege dieses Wechsels im altslawischen *Leben des Hl. Hilarion*. Es handelt sich indessen um eine späte Quelle; der Autor, Euthymios, bulgarischer Patriarch in Trnovo, starb 1402.

40 Hamilton, Seven Churches, 284–285.

41 *De heresi catharorum*, 306, Übers. WE, 160–161.

42 Dondaine, Les Actes, 326–327.

43 Rainerius Sacconi, Summa de Catharis et Pauperibus de Lugduno, in: A. Dondaine: Un Traité néo-manichéen du XIIIe siècle: Le Liber de duobus principiis, suivi d'un fragment de rituel cathare, Rom 1939, 70; Übers. WE, Nr. 51, 336.

44 *De heresi catharorum*, 306, 308; Übers. WE, Nr. 23, 161, 163. Anselm von Alessandria schrieb Mitte der 1260er Jahre, es gebe Berichte, nach denen Niketas »ein böses Ende« genommen habe; Anselm von Alessandria, *Tractatus de haereticis*, in: A. Dondaine, La Hiérarchie cathare en Italie, II, in: Archivum Fratrum Praedicatorum 20, 1950, 309; Übers. WE, Nr. 24, 169.

45 Runciman, Medieval Manichee, 117–122; Söderberg, La Religion des Cathares, 36–37; A. Dondaine, L'Origine de l'hérésie médiévale: à propos d'un livre récent, in: Rivista di Storia della Chiesa in Italia 6, 1952, 47–78, liefert eine Kritik des Abschnitts über Häresien, in: R. Morghen, Medioevo Cristiano, Bari 1951, 212–249, mit detaillierten Anmerkungen, 346–365. Il Cosidetto neo-manicheismo occidentale del secolo XI, in: Convegno di Scienze Morali, Storiche e Filologiche, Rom 1957, 84–104 und Problèmes sur l'origine de l'hérésie au moyen âge, in: Revue historique 336, 1966, 1–16, sind zwei charakteristische Darstellungen der Position dieses Autors. Über die Abweichung Brenons von diesen Positionen, vgl. Le Vrai Visage, 98–99. Zu einem neueren Überblick über die Forschungsmeinungen zum Ursprung der Häresie, vgl. H. Fichtenau, Heretics and Scholars in the High Middle Ages, 1000–1200,

Philadelphia PA, 1998 (zuerst München 1992), 105–126. Zur Analyse gemeinsamer und unterschiedlicher Merkmale des Bogomilismus' und des Katharertums, vgl. Lambert, Geschichte der Katharer, 32–35. Während Lambert nicht davon ausgeht, dass Bogomilen bereits in den ersten Jahrzehnten des 11. Jahrhunderts im Westen aktiv waren, meint er dennoch, dass die rheinischen Katharer des Jahres 1143 »bereits das erste missionarische Stadium überschritten hatten«.

46 R. I. Moore (Übers.), The Birth of Popular Heresy (Documents of Medieval History, 1), London 1975, 5–6. Vgl. auch Moore, The origins of European Dissent, 1977 (Neuausg. 1985), 8–20, zu den Quellenproblemen bezüglich Häresien.

47 Everwin v. Steinfeld, *Epistola ad S. Bernardum*, in: PL, Bd. 182, Ep. 472; Übers. WE, Nr. 15, 126–132. Vgl. Moore, Origins, 41–42, 164–196. Zur Bedeutung dieser Quelle, vgl. A. Brenon, La Lettre d'Evervin de Steinfeld à Bernard de Clairvaux de 1143: un document essentiel et méconnu, in: Heresis 25, 1995, 7–28. Obolensky, The Bogomils, 222–223, macht auf Berichte über den Bogomilismus in Kappadokien und Südost-Makedonien ab 1143 aufmerksam. Das könnte einen häretischen Aufschwung eben zu der Zeit nahelegen, als die Häretiker von Köln ruchbar wurden, es sieht aber so aus, dass die meisten der byzantinischen Fälle eher politischer als häretischer Natur waren.

48 Die relevanten Dekrete sind bequem einzusehen bei J. Fearns (Ed.), Ketzer und Ketzerbekämpfung im Hochmittelalter (Historische Texte, Mittelalter, 8), Göttingen 1968, 59–60. Vgl. auch C. J. Hefele und H. Leclercq, Histoire des Concils, Bd. 5,2, Paris 1913, 913, 963–972.

49 *Epistola ecclesiae Leodiensis ad Lucem papam II*, in: E. Martène und V. Durand (Eds.), Veterum scriptorum et monumentorum historicum, dogmaticum, moralium amplissima collectio, Bd. 1, Paris 1724, 776–778; Übers. WE, Nr. 17, 139–141.

50 Vgl. Borst, Die Katharer, 93.

51 *Acta concilii Lumbariensis*, in: RHG, Bd. 14, 431–434; Übers. WE, Nr. 28, 189–194; s. u. Kap. 4.

52 William of Newburgh, Historia rerum anglicarum, ed. R. Howlett, in; Chronicles of the Reigns of Stephen, Henry II. and Richard I. (Rolls Series, 82), London 1884, 131–134; Übers. WE, Nr. 40, 245–247.

53 Hugo von Poitiers, Historia Vizeliacensis monasterii, in: RHG, Bd. 12, 343–344, wo sie *Deonarii* oder *Poplicani* genannt werden; Übers. WE, Nr. 41, 248–249.

54 William of Newburgh, Historia, 245.

55 Ekbert von Schönau, Sermones contra haereticos, in: PL, Bd. 195, 13–16, neu herausgegeben von R. J. Harrison, Eckbert of Schönau's »Sermones contra Kataros«, Bd. 1, Ann Arbor 1990, 1–373; Teilübers. In R. I. Moore, The birth of Popular Heresy (Documents of Medieval History,1), London 1975, 88–94. Harrison sieht sich (Bd. 2, 374–693) gegen solche Historiker, die Ekberts Traktat so beeinflusst von der augustäischen Sicht des Manichäismus sehen, dass sie ihn für eine wenig aussagekräftige Quelle für die zeitgenössische Häresie halten.

56 B. Hamilton, Wisdom from the East, in: P. Biller u. A. Hudson (Ed.), Heresy and Literacy, 1000–1530, Cambridge 1994, 38–60.

57 Anselm von Alessandria, Tractatus de haereticis, 308; Übers. WE, Nr. 24, 168–169. Lambert, Geschichte der Katharer, 39.

311

58 Vgl. u.a. C. Thouzellier, Hérésie et croisade au XIIe siècle, in: Revue d'Histoire Ecclésiastique 49, 1954, 861; Borst, Die Katharer, 90; WE, 695; Obolensky, Papa Nicetas, 495.

59 M. D. Lambert, Medieval Heresy. Popular Movements from the Gregorian Reform to the Reformation, 2. Ausg., Oxford 1992, 60.

60 *ut subiugarent terram.*

61 Lambert, Medieval Heresy, 60, bezeichnet Anselms Bericht als »halb-legendarisch". Das ist ein reichlich harsches Urteil, denn viele seiner Aussagen stimmen mit *De heresi catharorum* überein, die den aktuellen Ereignissen wesentlich näher stehen, während andere Äußerungen (wie die Einrichtung der katharischen Bistümer Toulouse und Agen) durch andere Quellen bestätig werden. Anselms fälschliche Behauptung, Mani habe selbst seine Lehre in der Drugunthia (Bulgarien) und in Philadelphia verbreitet, entwertet nicht seine in jüngerer Zeit gesammelten Informationen. Neuerdings steht Lambert, Geschichte der Katharer, 39 ff., der Quelle weniger ablehnend gegenüber.

62 Hamilton, Wisdom from the East, 42–44. Probleme bereitet das erste Datum, weil der Satz nicht eindeutig ist: *sexaginta anni sunt atque viginti et quatuor menses.* Das könnte »vor 80 Jahren« bedeuten. Die Verwendung von *atque* könnte in diesem Zusammenhang wichtig sein, weil es bisweilen eine engere Verbindung von Wörtern anzeigt, als *et.* Wenn das so ist, dann bezieht sie sich, nach Hamilton, auf die Besetzung der St. Peterskirche durch Kaiser Heinrich IV. im Jahre 1083, und das wäre ein Ereignis von ebenso großer apokalyptischer Bedeutung. Wie auch immer, das Argument für die Einführung des Bogomilismus' im Westen vor ca. 1140 hat weiterhin Gültigkeit.

63 Rodulfi Glabri Historiarum libri quinque. The Five Books of the Histories, ed. und übers. v. J. France (Oxford Medieval Texts), Oxford 1989, 88–91; Brenon, Le Vrai Visage, 45–48; Fichtenau, Heretics and Scholars, 17.

64 Ademar von Chabannes, Chronique, ed. J. Chavanon (Collection de textes pour servir à l'étude et à l'enseignement de l'histoire, 20), Paris 1897, 173, 184–185; Übers. WE., Nr. 2, 73–74; Herigeri et Anselmi Gesta episcoporum Leodinensium, ed. R. Koepke, in: MGH Scriptores, Bd. 7, 226–228; Übers. WE, Nr. 6, 89–93; Guibert de Nogent, Histoire de sa vie (1052–1124), ed. G. Bourgin (Collection de textes pour servir à l'étude et à l'enseignement de l'histoire, 9), Paris 1907, 213; Übers. WE, Nr. 9, 101–104. (Guibert de Nogent, Autobiographie, hg. und übers. E. R. Labande, 1981. Vgl. die Liste bei Dondaine, L'Origine, 59–61 zum Vergleich.

65 Heriberts Brief über diesen Gegenstand wurde ins frühe 11. Jahrhundert zurückdatiert, während man vorher von den 1140er Jahren ausging. Einige Historiker verneinen überhaupt die Existenz eines Heribert oder dass sich seine Beschreibung auf eine wirklich bestehende Häretikergruppe bezieht. Vgl. G. Lobrichon, The chiaroscuro of heresy: early eleventh-century Aquitaine as seen from Auxerre, in: T. Head und R. Lander (Eds), The Peace of God. Social Violence and Religious Response in France around the Year 1000, Ithaca, NY, London, 1992, 80–103 (mit engl. Übers.), 347–350 (lat. Version des Textes).

66 Paul von Saint-Père de Chartres, Vetus Agnon, ed. B.-E.-C. Guérard, in: Cartulaire de l'abbaye de Saint-Père de Chartres (Collection des cartulaires de France, 1), Paris 1840, 111, zu den Lehrmeinungen; Übers. WE, Nr. 3 (B), 76–81;

Landulphi senioris Mediolanensis historiae libri quatuor, ed. A. Cutolo, in: RIS, Bd. 4, Bologna 1900, 67–69; Übers. WE, Nr. 5, 86–89. Puech, Traité, 280, weist darauf hin, dass sie Kosmas an keiner Stelle Bogomilen nennt, sondern immer den Ausdruck »Häretiker« verwendet.

67   Acta synodi Atrebatensi a Gerardo Cameracensi, in: P. Frederiq, ed. Corpus documentorum inquisitionis haereticae pravitatis Neerlandicae, Bd. 1, Gent 1899, 2–5; Übers. WE, 82–86.

68   Herigeri et Anselmi Gesta episcoporum Leodiensium, 226.

69   Guibert von Nogent, Histoire de sa vie, 212.

70   Rodulfi Glabri Historiarum libri quinque, 138–139.

71   N. J. Tanner (Ed.), Decrees of the Ecumenical Councils, Bd. 1, Nicaea I to Lateran V, London 1990, 202.

72   Vgl. Borst, Die Katharer, 71–80.

73   Traiectenses Fridericum I archiepiscopum Coloniensem hortantus, quod ceperit Tanchelmum haereticum euisque socios, Manassen et Everwacherum, ne eos dimittat, in: Codex Udalrici, ed. P. Jaffé, in: Monumenta Bambergensis, Berlin 1869 (Nachdr. 1964), 296–300, und Sigiberti Gemblacensis chronographia: Continuatio Praemonstratensis, ed. L. C. Bethmann, in: MGH Scriptores, Bd. 6, 449; Übers. WE, Nr. 8 (A) und (B), 97–101.

74   Actus pontificum Cenomannis in urbe degentium, ed. G. Busson und A. Ledru (Archives historiques du Maine, 2), Le Mans 1901, 407–415, 437–438; R. Manselli, Il monaco Enrico e la sua eresia, in: Bullettino dell'Istituto storico italiano per il medio evo e Archivio Muratorio 65, 1953, 44–63; Petrus Venerabilis, Epistola sive tractatus adversus petrobrusianos haereticos, in: PL, Bd. 189, Sp. 719–724; Bernhard von Clairvaux, Epistolae, in: J. Leclercq und H. Rochais (Eds.), S. Bernardi Opera, Bd. 8, Rom 1977, Nr. CCXLI, 125–127; Übers. WE, Nr. 11–14, 107–126.

75   E. Griffe, Les Débuts de l'aventure cathare en Languedoc (1140–90), Paris 1969, 34–37. James Fearns argumentiert hingegen, dass die petrobrusianische Aversion gegen das Kreuz bogomilischen Einfluss zeige; vgl. Peter von Bruis und die religiöse Bewegung des 12. Jahrhunderts, in: Archiv für Kulturgeschichte 48, 1966, 325.

76   Epistolae, Nr. CCXLI, 126. Übers. B. S. James, The letters of St. Bernard of Clairvaux (Reprint Stroud, 1998), 388.

77   Moore, Origins, 89–95; M. Costen, The Cathars and the Albigensian Crusade, Manchester 1997, 95–96.

78   Moore, Origins, 41–45.

79   Anselm von Alessandria, Tractatus de haereticis, 308–309; Übers. WE, Nr. 24, 169.

80   De heresi catharorum, 306.

81   Hamilton, Wisdom from the East, 46–60.

82   Gervasius von Canterbury, The Historical Works of Gervase of Canterbury, Bd. 1, in: The Chronicles of the Reigns of Stephen, Henry II. and Richard I., ed. W. Stubbs (Rolls Series, 73), London 1879, 270.

83   B. Hamilton, The Cathar Council of St-Félix reconsidered, in: Archivum Fratrum Praedicatorum 48, 1978, 31–32.

84   De heresi catharorum in Lombardia, in: A. Dondaine, La hiérarchie cathare

en Italie, I, in: Archivum Fratrum Praedicatorum 19, 1949, 306; Übers. WE, Nr. 23, 160; Anselm von Alessandria, Tractatus de haereticis, ebda., Bd. II, in: Archivum Fratrum Praedicatorum 20, 1950, 309; Übers. WE, Nr. 24, 169.

85 Hamilton, Cathar Council, 26–27.

86 Ebd., 52; E. Griffe, Les Débuts de l'aventure cathare en Languedoc (1140–90), Paris 1969. 67–76 – P. Jimenez-Sanchez, Relire la charte de Niquinta, in: Heresis 22, 1994, 18, hält die Lesung für »agenense« an der Stelle von »aranense« als nicht bewiesen.

87 Hamilton, Cathar Council, 42, 52–53.

88 s. o. Kap. 1.

89 De heresi catharorum, 307–308; Übers. WE. Nr. 23, 162–163.

90 Rainierus Sacconi, Summa de Catharis et Pauperibus de Lugduno, in: A. Dondaine, Un Traité néo-manichéen du XIIIe siècle: Le Liber de duobus principiis, suivi d'un fragment de rituel cathare, Rom 1939, 70; Übers. WE, Nr. 51, 336.

91 Hamilton, Cathar Council, 38–40.

92 Dondaine, Un Traité néo-manichéen du XIIIe siècle, 62.

93 Anselm von Alessandria, Tractatus de haereticis, 308; Übers. WE, 24, 168.

94 De heresi catharorum, 312; Übers. WE, Nr. 23, 167; PVC, Bd. 1, Abschn. 14, 15–16; Übers. Sibly, 7; Ilarino da Milano, Il »Liber supra Stella« del piacentino Salvo Burci contro i Catari e altre correnti ereticali, in: Aevum 19, 1945, 336; Übers. WE, Nr. 45(B), 273–274.

95 Rainerius Sacconi, Summa de Catharis et Pauperibus, 68; Übers. WE, Nr. 51, 335; vgl. A. Borst, Die Katharer (Schriften der Monumenta Germaniae Historica), Stuttgart 1953, 202–213 zur Hierarchie.

96 Jakob Capelli, Summa contra haereticos, in: D. Bazzocchi (Ed.), La Eresia catara: appendice, Bologna 1920, CXXXVII–CXXXVIII; Übers. WE, Nr. 49, 302–303. Bei der recht komplizierten Manuskriptgeschichte dieses Materials ist nicht sicher, ob Capelli der Autor war.

97 B. Hamilton, The Cathars and Christian perfection, in: P. Biller und R. B. Dobson (Eds.), The Medieval Church: Universities, Heresy and Religious Life. Essays in Honor of Gordon Leff, Studies in Church History: Subsidia 11, Woodbridge 1999, 16. Vgl. Das okzitanische Ritual, L. Clédat (Ed.), Le Nouveau Testament traduit au XIIIe siècle en langue provençale, suivi d'un rituel cathare, Paris 1887, XII; Übers. WE, Nr. 57 (B), 486.

98 A. Brenon, Les Femmes Cathares, Paris 1992, 122–132, 91, über Frauenhäuser; Borst, Die Katharer, 211, zu Spekulationen über Diakoninnen; zu Praktiken in der Frühkirche, vgl. E. Livingston (Ed.), The Oxford Dictionary of the Christian Church, 3. Aufl., Oxford 1997, 456. Zum Ausmaß aktiver Beteiligung von perfectae, vgl. R. Abels und E. Harrison, The Participation of Women in Langedocian Catharism, in: Medieval Studies 41, 1979, 226–227.

99 Rainerius Sacconi, Summa …, 69; Übers. WE, Nr. 51, 335–336.

100 Lateinisch: Dondaine, Un Traité néo-manichéen du XIIIe siècle, 151–165; Übers. WE, Nr. 57(A), 468–483. Okzitanisch: Clédat (Ed.), Le Nouveau Testament traduit au XIIIe siècle, IX–XXVI; Übers. WE, Nr. 57(B), 483–494.

101 Ekbert von Schönau, Sermones contra haereticos, in: PL, Bd. 195, 51–55; PVC, Bd. 1, Abschn. 14, 19, 15–16, 19–20; Übers. Sibly. 7, 8–9.

102   Jakob Capelli, Summa contra haereticos, S. CXXXVIII; Übers. WE, Nr. 49, 303; Anselm von Alessandria, Tractatus de haereticis, 313–314; Übers. WE, Nr. 54, 365–367; Bernhard Gui, Manuel de l'Inquisiteur, ed. und übers. v. G. Mollat, Bd. 1, Paris 1926, 12–15; Übers. WE, Nr. 55, 383.

103   s. o., Kap. 2.

104   B. Hamilton, Wisdom from the East, in: P. Biller u. A. Hudson(Eds.), Heresy and Literacy, 1000–1530, Cambridge 1994, 46–49.

105   Vgl. WE, 466.

106   Vgl. WE, 778, Fußnote 8.

107   Vgl. WE, 467.

108   s. u. Kap. 6 zum Problem tödlicher Erkrankung.

109   Vgl. die Bemerkung des Inquisitors Bernhard Gui, Manuel de l'Inquisiteur, ed. u. übers. v. Mollat, Bd. 1,20–23; Übers. WE, Nr. 55, 382 u. 756, Note 5.

110   Jakob Capelli, Summa contra haereticos, CXLIX-CL; Übers. WE, 303–305, zum gesegneten Brot; Vgl. Livingston (Ed.), Oxford Dictionary of the Christian Church, 522, zur eulogia, und Hamilton, Cathars and Christian perfection, 17–18, zu Brot und Gebet. Vgl. auch A. Brenon, Le Vrai Visage du Catharisme, 2. Aufl., Portet-sur-Garonne 1995, 85–86.

111   WE, 780–781, Note 1.

112   HH, Nr. 25, 189–190; s. o. Kap. 1.

113   Dondaine, Un Traité néo-manichéen du XIIIe siècle, 49; danach hätten sich die Christen »dem guten Glauben hingeben können, die Kirche ihrer Väter nicht abgelehnt zu haben, sondern nur eine perfektere Form christlichen Lebens angenommen zu haben.«

114   Rainerius Sacconi, Summa de Catharis et Pauperibus, 76; Übers. WE, Nr. 51, 344, sagt, dass »erst kürzlich viele von ihnen den richtigen Glauben über den gesegneten Johannes den Täufer zeigten, den sie zuvor alle verdammt hatten.« Es scheint deshalb, dass es die lateinische Version des Rituals war, die um die Mitte des 13. Jahrhunderts in Concorrezzo verwendet wurde.

115   Das Ritual setzt voraus, dass eine Versammlung von Leuten anwesend ist, berücksichtigt aber auch den Druck widriger Umstände. Zu Beginn der Spendung des Gebetes waschen sich die Guten Leute die Hände und »die Gläubigen ebenfalls, wenn welche vorhanden sind«, vgl. Clédat (Ed.), Le Nouveau Testament traduit au XIIIe siècle, XI; Übers. WE, Nr. 57(B), 485.

116   De heresi catharorum, 307–308; Über. WE, Nr. 23, 162.

117   Rainerius Sacconi, Summa de Catharis et Pauperibus, 70; Übers. WE, Nr. 51, 336.

118   Zur hier gewählten Methodologie vgl. Hamilton, Cathars and Christian perfection, 6. Trotz seiner großen Entdeckungen spezifisch katharischer Werke, glaubt Dondaine nicht, »dass die Schlussfolgerungen aus katholischer Polemik grundlegend modifiziert werden müssen«, vgl. Nouvelles sources d l'histoire doctrinale du néo-manichéisme au moyen âge, in: Revue des sciences philosophiques et théologiques 28, 1939, 488.

119   Bernhard Gui, Manuel de l'Inquisiteur, ed. u. übers. v. Mollat, Bd. 1, 26–33; Übers. WE, Nr. 55, 384–386.

120   L. Paolini, Italian Catharism and written culture, in: P. Biller u. A. Hudson

315

(Eds.), Heresy and Literacy, 1000–1530, Cambridge 1994, 83–103. Vgl. auch A. Roach, The Relationship of the Italian and Southern French Cathars, 1170–3120 (Phil. Diss. Wolfson College, Oxford, 1989), 40–44, der die Verbindung dieses Teils Italiens mit der dalmatinischen und byzantinischen Küste betont. Kontakte zwischen dem Languedoc und Italien oder Byzanz waren weit weniger regelmäßig in dieser Periode.

121 Vgl. Hamilton, Wisdom from the East, 56–58.

122 Le Liber de duobus principiis, in: A. Dondaine (Ed.), Un traité néo-mani-chéen du XIIIe siècle: le Liber de duobus principiis, suivi d'un fragment de rituel cathare, Rom 1939, 95–97; Übers. WE, Nr. 59, 531–533. Vgl. WE, 794–795, Note 84 zur Debatte über die Identität Magister Wilhelms. Zu diesem Thema vgl. P. Biller, The Cathars of Languedoc and written materials, in: P. Biller u. A. Hudson (Eds.) Heresy and Literacy, 1000–1530, Cambridge 1994, 61–82, sowie L. Paolini, Italian Catharism and written culture, 95–97. Die Geschichte von in Paris studierenden Katharern stammt aus einem Brief des Klerikers Ivo von Narbonne an Erzbischof Gerald von Bordeaux (geschrieben 1243), der bei Matthäus Paris überliefert ist. Matthäus Paris, Chronica Majora, ed. H. R. Luard, Bd. 4 (Rolls Series, 57), London 1877, 270–271; Übers. WE, Nr. 27, 186–187. Nach Angaben von Ivo stammen seine Insiderkenntnisse aus der Zeit, als er sich auf der Flucht wegen (seiner Meinung nach fälschlicher) Häresieanschuldigungen unter lombardischen Katharern aufhielt. Während seine Geschichte von Borst, Die Katharer, 104, akzeptiert wird, meint J. Duvernoy, Le Catharisme, Bd. 2, L'Histoire des Cathares, Toulouse 1979, 184–185, dass seine Geschichte mehr mit dem Bestreben der kaiserlichen Partei zusammenhing, die Friedrich II. feindlich gesonnenen Städte der Lombardischen Liga mit dem Makel der Häresie zu versehen, als mit den Realitäten des Katharertums. Er zeigt, dass die Chronologie keinen Bestand haben kann, auch wenn das Konzept »katharischer Scholastiker« in sich durchaus plausibel sein könnte.

123 Caesarius von Heisterbach, Dialogus Miraculorum, ed. J. Strange, Bd. 1, Köln, Bonn, Brüssel 1851, 303.

124 C. Thouzellier, Un traité cathare inédit du début du XIIIe siècle d'après le Liber contra Manichaeos de Durand de Huesca, Louvain 1961, 87–113; Übers. WE, Nr. 58, 494–510.

125 Über Nazarius, vgl. De heresi catharorum, 312; Übers. WE, Nr. 23, 167, und Anselm von Alessandria, Tractatus de haereticis, 310–312; Über. WE, 362–363; vgl. auch Hamilton, Wisdom from the East, 55.

126 Zu einer Analyse dieses Textes vgl. E. Bozoky (Ed.), Le livre secret des cathares: Interrogatio Iohannis, édition critique, traduction, commentaire, Paris 1980, 97–217. Vgl. auch WE, 448–449, und Hamilton, Wisdom from the East, 53–56.

127 Hamilton, Wisdom from the East, 53.

128 Vgl. Hamilton, Religion in the Medieval West, London 1986, 87–88.

129 Vgl. WE, 774, Note 20.

130 Vgl. WE, 774, Note 30.

131 E. Bozoky, Le Livre secret, 58–63; Übers. WE, Nr. 56(B), 458–465.

132 Rainerius Sacconi, Summa de Catharis et Pauperibus, 76; Übers. WE, Nr. 51, 344.

133 Moneta von Cremona, Adversus Catharos et Valdenses libri quinque I

(Descriptio fidei haereticorum), ed. T. A. Ricchini, Rom 1743, 109; Übers. WE, Nr. 50, 317.

134 Anselm von Alessandria, Tractatus de haereticis, 310; Übers. WE, Nr. 54, 362.

135 Hamilton, Wisdom from the East, 56.

136 Rainerius Sacconi, Summa de Catharis et Pauperibus, 72–76; Übers. WE, Nr. 51, 339–343, zu Giovanni di Lugio.

137 Le Liber de duobus principiis, 132–134; Übers. WE, Nr. 59, 567–569. Zur Anerkennung der Genesis, vgl. Hamilton, Cathars and Christian perfection, 8.

138 Hamilton, Wisdom from the East, 52–53, zum Argument, dass die Schrift schon vor dem Schisma bekannt war. Vgl. WE, Nr. 56(A), 456–458, zur Erwähnung im 14. Jahrhundert.

139 R. H. Charles (Ed.), The Ascension of Isaiah, Translated from the Ethiopic Version, Which Together with the New Greek Fragment, the Latin Versions and the Latin Translation of the Slavonic. Is here Published in Full, London 1900, 98–139; Übers. WE, Nr. 56(A), 449–456.

140 Thouzellier, Un traité, 17–84. Zu einer detaillierten Analyse des *Liber contra Manichaeos* und seines Autors, vgl. Thouzellier, Catharisme et Valdéisme en Languedoc à la fin du XIIe et au début du XIIIe siècle, 2. Aufl., Louvain/Paris 1969, 303–424 Im Jahre 1208 legte Durandus von Huesca ein Glaubensbekenntnis ab und erhielt vom Papst die Erlaubnis, die religiöse Gemeinschaft »Die Katholischen Armen (Pauperes Catholici)« zu gründen. Von dieser Basis aus starteten leitende frühere Waldenser, wie etwa Ermengaud von Béziers und Bernhard Prim, heftige Angriffe gegen die Katharer.

141 WE, 783, Note 8.

142 Rainerius Sacconi, Summa de Catharis et Pauperibus, 70–71; Übers. WE, Nr. 51, 337, 343.

143 Ders., 77,72; Übers. WE, Nr. 5, 345.

144 Thouzellier, Un traité, 104–105; Übers. WE, Nr. 58, 506; Le Liber de duobus principiis, 92; Übers. WE, Nr. 51, 339.

145 Thouzellier, Un traité, 87–95; Übers. WE, Nr. 58, 497–500.

146 Le Liber de duobus principiis, 111; Übers. WE, Nr. 5, 547; Thouzellier, Un traité, 101–102; Übers. WE, Nr. 58, 503–504.

147 Rainerius Sacconi, Summa de Catharis et Pauperibus, 71; Übers. WE, Nr. 51, 338.

148 Thouzellier, Un traité, 96; Übers. WE, Nr. 58, 501.

149 Le Liber de duobus principiis, 84; Übers. Nr. 59, 518–519.

150 Thouzellier, Un traité, 102–103; Übers. WE, Nr. 58, 504–505, und Kommentar 787, Note 138, sowie Brenon, Le Vrai Visage, 58–62.

151 Rainerius Sacconi, Summa de Catharis et Pauperibus, 71; Übers. WE, Nr. 51, 338. Die Vorstellung vom dritten Teil stammt aus der Offenbarung des Johannes 12:4. Zu diesen Ereignissen, vgl. Borst, Die Katharer, 143–146.

152 Zur Transmigration vgl. R. Poupin, De metempsycose en réincarnation ou la transmigration des âmes des temps cathares à nos jours, in: CEI, 145–164; da es für die Transmigration in der katharischen Literatur keine Belege gibt, so wird argumentiert, handele es sich um einen weitgehend volkstümlichen Glauben, um die

Idee zu befördern, die Vollkommenen würden an der Grenze zum zehnten Himmel leben. Brenon, Le Vrai Visage, 268–291, meint, die Vorstellung der Transmigration durch die Körper von Tieren sei eine Eigenart »des Katharertums im Gebirge« im beginnenden 14. Jahrhundert gewesen; Sacconi sah das offenkundig anders. Caesarius von Heisterbach, Dialogus Miraculorum, 301, erzählt seinem Novizen, die Albigenser würden törichterweise alle an die Transmigration glauben, »dass die Seele je nach ihren Verdiensten durch verschiedene Körper wandert, sogar durch Tiere und Schlangen.« Hamilton, Cathars and Christian perfection, 21–22, zieht es vor, Sacconi zu folgen, weil das strikte katharische Verbot, Tiere zu töten, von ihrem Glauben herrühre, die gefallenen Seelen würden sich in den Körpern von Tieren und Vögeln aufhalten.

153   Thouzellier, Un traité, 105–106; WE, Nr. 58, 496, 506–507.

154   Le Liber de duobus principiis, 9; Übers. WE Nr. 59, 526. Implizit im »Manichäischen Traktat«, Thouzellier, Un traité, 96–97; Übers. WE, Nr. 58, 501.

155   Vgl. Borst, Die Katharer, 145–146. Über Engel, Livingston (Ed.), Oxford Dictionary of the Christian Church, 61–62.

156   Le Liber de duobus principiis, 89, 93, 87–98; Übers. WE, Nr. 59, 523, 528, 532–533; Moneta von Cremona, Adversus Catharos et Valdenses, 63–65; Übers. WE, Nr. 50, 313–317, einschließlich seiner Widerlegung.

157   Le Liber de duobus principiis, 142; Übers. WE, Nr. 59, 577–578. Vgl. Brenon, Le Vrai Visage, 70–72.

158   Rainerius Sacconi, Summe de Catharis et Pauperibus, 71; Übers. WE, Nr. 51, 338.

159   Le Liber de duobus principiis, 143; Übers. WE, Nr. 59, 578.

160   Rainerius Sacconi, Summa de Catharis et Pauperibus, 71; Übers. WE, Nr. 51, 338; Moneta von Cremona, Adversus Catharos et Valdenses, 5; Übers. WE, Nr. 50, 311.

161   Hamilton, Cathars and Christian perfection, 11–12. Vgl. auch WE, 496.

162   Le Liber de duobus principiis, 145; Übers. WE, Nr. 59, 581–585.

163   Rainerius Sacconi, Summa de Catharis et Pauperibus, 75; Übers. WE, Nr. 51, 342–343.

164   Ders., 73; Übers. WE, Nr. 51, 340.

165   Ders., 71; Übers. WE, Nr. 51, 338. Vgl. auch Moneta von Cremona, Adversus Catharos et Valdenses, 3; Übers. WE, Nr. 50, 308–309.

166   Rainerius Sacconi, Summa de Catharis et Pauperibus, 75; Übers. WE. Nr. 51, 342–343.

167   Hamilton, Cathars and Christian perfection, 8.

168   Le Liber de duobus principiis, 128; Übers. WE, Nr. 59, 564.

169   Zu La Gleisa de Dio, vgl. T. Venckeleer, Un Recueil cathare. Le manuscrit A. 6.10 de la »Collection Vaudoise« de Dublin, I: Une Apologie, in: Revue belge de philosophie et d'histoire 38, 1960, 820–831; Übers. WE, Nr. 60 (A), 592–602. Zum Moralcodex in La Gleisa Dio, vgl. A. Brenon, Syncrétisme hérétique dans les refuges Alpins? Un Livre cathare parmi les recueils vaudois de la fin du moyen âge: Le Manuscrit 29 de Dublin, in: Heresis 7, 1986, 11. Zum Okzitanischen Ritual (13. Jahrhundert), vgl. Clédat (Ed.), Le Nouveau Testament traduit au XIIIe siècle, XIX, XXI-XXII; Übers. WE, Nr. 57(B), 489–490, 491.

170 PVC, Bd. 1, Abschn. 13, 17, 13–15, 17–18; Übers. Sollbach, 15–16.

171 Rainerius Sacconi, Summa de Catharis et Pauperibus, 66; Übers. WE, Nr. 51, 332; vgl. auch Borst, Die Katharer, 173–177.

172 Jakob Capelli, Summa contra haereticos, clvii–clviii; Übers. WE, Nr. 49, 305–306; Rainerius Sacconi, Summa de Catharis et Pauperibus, 64; Übers. WE, Nr. 51, 330.

173 Hamilton, Cathars and Christian perfection, 21, und J. Guiraud, Histoire de l'Inquisition au moyen âge, Bd. 1, Paris 1935, 85–86.

174 Alanus von Lille, De fide catholica, in: PL, Bd. 210, Sp. 77–378.

175 Anselm von Alessandria, Tractatus de haereticis, 315; Übers. WE, Nr. 54, 367; Bernhard Gui, Manuel de l'Inquisiteur, ed. u. übers. v. Mollat, Bd. 1, 18–19; Übers. WE, Nr. 55, 381.

176 Moneta von Cremona, Adversus Catharos et Valdenses, 397, Übers. WE, Nr. 50, 328.

177 Roach, Relationship, 37–38, 47–50. Vgl. auch Duvernoy, Le Catharisme, Bd. 1, La Religion des cathares, 39, der vor dem Irrtum warnt zu glauben, die katharische Theologie sei den Gläubigen »in der logischen Abfolge eines theologischen Handbuchs« vermittelt worden; M. G. Pegg, The Corruption of Angels: Inquisitors and Heretics in Thirteenth-Century Europe (Ph. Diss. Princeton University, NJ, 1997), 149, meint, »die Häresie im Lauragais verliert jede historische Besonderheit, weil sie als nichts anderes angesehen wird, als eine Ansammlung unveränderlicher Ideen.«

178 A. Dondaine, Durand von Huesca et la polémique anti-cathare, in: Archivum Fratrum Praedicatoum 29, 1959, 271; Übers. WE. Nr. 37, 234. Der Autor könnte Ermengaud von Béziers sein, der zusammen mit Durandus von Huesca die Gruppe der »Katholischen Armen« gründete.

179 Doat, Bd. 22, ff. 4r–5v.

180 s. u. Kap. 5.

181 Doat, Bd. 22, ff. l 1r–2v.

182 Doat, Bd. 22, ff. 26r–26v.

183 Doat, Bd. 22, ff. 31r–32v.

184 Doat, Bf. 25, ff. 38v–44r.

185 s. unten, Kap. 5.

186 s. unten, Kap. 6.

187 RF, Bd. 2, 404.

188 RF, Bd. 2, 420.

189 Über die von den Autiers verwendeten Bücher vgl. J.-M. Vidal, in: Revue des Questions historiques 86, 1909, 23–25.

190 Vgl. Vidal, Doctrine et morale, in: Revue des Questions historiques 85, 1909, 379, zu anderen Gelegenheiten, an denen sie diese Geschichte erzählten.

191 Zu einer umfassenden Würdigung des katharischen Glaubens in dieser Periode, vgl. ebd., 357–391.

192 Das jedoch scheint zumindest im 11. Jahrhundert ein Gemeinplatz gewesen zu sein, auch wenn dieses Bild von den Katharern popularisiert wurde; vgl. W. L. Wakefield, Some unorthodox popular ideas of the thirteenth century, in: Medievalia et Humanistica 4, 1973, 30–31.

193   RF, Bd. 2, 406–411.

194   Hierzu Vidal, Doctrine et morale, in: Revue des Questions historiques 85, 1909, 366–367.

195   Vidal, Doctrine et morale, in: Revue des Questions historiques 86, 1909, 39–40 und unten, Kap. 6.

196   Borst, Die Katharer, 197; Hamilton, Cathars and Christian perfection, 14 und M. Lambert, The Cathars, Oxford 1998, 240–244 (dt. Geschichte der Katharer, 2001, 254ff.)

197   s. u. Kap. 6.

198   RF, Bd. 1, 235–236, Note 93, zu Duvernoys Kommentar; s. u. Kap. 6, 188.

199   Ranerius Sacconi, Summa de Catharis et Pauperibus, 68; Übers. WE, Nr. 51, 334.

200   J. J. I. von Doellinger, Beiträge zur Sektengeschichte des Mittelalters, Bd. 2, München 1890, 25. Vidal, Doctrine et morale, in: Revue des Questions historiques 86, 1909, 36–37, über die Fälle Amiel von Perles und Wilhelm Bélibaste nach ihrer Gefangennahme im Jahre 1309.

201   Ilarini da Milano, Il »Liber supra Stella«, in: Aevum 19, 1945, 336; Übers. WE, Nr. 45 (B), 273.

202   Jakob Capelli, Summa contra haereticos, clxxvi-clccvi; Übers. WE, Nr. 49, 306.

203   Borst, Die Katharer, 218–222.

204   W. L. Wakefield, Burial of heretics in the Middle Ages, in: Heresis 5, 1985, 29–32.

205   Vgl. R. Manselli, Evangelisme et mythe dans la foi Cathare, in: Heresis 5, 1985, 5–17. Vgl. auch R. Abels und E. Harrison, The Participation of Women in Languedocian Catharism, in: Medieval Studies 41, 1979, 244–245 über die Kenntnisebenen des katharischen Glaubens.

206   Pelhisson, 60–65; Übers. Wakefield, 215–216.

207   Hamilton, Cathars and Christian perfection, 12–13.

208   Pierre des Vaux-de-Cernay (PVC), Kreuzzug gegen die Albigenser, übers. v. Gerhard E. Sollbach, 23. Auch in Innocentii III Registrorum sive Epistolarum, PL, vol 215, Sp. 1354–8.

209   Vgl. R. A. Markus, Saint Augustine's views in the »Just War«, in: W. J. Shields (Ed.), The Church and War. Studies in Church History, 20, 1983, 1. 13; F. H. Russell, The Just War in the Middle Ages, Cambridge 1975,1.

210   Vgl. J. Gilchrist, The Lord's war as the proving ground of faith: Pope Innocent III. and the propagation of violence (1198–1216), in: M. Shatzmiller (Ed.), Crusaders and Muslims in Twelfth-Century Syria, Leiden 1993, 65–83; darin wird argumentiert, Innozenz habe die Idee des Gerechten Krieges als Mittel eingesetzt, die Gläubigen an ihre Verpflichtung zu erinnern, die Feinde Christi zu bekämpfen. Zu Innozenz' eigenem Wunsch nach Märtyrertum auf dem Kreuzzug, vgl. R. Foreville, Innocent III. et la Croisade des Albigeois, in: CF 4, 1969, 185; weiterhin C. Dutton, Aspects of the Institutional History of the Albigensian Crusades, 1198–1229 (Diss. Royal Holloway and Bedford New College, University of London 1993), 15–24.

211   PVC, Bd. 1, Abschn. 79, 79; Übers. Sibly, 45.

212   PVC, Bd. 1, Abschn. 40, 37–38, Übers. Sibly, 24.

213   PVC, Bd. 1, Abschn. 41, 38; Übers. Sibly, 24.

214   PVC, Bd. 1, Abschn. 13, 15, Übers. Sibly, 13, Paul of Saint-Père de Chartres, Vetus Agnon, ed. B.-E.-C. Guérard, in: Cartulaire de l'abbaye de Saint Père de Chartres (Collection des cartulaires de France, 19, Paris 1840, 112; Übers. WE, Nr. 3 (B), 79.

215   HH, Nr. 7, 91–92, Nr. 8, 96. Ein allgemeiner Überblick bei J. Duvernoy, L'air de la calomnie, in: CEI, 21–38.

216   Innocentii III Registrorum sive Epistolarum, in: PL, Bd. 215, Sp. 361–62 (1204), 526–28 (1205), 1246–47 (1207). Eine Teilübersetzung von Innozenz' Briefen an Philipp II. von 1207 findet sich in: L. Riley-Smith and J. Riley-Smith (Übers.), The Crusades. Idea and Reality, 1095–1274 (Documents of Medieval History 4), London 1981, Nr. 15(i), 78–80, sowie von Philipps Antwort auf eine weitere Aufforderung nach dem Tod des päpstlichen Legaten Peter von Castelnau, in der der König betont, dass Raimund VI. nicht wegen Ketzerei verurteilt worden sei, W. A. und M. D. Sibly (Übers.), The History of the Albigensian Crusade, Woodbridge 1998, Appendix F, 305–306 (Lateinischer Text in HGL, Bd. 8, Nr. 138 (ii), Sp. 558–59). Zur Diskussion über die Haltung Philipps II. vgl. Dutton, Aspects, 28–32.

217   Vgl. E. Siberry, Criticism of Crusading, 1095–1274, Oxford 1985, 6–8, 158–68. Zu den Teilnehmern vgl. Dutton, Aspects, 176–77.

218   PVC, Bd. 1, Abschn. 81, 80–81; Übers. Sibly, 45–46.

219   Chanson, Bd. 1, laisses 1,5, 3–5, 18–19; Übers. Shirley, 11,13.

220   WP, 23–24 und Nr. 2.

221   Gilchrist, The Lord's war, 83; Foreville, Innocent III, 184–217. Michel Roquebert hat die Geschichten des Gralszyklus' mit dieser Phase der Kreuzzugsgeschichte verbunden, denn er sieht eine chronologische Konvergenz zwischen der Entwicklung der kirchlichen Militanz gegenüber den Katharern, beginnend mit dem Dritten Laterankonzil von 1179, und dem Aufkommen der Gralliteratur, von der er annimmt, dass sie, zumindest bis ca. 1215, die Bedeutung des »Soldaten Christi« noch befördert hat, der für die Verteidigung der Kirche kämpft und das ewige Heil erhält, wenn er im Kampfe fällt. Andere verknüpfen diese Geschichten mit den Kreuzzügen im Osten; nach Ansicht Roqueberts treffen sie genauso gut auf die Albigenserkreuzzüge zu. Wahrhaftig waren diese Geschichten besonders beliebt in Rekrutierungsregionen für die Albigenserkriege, insbesondere in der Champagne und in Flandern. Überdies war die Erklärung der Transsubstantation auf dem Vierten Laterankonzil von 1215 die direkte Antwort auf die anti-eucharistischen Ansichten der Katharer und trug zur Internationalisierung des Konzepts vom »Soldaten Christi« bei, die Roquebert um das Jahr 1225 ansetzt. Dieses »mystische Stadium« des Gralzyklus' schreibt er den Fehlschlägen der Kreuzzüge – im Osten wie auch im Languedoc – zwischen 1218 und 1225 zu. Vgl. M. Roquebert, Les Cathares et le Graal, Toulouse 1994, bes. 66–68, 179–188.

222   Innocentii III registrorum sive Epistolarum, in: PL, Bd. 214, Sp. 81–83. Innozenz verwendet das Wort *accingantur*, aber das muss nicht bedeuten, dass der Papst dazu aufrief, im wörtlichen Sinne zu kämpfen, auch wenn dies bisweilen so interpretiert wird. Vgl. die Diskussion bei Sibly, History, 316, Note 3, und Dutton, Aspects, 25, der darauf hinweist, dass der Papst zu dieser Zeit vornehmlich damit beschäftigt war, für seinen von ihm angeregten Kreuzzug nach Osten zu rekrutieren.

223 Vgl. C. J. Hefele u. H. Leclercq, Histoires des Conciles, Bd. 5(1), 5(2), Paris 1912, 1913, 570–73, 731–32; N. J. Tanner (Ed.), Decrees of the Ecumenical Councils, Bd. 1, Nicaea I to Lateran V, London 1990, 202, zu Kanon 23 des Laterankonzils von 1139.

224 s. o. Kap. 1.

225 s. o. Kap. 2.

226 Epistolae Domni Henrici Claraevallensis quodam Abbatis postmodum Episcopi Albanensis, in: PL, Bd. 204, Sp. 235–40.

227 Tanner (Ed.), Decrees of the Ecumenical Councils, Bd. 1, Nicaea I to Lateran V, 224.

228 E. Griffe, Les Débuts de l'aventure cathare en Languedoc (1140–90), Paris 1969, 118–119; vgl. Auch Kap. 2.

229 Griffe, Les Débuts, 122–123, datiert dies auf 1179.

230 J. Delaville Le Roux (Ed.), Cartulaire général de l'Ordre des Hospitaliers de Saint-Jean de Jérusalem, 110–1310, Bd. 1, Paris 1894, Nr. 572, 388; Bd. 2, Nr. 1617, 246. Vgl. auch die Diskussion bei Sibly, History, Appendix D, 299–301. S. auch Kap. 2.

231 WP, 28. 31; s. o. Kap. 2

232 J. Fearns (Ed.), Ketzer und Ketzerbekämpfung im Hochmittelalter (Historische Texte, Mittelalter, 8), Göttingen 1968, 61–63.

233 S. o. Kap. 2.

234 WP, 22–27, 46–51.

235 PVC, Bd. 1, Abschn. 6, 6; Übers. Sibly, 8.

236 B. Hamilton, The Albigensian Crusade (Historical Association, 1974), 17; HH, 47–48 und Nr. 29, 254–259; R. Manselli, Les »chrétiens« de Bosnie: le catharisme en Europe orientale, in: Revue d'histoire ecclésiastique 2, 1977, 600–614. Innozenz kann auch von den Katharern in seiner Nähe mit ihren mittelitalienischen Hochburgen Viterbo und Orvieto beeinflusst worden sein, wo die Opposition gegen die Ausbreitung der päpstlichen Oberherrschaft dem Papst so vorgekommen sein musste, als sei sie mit der Häresie verknüpft, vgl. C. Lansing, Power and Purity. Cathar Heresy, in: Medieval Italy, New York/Oxford 1998, 33, 41. Aus päpstlicher Perspektive schien der Dualismus überall an Boden gewonnen zu haben.

237 M. Barber, Western attitudes to Frankish Greece in the thirteenth century, in: B. Hamilton, B. Arbel, D. Jacoby (Eds.), Latins and Greeks in the Eastern Mediterranean after 1204, London 1989, 111–128.

238 PVC, Bd. 1, Abschn. 7,8, 7–8; Übers. Sibly, 9.

239 Innocentii III Registrorum sive Epistolarum, in: PL, Bd. 215, Sp. 358–360. Das Angebot von 1198 hatte jedenfalls keine Ergebnisse gebracht. Vgl. G. G. Coulton, The Death Penalty for Heresy from 1184 to 1917, London 1924, 4.

240 Innocentii III Registrorum sive Epistolarum, in: PL, Bd. 215, Sp. 526–528.

241 Ebd., Sp. 1166–68.

242 WP, 54–55.

243 Chanson, Bd. 1, Str. 2,4, 8–11, 12–13; Übers. Shirley, 12. Vgl. auch Kap. 1.

244 Acta concilii Lumbariensis, in: RHG, Bd. 14, 431–434; Übers. WE, Nr. 28, 189, 194. Zur Sukzession der Bischöfe von Albi, vgl. J. Dufour, Les Evêques d'Albi, de Cahors et de Rodez des origines à la fin du XIIe siècle (Mémoires et documents

d'histoire médiévale et de la philologie, Paris 1989, 38–41. Zu den Zweifeln, ob diese Männer Katharer genannt werden können, vgl. M. Costen, The Cathars and the Albigensian Crusade, Manchester 1997, 60. Vgl. oben. Kap. 1.

245 WP, 34–37, Duvernoy, Note 2 zur möglichen Identifizierung von Olivier mit Sicard.

246 WP, 46–51.

247 PVC, Bd. 1 Abschn. 22, 23, 26, 24–26, 28–29; Übers. Sibly, 18–19, 20.

248 WP, 51–53.

249 PVC, Bd. 1, Abschn. 67, 65–66, Übers. Sollbach, 25.

250 A. Teulet (Ed.), Layettes du Trésor des Chartes, Bd. 2, Paris 1866, Nr. 1992, 147–152 (12. April), 149.

251 PVC, Bd. 1, Abschn. 67, 60–62, Übers. Sibly. Vgl. auch Sibly, Nr. 36 sowie die Diskussion im Anhang G, 313–320. Zu Vergentis vgl. W. Ullmann, The significance of Innocent III's decretal »Vergentis«, in: Études d'histoire du droit canonique dédiées à Gabriel Le Bras, Paris 1965, 729–741 und C. Thouzellier, Catharisme et Valdéisme en Languedoc à la fin du XIIe siècle et au début du XIIIe siècle, 2. Aufl., Louvain/Paris 1969, 155–156.

252 Chanson, Bd. 1, laisse 9, 26–27, engl. Übers. Shirley, 15; PVC, Bd. 1, Abschn. 77–78, 80, 77–80, engl. Übers. Sibly, 44–45.

253 Vgl. J. Strayer, The Albigensian Crusades, New York 1971, 58–59.

254 Chanson, Bd. 1, laisse 15, 44–45; engl. Übers. Sibly, 18.

255 Siehe oben, Kap. 2.

256 Chanson, Bd. 1, Strophe 12, 58–59.

257 WP, 140–141, 130–131. Vgl. hierzu die gängigen römischen Methoden wie sie in der 2. Hälfte des 10. Jahrhunderts von den Byzantinern angewandt wurden; G. T. Dennis (Ed. u. Übers.), Three Byzantine Military Treatises, Washington DC, 1985, 303–305.

258 Chanson, Bd. 1, Strophe 32, 28, 78–81, 70–74; Übers. Shirley, 25–26, 24.

259 PVC, Bd. 1, Abschn. 98, 124, 99, 128, Übers. Sibly, 54, 69; Chanson, Bd. 1, Str. 37, 94–95, Übers. Shirley, 28.

260 PVC, Bd. 1, Abschn. 103, 102; Übers. Sibly, 56. Zu Montfort und seiner Familie vgl. Y. Dossat, Simon de Montfort, in: CF 4, 1969, 281–302, sowie Sibly, History, Appendix C, 294–298.

261 PVC, Bd. 2, Abschn. 429, 430, 122–123; Übers. Sibly 196–197. Vgl. die Bemerkung von Maurice Keen, Das Rittertum, München 1987, 117.

262 PVC, Bd. 1, Abschn. 115, 128, 136, 119, 132–133, 139–140, Übers. Sibly, 63–64, 71, 74; Innocentii III Registrorum sive Epistolarum, in: PL, Bd. 216, Sp. 141–142. Dutton, Aspects, 12, 93–94, 213 meint, die Idee einer auf 40 Tage begrenzten Heerfolge sei eine Erfindung der Legaten gewesen und habe nicht in der Absicht des Papstes gelegen.

263 PVC, Bd. 1, Abschn. 151–157 (Minerve), 167 (Montréal), 168–89 (Termes), 214 (Cabaret), 154–161, 170–192, 212–214; Übers. Sollbach, 75ff. Vgl. auch M. Barber, Catharism and the Occitan Nobility: the lordships of Cabaret, Minerve and Termes, in: C. Harper-Bill, R. Harvey (Eds.), The Ideal and Practice of Medieval Knighthood 3, Papers fom the Fourth Strawberry Hill Conference, 1988, Woodbridge 1990, 1–19.

264 PVC, Bd. 1, Abschn. 197–209, 199–208; Übers. Sollbach, 112ff.; vgl. auch oben, Kap. 2.

265 PVC, Bd. 1, Abschn. 245, 244–245; Übers. Sibly, 125; Chanson, Bd. 1, Str. 126, 280–281; Übers. Shirley, 63 (Herbst 1212).

266 Vgl. F. L. Cheyette, Rez. J. Strayer, The Albigensian Crusades, in: Speculum 48, 1973, 411–415.

267 PVC, Bd. 1, Abschn. 251–286, 250–283; Übers. Sollbach, 168; Chanson, Bd., Str. 87–111, 204–209; Übers. Shirley, 49–56.

268 Chanson, Bd. 1, Str. 111, 248–249; Übers. Shirley, 57.

269 Zu diesen Ereignissen vgl. PVC, Bd. 1 u. 2, Abschn. 231–486, 230–293, 1–179; Übers. Sollbach, 236ff.; Chanson, Bd. 1, Str. 79–131, 190–291, Bd. 2, Str. 132–141, 2–37, Übers. Shirley, 46–72 (Abschn. 132ff sind von dem anonymen Kontinuator). Vgl. A. P. Evans, The Albigensian Crusade, in: K. M. Setton, R. Wolfe und H. Hazard (Eds.), A History of the Crusades, Bd. 2, Philadelphia PA, 1962, 302, zu der geschätzten Kampfstärke der Parteien. Zu den Umständen, die Peter II. zum Eingreifen veranlassten, vgl. E. Griffe, Le Languedoc Cathare au temps de la Croisade (1209–1229), Paris 1973, 75–97.

270 PVC, Bd. 2, Abschn. 534, 229; Übers. Sollbach, 254ff.

271 PVC, Bd. 2, Abschn. 537–549, 570–573, 230–242, 259–265; Übers. Sollbach, 264f.; Chanson, Bd. 2, Str. 143–50, 40–77; Übers. Shirley, 72–80.

272 PVC, Bd. 2, Abschn. 574–612, 266–316; Übers. Sollbach, 290f.; Chanson, Bd. 2, Str. 152–186, 82–409, Bd. 3, Str. 187–205, 8–212; Übers. Shirley, 82–173.

273 PVC, Bd. 1, Abschn. 104, 109, 104–105, 113–114; Übers. Sibly, 56–57, 60.

274 Chanson, Bd. 2, Str. 144, 46–47; Übers. Shirley, 73–74. Vgl. Bd. 3, Str. 208, 228–229; Übers. Shirley, 176 zu dem berühmten Epitaph des Autors über Montfort als Mann des Blutes, der Männer, Frauen, Kinder abschlachtete und das Land anderer an sich riss. Vgl. unten, Kap. 7.

275 WP, 102–105.

276 Vgl. Tabelle 2. Die Liste ist nicht endgültig. PVC bezieht sich noch auf andere, ungenannte Plätze, die eingenommen wurden oder sich ergaben.

277 PVC, Bd. 1, Abschn. 125–127, 142, 128–132, 147.; Übers. Sibly, 69–70, 78–79.

278 PVC, Bd. 1, Abschn. 60, 56–58; Übers. Sibly, 33.

279 S. o. Kap. 2; Wilhelm von Tudela, Chanson, Bd. 1, Str. 84, 200–201; Übers. Shirley, 48, sagt, es seien in Les Cassès mindestens 94 gewesen.

280 PVC, Bd. 1, Abschn. 233, 232–233; Übers. Sibly 199–120.

281 M. Roquebert, L'Epopée cathare, Bd. 1, 1198–1212: L'Invasion, Toulouse 1970, Appendix, 525–537.

282 Zur Kreuzzugsfinanzierung vgl. Dutton, Aspects, Kap. 6 und 299.

283 Innocentii III Registrorum sive Epistolarum, in: PL, Bd. 216, Sp. 741–743; Übers. Sibly, History, Appendix F, 309–310.

284 Die Belege für die von Roquebert identifizierten »häretischen« Orte stammen meist aus den Berichten päpstlicher Legaten und Registern der Inquisition, die sich vornehmlich mit diesen Regionen befassen; so besteht die Gefahr von Zirkelschlüssen. Es bestand allerdings auch keine Notwendigkeit für ausgedehnte inquisitorische Aktivitäten außerhalb dieser Gebiete. Wenn Katharer wirklich im Norden

und Osten stark vertreten waren, dann bleibt dem Historiker nur die unwahrscheinliche Hypothese, dass dort das Katharertum spontan in den Jahren nach Montforts Tod 1218 ausgestorben wäre und dass dasselbe auch für die Regionen in und um Toulouse und Carcassonne zuträfe ohne Einwirkung seitens der Inquisition oder politischer Veränderungen.

285 Vgl. M. Roquebert, L'Epopée cathare, Bd. 4, 1230–1249: Mourir à Monségur, Toulouse 1994, 107–108; J. Duvernoy, Le catharisme, Bd. 2, L'Histoire des Cathares, Toulouse 1979, Appendix II, 347–351; S. Nelli, L'Evêque Cathare, Guilhabert de Castres, in: Heresis 4, 1985, 11–24. Das Auf und Ab der Laufbahn Guilhaberts ist ein guter Hinweis auf den strukturellen Status der katharischen Kirche im Languedoc während der erst vier Jahrzehnte des 13. Jahrhunderts.

286 Vgl. Griffe, Les Débuts, 160; Costen, The Cathars, 68–69.

287 Innocentii III Registrorum sive Epistolarum, in: PL, Bd. 215, Sp. 1359.

288 Wie Dutton, Aspects, 173–174, betont, war die Ansiedlung im Süden »keine sonderliche Motivation der Kreuzfahrer«, vgl. ebd., Kap. 7. Der Text der Statuten von Pamiers in HGL, Bd. 8, Nr. 165, Sp. 625–635; Übers. Sibly, History, Appendix H, 321–329. Bestimmung XV betraf Häretiker in amtlichen Funktionen; sie nimmt die 16 Jahre später am Konzil von Toulouse von Kardinal Romanus von Sant'Angelo formulierten Bedingungen vorweg.; s. u. Kap. 5.

289 Vgl. Evans, Albigensian Crusade, 294, besonders Fußnote 23.

290 Die Legaten scheinen der Meinung gewesen zu sein, dass die Umstände ein solcher Verhalten rechtfertigen. Vgl. PVC, Bd. 1, Abschn. 163, 164, 166–169; Übers. Sibly, 88–89 zum Legaten Thedisius im Jahre 1210.

291 Vgl. Evans, Albigensian Crusade, 291–292; Strayer, Albigensian Crusades, 74–79.

292 G. Tangl, Studien zum Register Innocenz' III., Weimar 1929, 88–97; Riley-Smith und Riley-Smith (Übers.), The Crusades, 118–124. Vgl. die Analyse von Dutton, Aspects, 8–44.

293 PVC, Bd. 2, Abschn. 400, 406, 97–98, 103; Übers. Sibly, 185, 188–189.

294 Chanson, Bd. 1, Str. 131, 290–291, Übers. Sibly, 65.

295 Chanson, Bd. 2, Str. 144–152, 44–49; Übers. Sibly 73–84.

296 Chanson, Bd. 2, Str. 145, 54–55, Übers. Shirley, 75.

297 Teulet (Ed.), Layettes du Trésor des Chartes, Bd. 1, Nr. 1113–1115, 413–416 (Übertragung von Lehen an Montfort) (April 1215), Nr. 1132, 420 (Vorbehalt der Rechte des jungen Raimund) (Dezember 1215); Übers. Nr. 1132 in Sibly, History, Appendix F, 311–312.

298 Chanson, Bd. 2, Str. 137, 16–17; Übers Shirley, 68.

299 PVC, Bd. 2, Abschn. 417, 110; Übers. Sollbach, 228.

300 WP, 114–115.

301 PVC, Bd. 1, Abschn. 220, 219; Übers. Sibly, 113; WP, 28–29.

302 PVC, Bd. 1, Abschn. 135, 138, Übers. Sollbach, 119.

303 PVC, Bd. 1, Abschn. 135, 138, Übers. Sibly, 73; Chanson, Bd. 1, Laisse 68, 164–165; Übers. Sibly, 41.

304 Vgl. W. L. Wakefield, The family of Niort in the Albigensian Crusade and before the Inquisition, in: Names. The Journal of the American Name Society 18, 1970, 98–100.

305 PVC, Bd. 1, Abschn. 26, 28–29; Übers. Sibly, 20; WP, 50–51 (Montréal); Bibliothèque municipale, Toulouse, Manuscript 609 (im Folgenden Ms 609), f. 109a (Laurac).

306 Doat, Bd. 23, ff. 162–180.

307 Chanson, Bd. 1, Laisse 68, 164–165; Übers. Sibly, 41.

308 PVC, Bd. 1, Abschn. 135, 138–139, Abschn. 167, 170; Übers. Sibly, 73, 90.

309 Vgl. C. Coulson, Fortress policy in Capetian tradition and Angevin practice: aspects of the conquest of Normandy by Philipp II., in: R. A. Brown (Ed.), Anglo-Norman Studies VI, Proceedings of the Battle Conference 1983, Woodbridge 1984, 13–38, zur Diskussion des Öffnungsrechts.

310 PVC, Bd. 1, Abschn. 148–149, 152–153; Übers. Sibly, 81.

311 F. L. Cheyette, Rez. von J. Strayer, The Albigensian Crusades, in: Speculum 48, 1973, 411–415.

312 J. H. Mundy, Men and Women at Toulouse in the Age of the Cathars (Studies and Texts, 101), Toronto 1990, 1–4, zur Diskussion der verschiedenen Theorien über die mögliche Anziehungskraft der katharischen Religion.

313 Chanson, Bd. 1, Laisse 68, 164–165; Übers. Sibly, 41.

314 Innocentii III Registrorum sive Epistolarum, in: PL, Bd. 216, Sp. 139. Brief der Legaten Arnold Amauri und Milo an Innozenz III.

315 HGL, Bd. 8, Nr. 150, Sp. 584; PVC, Bd. 1, Abschn. 23, 26; Übers. Sibly, 18–19.

316 Vgl. Wakefield, Family of Niort, 97–117, 286–303.

317 Chanson, Bd. 1, Laisse 68, 164–165; Übers. Shirley, 41.

318 PVC, Bd. 1, Abschn. 215, Abschn. 222, 222–223; Übers. Sibly, 111, 115.

319 A. Brenon, Les Femmes Cathares, Paris 992, 117–119. Zum Charakter dieser Wehrdörfer, vgl. F. L. Cheyette, The castles of the Trencavel: a preliminary aerial survey, in: W. C. Jordan, R. Mc Nab und T. F. Ruiz (Eds.), Order and Innovation in the Middle Ages. Essays J. R. Strayer, Princeton, NJ, 1976, 255–272.

320 Chanson, Bd. 1, Laisse 71, 174–175; Übers. Shirley, 43.

321 D. Herlihy, The generation in medieval history, in: Viator 5, 1974, 347–364; ders., Life expectancies for women in medieval society, in: R. T. Morewedge (Ed.), The Role of Women in the Middle Ages, Albany, NY, 1975, 1–22; V. Bullough/C. Campbell, Female longevity and diet in the Middle Ages, in: Speculum 55, 1980, 317–325; Mundy, Men and Women at Toulouse, 81–85. In den von Mundy durchgesehenen Testamenten »hinterließen fast 95 Prozent der Männer nach ihrem Tod verwitwete Frauen«, 84.

322 Chanson, Bd. 1, Laisse 68, 166–167; Übers. Shirley, 41.

323 Vgl. E. Griffe, Les Débuts de l'aventure Cathare en Languedoc (1140–1190), Paris 1969, 127–130, zu diesen Ereignissen. Zur Mission von 1178 vgl. Roger von Howden, Chronica, ed. W. Stubbs, Bd. 2 (Rolls Series, 51), London 1868, 150–155; zur Unterwerfung von 1181, vgl. Gottfried von Vigeois, Ex Chronico Coenobitae Monasterii S. Martialis Lemovicensis ac Prioris Vosiensis Coenobii, in: RHG, Bd. 12, 448–449. Übers. Howden in WE, Nr. 29, 194–200.

324 WP, 28–29.

325 Doat, Bd. 24, f. 24r. Vgl. E. Griffe, Le Languedoc Cathare de 1190 à 1210, Paris 1971, 25–26.

326 WP, 30–31.

327 Vgl. Roquebert, L'Epopée cathare, Bd. 1, 1198–1212: L'Invasion, Toulouse 1970, Anhang, 525–537 zu Orten mit belegter katharischer Anhängerschaft.

328 Vgl. J. Duvernoy, Le Catharisme, Bd. 2, L'Histoire des Cathares, Toulouse 1979, Anhang II, 347–351, zu katharischen Bischöfen und Diakonen. A. Brenon, Le Vrai visage du Catharisme, 2. Aufl., Portet-sur-Garonne 1995, 119 (Karte).

329 Chanson, Bd. 1, Laisse 14, 42–45, Übers. Shirley, 17–18. Dies war eine andere Armee als diejenige, die Béziers im folgenden Monat angriff; sie spielte für den Kreuzzug insgesamt nur eine geringe Rolle. Sie bestand aus Kontingenten aus der Auvergne und dem Quercy; die wichtigste Persönlichkeit war wohl Guy II., Graf von Clermont und Auvergne.

330 Doat, Bd. 23, ff. 2v–6v.

331 PVC, Bd. 1, Abschn. 156–157, 160–161; Übers. Sibly, 85.

332 PVC, Bd. 1, Abschn. 136, 139–140; Übers. Sibly, 74.

333 PVC, Bd. 1, Abschn. 227, 227–228; Übers. Sibly, 117; Chanson, Bd. 1, Laisses 68, 71.

334 Vgl. auch die Kommentare von Roquebert, L'Epopée cathare, Bd. 1, 378 und 406.

335 Ebd., 397.

336 PVC, Bd. 1, Abschn. 230, 230; Übers. Sollbach, 131.

337 PVC, Bd. 1, Abschn 57, 52–54; Übers. Sollbach, 19.

338 PVC, Bd. 1, Abschn. 75–78, 75–79; Übers. Sibly, 43–45.

339 PVC, Bd. 1, Abschn. 37, 28, 35, 31–33; Übers. Sibly 23, 22.

340 WP, 30–31.

341 Vgl. E. Hallam, Capetian France, 987–1328, London 1980, 54–62.

342 Vgl. Y. Dossat, Le Comité de Toulouse et la féodalité languedocienne à la veille de la croisade albigeoise, in: Revue du Tarn 9, 1943, 78–79.

343 Ebd., 83.

344 Vgl. J. C. Holt, The end of the Anglo-Norman realm, in: Proceedings of the British Academy 61, 1975, 223–265; J. Gillingham, The Angevin Empire, London 1984.

345 Dossat, Le Comté de Toulouse, 88–89.

346 Vgl. T. Bisson, The Medieval Crown of Aragon. A Short History, Oxford 1986, 32–38; Hallam, Capetian France, 60–62.

347 Dossat, Le Comté de Toulouse, 78–79.

348 Ebd., 88; Griffe, Les Débuts, 8.

349 Gervasius von Canterbury, The Historical Works of Gervase of Canterbury, Bd. 1, in: The Chronicles of the Reigns of Stephen, Henry II. and Richard I., ed. W. Stubbs (Rolls Series, 73), London 1879, 270–271.

350 S. oben Kap. 1.

351 S. oben Kap. 1 zum Konzil von St-Félix-de-Caraman und unten Kap. 4 zum Konzil von Lombers.

352 Zum Beispiel W. L. Wakefield, Heresy, Crusade and Inquisition in Southern France, 1100–1250, London 1974, 83.

353 Zu dieser Expedition s. u., Kapitel 4.

354 Wilhelm von Tyrus, Chronique, ed. R. B. C. Huygens, Bd. 1 (Corpus Chris-

tianorum. Continuatio Medievalis, 63), Turnhout 1986, 11,2, 497. Man hat gemeint, die politische Instabilität in den Länder der Grafen von Toulouse sei eine Folge der Kreuzzugsteilnahme Raimunds IV. zwischen 1096 und 1105 gewesen, Y. P. Stoyanov, The Hidden Tradition in Europe, Harmondsworth 1994, 159. Es ist beachtenswert, dass genau in der darauf folgenden Periode König Ludwig VI. (1108–1135) seine Königsherrschaft in der Ile-de-France etablieren konnte.

355 J. Delaville Le Roux (Ed.), Cartulaire général de l'Ordre des Hospitalier de Saint-Jean de Jérusalem, 110–1310, Bd. 2, Paris 1894, Nr. 1617, 246; WP, 112–113.

356 Vgl. S. Painter, William Marshall, Baltimore, MD, 1933, 284–285. Wilhelm starb 1219, drei Jahre vor Raimund VI.

357 PVC, Bd. 1, Abschn. 88, 197–209, 219, 89–90, 199–208, 218–219; Übers. Sibly, 49, 103–107, 113; Übers. Sollbach, 112 ff.

358 PVC, Bd. 2, Abschn. 439, 380, 129, 75; Bd. 1 Abschn. 228–229; Bd. 2, Abschn. 358, 56; Übers. Sibly, 199, 177, 168.

359 WP, 24–27.

360 Chanson, Bd. 1, Laisse 15, 44–47; Übers. Sibly, 18–19.

361 HGL, Bd. 8, Nr. 86, Sp. 429–431; Ms 609, f. 252r zur Anwesenheit von Häretikern in Saissac im Jahre 1195.

362 WP, 48–49; Doat, Bd. 24, ff. 42–43, 241r, 251r, und HGL, Bd. 8, Nr. 329, Sp. 1035–1036 zu Esclarmondas Häretisierung. Vgl. auch J.-M. Vidal, Esclarmonde de Foix, in: Revue de Gascogne 11, 1911, 53–79; Griffe, Le Languedoc Cathare de 1190 à 1210, 155.

363 F. Pasquier (Ed.), Cartulaire de Mirepoix, Bd. 1, Paris 1921, 15–16, Nr. IV zur Vasallität gegenüber dem Grafen von Foix (1223). Zu Mirepoix als Versammlungsort der Katharer, Doat, Bd. 24, ff. 240–241. Vgl. auch Vidal, Esclarmonde de Foix, 57, zu anderen Häusern in der Grafschaft Foix. S. Nelli, Montségur. Mythe et histoire, Monaco 1996, 81, meint, 1207–1208 sei ein plausibleres Datum für den Wiederaufbau von Montségur als der gewöhnlich angesetzte Zeitpunkt 1204.

364 Chanson, Bd. 2, Laisse 145, 48–55; Übers. Shirley, 74–75; WP, 165, Note 2. Brenon, Femmes Cathares, 122–123, meint, es dürften nur recht wenige Katharer in der Grafschaft Foix gewesen sein, weil man dort keinen katharischen Bischofssitz einrichtete.

365 Dossat, Le Comté de Toulouse, 88; Bisson, Medieval Crown of Aragon, 37–38.

366 Beispielsweise in den Schlachten bei Montgey (April 1211) und Castelnaudary (September 1211).

367 PVC, Bd. 2, Abschn. 367, 389, 408, 65, 85, 104; Übers. Sibly, 172, 180, 188–189; Übers. Sollbach, 227.

368 Chanson, Bd. 1, Laisses 26–30, 68–77; Übers. Shirley, 23–24. In seiner Rezension über Strayer, Albigensian Crusade (in: Speculum 1973) bringt Cheyette eine Allianz Raimunds VI. und Peters II. gegen Raimund Roger ins Spiel.

369 WP, 22–23. Wilhelms Darstellung erfährt volle Unterstützung von Zeugen, die vor den Inquisitoren in den 1240er Jahren ihre Aussagen machten und alt genug waren, sich an die Verhältnisse vor der Zeit des Albigenserkreuzzuges zu erinnern. Castelnaudary (etwa dreißig Kilometer nordwestlich von Carcassonne) ist ein Beispiel für einen solchen Platz. Im Jahre 1245 erinnert sich Raimund Arrufat, dass sich

Waldenser und Katharer dort oft aufhielten, mit Leuten des Ortes Mahlzeiten einnahmen und sich in der Stadt offen und frei bewegten; Ms 609, f. 251r.

370   Chanson, Bd. 2, Laisse 137, 16–17; Bd. 3, Laisses 196, 208, 104–105, 234–235.

371   Zu einer prägnanten Zusammenfassung der historischen Debatte vgl. L. Paterson, The World of the Troubadours, Cambridge 1994, 10–19. Die Grundlagen dieser Ansicht wurden im ausgehenden 19. Jahrhundert gelegt und wurden seitdem nur modifiziert, obwohl die Diskussion weitergeht. Vgl. P. Dognon, Les Institutions politiques et administratives du pays de Languedoc du XIIIe siècle aux guerres de religion, Toulouse 1895, 16–19, und Y. Dossat, La Société méridionale à la veille de la croisade des Albigeois, in: Revue du Languedoc 1, 1944, 66–71.

372   Dognon, Les Institutions politiques, 19; P. Martel, Naissance de l'Occitanie, in: A. Armengaud u. R. Lafont (Eds), Histoire d'Okzitanie, Paris 1979, 161, 165, 219–220. Zur convenientia vgl. E. Magnou-Nortier, Fidelité et méridionales d'après les serments de Fidelité, Xe-début XIIe siècles, in: Les structures sociales de l'Aquitaine, du Languedoc et de l'Espagne au premier âge féodal, Paris 1969, 119–128.

373   s. o., 157.

374   Vgl. Dossat, La société méridionale, 69–70.

375   Chanson, Bd. 2, Laisse 154, 94–97; Übers. Shirley, 84–85.

376   N. J. Tanner (Ed.), Decrees of the Ecumenical Councils, Bd. 1, Nicaea I to Lateran V, London 1990, 224–225.

377   WP, 42–43.

378   Stephani Tornacensis Episcopi Epistolarum Pars Prima (1163–77), in: PL, Bd. 211, Nr. 73, Sp. 371.

379   WP, 42–43.

380   WP, 40–45.

381   WP, 24–25.

382   Chanson, Bd. 1, Laisse 3, 12–13; Übers. Shirley, 12; PVC, Bd. 1, Abschn. 20, 22–23; Übers. Sibly, 17. Vgl. auch J. H. Mundy, Urban society and culture: Toulouse and its region, in: R. L. Benson und G. Constable (Eds.), Renaissance and Renewal in the Twelfth Century, Oxford 1982, 235. Mundy hat eine Familie Tudela in Toulouse für die Jahre 1212 bis 1215 identifiziert. Wilhelm von Tudela ist deshalb vielleicht weniger ein Ortsfremder als Peter von Les Vaux-de-Cernay, obwohl er in der Chanson angibt, er sei in Tudela erzogen worden.

383   Y. Dossat, Le Clergé méridional à la veille de la croisade des Albigeois, in: Revue du Languedoc 1, 1944, 265.

384   Dossat, Le clergé méridional, 265–266.

385   R. W. Emery, Heresy and Inquisition in Narbonne, New York 1941, 55–60 zu einer Zusammenfassung seiner Karriere. Vgl. auch Roquebert, L'Epopée cathare, Bd. 1, 151–154, und Griffe, Le Languedoc Cathare de 1190 à 1210, 197–200.

386   Dossat, Le Clergé méridional, 267. Auch Arnold Amauri engagierte sich intensiv für die machtpolitische Entwicklung seines Bischofssitzes nach 1212, was zum Konflikt mit Simon von Montfort führte und zur Missbilligung durch Peter von Les Vaux-de-Cernay, Bd. 2, Abschn. 561, 253–254; Übers. Sibly, 250–251.

387   Acta concilii Lumbariensis, in: RHG, Bd. 14, 431–434; Übers. WE, Nr. 28, 189–194.

388   Griffe, Les Débuts, 145. Es ist strittig, ob Pons abgesetzt wurde oder ob er starb. WE, 705 denkt an das Erstere, während Griffe, 133, keine Belege für eine Absetzung findet. Es scheint jedoch, dass es schwierig war, einen geeigneten Kandidaten zu finden, der das Amt übernehmen wollte, Griffe, 135.

389   PVC, Bd. 1, Abschn. 89, 90; Übers. Sibly, 50.

390   Zum Beispiel J. Strayer, The Albigensian Crusades, New York 1971, 24–25.

391   F. van der Meer (Ed.) Atlas de l'Ordre Cistercien, Paris/Brüssel 1965, Karte II; P. Wolff (Ed.), Documents de l'histoire du Languedoc, Toulouse 1969, 118–119.

392   A. Luttrell, The earliest Hospitallers, in: B. Z. Kedar, J. Riley-Smith und R. Hiestand (Eds.), Montjoie. Studies in Crusade History in Honour of Hans Eberhard Mayer, Aldershot 1997, 37–54; M. Barber, The New Knighthood. A History of the Order of the Temple, Cambridge 1994, 20–21; Mundy, Urban society and culture, 241.

393   J. H. Mundy, Charity and social Work in Toulouse, 1100–1250, in: Traditio 22, 1966, bes. 235–238.

394   Vgl. Wolff, Documents, 117 (Karte). Zu St. Sernin vgl. Dossat, Le Clergé méridionale, 272.

395   WP, 24–25.

396   PVC, Bd. 1, Abschn. 18, 18–19; Übers. Sibly, 14.

397   Vgl. O'Brian, Jews and Cathari in medieval France, in: Comparative Studies in Society and History 10, 1968, 215–220.

398   PVC, Bd. 1, Abschn. 84, 92, 8; 86–87, 93–94, 7–8; Übers. Sibly 48–49, 51, 9.

399   Chanson, Bd. 3, Laisse 189, 30–33; Übers. Shirley, 135–136.

400   Gottfried von Auxerre, Sancti Bernardi Abbatis Clarae-Vallensis Vita et res gestae libris septem comprehensa: Liber tertius auctore Gaufrido monacho, in: PL Bd. 185, Sp. 411–412.

401   Roger von Howden, Chronica, 150–152; Übers. WE, Nr. 29, 196–197. Vgl. J. Mundy, Liberty and Political Power in Toulouse, 110–1230, New York 1954, 60–62; Griffe, Les Débuts, 97–100.

402   WP, 64–65.

403   WP, 64–67. Vgl. Wakefield, Heresy, Crusade and Inquisition, 75.

404   PVC, Bd. 2, Abschn. 359, 57; Übers. Sibly, 168 (zum Jahr 1212); Griffe, Le Languedoc Cathare de 1190 à 1210, 73.

405   Es ist in diesem Zusammenhang nicht klar, ob »Häretiker« jetzt perfecti bedeutet oder allgemein katharische Sympathisanten. Zu diesem Thema vgl. J. L. Nelson, Religion, in: »Histoire Totale«: some recent works on medieval heresy and popular religion, in: Religion 10, 1980, 71; Brenon, Le Vrai visage, 183. Wenn sie alle perfecti gewesen wären, dann wäre ein Prozentsatz von 2. 5 schon recht groß, aber bei den angegebenen Berufen scheint das doch unwahrscheinlich.

406   L. Domairon (Ed.), Role des hérétiques de la ville de Béziers à l'époque du désastre de 1209, in: Cabinet historique 9, 1863, 95–103. Die aufgelisteten Berufe umfassen auch Beinamen, die ein Gewerbe bezeichnen, weil diese Personen einen entsprechenden Berufshintergrund gehabt haben dürften, auch wenn sie 1209 diesen Beruf nicht ausübten. Vgl. J. Duvernoy, in: Annales de l'Institut d'Études occitanes. Actes du colloque de Toulouse, années 1962–3, Toulouse 1964, 67–68, zu Katharern im Textilgewerbe.

407   J. C. Russell, Medieval Regions and Their Cities, Newton Abbot 1972, 154–159, 162–163.

408   Ebda., 156, 163.

409   Die Schätzungen schwanken. Diese Zahlen stammen von A. P. Evans, The Albigensian Crusade, in: K. M. Setton, R. Wolfe, H. Hazard (Eds.) A History of the Crusades, Bd. 2, Philadelphia, PA, 1962, 289. Sie könnten eventuell zu niedrig sein. Russell, Medieval Regions, 162–163, geht von 14. 500 im Jahre 1342 aus.

410   PVC, Bd. 1, Abschn. 264, 262, Bd. 2, Abschn. 305, 488, 501–503, 560, 5–7, 179–180, 194–198, 252–253; Übers. Sibly, 134, 149–150, 220–221, 225–226, 250; Emery, Heresy and Inquisition, Kap. 5.

411   Russell, Medieval Regions, 162, 166, 159.

412   Vgl. C. Dutton, Aspects of the Institutional History of the Albigensian Crusades, 1198–1229 (Phil. Diss., Royal Holloway and Bedford New College, University of London, 1993), 89.

413   Dossat, La Société méridionale, 74.

414   Ebda., 76. Zu einer umfassenden Analyse des sozialen und ökonomischen Kontexts des Katharertums in Toulouse, vgl. J. H. Mundy, Society and Government at Toulouse in the Age of the Cathars (Studies and Texts, 129), Toronto 1997.

415   Mundy, Liberty and Political Power, 68–73; ders., Urban society and culture, 229–233.

416   Dossat, La Société méridionale, 72–73 zu städtischen Freiheiten, und Wolff, Documents, 126–128 (Karten).

417   A. Roach, The Cathar Economy, in: Reading Medieval Studies 12, 1986, 51–71, zeigt, dass die Katharer meist auf Vermächtnisse zurückgriffen und Wucher keine bedeutende Rolle spielte.

418   Mundy, Men and Women at Toulouse, 7, zeigt, wie der Adel auf den Niedergang der Endogamie mit der Praktizierung der Primogenitur als Mittel zum Schutz ihres Eigentums reagierte. Dieselbe Tendenz bemerkt er auch in den unteren Gesellschaftsklassen, wenn auch nicht so sehr aus ökonomischen Gründen und schließt daraus, dass »die Geringeren die Höheren nachahmten«. Duvernoy spekuliert, dass das Katharertum nur deshalb im Languedoc als erfolgreicher erscheint, weil bedeutende erzählende Quellen und Inquisitionsakten überliefert sind und dass bei besserer Quellenlage Deutschland, die Champagne oder Flandern »dasselbe Bild« bieten würden; vgl. Le Catharisme, Bd. 2, L'Histoire des Cathares, 195.

419   G. Šemkov, Le Contexte socio-économique du Catharisme au Mas-Saintes-Puelles dans la première moitié du 13e siècle, in: Heresis 2, 1984, 35–53. Zu der Ansicht, es habe sich um einen Geschlechterkonflikt gehandelt, vgl. G. Koch, Frauenfrage und Ketzertum im Mittelalter. Die Frauenbewegung im Rahmen des Katharismus und des Waldensertums und ihre sozialen Wurzeln (12.–14. Jahrhundert) (Forschungen zur Mittelalterlichen Geschichte, 9), Berlin 1962, 20. Zu den verschiedenen Theorien über die Rolle der Frauen im Katharertum, vgl. Mundy, Men and Women at Toulouse, 41–46.

420   D. Obolensky, Papa Nicetas: a Byzantine dualist in the land of the Cathars, in: Okeanos: Essays Presented to Igor Sevčenko (Harvard Ukrainian Studies, 7), 1983, 500.

421   Pelhisson, 3–39; Übers. Wakefield, 209.

422 HGL, Bd. 8, Nr. 271, 883–894.

423 Vgl. B. Hamilton, The Cathar Council of Saint-Félix reconsidered, in: Archivum Fratrum Praedicatorum 48, 1978, 43–49.

424 PVC, Bd. 1, Abschn. 6, 6; Übers. Sibly, 8; H. Denifle (Ed.), Chartularium Universitatis Parisiensis, Bd. 1, Paris 1899 (Nachdr. Brüssel 1964), Nr. 72, 129.

425 J. D. Mansi (Ed.), Sacrorum conciliorum nova et amplissima collectio, Bd. 23, (Florenz, Venedig, Paris 1799, Sp. 185–186.

426 Mansi (ed.), Sacrorum conciliorum, Bd. 1192–193. Vgl. C. J. Hefele u. H. Leclerq, Histoire des Conciles, Bd. 5(2), Paris 1913, 1494–1501.

427 WP, 138–139.

428 Pelhisson, 8–39; Übers. Wakefield, 209–212; vgl. auch 137–140.

429 Vgl. A. Brenon, Le Vrai Visage du Catharisme, 2. Aufl, Portet-sur-Garonne 1995, 49–50 zur Zerstörung des katharischen Bistums »Frankreich«, das ca. 1240 endgültig aufgehört hatte zu existieren.

430 T. Ripoll (Ed.), Bullarium ordinis fratrum praedicatorum, Bd. 1, Rom 1779, Nr. 71,72, 47.

431 B. Hamilton, The Medieval Inquisition, London 1981, 36–39. Es ist sicherlich angemessener, von »Inquisitoren« zu sprechen, als von »Inquisition«, denn anfangs gab es noch keine institutionellen Strukturen und festgelegten Prozeduren. Es wurde deshalb schon argumentiert, dass die Inquisition, zumindest für das 13. Jahrhundert, ein historisches Konstrukt sei, vgl. R. Kieckhefer, The office of inquisition and medieval heresy: the transition from personal to institutional jurisdiction, in: Journal of Ecclesiastical History 46,1995, 36–61. Indessen, die Existenz von Verfahrenshandbüchern bereits im Jahre 1244 und die beständige Betonung, dass eine saubere Aktenführung notwendig sei, verweist darauf, dass es ein Bewusstsein für Kontinuität und gemeinsame Aufgabenstellung gab.

432 Pelhisson, 34–47; Übers. Wakefield, 208–211.

433 A. Tardif, Documents pour l'histoire du *processus per inquisitionem* et de *l'inquisitio heretice pravitatis*, in: Nouvelle revue historique du droit français et étranger 7, 1883, 669–678; Übers. W. L. Wakefield, Heresy, Crusade and Inquisition in Southern France, 1110–1250, London 1974, Appendix 6, 250–258. Zu Datierung und Zuweisung, vgl. L. Kölmer, Ad capiendas Vulpes. Die Ketzerbekämpfung in Südfrankreich in der ersten Hälfte des 13. Jahrhunderts und die Ausbildung des Inquisitionsverfahrens (Deutsches Historisches Institut in Paris, Historische Studien, 19), Bonn 1982, 198–203.

434 Pelhisson, 68–69; Übers. Wakefield, 217.

435 Pelhisson, 52–55, 92–95; Übers. Wakefield, 213, 223–224; WP, 138–139.

436 Pelhisson, 58–59, Übers. Wakefield, 214.

437 Der Einsatz von Kerkerhaft und sozialer Stigmatisierung war ein effektives Mittel, einen Häretiker von seiner Gemeinde zu trennen, die ihm in der Vergangenheit die Ausübung seines Glaubens und seiner gesellschaftlichen Rolle ermöglicht hatte. Dermaßen von ihrer Umgebung isolierte Personen hatten deshalb oft keine andere Wahl, als mit den Inquisitoren zusammenzuarbeiten. Vgl. J. Given, The inquisitors of Languedoc and the medieval technology of power, in: American Historical Review 94, 1989, 336–359, und ders., Social stress, social strain and the inquisitors of Medieval Languedoc, in: S. C. Waugh/P. D. Diehl (Eds), Christendom and Its

Discontents, Exclusion, Persecution and Rebellion, 1000–1500, Cambridge 1996, 67–85. H. A. Kelly, Inquisition and the prosecution of heresy: misconceptions and abuses, in: Church History 58, 1989, 439–451, argumentiert, dass ursprünglich die Verfahrensregeln in Häresiesachen »den Häresiefällen keinen Vorrang« gegenüber anderen Rechtsfällen einräumte, mit Ausnahme der Komplexe summarische Verfahren und Geheimhaltung von Zeugennamen. Es wird allerdings auch gezeigt, dass die Regeln in einem Ausmaß missbräuchlich ausgelegt wurden, dass solche Missbräuche im Laufe des 13. Jahrhunderts schließlich als »normal« angesehen wurden. Jedenfalls wird das Geschick deutlich, mit dem die Inquisitoren die besagten Mittel entwickelten, um die gewünschten Resultate zu erreichen, vgl. J. Given, Inquisition and Medieval Society. Power, Discipline and Resistance in Languedoc, Ithaca, NY, London 1997, bes. Kap. 1–3.

438 Pelhisson, 36–37, Übers. Wakefield, 208. Zur Analyse des gewaltsamen Widerstandes, vgl. Given, Inquisition and Medieval Society, 112–117.

439 Pelhisson, 46–47; Übers. Wakefield, 211.

440 Pelhisson, 112–122, Übers. Wakefield, 226–228.

441 S. o., Kap. 2.

442 Pelhisson, 52–53, 72–87; Übers. Wakefield, 213, 218–223. Vgl. auch E. Griffe, Le Languedoc Cathare et l'Inquisition (1229–1329), Paris 1980, 56; Y. Dossat, La Crise de l'Inquisition toulousaine en 1235–1236 et l'expulsion des Dominicains, in: Bulletin philologique et historique (jusqu'à 1715, années 1953 et 1954, Paris 1955, 391–398, der die Chronologie dieser Ereignisse revidiert.

443 Pelhisson, 52–53, 58–59, Übers. Wakefield, 213, 214. Vgl. J. H. Mundy, The Repression of Catharism at Toulouse. The Royal Diplom of 1279 (Studies and Texts, 74), Toronto 1985, 28–32, 50–55. Nach seiner Sicht war »das Rückgrat des tolosaner Katharertums gegen Ende September 1237 gebrochen«, ein Erfolg, der seiner Meinung nach den Angriff auf die landsässigen Herrschaften wesentlich erleichterte. Nicht alle Historiker sind jedoch von Mundy's Analyse überzeugt, vgl. M. D. Lambert, The Cathars, Oxford 198, 140 und Note 33. E. Griffe, Le Languedoc Cathare au temps de la Croisade (1209–119), Paris 1973, 160–166, präsentiert ein ganz ähnliches soziales Profil wie Mundy.

444 WP, 140–141.

445 Ebd., 140–141.

446 Pelhisson, 66–67, Übers. Wakefield, 217.

447 Zur Darstellung von Avignonet, vgl. Y. Dossat, Les Crises de l'Inquisition toulousaine en XIIIe siècle (1233–1273), Bordeaux 1959, 146–151. Zur Plünderung, vgl. Doat, Bd. 24 ff. 165r–165v; zu Wilhelm Golairon vgl. Bibliothèque municipale, Toulouse, Manuscripts 609 (im Folgenden Ms. 609), f. 140v.

448 Vgl. J. Duvernoy, Confirmation d'aveux devant les inquisiteurs Ferrier et Pons Gary (Juillet-Août 1243), in: Hérésis 1, 1983, 9–23; W. L. Wakefield, Friar Ferrier, Inquisition at Caunes, and escapes from prison at Carcassonne, in: Catholic Historical Review 58, 1972, 220–237; Ders., Friar Ferrier, Inquisitor, in: Heresis 7, 1986, 33–41.

449 WP, 132–135.

450 Vgl. Wakefield, Heresy, Crusade and Inquisition, 153–161, zur Darstellung dieser Ereignisse.

451 WP, 140–141.

452 M. Roquebert, Le Catharisme comme tradition dans la »familia« languedo-cienne, in: CF 20, 1985, 226–228. Vgl. Auch A. Brenon, Les Femmes Cathares, Paris 1992, 242–249, zum Charakter von Montségur und der dortigen Gemeinde.

453 Chanson, Bd. 2, Str. 145, 48–55, Übers. Shirley, 74–75. Vgl. oben Kap. 2 und 4. Es herrscht Unsicherheit über die lehnsrechtliche Position der Herren von Pe-reille, denn die Herrschaft über diese Region war zwischen den Grafen von Foix und den Vizegrafen von Carcassonne aufgeteilt. Der Oberherr war letztlich jedoch der Graf von Toulouse, vgl. M. Roquebert, L'Epopée cathare, Bd. 4, 1230–1249: Mourir à Montségur, Toulouse 1994, 32–33.

454 WP, 174–175.

455 Das sind die Zahlen von Duvernoy, WP, 174, Note 4. Roquebert, L'Epopée cathare, Bd. 4, 366–367, berechnet, dass sich dort 211 perfecti und mindestens 150 Laien befanden, sodass die Mindestzahl also 361 beträgt.

456 WP, 174–177; Pelhisson, 56–57; Übers. Wakefield, 214. Duvernoy hat die Texte der Aussagen der Überlebenden des Falls von Montségur sowie die Er-wähnung der Burg in anderen Inquisitionszeugnissen zusammengestellt; vgl. J. Duvernoy (Ed. u. Übers.), Le Dossier de Montségur. Interrogatoires d'inquisition (1242–1247), Toulouse 1997.

457 H. C. Lea, A History of the Inquisition in the Middle Ages, Bd. 2, New York 1889, 42; Duvernoy, WP, 173, Note 4; Griffe, Le Languedoc Cathare et l'Inquisition, 80.

458 Vgl. Wakefield, Heresy, Crusade and Inquisition, 17; Duvernoy, Le Dossier de Montségur, 13–17.

459 Vgl. Delaruelle, Saint Louis devant les Cathares, in: Septième Centenaire de la Mort de Saint Louis. Actes des Colloques de Royaumont et de Paris (12–27 mai 1970), Paris 1976, 277–280. Zur Bewertung der zeitgenössischen Bedeutung des Montségur, vgl. Roquebert, L'Epopée cathare, Bd. 4, 21–22.

460 S. o., Kap. 2, sowie G. Langlois, La Formation de la seigneurie de Termes, in: Heresis 17, 1991, 51–72.

461 PVC, Bd., Abschn. 171–190, 173–193, Übers. Sibly, 91–100; Übers. Soll-bach, 91ff.; Chanson, Bd. 1, Str. 56–57, 132–141; Übers. Sibly, 36–37, zu Berichten über die Belagerung.

462 PVC, Bd. 1, Abschn. 185, 187–189; Übers. Sibly, 98. Zu Benedikt von Ter-mes, vgl. Duvernoy, WP, 50, Note 3.

463 PVC, Bd. 1, Abschn. 130, 134–136, Übers. Sibly, 71–72.

464 Chanson, Bd. 1, Str. 58, 140–141; Übers. Shirley, 57.

465 PVC, Bd. 1, Abschn. 279, 274–275; Übers. Sibly, 139–140, Note 58.

466 HGL, Bd. 8, Nr. 269, 877, zum Unterwerfungsakt, der sich auf die Über-gabe ihres Landbesitzes im Jahre 1228 bezieht. WP, 110–111 gibt 220/21 an.

467 Vgl. A. Peal, Olivier de Termes and the Occitan nobility, in: Reading Medie-val Studies 12, 1986, 109–129.

468 WP, 24–127.

469 Siehe unten, 231.

470 Vgl. R. W. Emery, Heresy and Inquisition in Narbonne, New York 1941, 77–101; Wakefield, Heresy, Crusade and Inquisition, 143–146.

471 HGL, Bd. 8, Nr. 333 und 334, Sp. 1045–1046.

472 HGL, Bd. 8, Nr. 420, 1276–1277.

473 Vgl. M. Roquebert, Les Cathares. De la chute de Montségur aux derniers bûchers (1244–1329), Paris 1998, 288–292.

474 Rainerius Sacconi, Summa de Catharis et Pauperibus de Lugduno, in: A. Dondaine, Un Traité néo-manichéen du XIIIe siècle: Le Liber du duobus principiis, suivi d'un fragment de rituel cathare, Rom 1939, 70; Übers. WE, Nr. 51, 336.

475 Vgl. E. Dupré-Theseider, Le Catharisme languedocien er l'Italie, in: CF 3, 1968, 302–303; A Roach, The Relationship of the Italian and Southern French Cathars, 1170–1320 (DPhil. Diss., Wolfson College, Oxford, 19899, 12–147.

476 WP, 190–191.

477 Doat, Bd. 25, ff. 140v–143r. Vgl. Roach, Relationship, 185–187, danach stand Manfred im Jahre 1264 unter Druck des päpstlichen Verbündeten Karl von Anjou und wollte seine orthodoxen Freunde nicht verprellen, indem er Häretiker schützte. Den Fall von Guardia-Lombardi fasst Roach als Schlag für die Languedoc-Kirche im Exil auf, denn es sieht so aus, als habe man in Apulien eine Festung ähnlich der des Montségur errichten wollen. Zweifellos waren die Katharer in Süditalien gut etabliert, weil sie bereits um 1200 einen gewaltsamen Konflikt mit dem kalabrischen Abt Joachim von Fiore provoziert hatten. Vgl. C. Thouzellier, Catharisme et Valdéisme en Languedoc à la fin du XIIe siècle et au début du XIIIe siècle, 2. Aufl., Louvain/Paris 1969, 114–117.

478 Pelhisson, 56–57; Übers. Wakefield, 214.

479 Pelhisson, 50–51, 58–59; Übers. Wakefield, 212, 214; J. J. I. von Doellinger, Beiträge zur Sektengeschichte des Mittelalters, Bd. 2, München 1890, 34–35 zum Kontakt nach Cremona. Vgl. auch Roach, Relationship, 139–144, der darauf hinweist, dass ein katharischer »Bischof von Cremona« nicht belegt ist; vielmehr könnte das Angebot von Exilanten aus dem Languedoc gekommen sein und eher nicht von der italienischen katharischen Kirche.

480 Doat, Bd. 25, ff. 5r–5v, 244v–246v; Bd. 26, ff. 15r–15v.

481 Doat, Bd. 25, ff. 71v–72v, 264v, 311r–311v. Dupré-Theseider, Le Catharisme languedocien et l'Italie, 310, glaubt, sie hätten über eigene Geldmittel verfügt.

482 Doat, Bd. 25, ff. 308r–313r. Vgl. J. Guiraud, Histoire de l'Inquisition au moyen âge, Bd. 2, Paris 1938, 247–248, 253–259, und G. Boffito, Gli Eretici di Cuneo, in: Bullettino Storico-Bibliografico Subalpino 1, 1985, 329–332.

483 Beispielsweise Wilhelm Rafford von Roquevidal, Doat, Bd. 26, ff. 15r–15v.

484 Doat, Bd. 25, ff. 18r–19v.

485 Pelhisson, 60–63; Übers. Wakefield, 215–216.

486 Vgl. P. A. Clément, Les chemins à travers les âges en Cevennes et Bas Languedoc, Montpellier 1984, 89–91, 112–113, 130–136, 172–176, 189, 213–224; Y. Renouard, Les Voies de communication entre la France et le Piémont au moyen âge, in: Bullettino Storico-Bibliografico Subalpino 61, 1963, 233–256.

487 Doat, Bd. 25, ff. 122v–123v.

488 Vgl. Dupré-Theseider, Le Catharisme languedocien et l'Italie, 303; Roach, Relationship, 218–19. Roach bringt diesen Coup mit dem Wunsch des Mastino della Scala, capitano del popolo in Verona seit 1262, zusammen, sich der Gunst des Papsttums zu versichern, das die Stadt 1267 mit dem Interdikt belegt hatte.

489 Dupré-Theseider, Le Catharisme languedocien et l'Italie, 306. Zum Beispiel Oberto Pelavicino, ein Verbündeter Kaiser Friedrichs II., der Cremona und Piacenza zwischen 1250 und 1266 beherrschte. Seine Gegnerschaft zu den Inquisitoren bedeutete, dass sie in dieser Zeit in beiden Städten nicht operieren konnten; vgl. Roach, Relationship, 163–166. Kaiserliche anti-häretische Gesetze waren weniger effektiv als emsige Inquisitoren, und deshalb konnten italienische wie auch südfranzösische Katharer am besten in Städten mit ghibellinischen (anti-päpstlichen) Sympathien überleben.

490 Zu seiner Karriere, vgl. A. Dondaine, Saint Pierre Martyr, in: Archivum Fratrum Praedicatorum 23, 1953, 66–162.

491 Jacobus de Voragine, The Golden Legend. Readings on the Saints, Übers. W. G. Ryan, Bd. 1, Princeton, NJ, 1993, 254–266.

492 Dossat, Les Crises, 169.

493 Ebd., 152.

494 W. L. Wakefield, Heretics and inquisitors: the case of Le Mas-Saintes-Puelles, in: Catholic Historical Review 69, 1983, 209–226, basierend auf Ms. 609.

495 Ebd., 209; C. Douais (Ed.), Documents pour servir à l'histoire de l'Inquisition dans le Languedoc (Société de l'histoire .de France), Bd. 2, Paris 1900, S. CCXLVIII. Wie J. H. Mundy, Village, town and city in the region of Toulouse, in: J. Raftis (Ed.), Pathways to Medieval Peasants, Toronto 1981, 156, zeigt, wurden solche Dörfer nicht mehr von willfährigen und ängstlichen Pfarrern betreut, weil das Pfarreisystem umfassend reformiert worden war. Zu einer eingehenden Analyse von Ms. 609, vgl. M. G. Pegg, The Corruption of Angels: Inquisitors and Heretics in Thirteenth-Century Europe (Phil. Diss, Princeton University, NJ, 1997).

496 Douais (ed.), Documents pour servir, Bd. 2, 1–89. Alle Urteile sind in dieser Periode ergangen, außer dem abweichenden Urteil Nr. XVI, das wohl in Cahors am 26. August 1244 erlassen wurde. Weder Ort noch Jahr entsprechen dem übrigen Register.

497 Ebd., CCLXI und Nr. XI, 31.

498 Ebd., Nr. XVIII, 44–45.

499 Ebd., Nr. XXXVII, 74–75.

500 Ebd., 255, 256, 264, 265, 272, 277, 279–85. Vgl. auch Griffe, Le Languedoc Cathare et l'Inquisition, 110–114, der meint, die Flucht nach Rocamadour könnte eine unerfüllte Wallfahrt gewesen sein.

501 Vgl. R. Abels und E. Harrison, The participation of women in Languedocian Catharism, in: Medieval Studies 41, 1979, 238–540 zur jähen Abnahme von *perfecti* und *perfectae* in den 1240er und 1250er Jahren. Das ambulante Leben machte *perfectae* besonders verdächtig, und sie wurden häufig festgenommen. Vgl. A. Borst, Die Katharer (Schriften der Monumenta Germaniae Historica), Stuttgart 1953, 211–212, zur zahlenmäßigen Verringerung der Diakone.

502 Douais (Ed.), Documents pour servir, Bd. 2, Nr. XXXII, 284.

503 Vgl. Griffe, Le Languedoc Cathare et l'Inquisition, 123–125; Delaruelle, Saint Louis, 275–276.

504 Das Register des *greffier* von 1250–1267 berichtet nicht nur von den Tätigkeiten der Dominikaner und Franziskaner, sondern auch von zwei Bischöfen in Carcassonne.

505   Vgl. etwa J. Avril (Ed.), Les Statuts Synodales Français du XIIIe siècle, Bd. 4, Les Statuts Synodaux de l'Ancienne Province de Reims (Cambrai, Arras, Noyon, Soissons et Tournai) (Collection de documents inédits sur l'histoire de France, Section d'Histoire Médiévale et de Philologie, vol 23), Paris 1995.

506   J. H. Mundy, Charity and social work in Toulouse, 1100–1250, in: Traditio 22, 1966, bes. 236. Diese Sicht der wirtschaftlichen Verhältnisse im Languedoc nach den Kreuzzügen wird von P. Wolff, Rôle de l'essor économique dans le ralliement social et religieux, in: CF 20, 1985, 243–255.

507   Vgl. Griffe. Le Languedoc Cathare et l'Inquisition, 123.

508   Douais (ed.), Documents pour servir, Bd. 1, CCXIII–CCXIX, zur Politik Alfons' von Poitiers.

509   Vgl. Dossat, Les Crises, 175–188.

510   RF, Bd. 3, 312–330 zu den Aussagen gegen Bertrand von Taix; Pelhisson, 106–107; Übers. Wakefield, 225, zu Isarn von Taix (verurteilt 1236). Vgl. den Kommentar bei E. Griffe, Le Languedoc Cathare et l'Inquisition (1229–1329), Paris 1980, 172–176.

511   RF, Bd. 1, 217 (Notare); Bd. 2, 403 (Ehefrauen und Söhne); J. J. I. von Doellinger, Beiträge zur Sektengeschichte des Mittelalters, Bd. 2, München 1890, 24 (Nebenfrauen); Doat, Bd. 24, f. 209v (zu häretischen Vorfahren). Die grundlegende Untersuchung stammt von J.-M. Vidal, Les derniers ministres de l'albigéisme en Languedoc, in: Revue des Questions historiques 79, 1906, 57–107. Zu modernen Analysen, vgl. J. Duvernoy, Le Catharisme, Bd. 2, L'Histoire des Cathares, Toulouse 1979, 321–333 und M. D. Lambert, The Cathars, Oxford 1998, 230–271; zur Familie Autier vgl. A. Pales-Gobilliard, L'Inquisiteur Geoffroy d'Ablis et les Cathares du Comté de Foix, 1308–9, Paris 1984, 44–48.

512   RF, Bd. 2, 427.

513   RF, Bd. 2, 196, 202, 19.

514   Doellinger, Beiträge zur Sektengeschichte, Bd. 2, 27.

515   RF, Bd. 2, 19. Vgl. Vidal, Les derniers ministres, 64–66.

516   RF, Bd. 2, 206–208.

517   RF, Bd. 2, 423; Pales-Gobilliard, L'Inquisiteur Geoffrey d'Ablis, 150–155.

518   RF, Bd. 2, 427 (zum Verrat); Bd. 2, 423, Note 380 (zum Mord); Bd. 1, 296. Arnold Lizier wurde wohl 1309 getötet, Bd. 3, 63. Vgl. auch E. Le Roy Ladurie, Montaillou. Ein Dorf vor dem Inquisitor, 1989.

519   RF, Bd. 2, 13.

520   Vidal, Les Derniers ministres, 85–86. Zum katharischen Haus in Toulouse und zur Verhaftung in Beaupuy, vgl. A. Brenon, Les Femmes Cathares, Paris 1992, 332, 340. Zur Langlebigkeit des Katharertums im Sabarthès, vgl. A. Cazenave, Les Cathares en Catalogne et Sabarthès d'après les registres de l'Inquisition: La Hiérarchie cathares en Sabarthès après Montségur, in: Bulletin philologique et historique, 1969, 387–436.

521   Vidal, Les Derniers ministres, 74–83.

522   RF, Bd. 1, 471; Bd. 2, 405 (reisen bei Nacht) Bd. 2, 412 (Schäfer, grüner Umhang).

523   RF, Bd. 2, 425 (Châteauverdun), 419 (Clergue's Haus).

524   RF, Bd. 2, 13; Bd. 1, 301.

525   RF, Bd. 2, 404, 406, 412; Bd. 3, 370; Bd. 1, 301; Pales-Gobilliard, L'Inquisiteur Geoffrey d'Ablis, 182–187, 372–373.

526   RF, Bd. 3, 144–145 (Wolle, Geld); Bd. 2, 416–417 (Geld); Bd. 2, 59–60 (»Schatz von Toulouse«); Bd. 2, 484 (Gerücht über 100.000 *livres*). Die genannten Summen sind offenkundige Fantasie, es gab aber Katharer aus dem Languedoc auf Sizilien, mit denen die Autier-Gruppe in Kontakt stand. Auf der Insel hielten sich bis zum Vertrag von Caltabellotta 1302 keine Inquisitoren auf, vgl. A. Roach, The Relationship of the Italian and Southern French Cathars, 1170–1320 (Phil. Diss., Wolfson College, Oxford 1989), 256–260.

527   Vgl. Brenon, Les Femmes Cathares, 319–320, zu Sibylla den Balle, und Vidal, Les derniers ministres, 75, über ihren Sohn Pons, der von Peter Autier 1301 häretisiert wurde.

528   RF, Bd. 2, 13–15.

529   RF, Bd. 2, 403–404, 207, 406, 419, 426 (Parabel von den Talenten); Bd. 3, 370 (roter Buchumschlag). Sonstige Referenzen, Bd. 1, 280, 285–286. Vgl. auch Pales-Gobilliard, L'Inquisiteur Geoffrey d'Ablis, 112–113, 316–317, 390–391.

530   RF, Bd. 2, 416.

531   RF, Bd. 2, 393.

532   RF, Bd. 2, 12.

533   RF, Bd. 2, 404–405.

534   Brenon, Les Femmes Cathares, 299–300, meint, dass sich ab den 1270er Jahren eine Veränderung im Charakter des *consolamentum* vollzogen habe; es entwickelte sich zu einer Häretisierungszeremonie für Sterbende und war immer seltener ein Mittel, neue Geistliche zu schaffen. Vgl. jedoch Pales-Gobilliard, L'Inquisiteur Geoffrey d'Ablis, 70–71, 314–315.

535   RF. Bd. 1, 285, 297. Dies war die Häretisierung von Sibylla, der Frau des Peter Pauc aus Ax, die dann jedoch nicht starb. Als sie zwei Jahre später starb, »hatte sie schon ihr Gedächtnis verloren« und konnte nicht noch einmal das *consolamentum* empfangen.

536   Über Ansichten und Literatur zur *endura*, vgl. W. L. Wakefield, Heresy, Crusade and Inquisition in Southern France, 1100–1250, London 1974, 40–41. Vgl auch oben, Kap. 3.

537   RF, Bd. 2, 15–16, 414.

538   RF, Bd. 2, 414–415. Über Sibylla von Arques, vgl. Brenon, Les Femmes Cathares, 327–329.

539   RF, Bd. 3, 144–145.

540   RF, Bd. 2, 416.

541   REF, Bd. 2, 417, 424. Zum »Zweig des Bösen«, s. Matthäus 7:19.

542   Dies sind *bonshommes*, deren Namen bekannt sind. Die Liste wurde zusammengestellt von Vidal, Les Derniers ministres, 73–74. Vgl. auch J. Guiraud, Histoire de l'Inquisition au moyen âge, Bd. 2, Paris 1938, 67–333, und Brenon, Les Femmes Cathares, 282.

543   Über den Anschlag berichtet Griffe, Le Languedoc Cathare et l'Inquisition, 152–154; Giraud, Histoire de l'Inquisition, Bd. 2, 303–333; G. W. Davis, The Inquisition at Albi, 1299–1300, New York 1948 (Nachdr. 1974), 52–53.

544   Siehe oben, Kap. 5.

545 Doat, Bd. 25, f. 268v.

546 Doat, Bd. 25, f. 268r.

547 Davis, Inquisition at Albi, 51–52.

548 J.-M. Vidal, Un inquisiteur jugé par ses »victimes«: Jean Galand et les Carcassonais, 1285–1286, Paris 1903, 39–43.

549 Davis, Inquisition at Albi, 57–59.

550 C. Douais (Ed.), Documents pour servir à l'histoire de l'Inquisition dans le Languedoc (Société de l'histoire de France), Bd. 2, Paris 1900, 302–349 zu Briefen und Berichten des Jahres 1302. Diese Untersuchung begann mit Elan, wurde aber nicht zu Ende geführt, wie es für diesen besonders zaudernden Papst typisch war.

551 B. Hamilton, The Medieval Inquisition, London 1981, 69; Davis, Inquisition at Albi, 44, 88–90.

552 Davis, Inquisition at Albi, 22–23.

553 Ebda., 69–75.

554 Über die Gültigkeit dieser Aussagen, vgl. Davis, Inquisition in Albi, 36–38. Vgl. auch J. G. Biget, L'extinction du catharisme urbain: les points chauds de la répression, in: CF 20, 1985, 324, der meint, dass das Kathartum in den Städten zu Ende ging, als die städischen Eliten die Städte verlassen hatten. Zum Fall Toulouse, vgl. oben Kap. 5.

555 Vidal, Un Inquisiteur jugé par ses »victimes«, 12.

556 Davis, Inquisition at Albi, 165–168, 190.

557 Douais (Ed.), Documents pour servir, 322–326.

558 Davis, Inquisition at Albi, 13, zeigt das Gebiet, in dem sich die beiden *bonshommes* bewegten.

559 RF, Bd. 2, 423; Bd. 3, 145–146. Eine führende Person dieser Gruppe war Raimund Peter, der Ehemann der Sibylla von Arques.

560 Vgl. Vidal, Les Derniers ministres, 76.

561 Zum Tribunal von Carcassonne unter Gottfried von Ablis, vgl. Pales-Gobilliard, L'Inquisiteur Geoffrey d'Ablis, 4–44. Vgl. auch Douais, (Ed.), Documents pour servir, Bd. 1, CXCVIII–CCVI, sowie C. Molinier, L'Inquisition dans le Midi de la France au XIIIe et au XIVe siècle, Paris 1880 (Nachdr. 1974), 108–122.

562 Ein Überblick über den Werdegang des Peter Autier gibt Vidal, Les Derniers ministres, 61–73; J. Given Inquisition and Medieval Society. Power, Discipline and Resistance in Languedoc, Ithaca,NY und London 1997, 56–57, zu den wichtigen Informationen, die Peter Autier dem Inquisitor Bernhard Gui lieferte. Danach war es nur noch eine Frage der Zeit, bis die Inquisitoren das gesamte Netzwerk zerstört hatten.

563 Die ursprünglichen Zahlen bei Douais (Ed.), Documents pour servir, Bd. 1, CCV, vgl. aber die neue Analyse von J. Given, A medieval inquisitor at work: Bernhard Gui, 3 March 1308 to 19 June 1323, in: S. K. Cohn, Jr. und S. A. Epstein (Eds), Portraits of Medieval and Renaissance Living. Essays in Memory of David Herlihy, Ann Arbor, MI, 1996, 207–232. Er weist darauf hin, dass »Akt« nicht gleichbedeutend mit einem Individuum ist, denn einige davon erscheinen zweimal oder gar dreimal, 210. Es muss auch darauf hingewiesen werden, dass er zwischen 1316 und 1318, obwohl nominell Inquisitor, als Generalprokurator des Dominikanerordens an der Kurie fungierte, und dass ihn diese Aufgabe in den genannten Jahren

vollständig ausfüllte; vgl. B. Guenée, Between Church and State. The lives of Four French Prelates in the Late Middle Ages, Übers. A. Goldhammer, Chicago, IL, 1991 (zuerst 1987), 51–57.

564 Given, Medieval inquisitor, 210, 226–232. Vgl. auch R. Abels und E. Harrison, The participation of women in Languedocian Catharism, in: Medieval Studies 41, 1979, 243, über den hohen Anteil der Frauen, die ab den 1240er Jahren als »Empfängerinnen der Häretiker« auftreten.

565 s. o., Kap. 5.

566 Vidal, Les Derniers ministres, 87–92.

567 RF, Bd. 2, 28–29.

568 RF, Bd. 2, 63.

569 RF, Bd. 2, 28.

570 RF, Bd. 2, 20–81. Der detaillierte Bericht bei Vidal, Les Derniers ministres, 92–105 basiert weitgehend auf den Aussagen Arnold Sicres. Zur Exekution des Wilhelm Bélibaste, vgl. RF, Bd. 2, 416.

571 RF, Bd. 1, 482–487.

572 Vgl. Vidal, Les Derniers ministres, 105–107, und A. Brenon, Le Vrai visage du Catharisme, 2. Aufl., Portet-sur-Garonne, 1995, 300, über diese letzte Razzia. Die letzten Hinrichtungen fanden wohl 1329 statt.

573 HH., Nr. 457, 276–278.

574 F. Sanjek, L'Initiation Cathare dans l'Occident médiéval, in: Heresis 5, 1985, 23, verweist auf die Ähnlichkeiten zwischen den lateinischen und okzitanischen Ritualen des 13. Jahrhunderts und der Rituale Radoslavs »des Christen« im Bosnien des 15. Jahrhunderts. Vgl auch Lambert, The Cathars, 297–313.

575 A. Brenon, Syncrétisme hérétique dans les refuges Alpins? Un livre cathare parmi les recueils vaudois de la fin du moyen âge: Le Manuscrit 269 de Dublin, in: Heresis 7, 1986, 5–23. Die Datierung dieser Werke bleibt problematisch. Als katharische Schriften wurden sie zuerst 1960 von dem belgischen Historiker Theo Venckeleer identifiziert: Un Recueil cathare. Le manuscrit A. 6. 10 de la »Collection Vaudoise« de Dublin, II: Une glose sur le Pater, in: Revue belge de philologie et d'histoire 39, 1961, 762–785; sein Datierungsvorschlag auf die Jahre zwischen 1210 und 1240 wurden von A. Brenon und WE, 592–593 zurückgewiesen. WE, der keinen Zusammenhang zwischen den beiden Texten sieht, schlägt ca. 1250 für *La Gleisa de Dio* vor, neigt aber zu einer deutlich späteren Datierung von *Glosa Pater*, WE, 595–596. Zu Belegen des Synkretismus im Piemont des 14. Jahrhunderts, vgl. Lambert, The Cathars, 290–296.

576 Vgl. L. Julien, Celui qui fut Déodat Roché, in: Cahiers d'Études Cathares 29, 1978, 3–12.

577 J.-G. Biget, Mythographie du Catharisme (1870–1960), in: CF 14, 1979, 308–309; Y. Hagman, Les Historiens des religions et les constructions des ésoteristes, in: CEI, 142–143.

578 Simone Weil, Letter to Déodat Roché, in: G. Panichas (Ed.), The Simone weil Reader, New York 1977, 82–85.

579 Simone Weil, A Medieval Epic Poem (L'Agonie d'une civilisation vue à travers un poème epique), in: Selected Essays, 1934–1943, Übers. R. Rees, Oxford 1962, 33–44. Die Artikel erschienen unter dem Pseudonym Emile Novis.

340

580 Simone Weil, The Romanesque Renaissance (»En quoi consiste l'inspiration Occitanienne?«), in: Selected Essays, Übers. Rees, 45–54.

581 Zu dieser Phase ihres Lebens, vgl. D. McLellan, Utopian Pessimist. The Life and Thought of Simone Weil, New York 1990, 154–157, 164–189, 195–200, und J. Hellmann, Simone Weil. An Introduction to Her Thought, Waterloo/Ontario 1982, 65–73.

582 Simone Weil, Spiritual Autobiography, in: Panichas(Ed.), Simone Weil Reader, 25.

583 Weil, Medieval Epic Poem, 38.

584 McLellan, Utopian Pessimist, 17, 151–152. Vgl. auch Hellman, Simone Weil, 58.

585 Simone Weil, Letter to a Priest, in: D. Raper (Ed.), Gateway to God, London 1974, 121. Geschrieben im September 1942.

586 Vgl. McLellan, Utopian Pessimist, 196–197.

587 O. Rahn, Kreuzzug gegen den Gral, Freiburg i. Br. 1933 (Reprint 1985), bes. 246–247, Fußnote 38, 254, Fußn. 68, 135–138, 149–150, 157, 201.

588 Biget, Mythograpie, 312.

589 Keiner von beiden kann sonderliche Originalität beanspruchen. Nach den Worten Francesco Zambons, »plünderte« Péladan das Buch von Eugène Aroux, Les mystères de la chevalerie et l'amour platonique en Moyen Age, Paris 1858. Zum Kontext der Entstehung des Mythos', vgl. F. Zambon, Le Catharisme et les mythes du Graal, in: CEI, 215–243. Zur jüngsten Popularisierung der Idee, vgl. M. Bertrand, Le Soleil des Cathares. Montségur, Citadel du Graal, Paris 1982, der Péladans Behauptung akzeptiert, es habe eine geheime Verbindung zwischen Katharern und Templern gegeben. Zu den historischen, chronologischen und linguistischen Fehlern in Rahns These, vgl. M-Roquebert, Les Cathares et le Graal, Toulouse 1994, 33–34, 101–102, 206. Roquebert erkennt eine ganz gegenteilige Bedeutung im Gral-Zyklus, vgl. oben Kap. 5. Vgl. auch S. Nelli, Montségur. Mythe et histoire, Monaco 1996, 99–128.

590 O. Rahn, Luzifers Hofgesind. Eine Reise zu Europas guten Geistern, Leipzig/Berlin 1937, 255. Rahn wurde im März 1936 Stabsoffizier der SS, hatte aber wohl schon vorher Verbindung zu ihr, vgl. C. Bernadac, Le Mystère de Otto Rahn (Le Graal et Montségur). Du catharisme au Nazisme, Paris 1978, 246ff., 347 ff.

591 Biget, Mythographie, 312. O. Rahn, La Croisade contre le Graal (Grandeur et chute des Albigeois), Übers. R. Pitrou, neue Ausg., C. Roy, Vorwort von R. Nelli, Paris 1974, 16–17. Vgl. auch Nellis Kommentar im Vorwort zu seiner Übersetzung von Luzifers Hofgesind, 8–40. Bernadac, Le Mystère de Otto Rahn, 392, meint jedoch, er sei ein überzeugter Nazi gewesen, aber weil er seine Rassereinheit nicht nachweisen konnte, führte dies 1939 zu seinem Rückzug aus der SS.

592 J.-M. Anglebert, The Occult and the Third Reich. The Mystical Origins of Nazism and the Search for the Holy Grail, New York 1974 (frz.: Hitler et la tradition cathare, 1971). Die Autoren sind Michel Bertrand und Jean Angelini. Nach Biget, Mythographie, 314, scheint es, dass Philéas Lebesque letztlich dieses Buch »verbrochen« hat. Seine Ideen veröffentlichte der Autor in einem Artikel in der Zeitschrift L'Age nouveau: »Sources secrètes de l'Hitlerisme«, nachgedruckt bei Bernadac, Le Mystère d'Otto Rahn, Annex II, 457–461. Dieser Artikel wird in Angleberts Buch

allerdings nicht erwähnt. Zu den Fiktionen, auf denen sich Angleberts Buch gründet, vgl. M.-C. Viguier, Otto Rahn entre Wolfram von Eschenbach et les néo-Nazis, in: CEI, 165–189.

593 Biget, Mythographie, 314–315, weist darauf hin, dass Rosenberg, Der Mythos des 20. Jahrhunderts. Eine Wertung der seelisch-geistigen Gestaltungskämpfe unserer Zeit, 4. Ausg., München 1932, die Katharer nur kurz erwähnt, auch wenn seine Bemerkung, allein die Albigenser und die Protestanten (beide von den dekadenten Franzosen schlecht behandelt) hätten sich wahren zivilisatorischen Werten angeschlossen, durchaus in sein Gesamtbild passt. Das Ganze war jedoch kaum ein zentrales Thema für Rosenberg.

594 Zu Niels' Theorien, vgl. beispielsweise: Montségur. Temple et Forteresse des Cathares d'Occitanie, Grenoble 1967. Zu seinen Ideen vgl. S. Nelli, Montségur, 131–132.

595 Der angeblich vom päpstlichen Legaten Arnold Amauri in Béziers geäußerte bekannte Satz: »Tötet sie alle, Gott wird die Seinen erkennen« stammt aus dem *Dialogus miraculorum* des Zisterziensers Caesarius von Heisterbach. Dieser Satz wird von seriösen Historikern (wenn auch nicht immer) mit Vorsicht behandelt. Der Ausspruch wird jedoch von denen gerne zitiert, die die Brutalität der Nordfranzosen bei der Zerschlagung der okzitanischen Zivilisation besonders hervorheben wollen. Die in Frage stehende Passage lautet wie folgt: »Als sie (die Kreuzfahrer) aus den Geständnissen aber ersahen, dass Katholiken und Ketzer vermischt waren, fragten sie den Herrn Abt (Arnold Amauri): ›Herr, was sollen wir tun? Wir können die Guten nicht von den Bösen unterscheiden.‹ Da der Abt, wie auch andere, befürchtete, dass die Häretiker nur aus Furcht vor dem Tod heucheln würden, sie seien Katholiken, und würden, wenn sie (die Kreuzfahrer) gegangen wären, wieder zu ihrer Falschheit zurückkehren, soll er geantwortet haben *(fertur dixisse)*: ›Tötet sie, der Herr wird die Seinen schon erkennen.‹ Und so wurden zahllose Personen in dieser Stadt getötet.« (Buch V, Kapitel XXI, 302). Es ist auffällig, dass die meisten Kommentatoren aus Gründen der Emphase »alle« einfügen und *fertur dixisse* weglassen, wodurch Caesarius ja verdeutlichen wollte, dass dies auf Hörensagen beruht. Andererseit war Caesarius, wie auch Arnold Amauri, ein Zisterzienser, und mag darüber einige direkte Kenntnis erlangt haben, zumal insbesondere sein Verweis auf Konrad von Urach als Legat (1220–1224) zeigt, dass er nicht später als 1224 schrieb. Zur Quellendiskussion über den Fall von Béziers vgl. M. Roquebert, L'Epopée cathare, Bd. 1, 1198–1212: L'Invasion, Toulouse 1970, 258–261 und W. A. u. M. D. Sibly, Übers., The History of the Albigensian Crusade, Woodbridge 1998, Appendix B, 289–293.

596 Zu den »verschwundenen Steinen« von Montségur und ihrem angeblichen Abtransport durch die Nazis vgl. Bernadac, Montségur et la Graal (1994, Neuedition von Le Mystère de Otto Rahn), Annex VI, 481–483. Zu den »Idolen« der Templer vgl. M. Barber, The New Knighthood. A History of the Order of the Temple, Cambridge 1994, 320–323. Zur Datierung von Montségur vgl. M. Roquebert, L'Epopée cathare, Bd. 4, 1230–1249: Mourir à Montségur, Toulouse 1994, 26–27, 79–87, und S. Nelli, Montségur, 79–96. Der neue Burgherr Guy II. von Lévis ließ die von Raimund von Pereille gebaute Burg vollständig neu errichten.

597 Weil, Letter to Priest, 143.

598   M.-H. Vicaire, Les Albigeois ancêtres des protestants: Assimilations catholics, in: CF 14, 1979, 23–25, zu den Ansichten spätmittelalterlicher Autoren über das Katharertum. Ein Überblick über die Literatur zu den Katharern und zum Albigenserkreuzzug ab dem Spätmittelalter bietet A. Borst, Die Katharer (Schriften der Monumenta Germaniae Historica), Stuttgart 1953, 5–58, sowie P. Martel, Les Cathares et les historiens, in: R. Lafont u. R. Pech (Eds.), Les Cathares en Occident, Paris 1982, 403–477.

599   Simone Weil, The Need for Roots, in: G. Panichas (Ed.), The Simone Weil Reader, New York 1977, 191.

600   Einige Historiker meinen, noch im 16. Jahrhundert Spuren katharischen Glaubens erkennen zu können (wie etwa bei dem thüringischen Schäfer Hans Thon in den 1560er und dann wieder in den 1580er Jahren), aber es ist eher unwahrscheinlich, dass dabei eine Verbindung zum Dualismus der zurückliegenden Jahrhunderte bestand oder dass die katholische Kirche diese Spuren als solche erkannte. Vgl. C.-P. Clasen, Medieval heresies in the Reformation, in: Church History 32, 1963, 392–414. Bernhard von Luxemburg war möglicherweise von dem kaiserlichen Edikt aus dem Vorjahr beeinflusst, in dem es heißt, dass eine solche Tradition existierte; vgl. Martel, Les Cathares et les historiens, 431.

601   Vgl. Vicaire, Les Albigeois ancêtres, und G. Bedouelle, Les Albigeois témoins du véritable Evangile: l'Historiographie Protestante, in: CF 14, 1979, 23–46, resp. 47–70; D. Walther, Were the Albigenses and Waldenses forerunners of the Reformation?, in: Andrews University Seminary Studies 6, 1968, 178–202.

602   Borst, Die Katharer, 34. Vgl. auch R. Darricau, De l'histoire théologienne à la grande érudition: Bossuet (XVIe-XVIIIes), in: CF 14, 1979, 85–118.

603   Vgl. C.-O. Carbonell, D'Augustin Thierry à Napoléon Peyrat: Un demi-siècle d'occultation (1820–1870), in: CF 14, 1979, 144; Martel, Les Cathares et les historiens, 427–429, 431–436.

604   J. C. L. Simonde de Sismondi, History of the Crusades against the Albigenses in the Thirteenth Century, London 1826 (Nachdr. New York 1973) (Teilübersetzung der Bände 6 und 7 der Histoire des Français des Autors, erschienen 1823, resp. 1826, Zitat 44.

605   Die Chanson ist zwischen dem 16. und dem 18. Jahrhundert nicht vollständig in Vergessenheit geraten, aber ihre Botschaft sprach insbesondere die Romantiker des 19. Jahrhunderts an. Vgl. M. Zerner-Chardavoine, La Croisade albigeoise, Paris 1979, 222–224.

606   Chanson, Bd. 3, Laisse 208, 226–229, Übers. Sibly, 176.

607   A. Gouët, Les Temps Féodaux d'après les documents originaux (Histoire nationale de France,2), Brüssel 1865, 337, 340, 366. Vgl. Martel, Les Cathares et les historiens, 438; Carbonell, D'Augustin Thierry à Napoléon Peyrat, 150.

608   Zu Schmidt's Arbeits vgl. Y. Dossat, Un Initiateur: Charles Schmidt, in: CF 14, 1979, 163–184 und B. Hamilton, The legacy of Charles Schmidt to the study of Christian dualism, in: Journal of Medieval History 24, 1998, 191–214.

609   A. Roach, Occitania past and present: southern consciousness in medieval and modern French politics, in: History Workshop Journal 43, 1997, 12–13; P. Martel, Qui n'a pas son albigeois? Le souvenir de la Croisade et ses utilisations politiques, in: CEI, 319–321.

610   Roach, Occitania past and present, 11; Carbonell, D'Augustin Thierry à Napoléon Peyrat, 149–155. Zum breiteren Kontext vgl. T. Zeldin, France, 1848–1945, Bd. 2: Intellect, Taste and Anxiety, Oxford 1977, 43–54.

611   N. Peyrat, Histoire des Albigeois. Les Albigeois et l'Inquisition, Bd. 1, Paris 1870, 7 (wilde Horden), Bd. 2, 1870, 1–100 (Montségur); Bd. 3, 1872, 411–466 (Epilog). Zu modernen Beispielen vgl. F. Niels, Albigeois et Cathares, Paris 1955, und Z. Oldenbourg, Massacre at Montségur. A History of the Albigensian Crusade, London 1961 (frz. Original: Le bûcher de Montségur, 1959). Der Fall des Montségur ist der zentrale Punkt in Niels' Büchlein (erschienen in der Reihe »Que sais-je?«). Für ihn war er der »Todesstoß des okzitanischen Katharertums«, denn Montségur war keine Burg wie jede andere auch, sondern ein Tempel des katharischen Kultes, s. bes. 113–115. Vgl. auch M. Roquebert, Napoléon Peyrat, le trésor et le nouveau Montségur, in: CEI, 345–373.

612   Peyrat, Histoire des Albigeois, Bd. 1, 1.

613   Ebd., 2, 16 (Ilias); Weils Vergleich mit Troja in Medieval Epic Poem, 35.

614   P. Belperron, La Croisade contre les Albigeois et l'union du Languedoc à la France, 1209–1249, Paris 1942, Vorwort I–XVII und Zusammenfassung, 447–456. Belperrons Bemerkung, Montfort habe am Anfang »eine kluge Politik der Zusammenarbeit« mit dem lokalen Adel angestrebt (449) brachte ihm oft die Bezeichnung *pétainiste* ein; vgl. Martel, Qui n'a pas son albigeois?, 341–342. Nicht überraschend zweifelt auch Belperron an, dass Arnold Amauri jemals den Satz »Tötet sie alle …« gesagt haben soll. Nicht ohne Grund findet er es merkwürdig, dass jemand inmitten des Kampfgetümmels innegehalten und diese Frage gestellt haben sollte, 165–166 und Fußnote 3.

615   Peyrat, Histoire des Albigeois, Bd. 3, 455–456.

616   Zur Krise von 1907 vgl. Zerner-Chardavoine, La Croisade albigeoise, 235–237; zum Tourismus vgl. Roach, Okzitania past and present, 17–18. Der Geist der okzitanischen Unabhängigkeit ist deshalb noch nicht vollständig gestorben. Im Februar 1996 wurde der Besitz von Dr. Pierre Salette in Ax-les-Termes zur Begleichung von Steuerschulden versteigert. Dr. Salette verwies auf ein Edikt des Grafen Roger von Foix aus dem Jahre 1241, nach dem die Einwohner von Ax-les-Termes von Steuerleistungen befreit wurden. Der französische Finanzminister unterrichtete ihn, dass alle diese Privilegien annulliert worden seien, in: The Times vom 21. Februar 1996.

617   L'Agonie du Languedoc von Claude Marti und dem Studio der Frühen Musik. Reflexe. Stationen Europäischer Musik. EMI Electrola GmbH, Köln 1976 (IC063–30 132).

618   A. Touraine, Sociological interaction and the internal dynamics of the Occitanist movement, in: E. A. Tiryakion und R. Rogowski (Eds.), New Nationalism of the Developed West, London/Boston MA, 1985, 157–175. Das ist wohl kaum eine neue Entdeckung, denn es war ebenso ein Problem in der Ära der Félibrige in der Mitte des 19. Jahrhunderts wie in der 2. Hälfte des 20. Jahrhunderts. Vgl. Zeldin, France, 1848–1945, Bd. 2, Intellect, Taste and Anxiety, 50, wo er die provençalischen und katalanischen regionalen Bewegungen miteinander vergleicht.

619   C.-O. Carbonell, Vulgarisation et récupération: le catharisme à travers les mass-media, in: CF 14, 1979, 361–380. Das ist kein ausschließlich französisches Phä-

nomen. Ein im Weekend Telegraph vom 22. 2. 1997 erschienener Artikel von Suzanne Lowry mit der Überschrift »Haunted by the Inquisition« (Von der Inquisition himgesucht), brachte die Region dem potenziellen britischen Touristen nahe. Wie kaum anders zu erwarten, gehören der Kreuzzug und die Inquisition »zu den schlimmsten Grausamkeiten in der Geschichte der katholischen Kirche und in der Geschichte Frankreichs«. In Béziers wird einem Soldaten (und nicht Arnold Amauri) der Satz »Tötet sie alle...« in den Mund gelegt.

620 Wegen der Wiedergeburt bisweilen sogar im wörtlichen Sinne. A. Guirdham, The Great Heresy, Jersey 1977, 35–37, 56–57, 60, 67, 73–77, 90, 151. Dr. Guirdham war praktizierender Psychiater. Zum Bericht über die Erfahrungen seines Patienten, vgl. The Cathars and Reincarnation. The Record of past life in 13th century France, London 1970 (fr. Ausgabe: Les Cathares et la réincarnation, Paris 1971.

621 L. Albaret, Les Publications contemporaines à thème cathare: délire, ésotérico-commercial et imaginaire catharophile, in: CEI, 377–397, 80–381, über das Erfolgsrezept auf dem heute umkämpften Buchmarkt. Das Volumen ist immens. Albaret fand 200 zwischen 1970 und 1990 erschienene Publikationen dieses Typs (384).

622 Dieser Kommentar war anscheinend als Lob gedacht. Rahn, La Croisade contre le Graal, 19.

Abkürzungsverzeichnis

CEI	J. Berlioz/J. Helas (Hg.), Catharisme: l'édifice imaginaire. Actes du 7e Colloque du Centre d'Études Cathares René Nelli, Carcassonne 1998.
CF	Cahiers de Fanjeaux.
Heresis	Heresis. Revue d'hérésologie médiévale.
HGL	Devic, C./J. Vaissète (Hg.), Histoire générale de Languedoc, hg. A. Molinier, Bd. 8, Toulouse 1879 (Nachdr. Osnabrück 1973).
HH	Hamilton, J./Hamilton, B. (Hg.und Übers.), Christian Dualist Heresies in the Byzantine World ca. 650–ca.1450, unter Mitarbeit von Stoyanov, Y., Manchester 1998.
MGH SS	Monumenta Germaniae Historica. Scriptores.
PG	J.-P. Migne (Hg.), Patrologiae cursus completus. Series Graeca.
PL	J.-P. Migne (Hg.), Patrologiae cursus completus. Series Latina.
RHG	Recueil des historiens de Gaule et de France.
RIS	Rerum Italicarum Scriptores.
WE	Wakefield, W. L./Evans, A. P. (Übers.), Heresies of the High Middle Ages. Selected Sources, New York/London 1969.

Quellenverzeichnis

Acta concilii Lumbariensis, in: RHG, vol. 14, 431–434.

Acta synodi Atrebatensi a Gerardo Cameracensi, in: P. Fredericq (Hg.), Corpus documentorum inquisitionis haereticae pravitalis Neerlandicae, Bd. I, Gent 1899, 2–5.

Actus pontificum Cenomannis in urbe degentium, hg. G. Busson/A. Ledru, Le Mans 1901, 407–415, 437–438.

Ademar von Chabannes, Chronique, hg. J. Chavanon, Paris 1897.

L'Agonie du Languedoc, von Claude Martì und dem Studio der Frühen Musik. Reflexe. Stationen Europäischer Musik. Schallplatte/ CD EMI Electrola GmbH (Köln 1976) (1C063–30 132).

Alanus ab Insulis, De fide catholica, in: PL, Bd. 210.

Anna Komnene, Alexias, I-III, hg. B. Leib; IV, hg. P. Gautier, 1967 (mit Einl., Komm., frz. Übers.).

Anselm von Alessandria, Tractatus de haereticis, in: A. Dondaine, La Hiérarchie cathare en Italie, II, in: Archivum Fratrum Praedicatorum 20 (1950), 308.

Avril, J. (Hg.), Les Statuts Synodaux Français du XIIIe siècle, Bd. 4. Les Statuts Synodaux de l'Ancienne Province de Reims, Paris 1995.

Bernard Gui, Manuel de l'Inquisiteur, hg. und übers. G. Mollat, 2 Bde, Paris 1926–27.

Bernhard von Clairvaux, Epistolae, in: J. Leclercq/ H. Rochais (Hg.), S. Bernardi Opera, Bd. 8 (Roma 1977), 125–127.

Bernhard von Clairvaux, The Letters of St Bernard of Clairvaux, übers. B. S. James, 1953 (Nachdr. Stroud 1998).

Bonacursus, Manifestatio haeresis catharorum quam fecit Bonacursus, in: WE, Nr. 25, 170–173.

Bozoky, E. (Hg.), Le Livre secret des cathares: Interrogatio Iohannis, édition critique, traduction, commentaire, Paris 1980.

Caesarius von Heisterbach, Dialogus Miraculorum, hg. J. Strange, Bd. 1, Köln/ Bonn/Bruxelles 1851(Nachdr. 1966).

La Chanson de la croisade contre les Albigeois, hg. und übers. E. Martin-Chabot, 3 Bde, Paris 1931, 1957, 1961).

Charles, R. H. (Hg.), The Ascension of Isaiah, London 1900, 98—139.

Clédat, L. (Hg.), Le Nouveau Testament traduit au XIIIe siècle en langue provençale suivi d'un rituel cathare, Paris 1887.

Davis, G. W., The Inquisition at Albi, 1299–1300. Text of Register and Analysis, New York 1948 (Nachdr.1974).

De heresi catharorum in Lombardia, in: A. Dondaine, La Hiérarchie cathare en Italie, I, in: Archivum Fratrum Praedicatorum 19, 1949, 306–312.

Delaville Le Roux, J. (Hg.), Cartulaire générale de l'Ordre des Hospitaliers de Sain-Jean de Jérusalem, 1100—1310, Bde 1, 2, Paris 1894.

Denifle, H. (Hg.), Chartularium Universitatis Parisiensis, Bd.1, Paris 1899.

Dennis, G. T. (Hg. und Übers.), Three Byzantine Military Treatises, Washington DC, 1985.

Devic, C./J. Vaissète (Hg.), Histoire générale de Languedoc, hg. A. Molinier, Bd. 8, Toulouse 1879 (Nachdr. Osnabrück 1973).

Doat. Paris, Bibliothèque Nationale, Fonds Doat, Bde. 21–27.

Doellinger, J.J. I. von, Beiträge zur Sektengeschichte des Mittelalters, Bd. 2, München 1890.

Domairon, L. (Hg.), Rôle des hérétiques de la ville de Beziers à l'époque du désastre de 1209, in: Cabinet historique 9, 1863, 95–103.

Dondaine, A., Un Traité néo-manichéen du XIIIe siècle: Le Liber de duobus principiis, suivi d'un fragment de rituel cathare, Roma 1939.

Dondaine, A., Durand de Huesca et la polémique anti-cathare, in: Archivum Fratrum Praedicatorum 29, 1959, 268–271.

Douais, C. (Hg.), Documents pour servir à l'histoire de l'Inquisition dans le Languedoc (Société de l'Histoire de France), 2 Bde, Paris 1900.

Duvernoy, J. (Hg.), Le Registre d'inquisition de Jacques Fournier, évêque de Pamiers (1318– 1325), 3 Bde., Toulouse 1965. Übers. J. Duvernoy, 3 Bde, Paris 1977–1978.

Duvernoy, J. (Hg. und Übers.), Le Dossier de Montségur. Interrogatoires d'inquisition (1212– 1247), Toulouse 1997.

Ekbert von Schönau, Sermones contra haereticos, in: PL, Bd. 195, 11–102.

Ekbert von Schönau, Sermones contra Kataros, Bd. 1, hg. R.J. Harrison, Ann Arbor MI, 1990, 1–373.

Enquête de Bernard de Caux et Jean de Saint-Pierre en Lauragais (1244–1245), Toulouse, Bibliothèque Municipale, Manuscrit 609 (jetzt im Institut de Recherches des Textes, Paris).

Epistola ecclesiae Leodiensis ad Lucum papam II, in: E.Martène/V.Durand (Hg.), Veterum scriptorum et monumentorum historicum, dogmaticarum, moralium amplissima collectio, Bd.1, Paris 1724, 776–778.

Epistolae Domni Henrici Claravallensis quodam Abbatis postmodum Episcopi Albanensis, in: PL, Bd.204.

Euthymios von Periblepton, Brief des, in: G. Ficker, Die Phundagiagiten, Leipzig 1908; engl. Übers. in: HH, Nr. 19, 142–166.

Euthymios Zigabenos, Panoplia (Dogmatische Rüstkammer), in: PG, Bd. 130, Sp. 1289–1331; G. Ficker, Die Phundagiagiten, Leipzig 1908; engl. Übers. in: HH, Nr. 25, 180–207.

Everwin von Steinfeld, Epistola ad S. Bernardum, in: PL, Bd. 182.

Fearns, J. (Hg.), Ketzer und Ketzerbekämpfung im Hochmittelalter (Historische Texte, Mittelalter, 8), Göttingen 1968.

Gervasius von Canterbury, The Historical Works of Gervase of Canterbury, Bd.1, in: The Chronicles of the Reigns of Stephen, Henry II and Richard I, hg. W. Stubbs (Rolls Series, 73), London 1879.

Gottfried von Auxerre, Sancti Bernardi Abbatis Clarae-Vallensis Vita et res gestae libris septem comprehensae: Liber tertius auctore Gaufrido monacho, in: PL, Bd. 185.

Gottfried von Vigeois, Ex Chronico Coenobitae Monasterii S. Martialis Lemovicensis ac Prioris Vosiensis Coenobii, in: RHG, Bd.12.

Guibert von Nogent, Histoire de sa vie (1053–1124), hg. G. Bougin (Collection de textes pour servir à l'étude et à l'enseignement de l'histoire, 9), Paris 1907.

Hamilton, J./Hamilton, B. (Hg.und Übers.), Christian Dualist Heresies in the

Byzantine World c.650–c.1450, unter Mitarbeit von Y. Stoyanov (Manchester Medieval Sources), Manchester 1998 (HH).

Herigeri et Anselmi Gesta episcoporum Leodiensium, hg. R. Koepke, in: MGH SS, Bd. 7, 226–228.

Hugo Etherianus, Treatise against the Bogomils of Constantinople (ca. 1165–80), in: HH, 36, 234–250.

Hugo von Poitiers, Historia Vizeliacensis monasterii, in: RHG, Bd. 12, 343–344. Engl. Übers. WE, Nr. 41, 248–249.

Ilarino da Milano, Il »Liber supra Stella« del piacentino Salvo Burci contro i Catari e altre correnti ereticali, in: Aevum 16,1942, 272–319; 17,1943, 90–146; 19, 1945, 281–341..

Innozenz III., Innocentii III Registrorum sive Epistolarum, in: PL, Bde 215, 216.

Jacobus Capelli, Summa contra haereticos, in: D. Mazzocchi (Hg.), La Eresia catara: appendice, Bologna 1920.

Jacobus de Voragine, Legenda aurea, hg. Th. Graesse, 1890; engl. Übers. W. G. Ryan, Bd. 1, Princeton NJ, 1993.

Kosmas Presbyter. Le Traité contre les Bogomiles de Cosmas le Prêtre, hg. und übers. H.-C. Puech und A. Vaillant, Paris 1945.

Landulf, Landulphi senioris Mediolanensis historiae libri quatuor, hg. A. Cutolo, in: RIS, Bd. 4, Teil. 2, Bologna 1900, 67–69.

Le Liber de duobus principiis, in: A. Dondaine (Hg.), Un Traité néo-manichéen du XIIIe siècle: Le Liber de duobus principiis, suivi d'un fragment de rituel cathare, Roma 1939, 81–147.

Lenau, Nikolaus, Die Albigenser. Freie Dichtungen, in: Ders., Sämtliche Werke und Briefe, hg. W. Dietze, Frankfurt a. M. 1971.

Limborch, Philipp van, Historia inquisitionis, cui subjungitur liber sententiarum inquisitionis Tholosanae ab anno Christi MCCCVII ad annum MCCCXIII, Amsterdam 1692.

Maitland, S. R., Facts and Documents Illustrativa of the History, Doctrine and Rites of the Ancient Albigensians and Waldensians, London 1832.

Manselli, R., Il monaco Enrico e la sua eresia, in: Bollettino dell'Istituto storico italiano per il medio evo e Archivio Muratoriano 65, 1953, 44–63.

Mansi, J. D. (Hg.), Sacrorum conciliorum nova et amplissima collectio, Bd. 23, Firenze, Venezia, Paris 1799.

Matthäus Paris, Chronica Majora, hg. H. R. Luard, Bd. 4 (Rolls Series 57), London 1877.

Moneta von Cremona, Adversus Catharos et Valdenses libri quinque 1 (Descnptio fidei haereticorum), hg. T. A. Ricchini, Roma 1743.

Moore, R. I. (Übers.), The Birth of Popular Heresy, London 1975.

Pales-Gobilliard, A., L'Inquisiteur Geoffrey d'Ablis et les Cathares du Comté de Foix (1308– 9), Paris 1984.

Pasquier, F. (Hg.), Cartulaire de Mirepoix, Bd. 1, Paris 1921.

Paul von St. Père de Chartres, Vetus Aganon, ed. B.-E.-C. Guérard, in: Cartulaire de l'abbaye de Saint-Père de Chartres, Paris 1840.

Peter von Les Vaux-de-Cernay, Hystoria Albigensis, ed. P. Guébin/ E. Lyon, 3 Bde., Paris 1926, 1930, 1939); engl. Übers. W. A. und M. D. Sibly, The History of the Albigensian Crusade, Woodbridge 1998; dt. Teilübers.: Kreuzzug gegen die Albigenser, übers. G. E. Sollbach, 1996.

Petrus Venerabilis, Epistola sive tractatus adversus petrobrusianos haereticos, in: PL, Bd. 189, 719–724.

Rainieri Sacconi, Summa de Catharis et Pauperibus de Lugduno, in: A. Dondaine, Un Traité néo-manichéen du XIIIe siècle: Le Liber du duobus principiis, suivi d'un fragment de rituel cathare, Roma 1939, 64–78.

Riley-Smith, L./ Riley-Smith, J. (Übers.), The Crusades. Idea and Reality, 1095–1274, London 1981.

Ripoll, T. (Hg.), Bullarium ordinis fratrum praedicatorum, Bd. 1, Roma 1779.

Rodulf Glaber, Historiarum libri quinque. The Five Books of the History, hg. und übers. J. France und N. Bulst, Oxford 1989.

Roger of Howden, Chronica, ed. W. Stubbs (Rolls Series, 51), Bd. 2, London 1868.

Sigebert von Gembloux, Sigiberti Gemblacensis chronographia: Continuatio Praemonstratensis, hg. L. C. Bethmann, in: MGH SS, Bd. 6, 449.

Stephan von Tournai, Stephani Tornacensis Episcopi Epistolarum Pars Prima (1163–77), in: PL, Bd. 211.

Tangl, G., Studien zum Register Innocenz' III, Weimar 1929.

Tanner, N. J. (Hg.), Decrees of the Ecumenical Councils, Bd. 1, Nicaea I to Lateran V, London 1990.

Tardif, A., Document pour l'histoire du processus per inquisitionem et de l'inquisitio heretice pravitatis, in: Nouvelle revue historique du droit français et étranger 7, 1883, 669–678.

Teulet, A. (Hg.), Layettes du Trésor des Chartes, Bde. 1, 2, Paris 1863, 1866 (Nachdr. 1977).

Theophylaktos Lekapenos, Brief über die Bogomilen, in: I. Dujčev, L'epistola sui Bogomili del patriarca constantinopolitano Teofilatto (Mélanges Eugène Tisserant, Bd. 2; Studi e testi, 232), Città del Vaticano 1964, 88–91; engl. Übers. in: HH, Nr. 10, 9.

Thouzellier, C., Un traité cathare inédit du début du XIIIe d'après le Liber contra Manicheos de Durand de Huesca, Louvain 1961. Engl. Übers WE, Nr. 58, S..49.

Traiectenses Fridericum I archiepiscopum Coloniensem hortantes, quod ceperit Tanchelmum haereticum eiusque socios, Manassen et Everwacherum, ne eos dimittat, in: Codex Udalrici, hg. P. Jaffé, in: Bibliotheca rerum Germanicarum, Band V, Berlin 1869 (Nachdr. 1964), 296–300.

Venckeleer, T., Un Recueil cathare. Le manuscrit A.6.10 de la »Collection Vaudoise« de Dublin, in: Revue belge de philologie et d'histoire 38, 1960, 820–831; 39,1961, 762–785.

Wakefield, W. L./Evans, A. P. (Übers.), Heresies of the High Middle Ages. Selected Sources, New York/London 1969 (engl. Übers. zahlreicher Quellen zur Häresiegeschichte). (WE)

Weil, Simone, Letter to Déodat Roché and The Need for Roots, in: G. Panichas (Hg.), The Simone Weil Reader, New York 1977.

Wilhelm von Newburgh, Historia rerum anglicarum, ed. R. Howlett, in: Chronicles of the Reigns of Stephen, Henry II and Richard I (Rolls Series, 82), London 1884, 131–134.

Wilhelm Pelhisson, Chronique de Guillaume Pelhisson (1229–1244), suivie du récit des troubles d'Albi (1234), hg. und übers. J.Duvernoy, Paris 1994.

Wilhelm von Puylaurens, Chronica Magistri Guillelmi de Podio Laurentii, hg. und übers. J. Duvernoy, Paris 1976.

Wilhelm von Tudela, s. La Chanson de la croisade contre les Albigeois.

Wilhelm von Tyrus, Chronique, hg. R.B.C.Huygens, Bd.1, Turnhout 1986.

Wolff, Ph. (Hg.), Documents de l'histoire du Languedoc, Toulouse 1969.

Zerner-Chardavoine, M., La Croisade albigeoise, Paris 1979.

Literaturverzeichnis

Abels, R./E. Harrison, The participation of women in Languedocian Catharism, in: Medieval Studies 41, 1979, 215–251.

Albaret, L., Les Publications contemporaines à thème cathare: délire, ésotérico-commercial et imaginaire catharophile, in: CEI, 377–397.

Angebert, J.-M., The Occult and the Third Reich. The Mystical Origins of Nazism and the Search for the Holy Grail, New York 1974 (frz. L.A. M. Sumberg, Hitler et la tradition cathare, 1971).

Angold, M., Church and Society in Byzantium under the Comneni, 1081–1261, Cambridge 1995.

Anguélou (Angelov), D., Le Bogomilisme en Bulgarie, übers. L. Pétrova-Boinay, Toulouse 1972 .

Barber, M., Western attitudes to Frankish Greece in the thirteenth century, in: B. Hamilton/ B. Arbel/D. Jacoby (Hg.), Latins and Greeks in the Eastern Mediterranean after 1204, London 1989, 111–128.

Barber, M., Catharism and the Occitan nobility: the lordships of Cabaret, Minerve and Termes, in: C. Harper-Bill/R. Harvey (Hg.), The Ideals and Practice of Medieval Knighthood 3, Papers from the Fourth Strawberry Hill Conference, 1988, Woodbridge 1990, 1–19.

Barber, M., The New Knighthood. A History of the Order of the Temple, Cambridge 1994.

Barber, M., Moving Cathars: the Italian Connection in the thirteenth century, in: Journal of Mediterranean Studies.

Bedouelle, G., Les Albigeois témoins du véritable Evangile: l'Historiographie Protestante, in: CF 14, 1979, 47–70.

Belperron, P., La Croisade contre les Albigeois et l'union du Languedoc à la France, 1209– 1249, Paris 1942 (überarbeiteter Nachdr. Paris 1967).

Berkhout, C. T./J. B. Russell, Medieval Heresies. A Bibliography, 1900–1979, Toronto 1981.

Berlioz, J./J.-C.Hélas (Hg.), Catharisme: l'édifice imaginaire. Actes du 7e colloque du Centre d'Études Cathares/René Nelli, Carcassonne, 29 août-2 septembre 1994, Carcassonne 1998. (CEF)

Bernadac, C., Le Mystère de Otto Rahn (Le Graal et Montségur). Du catharisme au Nazisme, Paris 1978 (Neuausgabe unter dem Titel Montségur et le Graal: le mystère Otto Rahn, Paris 1994.)

Bertand, M., Le Soleil des Cathares. Montségur, Citadel du Graal, Paris 1982.

Biget, J.-G., Mythographie du Catharisme (1870–1960), in: CF 14, 1979, 271–342.

Biget, J.-G., L'extinction du catharisme urbain: les points chauds de la répression, in: CF 20, 1985, 305–340.

Biller, P., The Cathars of Languedoc and written materials, in: P. Biller/A.Hudson (Hg.), Heresy and Literacy, 1000–1530, Cambridge 1994, 61–82.

Bisson, T., The Medieval Crown of Aragon. A Short History, Oxford 1986.

Boffito, G., Gli Eretici di Cuneo, in: Bullettino Storico-Bibliografico Subalpino 1, 1985, 324– 333.

Borst, A., Die Katharer (Schriften der MGH), Stuttgart 1953.

Boyle, L. E., Montaillou revisited: Mentalité and methodology, in: J. Raftis (Hg.), Pathways to Medieval Peasants, Toronto 1981, 119–140.

Brenon, A., Syncrétisme hérétique dans les refuges Alpins? Un Livre cathare parmi les recueils vaudois de la fin du moyen âge: Le Manuscrit 269 de Dublin, in: Heresis 7, 1986, 5–23.

Brenon, A., Les Femmes Cathares, Paris 1992.

Brenon, A., La Lettre d'Evervin de Steinfeld à Bernard de Clairvaux de 1143: un document essentiel et méconnu, in: Heresis 25, 1995, 7–28.

Brenon, A., Le Vrai Visage du Catharisme, 2.Aufl., Portet-sur-Garonne 1995.

Brown, P., Augustine of Hippo. A Biography, Berkeley/ London 1967.

Bullough, V./ C. Campbell, Female longevity and diet in the Middle Ages, in: Speculum 55, 1980, 317–325.

Carbonell, C.-O., D'Augustin Thierry à Napoléon Peyrat: Un demi-siècle d'occultation (1820–1870), in: CF 14, 1979, 143–162.

Carbonell, C.-O., Vulgarisation et récupération: le catharisme à travers les massmedia, in: CF 14, 1979, 361–380.

Cazenave, A., Les Cathares en Catalogne et Sabarthès d'après les registres de l'Inquisition: La Hiérarchie cathare en Sabarthès après Montségur, in: Bulletin philologique et historique 1969, 387–436.

Cheyette, F. L., Rez. J. Strayer, The Albigensian Crusades, in: Speculum 48, 1973, 1–15.

Cheyette, F. L., The castles of the Trencavels: a preliminary aerial survey, in: W. C. Jordan/ R. McNab/T. F. Ruiz (Hg.), Order and Innovation in the Middle Ages (Essays in Honor of Joseph R. Strayer, Princeton 1976), 255–272.

Chrysostomides, J., A Byz. historian: Anna Comnena, in: D. O. Morgan (Hg.), Med. Hist. Writing in the Christian and Islamic Worlds, London 1982, 30–46.

Clasen, C.-P., Medieval heresies in the Reformation, in: Church History 32, 1963, 392–414.

Clément, P.A., Les chemins à travers les âges en Cevennes et Bas Languedoc, Montpellier 1984.

Costen, M., The Cathars and the Albigensian Crusade, Manchester 1997.

Coulson, C., Fortress policy in Capetian tradition and Angevin practice: aspects of the conquest of Normandy by Philip II, in: R. A. Brown (Hg.), Anglo-Norman Studies VI, Proceedings of the Battle Conference 1983, Woodbridge 1984, 13–38.

Coulton, C. G., The Death Penalty for Heresy from 1184 to 1917, London 1924.

Darricau, R., De L'histoire théologienne à la grande érudition: Bossuet (XVIe-XVIIIes), in: CF 14, 1979, 85–118.

Deggau, H.G., Befreite Seelen. Die Katharer in Südfrankreich, 1995.

Delaruelle, E., Saint Louis devant les Cathares, in: Septième Centenaire de la Mort de Saint Louis. Actes des Colloques de Royaumont et de Paris (21–27 mai 1970), Paris 1976, 273– 280.

Dognon, P., Les Institutions politiques et administratives du pays de Languedoc du XIIIe siècle aux guerres de religion, Toulouse 1895.

Dondaine, A., Nouvelles sources de l'histoire doctrinale du néo-manichéisme au moyen âge, in: Revue des sciences philosophiques et théologiques 28, 1939, 465–488.

353

Dondaine, A., Les Actes du Concile Albigeois de Saint-Félix de Caraman. Essai de critique d'authenticité d'un document médiévale (Miscellanea Giovanni Mercati, Bd. 5; Studi e testi, 125), Città del Vaticano 1946, 324–355.

Dondaine, A., La Hiérarchie cathare en Italie, I-III, in: Archivum Fratrum Praedicatorum 19, 1949, 280–312; 20, 1950, 234–324.

Dondaine, A., L'Origine de l'hérésie médiévale: à propos d'un livre récent, in: Rivista di Storia della Chiesa in Italia 6, 1952, 47–78.

Dondaine, A., Saint Pierre Martyr, in: Archivum Fratrum Praedicatorum 23, 1953, 66–162.

Dossat, Y., Le Comté de Toulouse et la féodalité languedocienne à la veille de la croisade albigeoise, in: Revue du Tarn 9, 1943, 75–90.

Dossat, Y., La Société méridionale à la veille de la croisade des Albigeois, in: Revue du Languedoc 1, 1944, 66–87.

Dossat, Y., Le Clergé méridional à la veille de la croisade des Albigeois, in: Revue du Languedoc 1, 1944, 263–278.

Dossat, Y., La Crise de l'Inquisition toulousaine en 1235–1236 et l'expulsion des Dominicains, in: Bulletin philologique et historique (jusqu'à 1715), années 1953 et 1954, Paris 1955, 391–398.

Dossat, Y., Les Crises de l'Inquisition toulousaine en XIIIe siècle (1233–1273), Bordeaux 1959.

Dossat, Y., Les Cathares après les documents de l'Inquisition, in: CF 3, 1968, 71–104.

Dossat, Y., La Croisade vue par les chroniqueurs, in: CF 4, 1969, 221–259.

Dossat, Y., Simon de Montfort, in: CF 4, 1969, 281–302.

Dossat, Y., Un Initiateur: Charles Schmidt, in: CF 14, 1979, 163–184.

Dufour, J., Les Evêques d'Albi, de Cahors et de Rodez des origines à la fin du XIIe siècle, Paris 1989.

Dupré-Theseider, E., Le Catharisme languedocien et l'Italie, in: CF 3, 1968, 299–316.

Dutton, C., Aspects of the Institutional History of the Albigensian Crusades, 1198–1229 (PhD Diss., Royal Holloway and Bedford New College, University of London, 1993).

Duvernoy, J., Les Albigeois dans la vie sociale et économique de leur temps, in: Annales de l'Institut d'Études occitanes, Actes du colloque de Toulouse, Toulouse 1964, 64–72.

Duvernoy, J., Pierre Autier, in: Cahiers d'Études Cathares 47, 1970, 9–49.

Duvernoy, J., Le Catharisme, Bd.1, La Religion des Cathares, Toulouse 1976.

Duvernoy, J., Le Catharisme, Bd. 2, L'Histoire des Cathares, Toulouse 1979.

Duvernoy, J., Confirmation d'aveux devant les Inquisiteurs Ferrier et Pons Gary (Juillet-Août 1243), in: Heresis 1, 1983, 9–23.

Duvernoy, J., L'air de la calomnie, in: CEI, 21–38.

Edwards, Ch., Die spanische Inquisition, Düsseldorf /Zürich 2003.

Ehlers, J./Müller, H./ Schneidmüller, B. (Hg.), Die französischen Könige des Mittelalters, München 1996 (dort: J. Ehlers, Philipp II.; G. Melville, Ludwig VIII.; L. Vones, Ludwig IX.; Th. Zotz, Philipp III.; J. Miethke, Philipp IV.).

Emery, R. W., Heresy and Inquistion in Narbonne, New York 1941.

Erbstösser, M., Ketzerei im Mittelalter, Darmstadt 1984.

Evans, A. P., The Albigensian Crusade, in: K. M. Setton/ R. Wolfe/ H. Hazard (Hg.), A History of die Crusades, Bd. 2, Philadelphia, PA, 1962, 277–324.

Fearns, J., Peter von Bruis und die religiöse Bewegung des 12. Jahrhunderts, in: Archiv für Kulturgeschichte 48, 1966, 311–335.

Fichtenau, H., Heretics and Scholars in the High Middle Ages, 1000–1200, Philadelphia PA, 1998 (zuerst München 1992).

Foreville, R., Innocent III et la Croisade des Albigeois, in: CF 4, 1969, 184–217.

Gilchrist, J., The Lord's war as the proving ground of faith: Pope Innocent III and the propagation of violence (1198–1216), in: M. Shatzmiller (Hg.), Crusaders and Muslims in Twelfth-Century Syria, Leiden 1993, 65–83.

Gillingham, J., The Angevin Empire, London 1984.

Given, J., The inquisitors of Languedoc and the medieval technology of power, in: American Historical Review 94, 1989, 336–359.

Given, J., A medieval inquisitor at work: Bernard Gui, 3 March 1308 to 19 June 1323, in: S. K. Cohn, Jr./ S. A. Epstein (Hg.), Portraits of Medieval and Renaissance Living (Essays in Memory of David Herlihy), Ann Arbor, MI, 1996, 207–32.

Given, J., Social stress, social strain, and the inquisitors of Medieval Languedoc, in: S. C. Waugh/P. D. Diehl (Hrsg), Christendom and its Discontents. Exclusion, Persecution, and Rebellion, 1000–1500, Cambridge 1996, 67–85.

Given, J., Inquisition and Medieval Society. Power, Discipline and Resistance in Languedoc, Ithaca NY/London 1997.

Gouët, A., Les Temps Féodaux d'après les documents originaux (Histoire nationale de France, Bd. 2), Bruxelles 1865.

Griffe, É., Les Débuts de l'aventure cathare en Languedoc (1140–90), Paris 1969.

Griffe, É., Le Languedoc Cathare de 1190 à 1210, Paris 1971.

Griffe, É., Le Languedoc Cathare au temps de la Croisade (1209–1229), Paris 1973.

Griffe, É., Le Languedoc Cathare et l'Inquisition (1229–1329), Paris 1980.

Grundmann, H., Religiöse Bewegungen im Mittelalter, Berlin 1935, Neuaufl. 1961.

Grundmann, H., Bibliographie zur Ketzergeschichte (1900–1966), Berlin 1967.

Guenée, B., Between Church and State. The Lives of Four French Prelates in the Late Middle Ages, Chicago, IL, 1991 (zuerst 1987).

Guiraud, J., Histoire de l'Inquisition au moyen âge, 2 Bde., Paris 1935–38).

Guirdham, A., The Cathars and Reincarnation. The Record of Past Life in 13th century France, London 1970.

Guirdham, A., The Great Heresy, Jersey 1977.

Hagman, Y., Les Historiens des religions et les constructions des ésotéristes, in: CEI, 131–143.

Hallam, E., Capetian France, 987–1328, London 1980.

Hamilton, B., The Albigensian Crusade (Historical Association, 1974).

Hamilton, B., The origins of the dualist church of Drugunthia, in: Eastern Churches Review 6, 1974, 115–124.

Hamilton, B., The Cathar Council of Saint-Félix reconsidered, in: Archivum Fratrum Praedicatorum 48, 1978, 23–53.

Hamilton, B., The Medieval Inquisition, London 1981.

355

Hamilton, B., Religion in the Medieval West, London 1986.

Hamilton, B., The Cathars and the seven churches of Asia, in: J. D. Howard-Johnston (Hg.), Byzantium and the West c. 850–c. 1200. Proceedings of the XVIII Spring Symposium of Byzantine Studies, Oxford, Amsterdam 1988, 269–295.

Hamilton, B., Wisdom from the East, in: P. Biller/A. Hudson (Hg.), Heresy and Literacy, 1000–1530, Cambridge 1994, 38–60.

Hamilton, B., The legacy of Charles Schmidt to the study of Christian dualism, in: Journal of Medieval History 24, 1998, 191–214.

Hamilton, B., The Cathars and Christian perfection, in P. Biller/R. B. Dobson (Hg.), The Medieval Church: Universities, Heresy and the Religious Life (Essays in Honour of Gordon Leff, Studies in Church History: Subsidia 11, Woodbridge 1999), 5–23.

Harrison, R.J., Eckbert of Schönau's 'Sermones contra Kataros', Bd. 2, Ann Arbor MI, 1990, 374–693.

Hefele, C.J/H. Leclercq, Histoire des Conciles, Bde. 5/1, 5/2, 6/1, Paris 1912, 1913, 1914.

Hellman, J., Simone Weil. An Introduction to Her Thought, Waterloo/Ontario 1982.

Herlihy, D., The generation in medieval history, in: Viator 5, 1974, 347–364.

Herlihy, D., Life expectancies for women in medieval society, in: R. T. Morewedge (Hg.), The Role of Women in the Middle Ages, Albany NY, 1975, 1–22.

Holl, A. (Hg.), Die Ketzer, Hamburg 1994.

Holt, J. C., The end of the Anglo-Norman realm, in: Proceedings of the British Academy 61, 1975, 223–265.

Jiménez-Sanchez, P., Relire la charte de Niquinta, in: Heresis 22, 1994, 1–27; 23, 1994, 1–28.

Jiménez-Sanchez, P., La vision médiévale du catharisme chez les historiens des années 1950: un néo-manichéisme, in: CEI, 65–96.

Julien, L., Celui qui fut Déodat Roché, in: Cahiers d'Études Cathares 29, 1978, 3–12.

Keen, M., Das Rittertum, München/Zürich 1987.

Kelly, H. A., Inquisition and the prosecution of heresy: misconceptions and abuses, in: Church History 58, 1989, 439–451.

Kieckhefer, R., The office of inquisition and medieval heresy: the transition from personal to institutional jurisdiction, in: Journal of Ecclesiastical History 46, 1995, 36–61.

Koch, G., Frauenfrage und Ketzertum im Mittelalter. Die Frauenbewegung im Rahmen des Katharismus und des Waldensertums und ihre sozialen Wurzeln (12.–14. Jahrhundert), Berlin 1962.

Kolmer, L., Ad Capiendas Vulpes. Die Ketzerbekämpfung in Südfrankreich in der ersten Hälfte des 13. Jahrhunderts und die Ausbildung des Inquisitionverfahrens, Bonn 1982.

Lambert, M. D., Medieval Heresy. Popular Movements from the Gregorian Reform to the Reformation, 2. Aufl., Oxford 1992.

Lambert, M. D., Geschichte der Katharer. Aufstieg und Fall der großen Ketzerbewegung, Darmstadt 2001.

Langlois, G., La Formation de la seigneurie de Termes, in: Heresis 17, 1991, 51–72.

Lansing, C., Power and Purity. Cathar Heresy in Medieval Italy, Oxford 1998.

Lea, H. C., Geschichte der spanischen Inquisition, 3 Bde, Aalen 1980 (Nachdr. der dt. Ausg. 1911–12).

Lerner, R. E., Les communautés hérétiques, in: Le Moyen Âge et la Bible, hg. P. Riché / G. Lobrichon, Paris 1984.

Le Roy Ladurie, E., Montaillou. Ein Dorf vor dem Inquisitor 1294 bis 1324, Frankfurt/Berlin 1980, revid. Aufl. 1989.

Lewis, B./ Niewöhner, F. (Hg.), Religionsgespräche im Mittelalter, Wiesbaden 1992 (dort: G. G. Stroumsa, Anti-Cathar Polemics and the Liber De Duobus Principiis).

Lexikon des Mittelalters, 9 Bde, München/Zürich 1977–98, mit zahlreichen Beiträgen zur Geschichte der Katharer, cf. Albigenser (R. Manselli, Y. Dossat), Bogomilen (R. Manselli), Dominikaner (A. Dirks, M.-H. Vicaire u. a.), Häresie (A. Patschovsky), Katharer (G. Rottenwöhrer), Montfort (Y. Dossat), Religionsgespräche (A. Fößel u. a.), Waldenser (G. G. Merlo) u. v. a.

Livingstone, E.(Hg.), The Oxford Dictionary of the Christian Church, 3. Aufl., Oxford 1997.

Lobrichon, G., The chiaroscuro of heresy: early eleventh-century Aquitaine as seen from Auxerre, in: T. Head/R. Landes (Hg.), The Peace of God. Social Violence and Religious Response in France around the Year 1000, Ithaca, NY/London 1992, 80–103, 347–350.

Loos, M., Dualist Heresy in the Middle Ages, Prag 1974.

Luttrell, A., The earliest Hospitallers, in: B. Z. Kedar/J. Riley-Smith/R. Hiestand (Hg.), Monjoie. Studies in Crusade History in Honour of H. E. Mayer, Aldershot 1997, 37–54.

Madaule, J., The Albigensian Crusade, London 1967.

Madaule, J., Das Drama von Albi. Der Kreuzzug gegen die Albigenser und das Schicksal Frankreichs, Olten 1964.

Magnou-Nortier, E., Fidélité et féodalité méridionales d'après les serments de Fidélité, Xe- début XIIe siècles, in: Les structures sociales de l'Aquitaine, du Languedoc et de l'Espagne au premier âge féodal, Paris 1969, 115–142.

Manselli, R., L'eresia del male, 1963, revid. Aufl. 1980.

Manselli, R., Les «chrétiens» de Bosnie: le catharisme en Europe orientale, in: Revue d'histoire ecclésiastique 72, 1977, 600–614.

Manselli, R., Evangelisme et mythe dans la foi Cathare, in: Heresis 5, 1985, 5–17.

Markus, R. A., Saint Augustine's views on the »Just War«, in: W.J. Shiels (Hg.), The Church and War. Studies in Church History 20, 1983, 1–13.

Martel, P., Naissance de l'Occitanie, in: A. Armengaud/ R. Lafont (Hg.), Histoire d'Occitanie, Paris 1979, 139–255.

Martel, P., Les Cathares et les historiens, in: R. Lafont/R. Pech (Hg.), Les Cathares en Occitanie, Paris 1982, 403–477.

Martel, P., Qui n'a pas son albigeois? Le souvenir de la Croisade et ses utilisations politiques, in: CEI, 309–342.

McLellan, D., Utopian Pessimist. The Life and Thought of Simone Weil, New York 1990.

Meer, F. van der (Hg.), Atlas de l'Ordre Cistercien, Paris/ Bruxelles 1965.

Molinier, C., L'Inquisition dans le Midi de la France au XIIIe et au XIVe siècle, Paris 1880 (Nachdr. 1974).

Moore, R. I., The Origins of European Dissent, Neuausg. Oxford, 1985 (zuerst 1977).

Morghen, R., Medioevo Cristiano, Bari 1951 (4.Aufl. 1965).

Morghen, R., Il Cosidetto neo-manicheismo occidentale del secolo XI, in: Convegno di Scienze Morali Storiche e Filologiche, Roma1957, 84–104.

Morghen, R., Problèmes sur l'origine de l'hérésie au moyen âge, in: Revue historique 336, 1966, 1-16.

Müller, D., Albigenser – die wahre Kirche? Eine Untersuchung zum Kirchenverständnis der »ecclesia Dei«, Gerbrunn 1986.

Mundy, J. H., Liberty and Political Power in Toulouse, 1100–1230, New York 1954.

Mundy, J. H., Charity and social work in Toulouse, 1100–1250, in: Traditio 22, 1966, 203–288.

Mundy, J. H., Village, town and city in the region of Toulouse, in: J. Raftis (Hg.), Pathways to Medieval Peasants, Toronto 1981, 141–190.

Mundy, J. H., Urban society and culture: Toulouse and its region, in: R. L. Benson/G. Constable (Hg.), Renaissance and Renewal in the Twelfth Century, Oxford 1982, 229– 247.

Mundy, J. H., The Repression of Catharism at Toulouse. The Royal Diploma of 1279 (Studies and Texts, 74), Toronto 1985.

Mundy, J. H., Men and Women at Toulouse in the Age of the Cathars (Studies and Texts, 101), Toronto 1990.

Mundy, J. H., Society and Government at Toulouse in the Age of the Cathars (Studies and Texts, 129), Toronto 1997.

Nelli, S., L'Évêque Cathare, Guilhabert de Castres, in: Heresis 4, 1985, 11–24.

Nelli, S., Montségur. Mythe et histoire, Monaco 1996.

Nelson, J. L., Religion in »Histoire Totale«: some recent works on medieval heresy and popular religion, in: Religion 10, 1980, 61–85.

Niel, F., Albigeois et Cathares (Que sais-je?), Paris 1955.

Niel, F., Montségur. Temple et Forteresse des Cathares d'Occitanie, Grenoble 1967.

Oberste, J., Der »Kreuzzug" gegen die Albigenser. Ketzerei und Machtpolitik im Mittelalter, Darmstadt 2003.

Oberste, J., Zwischen Heiligkeit und Häresie, Bd.2: Die städtischen Eliten in Toulouse, Köln/Weimar/Wien 2003.

Obolensky, D., The Bogomils, Cambridge 1948.

Obolensky, D., Papa Nicetas: a Byzantine dualist in the land of the Cathars, in: Okeanos: Essays I. Sevčenko (Harvard Ukrainian Studies, 7), 1983, 489–500.

O'Brien, J., Jews and Cathari in medieval France, in: Comparative Studies in Society and History 10, 1968, 215–220.

Oldenbourg, Z., Le bûcher de Montségur, 1959.

Painter, S., William Marshal, Baltimore MD, 1933.

Paolini, L., Italian Catharism and written culture, in: P. Biller/A. Hudson (Hg.), Heresy and Literacy 1000–1530, Cambridge 1994, 83–103.

Paterson, L., The World of the Troubadours, Cambridge 1994.

Peal, A., Olivier de Termes and the Occitan nobility, in: Reading Medieval Studies 12, 1986, 109–129.

Pegg, M. G., The Corruption of Angels: The Great Inquisition of 1245–1246, Princeton, NJ, 2001.

Peyrat, N., Histoire des Albigeois. Les Albigeois et l'Inquisition, 3 Bde., Paris 1870–1872.

Poupin, R., De metempsycose en réincarnation ou la transmigration des âmes des temps cathares à nos jours, in: CEI, 145–164.

Rahn, O., Kreuzzug gegen den Gral, Freiburg i. Br. 1933 (Nachdr. 1985).

Rahn, O., Luzifers Hofgesind. Eine Reise zu Europas guten Geistern, Leipzig/Berlin 1937.

Renouard, Y., Les voies de communication entre la France et le Piémont au moyen âge, in: Bollettino Storico-Bibliografico Subalpino 61, 1963, 233–256.

Roach, A., The Cathar economy, in: Reading Medieval Studies 12, 1986, 51–71.

Roach, A., The Relationship of the Italian and Southern French Cathars, 1170—1320, (DPhil Diss., Wolfson College, Oxford, 1989).

Roach, A., Occitania past and present: southern consciousness in medieval and modern French politics, in: History Workshop Journal 43, 1997, 1–22.

Roché, D., Die Katharerbewegung. Ursprung und Wesen, Stuttgart 1992.

Roquebert, M., L'Épopée cathare, Bd. 1–4, Toulouse 1970, 1977, 1986, 1994.

Roquebert, M., Le Catharisme comme tradition dans la »familia« languedocienne, in: CF 20, 1985, 221–242.

Roquebert, M., Les Cathares et le Graal, Toulouse 1994.

Roquebert, M., Napoléon Peyrat, le trésor et le nouveau Montségur, in: CEI, 345–375.

Roquebert, M., Les Cathares. De la chute de Montségur aux derniers bûchers (1244–1329), Paris 1998.

Rottenwöhrer, G., Der Katharismus, 3 Bde., Bad Honnef 1982–1990.

Rottenwöhrer, G., Unde malum?, 1986.

Rougemont, D. de, Passion and Society, 2.Aufl., London 1956.

Runciman, S., The Medieval Manichee. A Study of Christian Dualist Theory, Cambridge 1955.

Russell, F. H., The Just War in the Middle Ages, Cambridge 1975.

Russell, J. B., Interpretations of the origins of medieval heresy, in: Medieval Studies 25, 1963, 25–53.

Russell, J. C., Medieval Regions and Their Cities, Newton Abbot 1972.

Sanjek, F., L'Initiation Cathare dans l'Occident médiéval, in: Heresis 5, 1985, 19–27.

Sayers, J., Innocent III: Leader of Europe, 1198–1216, London 1993.

Schmidt, C., Histoire et doctrine de la secte des Cathares en Albigeois, 2 Bde., Paris/Genf 1848–49) (Nachdr. mit neuer Einleitung von J. Duvernoy, Bayonne 1983).

Schmitz-Valckenberg, G., Grundlehren katharischer Sekten, 1971.

Šemkov, G., Le Contexte socio-économique du Catharisme au Mas-Saintes-Puelles dans la première moitié du 13e siècle, in: Heresis 2, 1984, 35–53.

Shannon, A. C., The Popes and Heresy in the 13th Century, Villanova PA, 1949.

Shannon, A. C., The Medieval Inquisition (Nachdr. Collegeville, MN, 1991.

Sharenkoff, V. N., A Study of Manichaeism in Bulgaria, New York 1927.

Siberry, E., Criticism of Crusading, 1095–1274, Oxford 1985.

Simonde de Sismondi, J. C. L., History of the Crusades against the Albigenses in the Thirteenth Century, London 1826 (Nachdr. New York 1973).

Söderberg, M., La Religion des Cathares. Etude sur le Gnosticisme de la basse antiquité et du moyen âge, Uppsala 1949.

Stoyanov, Y. P., The Hidden Tradition in Europe, Harmondsworth 1994.

Strayer, J., The Albigensian Crusades, New York 1971.

Struss, L., Epische Identität und historische Realität. Der Albigenserkreuzzug und die Krise der Zeitgeschichtsdarstellung in der occitanischen, altfranzösischen und lateinischen Historiographie, München 1980.

Sumption, J., The Albigensian Crusade, London 1978.

Thouzellier, C., Hérésie et croisade au XIIe siècle, in: Revue d'Histoire Ecclésiastique 49 1954, 855–872.

Thouzellier, C., Catharisme et Valdéisme en Languedoc à la fin du XIIe siècle et au début du XIIIe siècle, 2. Aufl., Louvain/Paris 1969.

Tillmann, H., Innocent III, Amsterdam 1980.

Touraine, A., Sociological interaction and the internal dynamics of the Occitanist movement, in: E. A. Tiryakion/R. Rogowski (Hg.), New Nationalisms of the Developed West, London/Boston MA, 1985, 157–175.

Ullmann, W., The significance of Innocent III's decretal »Vergentis« (Études d'histoire du droit canonique dédiées à G. Le Bras, Paris 1965), 729–741.

Vicaire, M.-H., Les Albigeois ancêtres des protestants: assimilations catholiques, in: CF 14, 1979, 23–46.

Vicaire, M.-H., Le Catharisme: un religion (1935–1976), in: CF 14, 1979, 381–409.

Vidal, J.-M., Un Inquisiteur jugé par ses »victimes«: Jean Galand et les Carcassonais, 1285– 1286, Paris 1903.

Vidal, J.-M., Les Derniers ministres de l'albigéisme en Languedoc, in: Revue des Questions historiques 79, 1906, 57–107.

Vidal, J.-M., Doctrine et morale des derniers ministres albigeois, in: Revue des Questions historiques 85, 1909, 357–409; 86,1909, 5–48.

Vidal, J.-M., Esclarmonde de Foix, in: Revue de Gascogne 11, 1911, 53–79.

Viguier, M.-C., Otto Rahn entre Wolfram von Eschenbach et les néo-Nazis, in: CEI, 165–189.

Wakefield, W. L., The family of Niort in the Albigensian Crusade and before the Inquisition, in: Names. The Journal of the American Name Society 18, 1970, 97–117, 286–303.

Wakefield, W. L., Friar Ferrier, Inquisition at Caunes, and escapes from prison at Carcassonne, in: Catholic Historical Review 58, 1972, 220–237.

Wakefield, W. L., Some unorthodox popular ideas of the thirteenth century, in: Medievalia et Humanistica 4, 1973, 25–35.

Wakefield, W. L., Heresy, Crusade and Inquisition in Southern France, 1100–1250, London 1974.

Wakefield, W. L., Heretics and inquisitors: the case of Le Mas-Saintes-Puelles, in: Catholic Historical Review 69, 1983, 209–226.

Wakefield, W. L., Burial of heretics in the Middle Ages, in: Heresis 5, 1985, 29–32.

Wakefield, W. L., Friar Ferrier, Inquisitor, in: Heresis 7, 1986, 33–41.

Walther, D., A survey of recent research on the Albigensian Cathari, in: Church History 34, 1965, 146–177.

Walther, D., Were the Albigenses and Waldenses forerunners of the Reformation? in: Andrews University Seminary Studies 6,1968, 178–202.

Weil, Simone, Selected Essays, 1934–43, übers. R. Rees, Oxford 1962.

Weil, Simone, Gateway to God, hg. D. Raper, London 1974.

Wolff, Ph., Rôle de l'essor économique dans les ralliement social et religieux, in: CF 20, 1985, 243–255.

Zambon, F., Le Catharisme et les mythes du Graal, in: CEI, 215–243.

Zeldin, T., France, 1848–1945, Bd. 2, Intellect, Taste and Anxiety, Oxford 1977.

Personenregister

Zeittafel I

Der Albigenserkreuzzug

1208	14. Januar	Ermordung des päpstlichen Legaten Peter von Castelnau
	28. März	Arnold Amauri, Abt von Cîteaux, wird zum Führer des Kreuzzugs ernannt
1209	18. Juni	Versöhnung Raimunds VI. von Toulouse mit der Kirche
	22. Juni	Raimund VI. nimmt das Kreuz
	Ende Juni	Das Kreuzheer versammelt sich in Lyon
	22. Juli	Blutbad von Béziers; Plünderung der Stadt durch die Kreuzfahrer
	1. August	Die Kreuzfahrer vor Carcassonne
	15. August	Kapitulation von Carcassonne
	Ende August	Simon von Montfort wird zum Vizegrafen von Béziers und Carcassonne gewählt
	10. November	Tod des Vizegrafen Raimund Roger Trencavel
1210	Anfang Juni–22. Juli	Belagerung und Eroberung von Minerve durch die Kreuzfahrer
	Juli–22. November	Belagerung und Eroberung von Termes
1211	22. Januar	Konferenz in Narbonne unter Anwesenheit von Peter von Aragón, Raimund VI., Simon von Montfort und den päpstlichen Legaten
	6. Februar	Exkommunikation Raimunds VI. auf dem Konzil von Montpellier
	März	Cabaret unterwirft sich Simon von Montfort
	1. April–3. Mai	Belagerung und Eroberung von Lavaur durch die Kreuzfahrer
	April	Massaker an Kreuzfahrern in Montgey (bei Puylaurens) durch Raimund Roger, Graf von Foix
	Mai	Puylaurens unterwirft sich Simon von Montfort. Belagerung und Eroberung von Les Cassès
	17.–29. Juni	Vergebliche Belagerung von Toulouse durch Simon von Montfort
	September	Der Graf von Foix wird bei St-Martin-Lalande von den Kreuzfahrern besiegt
	September	Dem Grafen von Foix misslingt die Einnahme von Castelnaudary
1212	12. März	Arnold Amauri wird Erzbischof von Narbonne
	April	Belagerung und Eroberung von Hautpoul durch die Kreuzfahrer
	20.–21. Mai	Montfort nimmt St. Antonin
	3. Juni–26. Juli	Belagerung und Eroberung von Penne d'Agenais durch die Kreuzfahrer

	14. August–8. Sept.	Belagerung und Eroberung von Moissac durch die Kreuzfahrer
	1. Dezember	Statuten von Pamiers
1213	Mitte Januar	Konzil von Lavaur unter Anwesenheit von Peter von Aragón, Montfort und den Legaten
	15. Januar	Innozenz III. weist Montfort an, den Grafen von Foix und Comminges sowie Gaston von Béarn Territorien zu restituieren
	21. Mai	Innozenz III. widerruft die Bulle vom Januar
	12. September	Schlacht von Muret, Niederlage und Tod Peters II. von Aragón
1214	Februar	Verhaftung und Hinrichtung des Grafen Balduin
	28. Juni–18. August	Belagerung und Eroberung von Casseneuil durch die Kreuzfahrer
	Anfang November	Sévérac fällt in die Hände Montforts
1215	Januar	Das Konzil von Montpellier empfiehlt die Übergabe der Grafschaft Toulouse an Simon von Montfort
	April–Juni	Erste Expedition Ludwigs VIII. von Frankreich
	November	Viertes Laterankonzil
	30. November	Innozenz III. bestätigt Simon von Montfort als Herr über die Länder der Grafschaft Toulouse
1216	8. März	Die Einwohner von Toulouse huldigen Montfort
	April	Simon von Montfort in Melun und Paris
	Juni–August	Belagerung und Eroberung von Beaucaire durch Raimund, den Sohn Raimunds VI.
	16. Juli	Tod Innozenz' III.
	September	Montfort errichtet die Kontrolle über Toulouse
	6. Februar–25. März	Belagerung und Eroberung von Montgrenier durch die Kreuzfahrer
	13. September	Raimund VI. zieht in Toulouse ein. Die Franzosen ziehen sich in die Burg Narbonnais zurück
1218	25. Juni	Simon von Montfort stirbt bei der Belagerung von Toulouse
	25. Juli	Die Kreuzfahrer ziehen sich aus Toulouse zurück
	Winter	Schlacht von Baziège. Der junge Raimund besiegt die Kreuzfahrer
1219	Juni	Zweite Expedition Ludwigs VIII. von Frankreich. Fall von Marmande
	16. Juni–1. August	Ludwig belagert Toulouse vergeblich
1221	Februar	Einnahme von Montréal durch Truppen des jungen Raimund
1222	August	Tod Graf Raimunds VI. von Toulouse
1223	März	Tod des Grafen Raimund Roger von Foix
	14. Juli	Tod König Philipps II. von Frankreich
	Sommer	Waffenstillstand zwischen Raimund VII. und Amaury von Montfort

1224	Januar	Raimund VII. zieht in Carcassonne ein
1225	30. November–Dez.	Das Konzil von Bourges weist die Forderungen Raimunds VII. zurück
1226	Juni–September	Kreuzzug Ludwigs VIII.
	10. Juni–9. Sept.	Belagerung Avignons durch Ludwig VIII.
	September	Unterwerfung der Markgrafschaft Provence, des Languedoc östlich von Toulouse, des Gévaudan, der Rouerge und großer Teile des Quercy unter Ludwig VIII.
	8. November	Tod König Ludwigs VIII. von Frankreich
1227	Sommer	Belagerung und Eroberung von Labécède durch königliche Truppen
1228	Sommer	Zerstörung der Gegend um Toulouse durch Humbert von Beaujeu
1229	12. April	Friede von Paris

Zeittafel II

Die katharische Erneuerungsbewegung unter den Brüdern Autier

1234		Peter und Raimund Autier werden als Katharer identifiziert
1295		Bernhard Saisset wird erster Bischof der neu gegründeten Diözese Pamiers
1296		Die Brüder Peter und Wilhelm Autier begeben sich zum Studium der katharischen Glaubens in die Lombardei
1299		Die Brüder Autier kehren aus der Lombardei in ihre Heimatstadt Ax zurück
ca. 1299		Die Autiers versehen Prades Tavernier mit dem *consolamentum*
1299 oder 1300		Peter Autier geht nach Toulouse
1300		Die Autiers werden bei den Dominikanern von Pamiers denunziert, können aber fliehen. Peter und Wilhelm spenden Jakob, dem Sohn Peters, sowie Pons Bayle aus Ax das *consolamentum*
1302	März	Peter Autier versieht den Grafen Roger Bernhard III. von Foix auf seinem Sterbebett mit dem *consolamentum*; Peter Autier häretisiert in Cahors zwei Gläubige
ca. 1303		Gottfried von Ablis wird Inquisitor in Carcassonne; Peter Autier hält sich lange im Lauragais und in den Talschaften des Agout und des Tarn auf; Peter Autier in Toulouse; Zusammenkunft mit Gläubigen in der Kirche Sainte-Croix
	8. September	Jakob Autier und Prades Tavernier in Carcassonne verraten und eingekerkert; beide können fliehen

	Weihnachten	Gläubige aus Arques werden von Papst Clemens V. in Lyon mit der Kirche versöhnt
1306	Allerheiligen	Peter Autier spendet dem früheren *nuntius* Peter Sanche das *consolamentum*
1307	16. Januar	Bernhard Gui wird Inquisitor in Toulouse
1308	September	Die erwachsene Einwohnerschaft von Montaillou wird nach Carcassonne gebracht, um über die Autiers vor der Inquisition auszusagen
	29. September– 18. Mai 1309	Peter Autier und Peter Sanche müssen sich acht Monate vor der Inquisition verstecken
1309	Frühjahr	Gefangennahme von Wilhelm Bélibaste und Philipp von Alairac; Einkerkerung in Carcassonne, aber Flucht nach Katalonien; Peter Autier gibt Sanche Mercadier das *consolamentum*
	23. Mai	Die Inquisitoren begeben sich zum Hof des Bertrand Salas bei Verlhac-Tescon (südwestlich von Montauban), wo sich Peter Autier und Peter Sanche versteckt hielten; sie können aber rechtzeitig fliehen
	Mai–Ende August	Peter Autier versteckt sich in Beaupuy im Hause der Brüder Morel
	10. August	Bernhard Gui gibt einen Haftbefehl gegen Peter Autier, Peter Sanche und Sanche Mercadier heraus
	Anfang September	Peter Autier wird nach Verrat durch Peter von Luzenac der Inquisition ausgeliefert. Man bringt ihn nach Toulouse und dann nach Carcassonne
	Ende Dezember	Der größte Teil der Gruppe wird verhaftet; Wilhelm Autier wird verbrannt
1310	9. April	Peter Autier wird verbrannt
1314		Tod des *bonhomme* Raimund von Toulouse
ca. 1315		Wilhelm Bélibaste lässt sich in Morella in der Provinz Valencia nieder
1317	19. März	Jacques Fournier wird Bischof von Pamiers
1318		Fournier nimmt seine Ermittlungen auf Arnold Sicre nimmt Kontakt zu Wilhelm Bélibaste auf
1320	Anfang	Arnold Sicre erhält in Pamiers von Jacques Fournier den Auftrag, Wilhelm Bélibaste zurückzubringen
	Weihnachten	Wilhelm Bélibaste entschließt sich zum Besuch von Arnold Sicres Tante Alazais in Palhars
1321	Mittfasten	Gefangennahme Wilhelm Bélibastes in Tirvia (westlich von Andorra)
	Frühjahr	Wilhelm Bélibaste wird in Villerouge-Termènes (südlich von Carcassonne) verbrannt
1322	13. Januar	Arnold Sicre wird von der Anschuldigung eines Zusammengehens mit den Häretikern freigesprochen; Peter und Johannes Maury werden zu lebenslanger Einkerkerung verurteilt

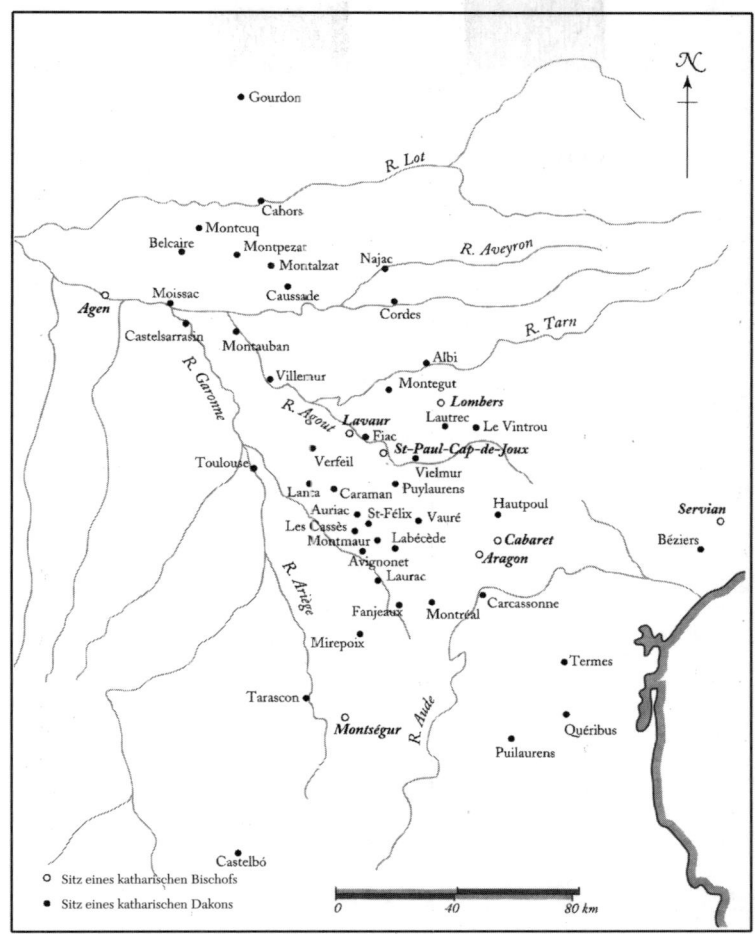

Karte I. Die Verbreitung der Katharer im Languedoc.
Die Karte zeigt die Orte, an denen im 13. Jahrhundert Katharer belegt
sind.

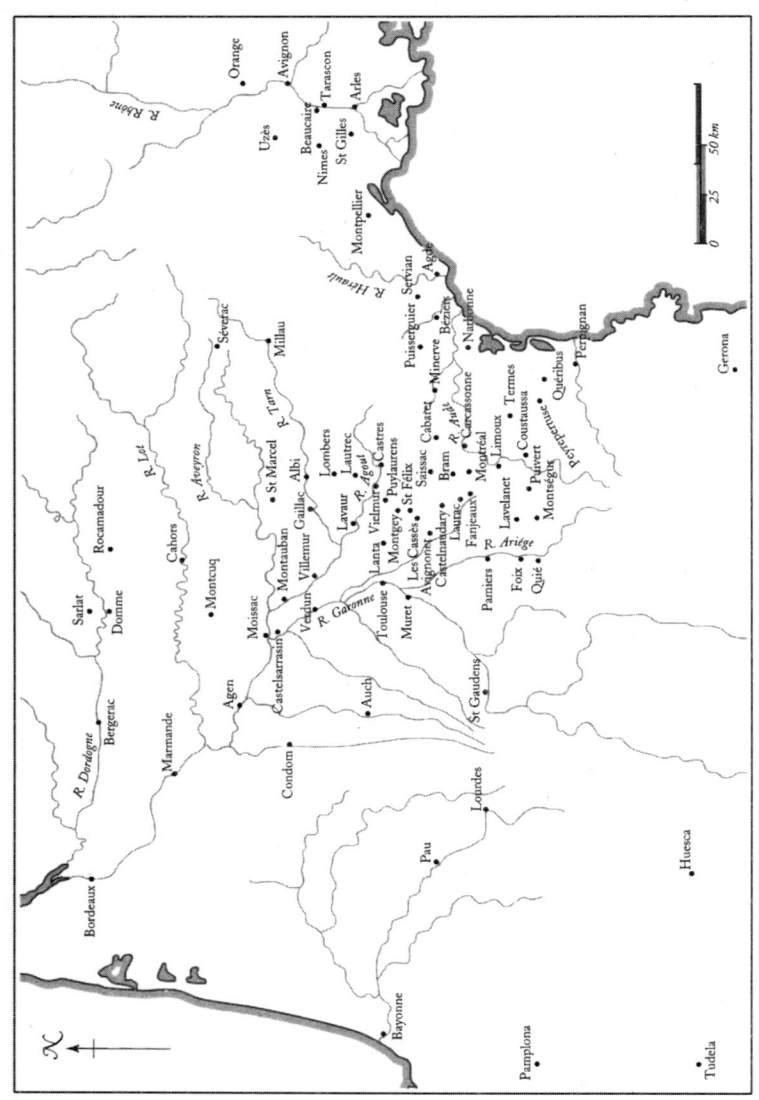

Karte II. Der Albigenserkreuzzug.

Die Karte zeigt diejenigen Orte und Gebiete, die vom Krieg berührt
wurden.

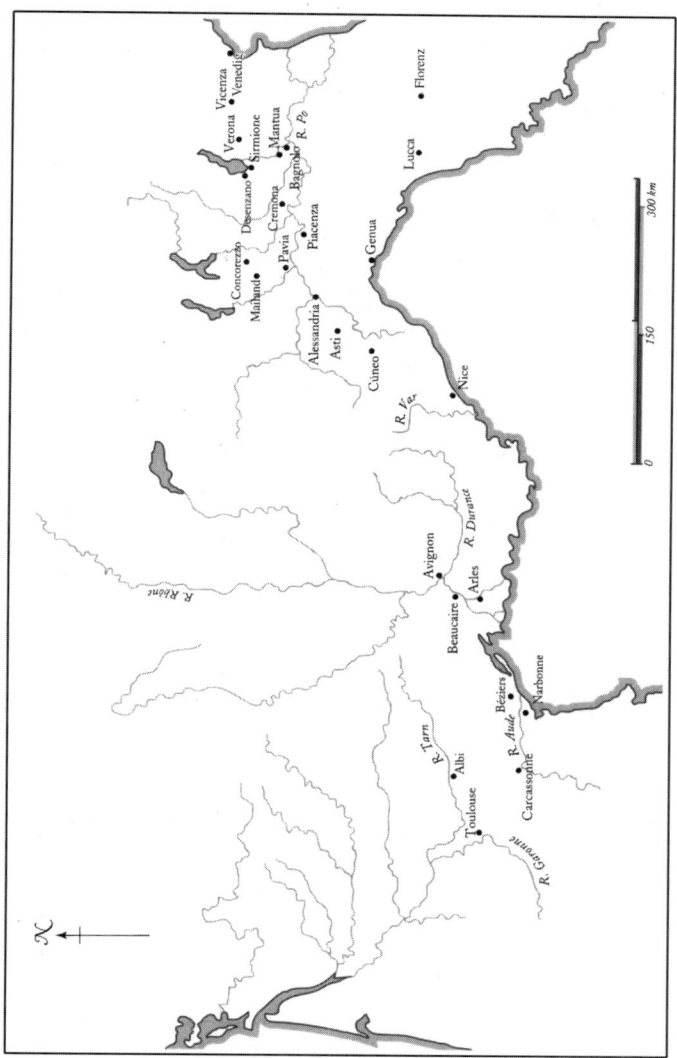

Karte III. Die Verbindung zwischen den Katharern im Languedoc und in Oberitalien

Die Karte zeigt die Zentren in Südfrankreich und der Lombardei, zwischen denen im 13. Jahrhundert Austausch stattfand.